A Origem Fala

Uma obra canalizada

por
Guy Steven Needler

Traduzido por: Marcello Borges

© 2015 Guy Steven Needler
Tradução para Português: 2025

Todos os direitos reservados. Nenhuma parte deste livro, em parte ou no todo, pode ser reproduzida, transmitida ou utilizada por qualquer forma ou por qualquer meio, eletrônico, fotográfico ou mecânico, incluindo fotocópia, gravação ou qualquer sistema de armazenamento e recuperação de informações, sem autorização prévia por escrito da editora Ozark Mountain Publishing, exceto no caso de breves citações incluídas em resenhas e artigos literários.

Para permissão, serialização, condensação, adaptações ou para nosso catálogo com outras publicações, escreva para Ozark Mountain Publishing, Inc., P.O. Box 754, Huntsville, AR 72740-0754, EUA, Attn.: Permissions Department.

Dados de Catalogação na Fonte da Biblioteca do Congresso
Needler, Guy Steven, 1961
A Origem Fala por Guy Steven Needler

Já parou para pensar em quem ou o que é Deus ou os cocriadores? Ou então, o que existiria além de Deus? E se Deus fosse finito e existisse um ser "infinito" maior, muito maior, que criou Deus e os cocriadores? Um ser que acaba de começar a "se" conhecer. Um ser que acaba de começar a evoluir. Em *A Origem Fala*, o leitor é levado para além dos livros da série *Além da Fonte*, até um diálogo direto com o criador supremo, o "tudo que existe", o "absoluto", A "Origem".

1. Fonte 2. Deus 3. Origem 4. Metafísica
I. Needler, Guy Steven, 1961 II. Deus III. Metafísica IV. Título

ISBN : 978-1-962858-93-9

Arte e Layout da Capa: www.noir33.com & Travis Garrison
Traduzido por: Marcello Borges
Tipografia: Times New Roman
Segoe Print Design do Livro: Nicklaus Pund
Publicado por:

PO Box 754
Huntsville, AR 72740 WWW.OZARKMT.COM
Impresso nos Estados Unidos da América

Para minha querida esposa,
Anne Elizabeth Milner agora
"Ascensa"
(10 de abril de 1957 – 24 de dezembro de 2012)

Sumário

Introdução: A Origem fala ... i

Capítulo 1: A Origem desperta ... 1
Capítulo 2: A expansão da inteligência senciente, "autoconsciente" ... 27
Capítulo 3: A criação das doze Origens: Criatividade senciente e expansão da autoconsciência ... 41
Capítulo 4: A criação das doze Entidades Fontes ... 73
Capítulo 5: A evolução não é o que pensávamos ... 91
Capítulo 6: A teoria quântica e sua relevância para A Origem ... 110
Capítulo 7: Outras funções independentes de A Origem ... 140
Capítulo 8: Mais sobre a estrutura de A Origem ... 157
Capítulo 9: Como evoluem as entidades de Manutenção ... 174
Capítulo 10: Uma reviravolta interessante sobre os discípulos de Jesus e a Ressurreição ... 178
Capítulo 11: Mais sobre o nosso destino ... 187
Capítulo 12: O que somos de fato ... 198
Capítulo 13: A Origem fala do medo humano da morte ... 205
Capítulo 14: Como o espaço de eventos pode se tornar autoconsciente e iniciar o despertar de A Origem ... 212
Capítulo 15: O Ponto de Toda a Criatividade ... 226
Capítulo 16: Tensão evolutiva ... 252
Capítulo 17: O processo da Ascensão: Uma Via de Mão Dupla ... 262
Capítulo 18: Entrantes: O Que São e o Que Não São ... 276
Capítulo 19: Subencarnações ... 288

Capítulo 20: Os aspectos do verdadeiro Eu
　　　　　　Energético　　　　　　　　　　296
Capítulo 21: A interação de espaços de
　　　　　　eventos locais　　　　　　　　309
Capítulo 22: O mecanismo por trás da
　　　　　　Encarnação　　　　　　　　　315
Capítulo 23: Os Om: Revisitando as criações
　　　　　　incriadas (e a descoberta de
　　　　　　novos Om)　　　　　　　　　　330
Capítulo 24: A estrutura entre estruturas　　360
Capítulo 25: A subestrutura da própria Origem　371
Capítulo 26: Como as Entidades Fontes atribuem
　　　　　　senciência à energia para satisfazer
　　　　　　o requisito da criação de seres menores　378
Capítulo 27: O ciclo de expansão e contração do
　　　　　　universo (multiverso) é explicado　396
Capítulo 28: A divisão perfeita da senciência　398
Capítulo 29: Como os Om obtiveram senciência　418
Capítulo 30: Dispositivos geométricos　　　425
Capítulo 31: Comunicação com outros Om　437
Capítulo 32: Porque estou alinhado com a
　　　　　　Entidade Fonte Um—Nosso Deus!　444
Capítulo 33: Comunicação conjunta com todas
　　　　　　as SEs e O　　　　　　　　　449

Posfácio　　　　　　　　　　　　　　　457

Glossário　　　　　　　　　　　　　　　459

Sobre o Autor　　　　　　　　　　　　　463

Introdução

A Origem fala

ACABEI DE CANALIZAR/DIGITAR as últimas palavras de Além da Fonte, Livro 2 em meados de junho de 2012 antes do prazo previsto, o que me deu tempo suficiente para acabar de editar as palestras que eu deveria apresentar na Conferência de Transformação da Ozark Mountain Publishing de 2012 em Rogers, Arkansas e de me preparar para o meu primeiro circuito de apresentações pelos EUA. Senti que estava vencendo a batalha contra a quantidade de trabalho que as Entidades Fontes e A Origem estavam depositando sobre meus ombros—ou então, eu estava me acostumando com o compromisso!

Eu sabia que estava destinado a ensinar às pessoas (conheci e trabalhei com algumas pessoas realmente notáveis, dedicadas a conhecer a verdade e comprometidas a trabalhar com as técnicas que lhes eram dadas) a base para entrarem pessoalmente em contato com a Entidade Fonte, criando um vínculo permanente, robusto e substancial, além de canalizar as informações para os livros que estavam e estão destinados a expandir o conhecimento da humanidade sobre a estrutura do multiverso e de outros ambientes multiversais criados pelas outras onze Entidades Fontes. Eu também estava perfeitamente ciente de que este livro, A Origem Fala, ampliaria muito mais esses limites, explicando melhor, graças a um diálogo singular com A Origem—O Absoluto—Tudo que EXISTE, seu plano para a evolução, seu conhecimento sobre si mesma, sua estrutura e o que ela está fazendo pessoalmente para aumentar seu conteúdo evolutivo. Eu também estava me conscientizando da natureza de futuros livros e assuntos. Minha cabeça já estava começando a doer diante da expectativa dos assuntos de que iríamos tratar nos próximos dezoito a vinte e quatro meses.

Com tudo isso rodopiando na minha consciência, incluindo-se aí os planos, contraplanos, agendas e compromissos que fiz para atender aos papéis periféricos que assumi como parte desta missão (dentre os quais a redação de informações canalizadas seria apenas um deles), sentei-me diante do computador pensando no que iria acontecer depois. Neste momento, sou uma página em branco, uma casca, um copo que espera ser preenchido pela água do conhecimento divino, aguardando a sensação que me vem quando estou prestes a manter um contato pleno com A Origem ou com uma das Entidades Fontes. As energias à minha volta são ativadas quando o contato se dá. Os cabelos na parte de trás do pescoço se eriçam e a minha pele se estica, um sinal claro de que estou prestes a ser contatado.

Não foi uma surpresa total quando nossa Entidade Fonte iniciou o diálogo a seguir. Bem, de fato eu chamei tanto A Origem quanto a nossa Entidade Fonte. Teria sido rude não incluir ambas nos comentários desta introdução. Mas aquilo para que eu não estava preparado (embora devesse ter esperado) foi a imagem que surgiu subitamente na minha mente. Eu estava numa área especial do espaço, aquele espaço externo à nossa Entidade Fonte, enquanto ainda estava dentro da área de autoconsciência de A Origem, quando fui rodeado por TODAS as Entidades Fontes, não apenas pela minha própria Entidade Fonte; ou seria a minha própria Entidade Fonte? Eu iria descobrir mais sobre minha própria herança depois.

Lágrimas de alegria afloraram em meus olhos diante da visão mental de todas elas reunidas, inclusive um aspecto da Entidade Fonte Doze, aquela Entidade Fonte que não só estava quase inconsciente quando a contactei pela primeira vez, como foi a primeira Entidade Fonte a se aventurar para fora da área de autoconsciência de A Origem. Foi uma visão deliciosa, uma alegria imensa a se contemplar. Dentro de todas essas experiências sublimes que tive subitamente, também percebi outra coisa: que eu era mais substancial, maior, muito maior, do que a minha minúscula forma humana. Estava começando a perceber em mim um aspecto que era o meu verdadeiro eu energético, e ele era imenso! Mais uma vez, meus olhos se encheram de lágrimas de alegria. Eu estava mais próximo do meu lar nesta encarnação do que jamais estive. Que alegria, quanto amor! Como pude sair dali para encarnar? Meneei a cabeça para limpar meus pensamentos e a Entidade Fonte Um, a Entidade Fonte da nossa humanidade, fez a introdução.

SE1: Você chegou longe, meu amigo. É um prazer vê-lo tornando-se aquilo que você está destinado a ser diante da adversidade dos encarnados.
EU: É maravilhoso tornar a falar com você, pois faz pouco tempo que terminamos o livro anterior.
SE1: E também é maravilhoso tornar a falar com você, embora esteja ocupando uma posição tão elevada.
EU: Que posição elevada? Vejo apenas um oceano de trabalho, um trabalho bem difícil!
SE1: No momento certo, você vai perceber que posição é essa. Neste momento, porém, você está prestes a iniciar o próximo estágio de seu trabalho, um diálogo singular e direto com A Origem.
EU: Ora, deixe disso, não é tão singular assim. Eu/nós já falamos antes com A Origem. Não pode ser tão difícil assim, não é?
SE1: As comunicações anteriores com A Origem limitaram-se a um aspecto muito pequeno de A Origem. Foi um processo necessário para que você ficasse acostumado, energética e mentalmente, à possibilidade de um diálogo continuado e duradouro com A Origem.
EU: Então, até agora só estive me comunicando com uma parte de A Origem?
SE1: Sim. Assim como você se comunicou apenas com um pequeno aspecto meu em nossos primeiros dias de contato, até agora você esteve em contato apenas com um aspecto muito pequeno de A Origem

Isso explicaria as energias que estavam fluindo através de mim. Eu estava começando a perceber que estavam muito mais acentuadas do que antes. Eram empolgantes!

EU: Sempre me perguntei por que era tão fácil comunicar-me com A Origem quanto com você. Era muito fácil, quase como conversar com um amigo.
SE1: Bem, agora você já sabe. Vou lhe dar um exemplo. Será como brincar com aeromodelos e em seguida alguém lhe pedir para controlar um ônibus espacial ou um jato de combate.
EU: Seja como for que eu vá me sentir, é melhor começarmos. Sinto que estou sendo banhado regularmente pelas energias. E

você tem razão: a sensação é muito diferente das que tive antes ao me comunicar com A Origem.
SE1: É claro que tenho razão. Mas vá com calma.
EU: Farei isso.

Desconectei-me da Entidade Fonte Um e esperei alguns instantes. Não precisei esperar muito.

O: Você está pronto? Você me fez esperar seis semanas! Era para termos começado antes!

A onda de energia diminuiu. Tive a impressão de que A Origem estava regulando seu contato comigo até eu ficar totalmente acostumado com seu novo nível de diálogo comigo.

EU: Sinto muito, a vida na Terra me atrapalhou.
O: Percebi. Você está perdoado, pois vejo que você estava se dedicando a um "bom" trabalho.
EU: Foi apenas o começo, e por isso ainda é pequeno.
O: Todas as coisas boas começam pequenas. Eu comecei pequeno, e veja como estou agora.
EU: Não consigo. Você é grande demais.
O: Exatamente. Mas você consegue chegar à periferia da minha área de autoconsciência, e ela, por si só, é encantadora, especialmente em seu estado encarnado. Fico feliz e encantado.
EU: Obrigado.
O: Não há de quê. E agora que tiramos as preliminares da frente, é melhor começarmos, pois temos muito trabalho para fazer juntos.
EU: É bom ver que você ainda tem senso de humor.
O: Claro. Eu o inventei. Podemos começar?

As lágrimas voltaram aos meus olhos! Tenho a sensação de que esta será uma jornada maravilhosa e singular para todos nós.

Bem-vindo de volta, caro leitor.

Capítulo 1:
A Origem desperta

NESTE MOMENTO, RESOLVI reconectar-me mentalmente com aquela informação que A Origem havia me passado durante a compilação dos textos que resultaram em A História de Deus e Além da Fonte, Livros 1 e 2, para ver que assuntos eu teria a tratar com A Origem. Logo no começo desse processo mental, percebi que a informação que eu tinha era muito fragmentada e limitada, muito limitada mesmo, a diálogos bem curtos dentro dos textos dos livros que eu já havia escrito; na verdade, o foco principal tinha estado nas outras Entidades Fontes e em seus ambientes/entidades e realizações, de forma quase palatável, e não em A Origem em si. Com base nisso, achei prudente não me deter no passado e começar com uma folha de papel em branco. Ou, devo dizer, uma tela de computador em branco. Tendo isto firme em mente, resolvi começar pelo começo, sem pensar que os leitores leriam este texto como a "continuação" de meus livros anteriores, posicionando-o como uma opção independente para a leitura dos buscadores da verdade. Quando terminei de digitar isto, senti as energias de A Origem sobre mim, como uma ducha fresca, e demos início ao nosso diálogo.

O: Ducha fresca, é? Nunca pensei que minhas energias poderiam ser consideradas uma ducha fresca. Você está precisando de uma?

EU: Não imaginava que iríamos iniciar nosso diálogo com humor. Achava que íamos mergulhar diretamente nos detalhes.

O: É melhor levarmos o assunto até o ponto em que todos que lerem este texto vão sentir que são capazes de compreender a informação. Se nas primeiras frases sentirem que a informação vai ficar muito acima de suas cabeças, eles vão deixar o livro de lado e ele vai virar um calço para portas, na melhor das hipóteses. Se, por outro lado, sentirem que receberão algumas luzes com este diálogo e que as informações tratadas serão apresentadas de maneira compreensível, vão continuar. Deste modo, você manterá a atenção de seus leitores e ampliará a base de leitura. Mais importante ainda é o fato de mais indivíduos encarnados "terem o conhecimento", digamos, tendo assim acesso à energia das informações e lidando com elas de maneira passiva e livre de estresse. Já é difícil para muitos de vocês compreenderem que existe um criador, uma Entidade Fonte, um Deus que é uma realidade definida, para não falar do criador do Deus de vocês, e que você, meu caro, está se comunicando com ele e apresentando os frutos dessa comunicação ao resto da raça humana encarnada. Não, precisamos manter este diálogo o mais simples possível, e isto já será difícil, pois alguns dos assuntos de que iremos tratar estarão acima e além daquilo que você já conversou comigo e com as Entidades Fontes. Bem, e por onde você quer começar?

EU: Vamos tentar pelo começo, seu despertar, sua percepção e o processo de seu autoconhecimento, agora que você tem o benefício da retrospectiva.

O começo do fim do nada (a possibilidade cria um espaço de eventos)

EU: Vamos até o início da sua existência. O que fez você despertar, tornar-se consciente e senciente há tanto tempo, e o que você sentiu? Quero dizer, perguntei a algumas das Entidades Fontes como se sentiram quando despertaram e se tornaram conscientes, mas gostaria de ouvir como foi sua experiência em detalhes.

O: Vou lhe dizer que foi um processo gradual, como se você estivesse saindo de um sono longo e profundo. No começo, eu simplesmente "FUI". Não havia pensamentos, não havia processos mentais de que possa falar, apenas a existência. Sim, posso lhe dizer que foi como existir, simplesmente, um nível de existência que entrou lentamente em foco.

A Origem Fala

Eu estava simplesmente "existindo", pois era uma vasta extensão de nada. Eu era uma brisa suave, uma cálida termoclina, um fogo-fátuo. Estava simplesmente observando sem questionar, sem analisar, sem raciocinar, sem discutir, sem pensar e sem me reconhecer. Apenas uma área momentânea de nada, um pouco mais do que nada.

EU: Quanto tempo isso durou?

O: Quem sabe? Com certeza, eu não sei, pois naquele momento eu não tinha a capacidade da memória. Eu era apenas uma parte infinitesimalmente pequena do nada que era infinitesimalmente diferente do nada. Eu era mais do que nada, era alguma coisa sem o reconhecimento personalizado dessa alguma coisa. Na verdade, eu estava num torpor confortável.

EU: E como você começou a ter percepção, a ponto de se reconhecer?

O: Também é difícil dizer, pois eu não tinha a capacidade da criatividade naquela época e certamente não era capaz de ter memória. A memória é uma função da criatividade passiva, mas a criatividade passiva exige que a pessoa seja capaz de receber processos mentais individualizados, algo que eu não tinha nessa época.

Mas vou lhe dizer uma coisa. Quando olho para os processos de individualização de energias e outros componentes que me constituem e vejo como as energias das minhas Entidades Fontes desenvolveram consciência individualizada/singular, percebo que o processo é quase sempre o mesmo. Portanto, vejo que a transformação do nada em alguma coisa e depois em autopercepção deve ter sido a mesma, pois elas são unidades individualizadas de mim.

EU: Então, o que você está sugerindo é que o processo de despertar é o mesmo para qualquer grupo de energias que "têm qualidade e densidade certas"?

O: Não, não estou dizendo isso. O que estou dizendo é que devem ser similares. De modo geral, o processo é o mesmo, mas o percentual de mescla e de densidade das energias requeridas será variável. Veja, não estou numa posição que me permita descrever, de maneira definitiva, o processo pelo qual passei na etapa inicial de meu despertar, pois eu não estava num estado de percepção senciente. O que posso fazer é dizer-lhe em detalhes como uma Entidade Fonte, ou mesmo você—suas próprias energias—torna-se consciente de si mesma e desenvolve o pensamento senciente ao longo do processo, "de cabo a rabo", digamos assim. Posso até lhe dizer como foi o processo a partir do momento em que me tornei consciente de meu menor nível de percepção. Mas antes disso, não.

EU: Você não poderia usar o Espaço de Eventos para voltar ao ponto no qual suas energias estavam se agrupando, adquirindo a densidade certa, obtendo a qualidade certa, tornando-se individualizadas e adquirindo o pensamento? Ou o Espaço de Eventos foi uma de suas próprias criações?

O: Não, o Espaço de Eventos é um produto daquilo que eu sou. Ele não foi criado por mim. Ele sou eu.

EU: Nesse caso, poderíamos visitar o Espaço de Eventos que registrou o início de seu processo de despertar, aquela parte de você que não foi capaz de intelectualizar aquilo que estava acontecendo com você, proporcionando a você e a mim uma imagem completa de seu processo de despertar.

O: Muito bom!

EU: O quê?

O: Muito bom! Acho que você lidará bem com os conceitos que discutiremos durante este diálogo.

EU: O que você quer dizer? Por que subitamente sinto que passei por um teste?

O: Porque passou mesmo. Você precisava perceber que não terá limites quando lidar comigo, pelo menos algo que possa afetar nosso diálogo. Podemos usar aquilo que existe, neste caso o Espaço de Eventos, a qualquer momento para ver ou experimentar aquilo que não existia. Podemos voltar até para antes da própria existência caso assim desejemos, mas isso não seria produtivo agora.

EU: Isso significa que o único limite é você ser capaz de se recriar.

A Origem Fala

O: Sim, seria mais ou menos isso, mas vamos falar disso num diálogo posterior, pois é um assunto muito importante e precisa ser compreendido com certo detalhamento. Muito bem, está pronto para um passeio?

EU: Aonde vamos?

O: Até aquele Espaço de Eventos onde estavam acontecendo coisas que me levaram a me tornar consciente.

EU: Quer dizer que vamos estar lá e testemunhar o seu despertar?

O: Sim, é claro. Essencialmente, será um trabalho de observação para você transmitir tudo à humanidade encarnada. Além disso, você vai pacificar algumas discussões relacionadas a como A Origem, O Absoluto, tornou-se o que é.

EU: Certo, mas antes de prosseguirmos e testemunharmos o processo desse evento monumental, quero fazer uma pergunta.

O: Vamos lá.

EU: Como o Espaço de Eventos pode registrar uma coisa que não o orientaram para registrar? Quero dizer, pelo que eu saiba, geralmente o Espaço de Eventos é invocado quando existe uma decisão a ser feita, o que requer uma entidade senciente para criar o ponto de decisão, a razão pela qual o Espaço de Eventos existe. Ou será que entendi tudo errado?

O: Não, você não está errado, só está mal orientado nesses assuntos. Veja, o Espaço de Eventos não precisa do ponto de decisão de uma entidade, ou devo dizer, a entidade é que decide um caminho quando dois lhe são oferecidos, pois, como você diz corretamente, é preciso uma entidade senciente para criar a oportunidade para a introdução de duas ou mais realidades. O Espaço de Eventos é criado quando existe uma mudança ou o potencial de mudança em alguma coisa que antes era considerada a norma, a condição principal de qualquer coisa, e isso inclui mudanças no ambiente ou no potencial de mudança no ambiente, devido a alterações, por menores que sejam, que criam uma condição de "antes e depois".

EU: E como ele sabe quando deve entrar em cena, criar um universo alternativo, paralelo?

A Origem Fala

O: Na minha área de autoconsciência, não existe algo como um universo ou sequer um universo paralelo, pois eles são produto das Entidades Fontes. Neste exemplo, você pode chamá-lo de ambiente paralelo, um ambiente baseado em "Tudo que Existe" e não um universo, pois na realidade é isso que está sendo criado, um ambiente baseado na área da minha consciência.

EU: Mas espere um pouco, isso não seria recriar aquilo que você é, A Origem, O Absoluto, Tudo que Existe? Eu achava que você não poderia recriar o que você é!

O: Não posso me recriar, mas posso criar uma versão paralela de mim.

EU: Mas isso seria recriar você, não? Uma versão paralela sua não é uma recriação de você?

O: Não.

EU: Por quê?

O: Porque uma versão paralela minha é uma versão local de mim, e não eu.

EU: Continue.

O: Quando o Espaço de Eventos cria uma versão paralela daquilo que está sujeito a uma divisão baseada em "mudanças", faz isso com base local e não com base total. Quando tentei me recriar, e vamos falar sobre este assunto com muito mais detalhes posteriormente, tentei me criar como um todo, o que incluía a totalidade de mim da qual eu ainda não estava consciente naquele momento de minha existência, dentro de mim mesmo. Sem saber exatamente quão expansivo eu deveria ser, criei um erro naquilo que foi criado e no local onde foi criado. Em essência, tentei encaixar essas "Origens" que criei numa fração daquilo que eu sabia que eu era, e por isso elas não sobreviveram.

EU: Certo, agora ficou um pouco mais claro, mas você ainda não me disse como o Espaço de Eventos "sabe" quando criar um ambiente/universo ou área de espaço local novo e paralelo, alinhado ou não com uma entidade ou evento específico. Como faz isso?

O: Ele simplesmente se torna disponível e localizado naquele que é considerado um ponto de possível mudança.

A Origem Fala

EU: Sim, mas COMO?

O: Você se lembra de ter conversado com a Entidade Fonte Dez (ver Além da Fonte, Livro 2) sobre triangulação e como a "energia livre" é atraída pela oportunidade de evolução? Para multiplicar ou crescer, proporcionando a oportunidade de aumentar o conteúdo evolutivo dessas entidades dentro da "zona de triangulação", tanto da triangulação direcional quanto inflacional, também chamada inflacionária, criando efetivamente aquilo pelo que é atraída, a evolução?

EU: Sim, eu me lembro.

O: Bem, é um processo similar. Vou explicar. Como resultado da possibilidade de ser criada outra possibilidade, o Espaço de Eventos acaba servindo efetivamente de plataforma para aquilo pelo que é atraído. O Espaço de Eventos, em si, é um produto. É o produto da criação em "círculo", a criação da oportunidade de variação em relação a algo que existe atualmente, a algo que poderia existir, ambos existindo ao mesmo tempo. Na verdade, nem é necessária a oportunidade inerente, pois se existe uma instabilidade naquilo que "existe", então existe a oportunidade de surgir pelo menos uma condição dualista noutro evento futuro mas que ocorre simultaneamente, dando assim margem à oportunidade para que as energias que envolvem essas duas (ou mais) condições existam ao mesmo tempo.

EU: Então, por que você usou a expressão "em círculo"? Não vi razão para ser usada no texto acima. No entanto, devo admitir que tenho ouvido as palavras "galinha e ovo" nestes últimos quinze minutos e posso entender por que o conceito do ovo e da galinha pode ser chamado de circular, pois é aquele enigma insolúvel. É a situação na qual um cria o outro, mas o outro precisa ser criado por um antes que ele próprio possa criar o um.

O: Percebi qual é o seu problema para entender. Vou simplificar para você—mais uma vez.

No seu atual processo mental, você está considerando que as coisas acontecem de maneira linear. Bem, na realidade não é assim, mas você sabe disto. Na realidade maior, a galinha e o ovo podem existir, e existem, ao mesmo tempo, cada um antes e depois do outro. Deste modo, um pode criar o outro sem a necessidade da existência anterior e linear do outro. Percebi que sua testa está se franzindo, e por isso vou mudar o método de explicação. Aquilo que "é" o Espaço de Eventos "é" atraído pela possibilidade da dualidade e de seus milhares de pontos adicionais e expandidos de dualidade. Se preferir, pode chamar isso de progressão geometricamente fractal. Estando disponível a possibilidade da dualidade, a própria possibilidade cria a possibilidade da criação da dualidade, a qual, por sua vez, cria a agitação das energias que envolvem a possibilidade da dualidade e suas múltiplas possibilidades, a ponto de gerar o potencial e a possibilidade de uma desarmonia. Esta desarmonia não pode existir no mesmo espaço, e por isso é criado um novo espaço como solução para a desarmonia, um novo Espaço de Eventos.

EU: Então, o Espaço de Eventos é uma desarmonia de energias com base na possibilidade de outra realidade possível, a possibilidade de outro "espaço"?

O: Não, ele é criado por essa desarmonia, a agitação daquilo que "existe", com base na necessidade de um estado de existência dualista. Em essência, as energias e outros componentes é que são criados pela possibilidade de possibilidades possíveis.

EU: Certo, agora acho que entendi. Podemos ir até o momento de seu despertar?

O: Sim, vamos. Estou aguardando por isso de maneira um tanto bizarra.

EU: Por quê?

O: Porque eu progredi e percebi que a necessidade de rever o que aconteceu antes da progressão é um pouco regressiva. Portanto, não me preocupei em observar aquilo que eu "fui". Só tenho observado aquilo que fiz e aprimorei. É por isso que é bizarro. É diferente para mim, é bom, e eu lhe agradeço por me dar a oportunidade de utilizar um aspecto meu para me observar desta maneira.

EU: Creia-me, a honra é TODA minha.

Então, vimo-nos noutro lugar.

A Origem Fala

Antes de A Origem—Espaço de Eventos— Um registro automático daquilo que "já foi"

Não experimentei nada, nada como a sensação de translação que experimentei com a Entidade Fonte Doze (ver Além da Fonte, Livro 2) quando ela me levou ao ponto de convergência de todos os Espaços de Eventos. Depois, tornei a não experimentar nada, depois aconteceu alguma coisa, mas anódina. Foi como acabar de acordar depois de um sono longo. Vi cores, manchas coloridas. Não tinha noção do que estava acontecendo. As cores eram vermelho e laranja e rodopiavam. Manchas brancas surgiam diante de mim. O que eu estava vendo? Estava quase falando com A Origem quando ela falou comigo.

O: Ahh, você está aí. Preocupei-me pensando que você iria se perder no vasto espaço de energias isoladas que me constituíam em meu estado de "antes".

EU: Bem, devo lhe dizer que por um instante fiquei me perguntando o que estaria acontecendo. Eu deveria ter me preparado para isso.

O: E como poderia fazer isso? Não era uma coisa para a qual você poderia ter se preparado.

EU: Obrigado por aumentar a minha confiança. Bem, o que está acontecendo aqui?

O: Estamos num local temporário daquilo que eu sou. Uma função temporária daquilo que está prestes a existir, baseada nas energias que irão se tornar densas o suficiente para criar a oportunidade para minha percepção ser suficiente para que eu avance até a autoconsciência.

EU: Certo. Então, o que nós, o que eu, estamos vendo ou experimentando?

O: Estamos vendo as energias como representação daquilo que você é capaz de experimentar na vanguarda de sua forma e nível de experiência atuais.

EU: Uau! O que vai acontecer com as energias?

A Origem Fala

O: Será difícil você estar "presente" em sua forma atual sequer pelo tempo suficiente para começar a observar meu despertar, e por isso vou acelerar as imagens para que ambos possamos aproveitar melhor o tempo disponível.

Com isso, as coisas ficaram escuras, ou melhor, pretas. Aparentemente, eu me afastei da área onde estávamos. Com o olhar da mente, comecei a ver a área de energias "mais densas" e outros componentes de consciência que A Origem ainda não havia me explicado. Quero dizer, se é que ela teria a intenção de fazê-lo. Recebi a informação para sugerir que a área em que estávamos era de fato A Origem "na totalidade". Neste ponto de sua existência reconhecível, ela ainda não estava consciente de si mesma, seja de sua forma, formato, energia, dimensão, componente subdimensional (tritava), frequência, continuum, plano, zona ou qualquer outro dentre os milhares de componentes estruturais que eu estava conhecendo, mas não teria maneira de explicá-los nem para mim, nem para vocês, meus leitores. A Origem em si estava vendo partes de si mesma que ela ainda não teria visto—aquela parte situada além de seu perímetro conhecido, sua área (volume) de autoconsciência, inclusive aquela pequena parte que usara no experimento das Doze Origens e aquele perímetro menor sendo investigado pela Entidade Fonte Doze (ver a última página do último capítulo de Além da Fonte, Livro 2). De repente, me dei conta da imensidão desta última frase. Naturalmente, A Origem já havia se aventurado antes além daquela área quando criou as Doze Origens num esforço para expandir e acelerar seu conteúdo evolutivo, mas aquilo que estávamos vendo agora ia MUITO além daquilo.

Deste ponto de vista, A Origem e eu estávamos testemunhando seu nascimento, sendo expostos à vastidão daquilo que ela era, do que poderia ser, do que será, daquilo de que todos nós faremos parte, mapeando aquela que será a nova área de autoconsciência de A Origem no longo e distante Espaço de Eventos que estará instalado nessa ocasião. Não posso reiterar suficientemente a honra e a importância daquilo que estava testemunhando ali. A própria Origem estava encantada ao se

A Origem Fala

observar nesse momento de sua existência. Pensei na possibilidade de calcular o tamanho de A Origem.
À medida que aumenta a percepção de A Origem, aumenta seu acesso a si mesma, e por isso seu volume de "si mesma" aumenta e sua percepção aumenta. A Origem experimenta um aumento exponencial em valor, algo inconcebível por qualquer cálculo que as máquinas humanas possam ou poderão calcular.
Foi impossível calcular isso e minha cabeça doeu só de pensar nisso. Voltei minha atenção para o aspecto de A Origem que estava se dedicando a comunicar-se comigo e lhe perguntei o que ela estava pensando.

EU: No que você está pensando?
O: Pode parecer interessante, mas eu não estava pensando. Estava observando. Percebo que você está tendo dificuldades para lidar com essa frase, especificamente com a gravidade daquilo em que se está presente, e de que, portanto, faz parte, neste aspecto do Espaço de Eventos.
EU: Pode apostar que estou.
O: Bem, eu estava observando e saboreando a vastidão da espera para me aventurar naquele meu próximo quadrante e daquilo que está além de mim. Você precisa compreender que nem mesmo eu sei exatamente quão grande, exatamente quão expansivo, eu sou.
EU: E o que você estava observando?
O: Estava observando algumas gavinhas ou filamentos de energia que lancei na expansividade, na minha vastidão, como meio de compreender aquilo que sou. Perdi o contato com os detalhes depois que emiti energia suficiente para igualar dez vezes a distância de meus pontos mais remotos uns dos outros em minha atual área de autoconsciência.
EU: Então, o que aconteceu com as gavinhas de energia?
O: Eu as perdi!
EU: Como? Quer dizer que não conseguiu se comunicar com elas?
O: Não, quero dizer que eu as perdi. Elas estão separadas de mim, como uma parte minha que é senciente e que fica

dentro daquilo que considero atualmente como sendo eu mesmo.

EU: E o que isso significa? O que você está sugerindo?

O: Não estou sugerindo nada. Mas o que vou dizer é que agora há algumas pequenas partes minhas que se acham naquilo que vou chamar de separação temporária e potencialmente senciente e que estão em algum lugar dentro daquela parte minha que fica além de meu atual nível de compreensão, tão além de meu atual volume ou área de autoconsciência que perdi o contato com elas.

EU: E você não corre o risco de ver essas gavinhas desenvolverem sua própria senciência com o tempo, tornando-se outras versões autossuficientes e sencientes daquilo que é seu "eu" senciente, dentro do que você é na totalidade?

O: Até certo ponto, sim.

EU: Mas não existe a possibilidade de se tornarem maiores do que você? Engolindo você, absorvendo e assim removendo a individualização de tudo que você é?

O: Ha ha ha ha ha, esse é um pensamento delicioso, não é? Não, não é isso que vai acontecer.

EU: Certo, esperto, então o que vai acontecer?

O: Sim, concordo, com o tempo vão se tornar individualizadas, mas não vão me consumir.

EU: E por que não? Espere, não me diga, você tem vantagem sobre elas em termos de tamanho.

O: Não, não é isso. É que elas foram criadas por mim. E como foram criadas por mim, nunca podem ser mais do que eu.

EU: Então, em que vão se tornar?

O: Elas têm o potencial para se tornarem Om ou uma Entidade Fonte do tamanho que todos vocês terão quando todas as entidades forem iguais às suas Fontes e todos nós passarmos para meu próximo nível de autoconsciência. Tudo depende de se, como e quando vão se tornar autoconscientes.

EU: Mas podemos descobrir isto, não? Podemos passar simplesmente para o Espaço de Eventos que existirá relacionado a esta possibilidade.

O: Sim, muito bem. Você está melhorando nisso.

A Origem Fala

EU: Estou fazendo o melhor que posso.

O: Muito bem. Enquanto estávamos conversando, você vai perceber que um aspecto meu estava funcionando em segundo plano e já as acompanhou em suas possíveis projeções de Espaços de Eventos, observando-as em suas senciências individualizadas.

EU: Eu devia ter previsto isso! No que se transformaram? Fontes, Om ou simplesmente entidades?

O: Agora, tenho dois novos Om e uma nova Entidade Fonte. Devido à vastidão de onde estavam, era muita coisa para se manterem singularmente em sua densidade energética individualizada, digamos assim. Algumas gavinhas se agruparam ou juntaram para criar densidade suficiente para formar uma entidade de proporção equivalente a uma Entidade Fonte, enquanto outras, duas delas, tinham densidade suficiente para se tornarem entidades grandes o suficiente para serem chamadas de Om.

EU: Poderemos vê-las?

O: Sim, mas não agora. Vamos encontrá-las noutro Espaço de Eventos, onde você compilará as informações de uma série de diálogos que estarão separados destes, e aqueles que formarão o livro que você está chamando de A Origem Fala.

EU: Certo, e como ele será chamado? Imagino que Além de A Origem! (Eu já havia recebido uma sugestão subliminar sobre isto, mas não tinha certeza de poderia chamar um livro de Além de A Origem se A Origem é "Tudo que existe". Decidi deixar isso de lado e voltar para o que deveríamos estar fazendo: observando A Origem tornar-se autoconsciente, senciente.)

O: Você está melhorando nisso, não está? Certo, vamos nos concentrar no ponto em que me tornei senciente pela primeira vez.

EU: Espere aí. Como assim, tornou-se senciente pela primeira vez? Você tem alguma coisa dentro da sua manga energética?

O: Eu disse que você estava melhorando. Vou explicar os detalhes por trás dessa frase depois. Neste momento, vamos continuar observando o que este Espaço de Eventos específico tem para oferecer.

(Agora sim, isso é uma pista. Anotei mentalmente que deveria tornar a falar disso com A Origem, só que tive a impressão de que as respostas viriam mesmo sem que eu pedisse. O Espaço de Eventos teria um papel importante nesse diálogo, pelo que eu estava prevendo!)

Concentrei-me na tarefa pela frente, analisando os detalhes das energias diante de meu olhar mental. As imagens que estava recebendo eram uma mistura visual de gases, energias e células biológicas em todo tipo de camadas. Recebi a informação de que as camadas eram a primeira formação de dimensões dentro das energias que estavam sendo representadas pelas imagens. Tudo estava sendo apresentado para mim de um modo que eu podia entender. Estava pensando como isso estava acontecendo quando A Origem me deu a resposta.

O: Uma função do Espaço de Eventos é trabalhar com as entidades dentro de um aspecto específico dele, de maneira consistente com seu nível de senciência.
EU: Espere aí. Você está dizendo que o Espaço de Eventos é uma espécie de tradutor universal?
O: Não. O que estou dizendo é que ele funciona com aquilo que está nele.
EU: Como assim? Ele sabe se comunicar?
O: De certo modo, sim. Lembra-se do diálogo que tivemos recentemente, no qual falamos da capacidade do Espaço de Eventos invocar ou ser invocado pela possibilidade da dualidade? A possibilidade da possibilidade ou de uma diferença na direção daquilo que "é" para o que é e poderia ser, e que pode ser invocado, ou geralmente é invocado por uma possível decisão a ser tomada por uma entidade senciente?
EU: Sim, eu me lembro.
O: Bem, esta reação se baseia no nível de senciência atingido atualmente pela entidade. No seu caso encarnado, seu nível

A Origem Fala

de senciência inclui seu nível atual de acúmulo de conhecimento, amor, sabedoria e poder. Dentro disso, fica o "nível" de capacidade de comunicação que você pode empregar enquanto está encarnado. Com base nisso, seu "Eu" encarnado tem certo vocabulário para trabalhar fora da ação e reação do Espaço de Eventos. O que você experimenta está fora de seu vocabulário. Não tem sentido, quer para você, quer para o Espaço de Eventos, e por isso ele lhe dá informações de modo que você possa trabalhar com elas, com base em seu vocabulário. Ele faz isso para que você possa tanto entender quanto trabalhar de maneira a perpetuar a existência daquela permutação específica de Espaço de Eventos. Em síntese, ao lhe permitir experimentar aquilo que você está experimentando, de maneira compreensível, ele mantém a duração de sua vida e utilidade enquanto expande seu conhecimento experiencial.

EU: Então, qual é a realidade daquilo que estou vendo? Isto está sendo ajustado a meu próprio nível de experiência e de compreensão?

O: Seria complicado demais explicar isso com a profundidade necessária sem cometer injustiça. Mas saiba do seguinte: aquilo que você compreender terá de ser compreensível para a humanidade encarnada, e, como tal, se for apresentado a você de maneira compreensível, terá cumprido seu propósito, mesmo que não seja totalmente correto.

E saiba também de outra coisa: você tem um privilégio mais do que excepcional por experimentar o que você é enquanto está encarnado. Embora seja Om, você está limitado, até certo ponto, a aquilo que todos os encarnados nesse veículo físico específico usado nas frequências baixas que esse aspecto seu escolheu para trabalhar dessa maneira. Simplificando esta última frase, aquela parte de você que está encarnada no veículo que está em comunicação comigo precisa obedecer às regras da encarnação nesse veículo específico. Daí sua limitação e sua capacidade de entrar em contato comigo serem uma espécie de dicotomia.

EU: Noutras palavras, você está me dizendo, viva com isso, pois é o melhor que você e a humanidade encarnada vão receber neste momento.

O: Correto!!!

EU: Tudo bem, aceito minhas limitações encarnadas. Mas isso significa que as informações que estou compilando como resultado de meus diálogos com você estarão incorretas?

O: Não, acabei de lhe dizer. Estarão corretas segundo o nível de foco que vocês podem atingir atualmente. Vou citar seus próprios ensinamentos sobre isso.

EU: Eu tenho ensinamentos sobre isso?

O: É claro. Você os cita o tempo todo em seus workshops "Traversing the Frequencies" ("Atravessando as Frequências").

EU: Então, você os escuta?

O: Não, mas eles me interessam, e por isso assimilei tudo que você fez até hoje quando busco um exemplo que possa usar para lhe explicar com clareza o que você está vendo, usando um exemplo daquilo que você mesmo conhece e usa. Neste caso, é a disponibilidade de dicionário que faz com que a girafa seja descrita como um cachorro.

EU: OK, agora eu entendi.

Aqueles dentre vocês que ouviram isto em meus workshops estarão, tenho certeza, rindo por dentro por saberem que seu professor entrou numa sinuca de bico. Para aqueles que não ouviram, por favor, não comentem isto quando participarem de um workshop meu. No entanto, o exemplo é excelente e por isso vou explicá-lo, no mínimo para esclarecer.

Quando nós, seres encarnados, nos comunicamos com entidades desencarnadas, não temos acesso à experiência total de comunicações verbais, não verbais, experienciais, energéticas, de memória akáshica, etc., ao nosso alcance que podem ser usadas nas comunicações totalmente compreensíveis que temos normalmente. Temos apenas um vocabulário baseado em nossa "atual" experiência encarnada para trabalhar. Por isso, se vemos a imagem de uma girafa, mas nunca tínhamos visto uma e nem ouvido falar dela, recebemos uma imagem

A Origem Fala

daquilo que já experimentamos e que mais se aproxima da descrição que temos. Se, no caso da girafa, temos apenas um cachorro, com a relação entre eles sendo quatro pernas no chão para se moverem sobre a superfície da Terra, uma cauda, uma cabeça com dois olhos, duas orelhas, uma boca e um nariz, então essa descrição será boa o suficiente "por enquanto". Estará na direção certa, e isso será suficiente no curto prazo. Será suficiente, quer dizer, até termos a experiência de um animal cuja descrição é mais parecida, como um cavalo ou jumento, ou até termos a experiência real de estarmos diante de uma girafa, caso em que a descrição é plenamente reconhecível e compreendida. Neste exemplo, passamos de algo "fora de foco", pois a informação sendo recebida está distante demais para ser vista com clareza e em detalhes, para termos ou um telescópio para enxergar mais de perto, ou a capacidade de viajar até estarmos próximos do objeto da discussão para podermos vê-lo com clareza e sermos capazes de reconhecê-lo pelo que ele é, vendo e entendendo assim a verdade em detalhes e com clareza. Portanto, em resumo, temos a permissão para errar um pouco em nossa compreensão da realidade maior, conquanto estejamos indo na direção correta. De certa forma, isso também explica o processo da ascensão ou evolução pessoal como função necessária para o acesso a conhecimentos e habilidades de frequências mais elevadas.

O: Muito bem. Agora que esclarecemos isso, você pode continuar a narrar o que você está percebendo.
EU: Certo.

Tornei a focalizar minha atenção naquilo que me estava sendo apresentado. Era algo espantosamente simples. As energias (vou descrevê-las assim) estavam, pelo que podia ver, ao meu redor. Tudo estava separado, mas junto. Estar separado junto era um conceito que eu havia testemunhado ao longo de meus diálogos com as doze Entidades Fontes. Via-se claramente que era um tema estrutural saído desde o início daquilo que estava destinado a ser A Origem.

A Origem Fala

Enquanto olhava, vi essas energias rodopiando lentamente, e, enquanto rodopiavam, sentiram-se atraídas por algo que era similar a um aspecto das características umas das outras, ou com que elas podiam trabalhar. Eu sabia que estava observando tudo isso de forma acelerada, mas ainda assim me pareceu um processo lento. Enquanto continuava a olhar, algumas das energias que se ligaram começaram a acelerar sua atratividade para outras energias de composição ou função similar. Quando atingiram o que só posso presumir que tenha sido uma massa ou densidade crítica, desapareceram da minha visão espiritual. Enquanto me perguntava o que estaria acontecendo, recebi a informação (de algum lugar—tive a impressão de que era um conhecimento omniversal comumente disponível) de que deveria segui-las. Assim que tive em mente a intenção de segui-las, vi que estava noutro lugar com um conjunto diferente de energias rodopiando à minha volta, mas agora com aquele conjunto de energias que havia desaparecido antes surgindo à plena vista. Imaginei que devo ter mudado de dimensão. Movi minha intenção para ver o que estava vendo no primeiro caso e voltei para aquele ponto do Espaço de Eventos bem a tempo de ver desaparecer outro conjunto de energias. Eu as segui. Emergi numa área diferente, com um conjunto diferente de energias rodopiando à minha volta e com aquele conjunto de energias que tinha acabado de ver desaparecer bem diante de mim. No entanto, o que não estava vendo era aquele conjunto de energias que tinha desaparecido anteriormente. Movi novamente minha intenção para o primeiro lugar onde estive, aquele para o qual o primeiro conjunto de energias tinha sido relocado, e lá estavam elas. O segundo conjunto de energias não estava. Voltei ao local original onde os dois conjuntos de energias tinham se originado antes de desaparecerem.
Agora, as coisas estavam acontecendo bem depressa e fui capaz de observar mais e mais conjuntos de energia sendo criados, desaparecendo e reaparecendo em novas áreas, ou melhor, dimensões. Não, eu ouvi subliminarmente que aquilo que eu estava observando era de uma função mais elevada do que as dimensões. Estava começando a me perguntar o que iria acontecer em seguida quando percebi que estava observando o

A Origem Fala

começo da construção da estrutura de A Origem que eu conheço e com a qual me comunico. O que estava vendo ali era o começo da construção da estrutura de A Origem. Percebi também que ela deve ter atingido certo nível de estrutura antes de começar a obter autoconsciência e senciência. Usando minha intenção, decidi focalizar um ponto a partir do qual poderia obter uma imagem mais completa.

Ah, sim, melhorou. Pude ver o começo de uma estrutura agora, ou melhor, pude perceber o começo de uma estrutura, pois não era nada parecido com o que poderíamos fazer em termos humanos. Aquilo que percebi foi a criação de um plano estrutural, uma espécie de plano estrutural multifuncional. Surgiu na minha mente uma tabela periódica multifuncional como forma de descrever isso.

À medida que cada conjunto de energias era estabelecido e desaparecia de seu local de criação original, reaparecia numa área relativa às energias próximas de seus próprios componentes e funcionalidade. Algumas simplesmente ficavam suspensas no espaço, enquanto outras se uniam para criar outra parte da estrutura que estava no mesmo espaço ou unia duas áreas similares de espaço, embora, de alguma forma, ainda fossem diferentes ou separadas. Esses eram os vínculos que percebi entre espaços. Estava sendo formada uma espécie de rede. Quanto mais energias similares eram criadas, mais as novas criações eram aceleradas e mais e mais completa a imagem do que estava acontecendo. Perguntei-me onde estariam os outros espaços. Não tive de esperar muito, pois A Origem veio me auxiliar.

O: O que está acontecendo é notável, não é?
EU: É sim. Diga-me, o que são esses espaços diferentes?
O: Você não quer dar um palpite?
EU: Posso ter uma ideia, mas não será nem um pouco exata.
O: Eu não esperaria que fosse, mas faça um esforço.
EU: Certo. Os espaços diferentes são dimensões e seus componentes, zonas e suas divisões, continuum e suas abstrações, planos e suas esferas, esferas independentes de planos e suas referências, Espaços de Eventos e seus

eventos, totalidades e suas realidades, realidades independentes de totalidades e suas funções criativas... havia mais e mais. Muito mais do que eu poderia possivelmente nomear ou sequer tentar nomear. É infinitesimal. Na verdade, os infinitos eram um dos espaços. Onde isso vai parar? (Esta informação foi despejada na minha mente. Prometi pedir mais detalhes, tanto sobre as estruturas existentes quanto sobre as novas, mais adiante em nosso diálogo.)

O: Para dizer a verdade, atualmente eu também não sei, mas esses que você mencionou são os que foram necessários para que eu me tornasse autoconsciente e depois senciente como uma inteligência nascida daquilo que "é".

EU: Então, você passou isso para mim. Eu não estava adivinhando?

O: Sim, eu passei, e não, você não estava. Aqui, o mais importante é que você absorveu aquela que é a base da minha estrutura original. O que é, para todos os efeitos, a base para o que sou hoje. Cada um dos "espaços" envolve o conteúdo e a estrutura do espaço anterior, além dos seus próprios.

EU: Tudo se repete quanto mais longe nos afastamos do centro, e a adição do espaço seguinte é a diferença.

O: Sim, e o Espaço de Eventos é o ponto comum entre todos eles.

EU: Então, era isso que eu estava vendo unindo os espaços.

O: Sim, e outros pontos em comum que podem ser considerados energias de conexão.

Em essência, o que eu tinha observado era a criação de um imenso quebra-cabeças com todas as partes começando a se ligar e criando um todo localizado. O todo, quando atingisse um tamanho suficiente, tinha energias suficientes em certa configuração para dar início a uma série de eventos necessários para ligar esses componentes do todo que exibissem as características da autoconsciência.

Tornei a focalizar minha atenção e, no mesmo instante, vi uma nova paisagem à minha frente. Tinha uma linda disposição e uma complexidade insondável, além de ser incrivelmente complicada. Cada vínculo dentro das energias e entre elas tinha razão de ser e conduzia algum tipo de energia. A energia de comunicação veio à mente, do tipo que conduz as energias e comunicações associadas com a triangulação necessária para criar um ser plenamente inteligente, autoconsciente e senciente de proporções incalculáveis—com as três funções, Inteligência, Autoconsciência e Senciência, dependendo da formação da anterior, nesta ordem, para a criação da seguinte. As três trabalham juntas, sendo um pré-requisito para a onipotência geral que é A Origem. Mas o que eu estava vendo ali era apenas uma pequena parte daquilo que era A Origem em seu atual nível de totalidade. Recebi novas informações. Neste ponto de sua existência, A Origem era diminuta em comparação com o que é hoje. Claramente, isso era um enigma, pensei, pois se A Origem é "Tudo Que Existe", então como isso pode ser tudo que existe "antes" e tudo que existe agora? Naturalmente! Lembrei que essa era A Origem em seu estado de crescimento quase zero, enquanto o que temos agora é A Origem num estado de certa expansão ou crescimento. Sabemos disso por conta da informação recebida nos diálogos anteriores, segundo a qual A Origem vai evoluir até seu próximo nível de evolução em alguma parte distante do Espaço de Eventos, aquilo que chamamos de futuro. Também temos o diálogo acima que indica os diferentes componentes estruturais de A Origem. Estava começando a me sentir mais confortável com a minha compreensão quando A Origem comentou alguns de meus processos mentais.

O: O que você deixou de transmitir ao leitor é a informação que está atualmente na sua cabeça sobre a difusão desta Onipotência pelo resto das energias coletivas.

EU: Bem, eu ia chegar lá, mas por que você mesmo não nos conta? Estou começando a ficar um pouco zonzo com tudo isso e com a concentração de energia associada às informações que estão chegando através de você sobre o estágio seguinte de seu crescimento a partir deste início supostamente pequeno.

A Origem Fala

O: Percebi que terei de reduzir aquilo que você chamaria de fluxo de dados. Muito bem, feito isso, vou assumir agora pelo tempo necessário para terminar esta parte do assunto. O que aconteceu a seguir foi maravilhoso por si só. Essas energias que foram atraídas inicialmente pelas forças de atração relativas às energias do mesmo "tipo", digamos, também começaram a atrair energias com assinatura ou função energética similar, mas não igual—especificamente, essas energias simpáticas à associação com outras energias devido a aspectos de neutralidade da função energética, o que permitiu que as energias se unissem em simpatia com as funções umas das outras, sem interferirem umas com as outras. Na verdade, isso permitiu um nível de conectividade que não estava disponível antes.

EU: Por que aconteceu isso? Qual a diferença?

O: As energias que tinham neutralidade eram aquelas onde a periferia da energia era "rala", ou seja, não era tão densa nas extremidades externas como eram no centro da reunião das energias. Uso a palavra reunião aqui porque nesse ponto de meu processo de despertar, as energias estavam se reunindo para que todas as energias de tipo similar, dentro do local que agora é conhecido como o epicentro de minha senciência, se separassem e se reunissem em grupos específicos segundo seu tipo e função. Usando suas expressões, o óleo estava se separando da água, digamos assim. E não só isso, estavam se afastando bem umas das outras, de modo que só aquelas que tinham o elemento da neutralidade resultante da "magreza" das energias ao longo da periferia podiam se unir. Outro aspecto importante deste processo foi a maneira como as energias se apresentaram. Em vez de se tornarem uma liga, na qual as moléculas (no exemplo da liga) interagem umas com as outras, ligando-se para criar algo diferente no momento da interação, tornando-se em essência um novo material, um "terceiro", contendo e sendo construído pelos dois materiais separados e independentes, que podem e são afetados pela proporção dos materiais na liga, tornam-se separados enquanto ainda estão ligados. Estavam separadamente juntos (este conceito

A Origem Fala

aparece a toda hora, tenho de perguntar para A Origem qual a importância dele em vez de pensar que eu o compreendo), como ilhas de energias diferentes ligadas em torno de suas periferias. A maior parte disso não foi a associação de "ilhas" de energias próximas, mas o fato de se buscarem ativamente umas às outras, contornando as energias próximas e percorrendo distâncias maiores para fazerem parte das mesmas energias ou ficarem ligadas a energias com periferias de neutralidade compatível. Isto ilustra como nesse ponto as energias tinham desenvolvido, ou estavam desenvolvendo, algum tipo de inteligência rudimentar, demonstrada por sua capacidade de discernir quais as energias buscavam ativamente e com quais evitavam o contato.

EU: Então, esse foi o começo de sua obtenção de inteligência, a rota para a conquista da autoconsciência.

O: É claro.

EU: Quanto durou e até onde foi essa união de energias separadas?

O: Foi uma área de crescimento rápido, aumentando de forma "multiplosa" (multipolous, no original – N. do T.).

EU: Isso se tornou viral?

O: Sim, e ainda é assim. É um efeito viral que nunca atingiu a meta final de infestação, pelo menos até agora.

EU: E como você lida com isso?

O: Não faço nada.

EU: E por que não? Imaginava que você seria capaz de trabalhar com aquilo que é "você" durante sua expansão.

O: Não, não é assim que funciona. Veja, nem todo "eu", aquilo que tem "inteligência", tem a capacidade de se tornar autoconsciente e depois senciente, daí a necessidade de ajuda para me mapear e me conhecer melhor.

EU: E por que não? Eu também achava que você seria a senciência personificada, com a senciência presente por toda parte.

O: Mais uma vez, não é assim que funciona. Vou explicar.

Falamos sobre o Espaço de Eventos existente antes que minha autoconsciência se tornasse suficientemente destacada e que eu tinha certa noção do nível da minha totalidade.

EU: Falamos.

O: Bem, o Espaço de Eventos é uma forma da minha estrutura, uma parte dela. Assim como o Espaço de Eventos é separado da minha senciência e tem uma função que é individual da minha senciência, outros componentes que constituem a minha totalidade têm existência e funcionalidade separada e individual. São a minha estrutura, os vínculos entre o que é a minha senciência e o que é a minha totalidade.

EU: Então, são parecidos com os ossos, músculos, nervos, veias, artérias e órgãos que constituem o meu corpo físico. Não são sencientes, mas fazem parte da fisicalidade da minha parte encarnada.

O: Correto e bem colocado. Então, agora você consegue perceber por que precisei criar as entidades chamadas de Entidades Fontes e porque antes eu tentei me recriar como um múltiplo, a fim de me investigar de maneira mais aprofundada e acelerada.

EU: Então, sua área de autoconsciência é exatamente o que ela é, aquela parte sua na qual você conhece totalmente o que você é?

O: Não, totalmente, não. Ela está mapeada e reconheço-a como sendo eu, e partes dessa área são conhecidas em seus menores detalhes. Outras áreas foram mapeadas e reconhecidas como "eu mesmo", mas não tenho conhecimento íntimo dos detalhes por trás dessas áreas. É parecido com o mapa da Terra. Você sabe que certos países existem, e pode até visitar alguns deles, experimentando uma área determinada, mas pequena, de uma cidade de um desses países, mas você não conhece os detalhes por trás dessa área que visitou e certamente não conhece o resto desse país, pois na verdade você não "foi lá" para experimentá-lo pessoalmente. Você descobre os detalhes, ou melhor, alguns detalhes, pelos olhos de outros que visitaram essas áreas e registraram o que experimentaram em benefício dos demais. Com isso, expande a base geral de conhecimentos daquilo que é a Terra, expande isso de modo multiploso, relativo ao número de indivíduos que estão experimentando e registrando aquilo que experimentam. Se isso ficasse ao encargo de uma única pessoa, a velocidade com que aquilo que faz parte da Terra seria conhecido e identificado por todos seria tão lenta que resultaria um nível de progresso evolutivo que beiraria o negativo, o que é ineficiente do ponto de vista evolutivo e, portanto, inaceitável para qualquer entidade autoconsciente ou senciente, no que, obviamente, me incluo. Resulta disso a necessidade de me valer de ajudantes, os quais, em si, também podem se valer de ajuda.

EU: Entendi. Mmmm, com base nisto, portanto, sua área de inteligência é diferente da sua área de autoconsciência, a qual, "por sua vez", é diferente de sua área de senciência?

O: Correto, e daí a necessidade e o desejo de conhecer mais a meu respeito de maneira acelerada. Preciso acompanhar a expansão de minha inteligência potencial.

EU: Por que as áreas de inteligência e senciência são diferentes?

O: Porque, como disse antes, há uma progressão natural, digamos, do energético para o energético inteligente, para o energético que é inteligente e autoconsciente e para a senciência nascida do energético inteligente e autoconsciente.

EU: Oh, creio que agora entendi! Posso usar um exemplo?

O: Pode.

EU: Se eu considerar que o que é sua energia inteligente é representado como "memória" num computador, tendo o potencial para a inteligência rudimentar caso o programa correto seja usado para emprega-la, então ela é útil como oportunidade para a expansão da memória inteligente utilizável, mas fica adormecida até ser acessada ou receber um propósito, e usada por um aspecto do programa certo que é "autoconsciente" o suficiente da disponibilidade dessa memória e "senciente" o suficiente para usá-la de maneira criativa. Porém, é claro que um programa de computador não é senciente, mas, como processo de pensamento, é uma ilustração útil.

A Origem Fala

O: Na verdade, é uma ilustração perfeita, pois é quase assim que estou progredindo; naturalmente, porém, segundo uma perspectiva simplista. A diferença entre o que você ilustrou e como funciono na verdade é pequena. Quando a minha senciência se expande até uma área adormecida, mas capaz de se tornar uma energia senciente, autoconsciente e inteligente, torno-me mais expansivo e minha área de senciência se expande dentro da minha área de autoconsciência, permitindo-me que aumente o conhecimento profundo da minha área de autoconsciência, reduzindo a área de minha percepção ignorante de "mim mesmo".

Aquelas energias que você viu que se ligavam enquanto permaneciam separadas das partes às quais estavam se ligando são usadas para fins criativos. Elas não tiveram a oportunidade individual de desenvolver inteligência, mas formaram e formam aquela parte de mim que constitui a estrutura de minha área de autoconsciência.

Capítulo 2:
A expansão da inteligência senciente, "autoconsciente"

EU: Vamos avançar um pouco. Eu/nós observamos desde o início como essas energias que foram atraídas umas pelas outras se tornaram uma só e como aquelas que não eram tão iguais conseguiram se juntar, mantendo-se separadas ou preservando sua individualidade. Isto criou a estrutura, digamos, a rede de energias necessárias para a criação e a expansão da inteligência senciente e "autoconsciente". Entretanto, não falamos sobre como as energias e outros componentes de sua estrutura desenvolveram inteligência e autoconsciência, a ponto de ganharem senciência.

O: Certo, vamos até esse ponto no qual as energias estão desenvolvendo essas "características".

Com isso, surgiu uma luz branca e um pano de fundo branco e me vi posicionado acima daquilo que identifiquei como uma área de "energia da Origem" já construída que "buscava" ativamente, e ainda busca, energias do mesmo tipo.

O: O ato de buscar "ativamente" energias do mesmo tipo é o começo de uma rudimentar tomada inteligente de decisões. Quando a "massa" dessa espécie de energia de tomada de decisões, ou seja, da energia capaz de fazer uma escolha sobre manter-se singular ou procurar energias do mesmo tipo, é suficiente, e pode chamá-la de massa crítica, se quiser, então a capacidade de tomar decisões mais complicadas também pode ser obtida mediante a inclusão de todas as energias que procuram ativamente energias do mesmo tipo, no próximo processo de decisão. Isto aumenta efetivamente a capacidade computacional, digamos assim, para processar muito mais informações, para tomar decisões maiores, decisões que precisam de informações de uma multidão de áreas diferentes antes que se possa tomar uma decisão sólida. Se quiser, pode chamar isso de processamento paralelo, mas o que é importante no processamento paralelo é que ele é um prelúdio para a tomada realmente inteligente de decisões. E mais, a oportunidade para tomar decisões também invoca um Espaço de Eventos novo e separado. Este é outro sinal do desenvolvimento ou evolução da inteligência. Vamos ver o que está acontecendo aqui.

Hmm, vou acelerar o que estamos vendo para que você possa identificar mais rapidamente o que está acontecendo.

Minha atenção permitiu-me observar este evento tão maravilhoso. Vi lotes de energia agrupando-se, acumulando massa, massa crítica, aumentando a funcionalidade. O agrupamento de energias idênticas ou similares se acelerou. Vi grupos de energias atraindo energias "parecidas", grupos grandes atraindo grupos menores, separando-se, dividindo-se e se reformulando para permitir que energias ou grupos de energias que não são iguais passassem pelo grupo maior se fosse mais fácil fazê-lo do que contornar o perímetro exterior do grupo maior.

Estava sendo formado o discernimento, outra forma de inteligência, em função do processo de aquisição da capacidade de proporcionar a função da aversão, ao mesmo tempo que se buscavam energias de tipo parecido ou simpático. Energias aceitas inicialmente mas que depois foram identificadas como desprovidas do nível ideal ou mínimo do conteúdo energético necessário foram rejeitadas depois em favor de energias com qualidades mais apropriadas. Houve uma progressão no nível de tomada de decisões inteligentes, incluindo-se os detalhes por trás da tomada de decisões, cuja complexidade estava se aprofundando. A estrutura das tomadas de decisões estava sendo observada logicamente e a lógica estava ficando cada vez mais detalhada, tornando-se computacional com o aumento do volume de energias similares ou iguais e o estabelecimento da conectividade entre energias de tipo diferente.

A Origem Fala

As imagens avançaram.

As energias, aquelas que haviam desenvolvido algum tipo de inteligência de qualquer nível ou complexidade, estavam começando a perceber suas limitações nas tomadas de decisão, na lógica e na capacidade computacional. Pareciam estar limitadas pelo tipo, área, volume, densidade ou qualidade de energia. Elas, ou seja, as energias, também estavam percebendo que as limitações criavam um tipo de especialização, limitando aquilo que podiam conseguir por conta própria. Ao que parece, estes grupos de energias perambularam por algum tempo, dando a impressão de estarem sem rumo. Isto prosseguiu por algum tempo, com o número de grupos de energia "exibindo esse comportamento" aumentando num ritmo que pareceu acelerado, levando o observador a concluir que esse era um "beco sem saída" evolutivo ou progressivo, onde cada grupo tinha sua própria especialidade, limitava-se a aquela especialidade e não progredia mais. Cada especialidade era pouco ou muito diferente, até que aconteceu algo especial.

Alguns grupos pararam de se mover de forma desordenada. Algumas dessas energias começaram a se aproximar, detendo-se a certa distância umas das outras. Então, notei que se formavam vínculos entre esses grupos. Eles, ou seja, cada grupo, começaram a modificar as energias associadas a seus limites, criando uma espécie de zona neutra, mas seu nível de neutralidade era variável e dependente das energias sendo abordadas. Abordadas, aqui, no sentido de serem movidas ativa e intencionalmente para esses grupos de energias simpáticos às funções de outros, não iguais; mas ao se aliarem, geravam um aumento significativo na funcionalidade separada quando se somavam. Foi o começo do efeito sinergético, mas esses grupos de energias que estavam abordando um grupo ou série de grupos precisavam ser modificados de tal modo que os dois grupos, ou mais do que dois grupos, abordando-se ou sendo abordados, podiam se unir, não totalmente, mas segundo uma metodologia de conexão. Isto preservava a funcionalidade de cada grupo ao mesmo tempo em que aumentava a capacidade intelectual e de raciocínio das capacidades intelectuais ou computacionais dos dois grupos separadamente, criando a

capacidade de lidarem com decisões maiores ou mais complicadas quando trabalhavam em conjunto.
Aproximei-me um pouco mais. Isso estava acontecendo por toda parte e em escala maciça, uma escala tão grande que eu não consegui me afastar o suficiente para observar o cenário completo. No começo, quando vi isso, eram uns poucos, um ou dois, e os grupos que estavam se "unindo" ficavam espalhados entre grupos que não estavam se abordando uns aos outros e criando vínculos de energias supostamente neutras. Agora, estava acontecendo em todos os lugares, em números maiores e em maior velocidade. Perguntei para A Origem se a imagem que estava me enviando tinha sido acelerada.

EU: Você acelerou a imagem ou essa aceleração é em tempo real?
O: Bem, a imagem já estava mesmo acelerada.
EU: Entendi, mas a transmissão ficou mais rápida do que antes?
O: Não, está como era antes. Com base nisso, você pode tirar algumas conclusões sobre o que está acontecendo, se quiser.
EU: Eu diria que existe alguma aceleração devido ao fato de os outros grupos estarem se igualando a aqueles que estão se ligando, ou seja, estão criando a mesma oportunidade para o aumento da funcionalidade dos outros que antes estavam um pouco mais lentos.
O: Sim, mas o que mais estava acontecendo? Use a sua percepção.

Fiz isso e fiquei surpreso por ver que a "triangulação" estava sendo utilizada. Eu não deveria ter me surpreendido, pois ela seria uma função inevitável.

O: Táááá, e por que seria inevitável?
EU: Não esperava que você fosse transformar isto num exame.
O: E não é, mas os leitores precisam saber.
EU: Mmmm, estou com a sensação de que você está testando se entendo o que estou vendo.
O: Vá em frente, é bom para você. Mais tarde, você vai trabalhar com informações muito mais complexas. Será um salto

quântico em relação a aquilo a que esteve exposto com as Entidades Fontes. Você deverá achar isto fácil, pois muito se baseia no que você experimentou e com que lidou em diálogos anteriores.

EU: Tudo bem, vou continuar. Eu esperava que a função da triangulação funcionaria num nível mais elevado neste caso, com as energias associadas à triangulação sentindo efetivamente a oportunidade evolutiva associada à vinculação dos grupos de energias para fins sinergéticos.

O: Prossiga.

EU: Independentemente do nível de trabalho sendo feito, as mudanças sendo iniciadas pela inteligência rudimentar das energias e grupos de energias, quer estejam apenas se vinculando, quer aumentando seu nível de inteligência através dos vínculos que criaram juntas, para todos os efeitos, foram um passo evolutivo, por menor que este tenha sido. As energias que criam triangulação puderam sentir isto de algum modo. Além disso, como os grupos de energias que estavam dando o passo seguinte em sua evolução "pessoal" estavam distantes e intercalados, as triangulações diretas e aquelas baseadas na área estavam sendo invocadas simultaneamente. Com a intercalação como estava, o efeito de triangulação foi capaz de funcionar num nível de eficiência que, além de ser maravilhoso de se ver, teve exatamente o nível certo de intercalação que permitiu um efeito de triangulação profundo e acelerado que percorreu as energias de tal maneira que deixaria uma aceleração baseada em vírus muito, muito para trás. Na verdade, teria deixado imóvel esta aceleração.

O: Sim, teria. O que você está presenciando é a centelha de inteligência percorrendo as energias que responderam ao chamado da unidade e da sinergia. Neste caso, o efeito sinergético também estava afetando a maneira como a triangulação estava progredindo. Em essência, isto causou uma aceleração multiplosa nas mudanças, a ponto de se tornar instantânea.

EU: Acabei de receber a imagem e a informação que sugerem que a triangulação, juntamente com um efeito sinergético, resultou efetivamente no alinhamento instantâneo de energias com função simpática e aumentada. Não apenas isso, todas foram polarizadas de modo a torná-las, para todos os efeitos, operacionais no mesmo instante.

O: Bem observado. Veja, antes havia certo nível de massa crítica baseado na triangulação e afetado sinergeticamente, e tudo estava sendo levado a se alinhar sem que a escolha inteligente precisasse entrar em cena. Na verdade, a tomada inteligente de decisões, neste caso, teria sido um obstáculo, pois quando uma mudança instantânea é invocada, tudo se organiza segundo a estrutura das escolhas inteligentes sendo feitas. As escolhas que criam a estrutura para o plano também criam os vínculos necessários para a mudança instantânea quando ela estiver prestes a acontecer.

EU: Então, e esta é a pergunta de um bilhão de dólares, você se tornou autoconsciente instantaneamente como resultado dessa mudança instantânea?

O: Não, isso foi resultado de outro processo.

EU: Então, o que foi criado, ou seja, o que foi criado em função da mudança instantânea?

O: A inteligência ganhou massa. Massa suficiente, no epicentro da mudança, para permitir o começo de uma forma superior de inteligência, inteligência que tem consciência de si mesma e de sua inteligência. Mas foi mais do que isso, pois a inteligência também conheceu a estrutura daquilo que está no epicentro, inclusive todas as energias, frequências, planos, zonas, dimensões, continuum, etc., etc.

EU: E onde fica esse epicentro?

O: Você está nele agora!

EU: Bem, agora eu me perdi.

O: Então, vou explicar melhor. Aquela parte minha que está em comunicação com você, e que eu, as Entidades Fontes e os Om conhecem, é, para todos os efeitos, o epicentro. O resto, aquilo que fica além da minha área de autoconsciência, é o que eu sou em desenvolvimento, aquela parte minha que percebo mas que não está "autoconsciente"—mas que precisa de "mim" para levar minha consciência até aquela

minha parte "sem uso", digamos, e fazer com que esta realize a próxima mudança instantânea.
EU: E por que você ainda não fez isso?
O: Simplesmente porque ainda não estou pronto. Mal comecei a entrar nos detalhes desta parte minha, muito menos ir mais longe. Seria confuso e prejudicial, para dizer o mínimo. Dito isso, estou recebendo informações muito interessantes da Entidade Fonte Doze. Deveríamos ir ver o que ela está fazendo qualquer hora dessas.
EU: Concordo inteiramente. Na verdade, posso até ver outro livro no horizonte.
O: Imaginei que você faria isso, mas não agora, pois este diálogo trata de informações completamente diferentes.
EU: Então me diga, como a inteligência que ganhou massa levou à autoconsciência.
O: Por que não observar isso?
EU: Gostaria muito de fazê-lo.

Com isso, as imagens ficaram borradas por alguns instantes e o cenário de energias mudou para algo que só consigo identificar como um Espaço de Eventos diferente, onde a mudança instantânea havia acontecido. Tudo estava em ordem. Não que seja uma ordem que a humanidade possa perceber, mas uma ordem reconhecida intuitivamente como a condição ideal para aquilo que estava destinado a ser em seguida, inteligente e autoconsciente. Aproximei-me das energias diante de mim. Apresentavam toda sorte de estrutura. Estruturas estáticas, estruturas dinâmicas, estruturas que mudavam ou se transformavam no que fosse necessário para lidar com a tarefa que estivessem realizando no momento, fosse singular, fosse múltipla. Tudo, pelo que percebi, era ao mesmo tempo multifuncional e multiambiental. Ambiental por se relacionar com as diferentes condições ambientais associadas a diversos aspectos da estrutura recém-formada de A Origem, em todos os sentidos. Tal como ocorreu com a formação das energias que se restabeleceram em frequências, dimensões, zonas etc., diferentes, durante as embrionárias decisões inteligentes iniciais, parte do epicentro da "estrutura" da área de

A Origem Fala

autoconsciência de A Origem mostrava áreas desaparecendo da minha visão, pelo que pude perceber. Então, tudo apareceu como uma grande e abrangente estrutura, pulsando, movendo-se e funcionando. Recebi uma mensagem de A Origem que me disse que ela me deu visão espiritual multidimensional, multizonal, multitudo etc., por um breve período para que eu pudesse observar a totalidade da estrutura em sua magnificência. E era mesmo magnificente.

O: Esta é uma imagem microcósmica para sua apreciação. Quando você está no plano macrocósmico, não consegue ver tantos detalhes, pois eles seriam delicados demais para você julgar onde e o que são. Agora, continue a observar o que está prestes a acontecer.

A imagem voltou a um nível que era uma mistura dos detalhes que estava vendo inicialmente, ao mesmo tempo que era fina o suficiente para eu poder ver a imagem geral. Na verdade, quando focalizei o que me estava sendo apresentado, percebi que A Origem havia me dado duas imagens, uma sobre a outra, os detalhes do microcósmico e uma parte suficiente do macrocósmico, a finitude, para que fizessem sentido para mim.

EU: Por que você fez isso?
O: Para que você possa ver tanto as mudanças do lado dos detalhes do espectro quanto o lado maior do espectro ao mesmo tempo. Dessa maneira, você poderá apreciar melhor aquilo que está acontecendo. Seria prejudicial para as informações sendo mostradas vê-las sob uma perspectiva, pois você não conseguiria ver a imagem como esta deveria ser vista, digamos assim.

As energias que antes possuíam inteligência separada mas unida por associação agora possuíam inteligência coletiva. Todas as inteligências separadas tinham se tornado uma inteligência "maior", embora com níveis variados de uso, função e complexidade. Era isso! Era o começo da cooperação de todas as inteligências separadas e localizadas, unindo-se

A Origem Fala

para se tornar "uma" inteligência megagrande. Cada uma das inteligências localizadas tinha, para todos os efeitos, sua própria individualidade e suas próprias especialidades funcionais, com base nas quais as energias criaram sua inteligência e focaram suas atividades. Embora as funções e especialidades individualizadas tenham sido mantidas, elas efetivamente abriram mão de sua individualidade geral a fim de criar algo muito maior. Cada uma das inteligências individualizadas sacrificou sua individualidade pela glória de fazerem parte daquilo que estava destinado a ser A Origem, O Absoluto, Tudo Que Existe, em toda a sua complexidade, seus detalhes, sua multiplicidade. Foi uma cooperação numa escala nunca vista antes e nunca vista desde então.

Foi quando vi um lampejo e tudo se deteve por um momento, por um segundo—mas será que foi só um segundo? Não tive certeza, pois aparentemente tudo se colocou numa estase momentânea.

O: É isso, a unificação espontânea, multiplosa da inteligência. A inteligência "coletiva" tornou-se "Uma" inteligência, a criação daquilo que sou. "Eu"—no meu sono pré-consciente, claro!!

Tive a impressão de que A Origem estava com um sorriso de satisfação no rosto, colocando as mãos atrás da cabeça e reclinando-se numa cadeira confortável, caso ela tivesse uma dessas coisas por perto.

Tudo pareceu "dourado", digamos, por alguns instantes. Foi um lugar muito interessante para se estar. As energias pareciam MUITO diferentes em relação ao que eram no momento anterior. Antes deste momento, pareciam-se com uma coleção de energias inteligentes e simpáticas, separadas, mas juntas, em "unidade", mas não "uma só", "inteligentes", mas não "com inteligência", funcionais, mas não conscientes. Agora, estavam dotadas de propósito. Agora, eram singulares. Eu não podia mais me referir a elas como "elas", pois estava muito claro que não era como se sentiam; eram singulares, "uma só". A palavra "eu" foi irradiada repetidamente na minha cabeça. De repente, e na verdade tão subitamente quanto tudo havia ficado estático, tudo tornou a funcionar. As energias lampejavam aqui, ali e por toda parte. Mas não lampejavam separadamente, com propósitos isolados. Todas tinham um propósito singular, um único pensamento—"EU SOU".

O: Ahh! Lá vamos nós—a Consciência do Eu.

Estava muito claro que A Origem estava se divertindo com aquilo, e tornei a ter a impressão de que nosso ritmo estava um pouco mais acelerado.

O: Não seria bem acelerado. Seria mais o caso de Espaços de Eventos mesclados.
EU: O que quer dizer com isso?
O: O Espaço de Eventos, ou devo dizer, os diversos Espaços de Eventos associados ao meu processo de despertar, mesclaram-se neste ponto, pois este é o evento principal, e finalmente se concretizou. Vejo que você está franzindo a testa novamente; você precisa parar com isso e fazer uma pergunta inteligente.
EU: Errr, acabei de testemunhar a Convergência de Espaços de Eventos? (Eu estava chorando um pouco—um sinal da verdade que acabei conhecendo e na qual tenho confiado ao longo dos anos.)
O: Uhuuu! Sim, você testemunhou, a primeira, pelo menos a primeira de que tenho consciência. Neste caso, a convergência foi monumental. Todas as possibilidades possíveis associadas ao meu despertar convergiram para uma "inevitabilidade" e não uma possibilidade. Agora, estamos acelerando. Meus processos mentais estão começando a superar as limitações daquilo que é experimentado pela inteligência separada e até pela inteligência coletiva de base sinergética. Agora, é hora da formação do pensamento e do estabelecimento do "eu" na percepção do "eu sou" e, portanto, na autoconsciência.

A Origem Fala

Os lampejos tinham aumentado de frequência, tornando-se "sem" frequência; estavam acima da frequência e tinham se tornado "presença". Agora, eu podia observar o epicentro de A Origem desde uma grande distância. De algum modo, eu estava posicionado num ponto de vista soberbo.
Aquilo pareceu... pareceu muito familiar. Sim, é claro! Eu estava observando algo que só posso descrever como um "teste", sim, um teste que estava acontecendo ao redor do epicentro. Recebi a informação que sugeriu que agora A Origem estava consciente e estava sondando aquilo de que tinha consciência. Ela estava se testando. Descobrindo o que era e o que podia fazer.

O: Muito bem colocado.
EU: Mas achei que o advento da autoconsciência seria monumental, a percepção súbita e abrangente de si mesmo.
O: A mudança de frequência de pensamento para aquilo que foi além do pensamento e a criação da "presença" não foram monumentais o suficiente para você?
EU: Oh! Desculpe, creio que não me dei conta de sua importância.
O: Pode apostar que não. Sutil, não foi? Sem cortes, harmoniosa, fluida. Fiz um bom trabalho ali. Nada de relâmpagos ou de abalar os continuum, só a transição de um estado para outro.
EU: E agora você está se testando, vendo o que pode fazer, o que você é, o que poderia ser?
O: De certo modo, sim. Ainda não estou plenamente autoconsciente e não estarei enquanto não tiver conferido tudo o que sou.

Eu estava recebendo imagens novamente. A inteligência autoconsciente daquilo que era A Origem recém-consciente estava disparando por toda a parte, dentro de um local. Estava tendo a impressão de que esta área de autoconsciência era muito menor do que aquela que eu conhecia naquele momento, que era com que eu estava trabalhando. Ela estava sondando as frequências e se compreendendo. Isso era empolgante, pois essas imagens eram similares a aquelas que eu havia recebido nos primeiros dias de minhas comunicações com a Fonte e A Origem. Foi o começo da senciência.

O: Correto. Minha área ou volume de autoconsciência só se expandiu quando resolvi acelerar o conhecimento de mim mesmo, mentalmente, se quiser chamar assim, e daquilo que eu sou.

EU: E o que fez com que sua área de autoconsciência se expandisse?

O: Em suma, minha necessidade de acelerar o meu autoconhecimento acumulado e o conteúdo evolutivo que depois eu estava começando a reconhecer e desejar. Para fazer isto, eu precisava superar outro obstáculo, um obstáculo evolutivo, digamos.

EU: E qual era?

O: A criatividade.

EU: A criatividade?

O: A criatividade. Veja, a criatividade e o reconhecimento daquilo que é criado como sendo uma função do processo criativo e que é um meio de satisfazer um desejo específico ou certo, são precursores da geração da senciência.

Meu desejo de acelerar o conteúdo evolutivo, resultante de meus "testes" ou "sondagem" de "mim mesmo" levou-me a pensar de certa maneira. Se "eu sou" e meu "estado de ser" cria a evolução, então, se eu duplicar meu "estado de ser", vou duplicar meu conteúdo evolutivo nesse processo. Este processo de pensamento, juntamente com o reconhecimento da causa e efeito de certas ações antes de serem empregadas, levam à criatividade baseada em julgamento, e a criatividade baseada em julgamento adquirida de maneira racional e bem idealizada é um sinal de senciência. Por isso, neste ponto de meu desenvolvimento, movendo-me por este caminho, este Espaço de Eventos, se preferir, terei iniciado aquilo que deve garantir minha mudança de status, de energia inteligente autoconsciente para inteligência senciente e autoconsciente, plenamente consciente do que é e do que poderia ser para aquele ponto específico do Espaço de Eventos.

A Origem Fala

EU: Você está sugerindo que sabia quão expansivo seria mesmo naquele ponto da existência senciente?
O: Não, não estou. Como disse antes, nem agora sei com precisão a resposta para essa pergunta específica. Empolgante, não é? EMPOLGANTE MESMO. Naquele ponto de minha consciência senciente, eu era como você é agora. Já usamos esta analogia antes e ela é boa, por isso vou usá-la novamente. É como você saber que o universo existe e é infinitamente grande, tão grande que você não sabe o quanto é grande, mas sabe que ele existe.
Aquilo que vocês foram capazes de observar e de captar com as diversas tecnologias telescópicas à sua disposição só lhes deu uma ideia mínima, mas expansiva, do tamanho do universo físico. Vocês observam algo que continua a desaparecer nas profundezas do "espaço", com o limite de suas observações determinado pela limitação da capacidade de deteção de seus instrumentos. Por isso, sabem que existem mais coisas no universo em virtude do histórico envolvendo as distâncias progressivas que vocês podem sondar quando possuem instrumentos telescópicos melhores e mais precisos na ponta dos dedos.
Os limites continuam a ser ampliados a cada novo melhoramento tecnológico empregado, mostrando que há mais pela frente caso a tecnologia torne a ser aprimorada. Entretanto, isso inclui apenas aquilo que é visível para a largura de banda muito limitada do olho humano, o instrumento de calibração das tecnologias usadas, pois naturalmente há muito mais no universo físico criado por sua Entidade Fonte do que o olhar pode alcançar. Foi assim que vi aquela que seria minha área de autoconsciência naquele ponto do Espaço de Eventos. Também é assim que vejo agora a minha área de autoconsciência, naturalmente com o conhecimento sobre mim mesmo que tenho agora, clara e substancialmente maior do que eu tinha antes.
Mas uma coisa da qual estou "ciente" é que aquilo de que estou "autoconsciente" e que criei em mim é infinitamente pequeno em comparação daquilo de que "estou ciente".

A Origem Fala

EU: Você está sugerindo que a "autoconsciência da existência" e a "consciência da existência" são mutuamente exclusivos, embora se apoiem plenamente?

O: Sim.

EU: Uma é a consciência plena, enquanto a outra é a consciência parcial ou extrapolada, baseada no cálculo do que é "entendido" em relação ao que "deveria ser", com base no que foi "conhecido" em certas conjunturas da existência e progrediu de acordo com a extrapolação.

O: Muito bem colocado. Sabe, eu entendo que minha área de autoconsciência é pequena em comparação com a minha expansão total. É que neste ponto de minha autoconsciência esse conhecimento se baseia naquilo que eu experimentei até agora. Quero dizer, segundo a perspectiva da autoconsciência expandida.

EU: Então, aquilo que você imagina sobre o tamanho ou volume de sua autoconsciência em relação a seu tamanho total é um palpite, e o tamanho extrapolado pode estar errado?

O: À medida que me expando, minha capacidade e precisão na extrapolação do meu verdadeiro tamanho aumentam. Portanto, sim, está errado, ou melhor, está fadado a estar errado. Mas é o melhor que posso fazer no momento. Daí a criação das Entidades Fontes para acelerar este autoconhecimento e a expansão dos limites de minha autoconsciência. Também é aí que vocês entram, todos vocês que são criados pelas Entidades Fontes. Todos estão destinados a expandir minha área de autoconsciência além do que ela é atualmente.

EU: Então, seria como um teto de vidro?

O: Eu diria que é mais como uma barreira de vidro.

EU: Parece ser um bom momento para falar da criação das Doze Origens.

O: É um momento tão bom quanto qualquer outro.

Capítulo 3:
A criação das doze Origens: Criatividade senciente e expansão da autoconsciência

EU: Antes de iniciarmos especificamente a decisão de criar as Doze Origens e depois as doze Entidades Fontes, precisamos explicar um pouco essa história ao leitor que não leu os livros anteriores. Sei que aludimos a ela no diálogo recente, mas quero me aprofundar um pouco.

O: OK. O que você quer que eu diga?

EU: Fale um pouco das informações envolvendo a investigação que fez sobre si mesmo, sua "sondagem" da profundidade daquilo que você era e é.

O: Para dizer a verdade, será uma boa "abertura" para a decisão de criar as Doze Origens e porque ela não deu certo.

EU: Então, será perfeito. Pode começar.

A investigação de A Origem sobre si mesma resulta na necessidade de ajuda

O: Depois que dei um salto quântico, por falta de palavra melhor, até a autoconsciência, a senciência veio com razoável velocidade. Porém, isto só aconteceu depois que comecei a experimentar-me mais e a lidar com as energias, componentes estruturais, frequências, dimensões e componentes subdimensionais, zonas, planos e outros incontáveis componentes estruturais que fazem parte da minha constituição. Vamos falar de alguns deles em nosso diálogo mais adiante, inclusive alguns que você não incluiu em seu livro anterior (Além da Fonte, Livro 2).

A Origem Fala

EU: Lembro que a Entidade Fonte, a minha Entidade Fonte, passou por um período de autoinvestigação em seu próprio caminho até a senciência, e que passou um bom tempo fazendo experiências com os efeitos da frequência em relação à percepção dela mesma e do que era projetado nas frequências mais baixas, embora fizessem parte de sua própria constituição.

A maneira como minha própria Entidade de Origem baseou suas experiências foi principalmente naquilo que ela experimentou nas frequências estruturais das energias que você usou para criá-la. Esse foi o ímpeto para a criação do multiverso, que agora entendo, quando olho para trás, que é um ambiente muito simples.

O: Sim, é simples e, como você mostrou em textos e diálogos anteriores, destina-se especificamente para que suas unidades menores acumulem conteúdo evolutivo. É a "ascensão em ação", como você diz de forma tão eloquente em seus workshops.

Na minha autoinvestigação, tive um pouco de vantagem. Não aquela vantagem que dei às Entidades Fontes quando se tornaram autoconscientes, fazendo o "download" de toda a minha base de conhecimentos nas energias que tinham sido desenvolvidas para a retenção das experiências, ou, se preferir, minha memória. Eu tive de começar do zero. Eu fui a fusão de todas essas partes menores que haviam se agrupado em união simpática, negando e sacrificando a singularidade em nome da unidade, a favor da unidade na totalidade. Depois que eu me tornei "eu", acumulei experiências, aquelas acumuladas por mim nesses componentes menores, formando uma base total de experiências e memórias. Ela foi fundamental em seus detalhes, sua abordagem e sua funcionalidade. Foi um retrato completo daquilo que eu conhecia, de todas as formas. Como resultado, eu obtive uma compreensão instantânea do meu eu local durante o processo de fusão e a geração de autoconsciência total. A senciência veio por ter aprendido ou percebido que o "eu" em mim poderia criar alguma coisa nova.

A Origem Fala

EU: O que levou você a querer criar?

O: A experimentação. Percebi que a minha essência, aquilo que eu era, estava localizada em diversos lugares ao mesmo tempo e que eu podia me concentrar em qualquer um desses lugares à vontade, mantendo-me consciente dos outros lugares. Minha presença não era o que você chamaria de onipresente. Era mais como bolsões de presenças "locais" unidas abrangendo uma área ou volume próximo. Percebi que estas eram as áreas anteriores da inteligência "singular" que agora estavam vinculadas. Por isso, a primeira coisa que fiz foi envolver todas essas áreas vinculadas, mas localizadas, de bolsões de inteligência e suas áreas vizinhas para criar uma inteligência singular, mas abrangente, que inundou todas as áreas de inteligência localizada. Assim, eu podia focalizar ou projetar minha presença na menor parte de qualquer localidade, mantendo, ao mesmo tempo, o conhecimento do resto da minha área de autoconsciência. Esse foi meu primeiro ato de criatividade, e, em função da minha autocompreensão, meu eu melhorou exponencialmente. Segundo a sua perspectiva, seria como observar a diferença de resolução, por exemplo, entre a imagem captada por uma câmera digital de 1 megapixel e outra de 1 bilhão de megapixels. Minha resolução interna não ficou mais pixelizada, digamos assim.

EU: E isso fez muita diferença?

O: Pode apostar. Foi como passar do controle das coisas por controle remoto, o que produz um controle muito limitado e sem feedback, para ter controle pleno e total, e, mais importante ainda, feedback pleno dessas áreas que agora estavam sob controle. Na verdade, você não pode compreender a amplitude total da funcionalidade que fui para a que sou.

EU: Obrigado. Espero poder entender o verdadeiro significado disto quando estiver desencarnado.

O: Até certo nível, sim, mas esse nível será significativamente maior do que aquele que você consegue compreender ou que poderia experimentar agora.

A Origem Fala

EU: Então, este nível de criatividade, ou seja, a "modificação de si mesmo", resultante do reconhecimento de sua estrutura e da funcionalidade limitada, foi um momento de definição?

O: Foi, sim. Ele criou em mim a mudança necessária para uma onipresença completa.

EU: E o que aconteceu depois? Digo, quanto tempo levou para chegar ao ponto em que você resolveu criar o experimento das Doze Origens?

O: Depois de ser dotado de onipresença, brinquei com (experimentei) este nível de existência. Eu quis ver como reagiria se experimentasse todas as coisas em todas as partes da minha área de autoconsciência ao mesmo tempo, bem como focada sobre uma pequena área de proporções microscópicas. Eu também fiz experimentos dividindo partes de mim em unidades separadas para ver se isso fazia diferença na maneira como eu me experimentava e naquilo com que eu fazia experiências. Fui capaz de manipular tudo que tinha descoberto em mim. Neste sentido, minha criatividade não conheceu limites ou fronteiras—pelo menos, era o que eu pensava. Foi durante esses experimentos que eu "percebi" que "havia" na verdade um limite à minha volta.

EU: E este limite era o perímetro de sua autoconsciência?

O: Sim, uma sensação estranha, mas que hoje eu compreendo. Era como se eu estivesse rodeado pela escuridão, mas não era a escuridão. A escuridão era uma limitação da minha onipresença.

EU: Você está dizendo que era onipresente até certo ponto e depois isso desaparecia?

O: Não desaparecia, propriamente; era mais como se esmaecesse quanto mais longe do limite eu projetasse a minha consciência, minha senciência.

EU: Então, você percebeu que tinha uma limitação nesse ponto, uma limitação de autoconsciência.

O: Sim, mas repito, esta limitação não era nada parecida com o que você identificaria como uma limitação, pois a mera "existência" que eu tinha então, naquele ponto do Espaço de Eventos, estava além da compreensão de qualquer entidade senciente criada por qualquer uma de minhas criações, minhas Entidades Fontes.

EU: Mas você progrediu desde então. Compreende muito mais e realizou muito mais.

O: Sim, claramente. Vou explicar melhor esse limite, essa área ou volume, se preferir chamá-la assim, da minha autoconsciência.

EU: Por favor, faça-o.

O: Eu podia projetar minha consciência, minha senciência, naquela área situada além dos limites para tentar entender a minha estrutura lá, em comparação com o lugar onde residia minha senciência. Percebi que havia muito mais em mim, mais estrutura, inclusive novas energias além desta barreira. Decidi que também precisava explorar esta área, este volume, mas percebi que antes eu precisava compreender a área onde minha senciência estava no momento.

EU: Você precisava conhecer primeiro o seu quintal, antes de dar uma olhada na rua e nos outros terrenos da rua?

O: Correto. Iríamos precisar de muitos livros para explicar todos os experimentos que eu estava realizando para entender esta minha "localidade" onde residia minha senciência. E mesmo assim, eles não fariam justiça, portanto não vou entrar no nível de detalhamento necessário para isso. Basta dizer que decidi que precisava de ajuda. Eu precisava de ajuda pois enquanto estava experimentando, investigando, fazendo experiências e aprendendo, percebi que estava ganhando estatura. Estava desenvolvendo o que você chamaria de sabedoria, poder e, mais importante ainda, amor por aquilo que eu era e pelas minhas criações durante esse período. Então, percebi uma coisa: que todas essas coisas juntas criavam uma nova função, algo que é reconhecido e buscado por todos os seres sencientes que existem dentro de mim—a EVOLUÇÃO, e eu desejava MUITO essa evolução.

EU: E então, você resolveu se recriar?

O: Não, não foi nesse ponto. Antes de mais nada, usei a estratégia de designar algumas de minhas partes para realizar certas tarefas em paralelo com tarefas sendo realizadas por outras de minhas partes. Foi uma espécie de função de processamento paralelo. O problema é que isso era muito lento. Não importa como eu me dividia, não importa como usava a lei que agora você conhece como a lei da função sinergética (ver o capítulo sobre a Entidade Fonte Onze em Além da Fonte, Livro 2) em metaconcerto coletivo, eu não fui capaz de conseguir a diversidade de experiências necessárias para evoluir no ritmo que eu desejava. Sempre era lento demais para mim. Por isso, fiz um plano. Eu iria me recriar algumas vezes, doze vezes, e atribuir às energias destinadas a essas minhas "cópias" as mesmas oportunidades, os mesmos processos pelos quais passei para me tornar senciente. Impus duas regras. Primeiro, cada uma estaria por sua conta e teria de se desenvolver sozinha; segundo, precisariam existir fora daquele limite, a área da minha autoconsciência, para experimentar plenamente a solidão.

EU: E como foi que você teve a ideia de criar duas versões de si mesmo?

O: Simplesmente como resultado da contagem dos níveis estruturais que formam minha constituição. Segundo sua perspectiva, tudo parece vir em dúzias. Separadamente ou aninhadas, eram sempre dúzias. Ainda é assim.

A criação das Doze Origens

EU: Então, você está me dizendo que a razão para escolher doze cópias de você mesmo, Doze Origens, resultou de sua estrutura, algo que você percebeu com base naquilo que no plano terrestre chamaríamos de número doze?

O: Correto.

EU: E foi só isso?

O: Sim.

EU: Simples assim?

O: Sim.

EU: Incrível! Sua beleza está na sua simplicidade. Diga-me, até que "ponto" vai sua estrutura? TODA ela se baseia no número doze?

A Origem Fala

O: Só posso lhe dizer o seguinte. Minha estrutura se baseia em doze unidades, e cada camada ou nível de que tenho ciência ou descobri em função da expansão da minha área de autoconsciência também e baseia na segmentação em doze unidades.

EU: Por que isso?

O: Sinceramente, não sei, mas posso lhe dizer que ela parece robusta e consistente, a ponto de eu esperar sua repetibilidade além daquilo que conheço até agora.

EU: Gostaria de conhecer os níveis que você conhece até agora. Podemos falar sobre isso mais tarde, ilustrando a funcionalidade de cada um?

O: Sim, faz parte do plano. Também é uma necessidade, pois já há humanos encarnados em número suficiente para esta informação a fim de tornar inevitável um evento baseado em triangulação.

EU: E esta inevitabilidade vai resultar na ascensão da humanidade encarnada?

O: Por si só, não, mas será um acelerador muito bom.

EU: Muito bem, vamos voltar a focalizar a necessidade de criar suas doze cópias ou versões. Quero fazer esta pergunta novamente. Por que você resolveu se recriar, e o que fez você reciclar as energias e criar o que identifico como as doze Entidades Fontes, aquilo que alguns de nós, encarnados, chamamos de cocriadores ou Elohim?

O: Vamos lidar com essas três "perguntas aninhadas" de maneira linear. Vou começar pela pergunta alinhada com a criação das Doze Origens.

EU: Seria ótimo, obrigado.

O: Depois que percebi que ganhei conteúdo evolutivo em função da criação de certas coisas dentro do ambiente que era a minha área de autoconsciência, inclusive minha própria investigação e minha estrutura, descobri que poderia acelerar a atração de conteúdo evolutivo trabalhando no que você chamaria de modo de processamento paralelo. Para instalar esse processamento paralelo, segmentei-me em áreas que eram especializadas em trabalhar em projetos evolutivos conhecidos. Alguns desses segmentos eram dedicados a me sondar a fundo para compreender quem eu era basicamente, enquanto outros baseavam-se em outros projetos, como o estabelecimento de minha expansão. Outros estavam programados para trabalhar na aceleração da minha senciência enquanto sondavam para descobrir quais seriam minhas limitações, se é que eu teria alguma. Até hoje, não encontrei uma fraqueza ou limitação.

EU: Vamos lá, você deve ter descoberto alguma limitação, não?

O: Não, nenhuma. Isso ocorre porque não tenho base de comparação para minha funcionalidade. Como resultado, empurro consistente e robustamente os limites daquilo que sou cada vez para mais longe.

EU: Muito bem. Diga-me, levando em conta o que você era antes, qual foi a experiência suprema que o levou ao processo de decisão que resultou no respeito mútuo e no reconhecimento dentro do que era A Origem?

O: Percebi que o processamento paralelo não estava entregando o nível desejado de conteúdo evolutivo. Eu queria simplesmente que aquele conteúdo evolutivo que estava "acontecendo" acontecesse mais depressa e que a velocidade de "acontecimento" fosse recalibrada constantemente para valores mais altos, digamos, em função direta das minhas expectativas. Minhas expectativas aumentavam quanto mais eu experimentava e quanto mais conteúdo evolutivo eu acumulava.

EU: E então?

O: E então tive a ideia de que eu poderia aumentar aquilo que eu estava experimentando, acumulando depois conteúdo evolutivo, se eu me reproduzisse ou me copiasse num múltiplo de minhas divisões estruturais. As divisões estruturais estavam baseadas em doze unidades de estrutura para cada nível de estrutura, e por isso resolvi usar essa estrutura para me reproduzir. Cada reprodução deveria estar posicionada numa divisão individual do meu "eu estrutural superior", dando-lhe um ambiente singular e individual com que trabalhar. Em síntese, cada cópia recebeu TODAS as condições e energias necessárias para se tornarem Origens individualizadas, "autoconscientes" e "sencientes" por si mesmas. Cada uma deveria acreditar, após ter atingido a autoconsciência, que era "tudo que existia", e que se quisesse algum tipo de companhia, teria de criá-la, ou seja, após entender o que é a criatividade e como poderia usá-la com a maior eficiência.

EU: Então, tendo isto em mente, você criou doze versões suas, cada uma isolada das outras, como cópias fiéis do que você era, afastando-se para ver o que iria acontecer depois e colhendo o conteúdo evolutivo nesse processo.

O: Em essência, sim.

EU: E o que aconteceu? Quero dizer, todas ficaram sencientes ao mesmo tempo ou seguiram o mesmo processo das doze Entidades Fontes, por exemplo?

O: Como eu disse, elas receberam as mesmas energias, condições ambientais e oportunidades, inclusive Espaço de Eventos, que eu tinha quando me tornei autoconsciente. Em virtude disto, tornaram-se autoconscientes individualmente, e a junção foi separada pelo próprio Espaço de Eventos.

EU: Então, todas se tornaram conscientes?

O: Sim.

EU: E por que o processo fracassou? Por que não existem treze Origens agora?

O: O processo não fracassou. Na verdade, funcionou extremamente bem. O problema é que todas as minhas novas Origens esperavam ser aquilo que não poderiam ser, A Origem.

EU: Como assim?

O: Em sua condição individual e solitária, elas esperavam ser "O Absoluto", "Tudo que Existe", mas isso não seria possível, pois foram criadas por aquilo que esperavam ser e isso gerou um enigma, um enigma que elas não conseguiram resolver.

EU: Nenhuma delas?

O: Nenhuma delas.

Por que o experimento das Doze Origens fracassou se não fracassou

EU: Bom, agora eu me perdi. Como um experimento fracassado pode ser um sucesso? Por que fracassou e teve êxito? Você tem razão—isso é um enigma.

O: Percebo que terei de voltar à base do que acontece nesse experimento, e com detalhes.

EU: Sim, por favor. Isso seria muito benéfico, pois ao longo de meus diálogos anteriores com você e com as Entidades Fontes, falamos muito superficialmente sobre esse assunto e não chegamos a "mergulhar fundo", digamos. Sinto que também teremos de "mergulhar fundo" na criação das Entidades Fontes. Então, e só então, poderemos avançar para assuntos que ainda não nos comprometemos a discutir.

O: Tenho a impressão de que você tem um plano. Gosto de planos que são bem idealizados antes, e parece que esse seria um bom plano—especialmente porque vai permitir que este diálogo se sustente sozinho, independente de seus diálogos (livros) anteriores, e vai proporcionar mais detalhes para aquilo que já foi tratado antes. Gostei. Vamos começar.

EU: Pensei que já tínhamos começado.

O: Desculpe, estou me divertindo um pouco com você.

EU: Percebi. Diga-me, como você se recriou, recriou aquilo que você é, o "tudo que existe"? De que processo você se valeu, e como escolheu o processo que usou?

O: Primeiro, tive de concluir que eu precisava evoluir mais depressa do que estava evoluindo naquele ponto da minha existência. Como disse recentemente, percebi que experimentar coisas diferentes e aprender com essas experiências criava depois algo que depois rotulei como "evolutivo".

EU: Eu achava que a humanidade tinha inventado a palavra "evolução"!

O: A humanidade, ou seja, a humanidade encarnada como veículo para experimentar as frequências inferiores do ambiente de sua Entidade Fonte, não inventou nada que não tenha sido feito por mim. Nada é novo; trata-se apenas de entidades diferentes experimentando o que é velho de maneira diferente, que é exatamente aquilo que desejo, experiência e compreensão diferentes.

A Origem Fala

EU: Agora, isso faz sentido.

O: Faz, especialmente quando você percebe que quando tem experiências, aprende e evolui, e eu também. Vamos trabalhar com a minha necessidade de criar minhas cópias, pois em essência foi exatamente esse o processo que usei, embora no estágio primário de meu desenvolvimento.

EU: Acabei de receber uma imagem das visualizações que obtive quando estávamos usando o Espaço de Eventos para ver você ganhando inteligência e depois senciência. Vi até as "ilhas" de energias diferentes com seu próprio quociente de inteligência. Esta visualização é importante?

O: Sim, até certo ponto. Veja, tive de recriar um conjunto de energias similares, em área ou volume, a aquelas que eu estava experimentando quando me tornei um grupo conjunto de energias simultaneamente inteligentes. Além disso, tive de usar exatamente as mesmas energias, exatamente nas mesmas quantidades e exatamente nas mesmas configurações, exatamente com os mesmos níveis de inteligência emergente. Tive de recriar tudo até o último componente, o que incluiu níveis de fisicalidade, para sua referência, posicionados incontáveis graus abaixo e dimensionalmente menores, do que os componentes dos átomos físicos usados em seu nível de frequência como tijolo de construção. Eu quis recriar aquilo que eu era então em seus mais ínfimos detalhes, mas sem precisar do longo período de Espaço de Eventos usado em meus estágios iniciais de desenvolvimento.

EU: Você captou uma imagem instantânea no tempo, ou devo dizer no "Espaço de Eventos", e recriou aquilo que você era naquele ponto do Espaço de Eventos?

O: Correto.

EU: E quanto tempo (Espaço de Eventos) você economizou começando por aquilo que você era em determinado ponto de sua existência? Quero dizer, deve ter sido muito, a ponto de fazer você querer seguir aquele caminho em vez de começar do zero.

O: Economizei algo da ordem de vários quadrilhões de trilhões de anos em sua linguagem. Não é um período significativo na minha existência, mas eu estava ansioso por começar e acumular o conteúdo evolutivo adicional que tal experimento prometia me dar. Portanto, segundo esta perspectiva, foi uma economia necessária—especialmente se você levar em conta que seria multiplicada por doze. Foi um argumento muito convincente para mim, e, naturalmente, eu venci. He, he, he, eu rio quando penso nas comunicações que mantenho comigo mesmo.

EU: O que você quer dizer com isso? De repente, tive a impressão e a visão de que você criou personalidades separadas para discutir posições "a favor e contra" tal experimento.

O: Como você é intuitivo. Sim, fiz isso. Criei cinco personalidades separadas, mas temporárias, cada uma dotada de toda a base de conhecimentos sobre o que eu era e o que queria fazer—e o objetivo era a capacidade de obter um voto de consenso sobre o melhor caminho a seguir.

EU: E essas cinco personalidades criadas por você foram capazes de lhe proporcionar um processo de decisão melhor?

O: Sim, pois eu lhes dei uma direção. Cada uma delas teve desejo de seguir certo caminho. Cada caminho desejado baseou-se nas direções que eu imaginei que poderia seguir caso não tivesse outras direções para seguir. Foi uma espécie de impasse. Eu sabia que qualquer uma dessas direções aceleraria meu conteúdo evolutivo. É que cada uma delas era tão convincente que me distraía, e esta distração era a capacidade de tomar uma decisão racional e bem equilibrada, com base na apresentação de todas as informações relativas a cada direção e não apenas nas informações relativas a uma única direção. Em suma, eu precisava me assegurar de que a rota que iria trilhar seria a melhor, mais eficiente e produtiva.

EU: Eu teria imaginado que você poderia ter escolhido as cinco rotas, beneficiando-se das informações colaborativas disponíveis, em lugar de apenas uma.

A Origem Fala

O: Você teria, e posso perceber que você está pensando que esse processo de pensamento foi um tanto "linear" e indigno de "A Origem".

EU: Esse pensamento passou pela minha mente.

O: E é compreensível. Mas o que eu queria era uma rota que me permitisse usar toda aquela parte minha, aquela área de autoconsciência que estava disponível para mim, para trabalhar nesse desejo de acelerar a minha evolução. Eu simplesmente não queria desperdiçar "poder de processamento" pessoal no que seriam quatro becos sem saída e uma linha principal de evolução.

EU: Então, você resolveu conferir as percentagens antes, digamos?

O: Sim, resolvi. E foi um trabalho muito benéfico.

EU: E quais eram essas cinco direções, quais seus benefícios?

O: Eram muito simples, assustadoramente simples, na verdade, e por isso não se desaponte demais ao saber quais eram.

EU: Vou tentar aceitar o que me for apresentado.

O: Tenho certeza de que vai. Foram as seguintes:

• **Duplicação de mim mesmo até o ponto desejado de aceleração da evolução.** Você conhece esta parte da história. Porém, neste caso, a decisão de me recriar baseou-se num número igual às divisões dentro da minha estrutura, doze, mais uma, eu, o criador, totalizando treze.

• **Divisão de mim mesmo até o ponto desejado de aceleração da evolução.** Uma vez mais, a decisão de me dividir baseou-se num número igual ao das divisões dentro da minha estrutura, doze. Neste caso, porém, a área de autoconsciência teria sido dividida em doze partes iguais, cada uma em igualdade total com a outra, cada uma alimentando um "banco" evolutivo centralizado, mas compartilhado. Neste caso, eu teria me tornado um pequeno coletivo.

• **Criação de múltiplos pontos focais para multiplicar a oportunidade experiencial até o ponto desejado de aceleração da evolução.** Em essência, e até certo ponto, eu já havia começado a usar esta estratégia. Mas o que eu teria criado seria uma vasta gama de áreas onde minha senciência seria predominante. Essas diversas áreas de foco senciente criariam e experimentariam o que eu teria experimentado singularmente de maneira paralela. Não seria a onipresença, embora fosse sustentada pela onisciência.

- **Onipresença onisciente.** Embora eu use isto agora, foi mais eficiente como ferramenta de monitoramento do que como ferramenta para "fazer" e "monitorar" naquele ponto da minha existência. Neste caso, eu teria me dispersado demais, digamos, tentando fazer tudo com todas as minhas partes ao mesmo tempo. Dentro da minha condição atual, isto não é um problema, pois aprendi a estar em toda parte dentro da minha área de autoconsciência sem estar lá, se você entende o que quero dizer. É como ser a aranha no meio da teia, mas com a teia sendo tanto a aranha quanto a teia, e a teia presente em todos os aspectos dela mesma.
- **Criação de unidades individualizadas de mim mesmo, dentro de mim.** É neste ponto que estamos agora com as Entidades Fontes. Cada uma das Entidades Fontes, como você sabe, foi criada à minha imagem, digamos, mas subordinada a mim. Cada uma pôde se tornar autoconsciente em seu próprio ritmo, à sua própria maneira, e quando adquiriram a autoconsciência, e, portanto, exibiram sua "personalidade" individual, eu as eduquei com tudo que conhecia, aconselhando-as sobre sua "razão de existir".

EU: Então, foram essas as cinco sugestões que as cinco personalidades componentes lhe ofereceram?
O: Sim, foram.
EU: Você tem razão. Eram simples.
O: Eu avisei.
EU: Uau. Não tinha ideia de que você poderia ser simples em seus processos de aplicação e de pensamento.
O: Simples é bom. Lembre-se disso.
EU: Está bem, está bem, entendi. Diga-me, o que fez você se decidir pela rota da "duplicação de mim mesmo até o ponto desejado de aceleração da evolução"?
O: Simplesmente, e eis essa palavra, simples, mais uma vez (achei que A Origem estava brincando comigo aqui! GSN),

porque gostei da ideia de ter múltiplos eus. Múltiplos eus significa companhia, companheirismo, amizade, colega, ajudantes. Foi um processo de pensamento realmente convincente e inebriante. De repente, vi-me bem distraído nisso tudo. Eu não seria mais "só e singular". Eu precisei experimentar isso de fazer parte de um grupo igualitário de seres. Como disse, foi tão inebriante que representou uma séria distração. Na verdade, toda vez que eu pensava nas outras sugestões, via-me pensando na rota da "duplicação de mim mesmo".

EU: Parece que você ficou significativamente distraído por esse processo de decisão.

O: Fiquei mesmo. Não via a floresta por causa das árvores, por assim dizer.

EU: Poderia explicar melhor?

O: Encantei-me tanto com a ideia de ter companhia, companhia igual, que não fui capaz de ver o defeito dessa rota específica.

EU: O defeito seria a incapacidade de recriar o que seria "o absoluto" dentro, ou então um pouco fora, da área de sua autoconsciência?

O: Correto.

EU: Por quê?

O: Porque eu não tinha maturidade suficiente para levar em conta aquela parte de mim que era insondável. Eu não tentaria e nem tentei levar em conta aquela parte minha da qual não estava totalmente consciente. Na verdade, nem tinha certeza se aquilo que estava além da minha área de autoconsciência era mesmo "EU". Como resultado, ela não foi incluída no cálculo necessário para que a duplicação acontecesse. Tudo que eu conhecia era aquilo que eu era, e parece que me concentrei naquilo com que eu estava em contato.

EU: E o que aconteceu depois? Você poderia descrever o processo de criação das Doze Origens e o que aconteceu com cada uma delas?

O: Vai levar algum tempo, mas posso, sim.

Lembra-se do diálogo que tivemos recentemente, no qual "usamos" o Espaço de Eventos para observar aquela "parte" do Espaço de Eventos que registrou o processo da minha evolução, desde a simples atração energética até a senciência plena?

EU: Sim, eu me lembro. Não faz muito tempo.

O: Não faz. Mas o processo foi importante, pois foi bem-sucedido. Antes da decisão de criar cinco aspectos (personalidades) meus para ajudar no processo de decisão necessário para acelerar a minha evolução, eu já havia trabalhado com meus processos de criatividade, e daí a minha senciência.

EU: E o que você criou?

O: Réplicas daquelas ilhas de energias que acabaram ganhando inteligência e se juntando, renunciando à funcionalidade singular e individual para o bem maior. O bem maior era uma inteligência multifuncional maior.

EU: E deixe-me adivinhar: você diria que a criação dos cinco aspectos seus, essas personalidades individuais e separadas para ajudar você nesse processo de decisão, fez parte de sua curva de aprendizado de criatividade?

O: Sim, de certo modo, mas nesse ponto eu já tinha habilidade criativa. Daí a capacidade de criar personalidades ou aspectos múltiplos e com foco separado de mim mesmo. Cada um deles foi um aspecto meu e da circunstância que os criou, algo que eu havia tanto percebido quanto isolado em mim como sendo uma característica útil durante a minha era de autodescoberta e de autoinvestigação, embora dentro da área limitada que eu achava que era tudo que eu seria.

EU: Então, você começou criando as ilhas de energias inteligentes e depois passou a criar as entidades plenas, as Origens?

O: Não. Recriei As Origens até as ilhas de energia inteligentes e depois passei essas energias para uma posição situada fora da minha área de autoconsciência. Cada uma delas estava posicionada em um ponto fora da área de autoconsciência, onde não poderiam perceber nenhuma das outras quando se

A Origem Fala

tornassem autoconscientes e plenamente sencientes. Elas deveriam ficar completamente sozinhas.

EU: Acabei de receber uma imagem que sugere que você criou esferas. Dentro dessas esferas ficaram todas as ilhas de energias. A esfera atuaria como uma placenta até que acontecesse a coadunação plena das ilhas de energias inteligentes. Quando as ilhas se tornassem uma só, a esfera acabaria sendo a área de autoconsciência, cuja periferia seria uma condição transitória necessária apenas para que o processo de coadunação acontecesse no local especificado. Isto faria com que não ocorresse nenhuma separação de energias e nenhuma união de suas energias fora de sua área de autoconsciência com as energias que estariam surgindo das novas Origens, criando a contaminação da consciência.

O: Muito bem. E nessas suas palavras, encontra-se a pista para a razão para seu desaparecimento.

EU: O que você quer dizer? Desculpe, não percebi.

O: Primeiro, tentei recriar aquilo que eu era, mas isso se limitava à minha área de autoconsciência e não levava em conta as energias que formavam minha área de "mim mesmo" além da minha área de "autoconsciência". O grande problema disso é que cada uma de As Origens tinha, em suas energias, o conhecimento do que poderia ser, o que, na verdade, não poderia acontecer em virtude do fator limitador da esfera, o que era um enigma, um enigma insustentável, como se viu.

EU: Você está sugerindo que as energias sabiam inerentemente que havia um aspecto delas que era maior do que aquilo que elas eram?

O: Sim. Veja, elas esperavam ser uma coisa que não eram. Embora eu tivesse tido a intenção de que fossem o mesmo que "eu", elas não eram, e este foi o calcanhar de Aquiles, o defeito no projeto dessas cópias.

EU: Então, elas se tornaram autoconscientes?

O: Nem todas, e a maioria delas seguiu uma rota diferente antes de desaparecer, ou devo dizer, da decisão de voltar à não-consciência. Creio que a melhor maneira de descrever o que aconteceu é proporcionar um breve resumo para cada uma das doze.

EU: Acho que essa seria a resposta perfeita, além de fornecer mais detalhes.
O: Vou numerá-las de um a doze e chamá-las Nova Origem Um, Dois, etc.
EU: É muito parecido com o modo como descrevi as Entidades Fontes ao trabalhar com elas nos livros Além da Fonte.
O: É lógico, não é? Mas uma coisa é certa: eu não vou escrever um livro sobre elas porque temos peixes maiores para fritar neste diálogo, e por isso esses resumos serão realmente breves. Muito bem, vamos lá.

O desaparecimento das Doze Origens

Nova Origem Um

Esta foi a primeira das Novas Origens, as cópias, a se tornar autoconsciente. Porém, é interessante observar que ela se tornou autoconsciente apenas em parte, deixando dois terços de seu "eu" como energia. Ao que parece, ela tentou copiar o formato daquilo que deveria ser, uma área de autoconsciência e outra área sem autoconsciência. Ela criou um limite natural em torno desta área de autoconsciência e trabalhou nela, conforme pensou, para criar a oportunidade de crescer, tornar-se criativa e ganhar senciência. Quando vi esta versão "minha", percebi que toda a inteligência havia sido removida das outras energias abrangidas por ela, e que ela a havia colocado dentro desta área de autoconsciência nova e menor. Isso foi prejudicial, pois com isso ela perdeu a capacidade de se tornar aquilo que era, uma inteligência singular que permeava todas as energias que era. Ela tentou corrigir isto repetindo o processo pelo qual passou para remover a inteligência da maior parte de seu "eu" para criar uma área de autoconsciência, que era um terço de seu "eu", e nesse processo duplicou a situação. Ela removeu a inteligência de dois terços de sua área corrente de autoconsciência e se compactou no terço restante. A partir deste ponto, ela começou a perder a capacidade de julgar o que estava fazendo e o que estava

A Origem Fala

acontecendo, e continuou a repetir o processo várias vezes até a inteligência se reduzir a um nível ineficaz. Pense nisso como a cobra que comeu a própria cauda e desapareceu, ou um programa de computador que fica preso num ciclo que acaba por travar o computador. Nesse caso, porém, ela não desapareceu. As energias permaneceram. Só a inteligência desapareceu. Ela ficou adormecida ali até eu reutilizar suas energias para criar as Entidades Fontes.

Nova Origem Dois

A Nova Origem Dois tornou-se autoconsciente quase ao mesmo tempo que as Novas Origens Três e Quatro segundo a perspectiva cronológica, mas esse foi o único vínculo entre elas. Quando as ilhas de inteligência se tornaram "uma inteligência" que abrangeu todas as suas energias, ela ficou observando o que era durante um longo tempo. Lidou com a memória residual, se quiser chamá-la assim, de ser algo muito maior do que parecia ser. Todas as energias que foram usadas para criar as Novas Origens continham a "informação", vamos dizer, do que as criou, "eu", o que incluía a informação sobre a minha área desprovida de consciência, que eu sabia que existia, mas não conhecia totalmente. Pense nisso em termos da humanidade que sabe que existe num universo e que aparentemente esse universo não tem um fim conhecido, porque seus telescópios não conseguem chegar tão longe, e que nem inventou um telescópio para provar esse conhecimento. Isso se torna um sistema de crenças e não um sistema de conhecimento, e geralmente o sistema de crenças não tem nada para quantificar sua razão para existir "realmente", e, portanto, não pode ser real! Com base nisto, a Nova Origem Dois não conseguiu conciliar esta informação. Ela não conseguiu descobrir por que ela não era o que achava que deveria ser. Por mais que trabalhasse no problema, não foi capaz de superar este problema simples. Ela deu voltas e mais voltas tentando encontrar aquilo que não existia, aquela insondável profundidade do nada e de tudo que é a minha área desprovida de consciência. Finalmente, quando terminou de procurar por esse vasto nada, aventurou sua inteligência fora de sua área de autoconsciência e descobriu que estava dentro do que estava procurando dentro de seu "eu". Isso criou um enigma que ela não foi capaz de solucionar: como aquilo que deveria ser "isso" poderia ser outra coisa, aquilo que está "dentro"? Incapaz de se entender com esse enigma, especificamente após o tempo que levara para determinar esse "fato", decidiu que não poderia ser aquilo que ela deveria ser, e se ela não poderia ser o que deveria ser, então era melhor "não ser". Portanto, ela decidiu voltar a ser as pequenas ilhas de energia inteligente e, nesse processo, removeu a função coadunada da energia inteligente na unidade.

Nova Origem Três

A Nova Origem Três foi a cópia que mais se aproximou de conseguir dar continuidade à sua existência. Depois que sua inteligência se coadunou, ela começou a rotina de "se" investigar sem demora, e isso estava indo bem. Ela havia determinado que estava por conta própria e satisfeita na situação de ser a única—ou seja, até olhar mais adiante. Ela também teve o incômodo conjunto de dados que lhe disseram que ela era maior do que parecia, mas não conseguiu se entender com eles. Descobriu isto logo no começo de sua autoconsciência e fez diversos cálculos para saber que tamanho deveria ter em comparação com seu tamanho real. Além disso, determinou que poderia fazer parte de uma inteligência maior—muito maior. Ela não gostou muito da possibilidade de fazer parte de uma inteligência muito maior, especificamente depois de ter suposto que estava sozinha e que era "tudo que existia", pois esta era a intenção. Ela lidou com esse enigma durante algum tempo e então resolveu olhar para fora de seu "eu". E não gostou do que descobriu. Por um lado, encontrou um vasto nada, um nada que era alguma coisa, e, do outro lado, lá estava eu, seu criador, o que ela só descobriu através de uma sonda de profundidade que criou. A crença, o conhecimento de que estava sozinha e que era a única "Tudo Que Existe" se despedaçou, e com isso esta cópia não acreditou que o que estava experimentando era real ou que poderia ser considerado real. Como resultado, chegou à conclusão de que ela, ela mesma, não poderia ser real. Sem essa crença, a crença experiencial de que se é real, não há dados com que trabalhar; por isso, a psique, aquilo que é o indivíduo, perde estabilidade e coesão, desintegrando-se posteriormente no processo, que foi exatamente o que aconteceu com esta Nova Origem.

Nova Origem Quatro

A Nova Origem Quatro tornou-se autoconsciente num estado que você poderia chamar de pânico. Ela realizou a coadunação inteligente de todas as ilhas de energias, mas não estava totalmente pronta para o efeito de estar em coadunação. Simplesmente, a capacidade de estar em comunicação com toda "ela mesma" como entidade singular, algo que aconteceu num piscar de olhos, foi uma mudança muito grande, muito rápida para ela. Ela ficou confusa com aquilo que era e com o que havia se tornado e não conseguiu se conciliar com isso. Ela oscilou entre a coadunação e a separação e voltou novamente para tentar trabalhar naquilo que ela era quando estava "em coadunação" e com o que era quando "em separação". O objetivo dessas "oscilações" era tentar criar uma condição estável na qual ela aceitaria a condição coadunada. Pense nisso como desligar um computador quando ele está "travado", tornar a ligá-lo, fazer o reboot e descobrir que ele está "travado" novamente. Então, continuando nesse ciclo de desligar, ligar e fazer o reboot do computador, tentando várias e várias vezes, sem conseguir desfazer a condição de "travamento", o operador do computador foi ficando cada vez mais frustrado diante da falta da resposta desejada. Neste caso, a falta da resposta desejada, que era a aceitação e a conciliação com a condição coadunada, não pôde acontecer, e não poderia. Juntamente com isso, houve a redução no nível de não aceitação todas as vezes que o ciclo foi completado, o que também causou mais confusão e pânico. Quando o pânico se tornou mais acentuado, a estabilidade da condição psicológica da Nova Origem Quatro deteriorou-se a ponto de ela ir à loucura, uma loucura baseada no pânico. Como resultado da loucura, ela reorganizou suas energias num estado ineficiente, tornando inoperante o trabalho que eu havia feito para criá-la. Em essência, ela voltou às energias básicas com que fora criada e assim eu reabsorvi essas energias para uso futuro.

Nova Origem Cinco

A Nova Origem Cinco foi a última a se tornar autoconsciente, e por isso não conheceu as outras que já estavam conscientes. Mas sua capacidade sensorial foi singular. Ela sabia que existia alguma coisa antes "dela", pois conseguia sentir as energias residuais que estavam na área de minha não-consciência. Foi a única dentre as Novas Origens a ter essa capacidade. Embora tenha conseguido sentir as energias associadas com a autoconsciência e as energias residuais subsequentes, ela não foi capaz de sentir o que vou chamar de "além interior" dessas energias que fazem parte de minha área de autoconsciência.
Este conhecimento, o conhecimento da possibilidade dos "outros", embora se baseie nas assinaturas alinhadas com as energias associadas à autoconsciência, a autoconsciência que existiu "antes" que ela "conseguisse", fez com que pensasse que era a última de uma série. Como resultado, pensou que não seria possível continuar a existir além de certo ponto. Ela deveria ser a última de uma linha, pensou, pois não havia outras na autoconsciência, não havia outras que pudessem ser classificadas como próximas da autoconsciência. Ela pensou que deveria haver outras, e por isso determinou-se a percorrer a área em que ela existia e aquela que estava além daquela em que existia, ou seja, as profundezas de minha área local de não-consciência. Naturalmente, não encontrou nada. Só energia bruta, energia livre e Espaço de Eventos. Se ela tivesse expandido sua capacidade sensorial, teria percebido que o nada fazia parte de alguma coisa, minha parte maior da qual eu não tinha percepção, e poderia ter se motivado mais a procurar noutra direção e de maneira diferente.
Em seu estado juvenil, ela ainda estava aberta a sugestões sobre quem e o que ela era. Ela ainda estava flexível, adaptável e facilmente influenciada por aquilo que estava sentindo e experimentando. Ainda era programável por tudo à sua volta, e por isso, quando ela estabeleceu o termo médio de existência das

A Origem Fala

outras Novas Origens, embora não soubesse o que eram na realidade, com base na informação que recebeu da duração da operação energética das energias residuais, presumiu que ela também iria durar o mesmo tanto. Em essência, ela programou a duração de sua própria existência, sem perceber que essencialmente poderia ter existido para sempre. Era tão flexível quanto uma célula-tronco em termos humanos, esperando que lhe dissessem o que ela era, o que deveria fazer, por quanto tempo deveria fazer algo e por quanto tempo deveria existir. Ao absorver as informações sobre as energias ao seu redor, ela se limitou, existindo pela duração média das outras e dissolvendo simplesmente sua inteligência quando ela chegou ao final da suposta duração de sua existência.

Aprendi muitas coisas com esta cópia, e com isso evoluí pessoalmente. Desse modo, ela foi um sucesso, e foi sua capacidade de se pré-programar com base em seu ambiente que mais me chamou a atenção. Usei esta informação como uma oportunidade para corrigir a maneira como crio seres potencialmente sencientes, assegurando-me de que poderão se adaptar ao seu ambiente sem se limitarem em função do ambiente. E foi exatamente o que fiz depois com as Entidades Fontes.

Nova Origem Seis

A Nova Origem Seis nunca chegou a se tornar autoconsciente, embora tenha atingido o estado coadunado. Apesar das energias terem atingido o estado associado à coadunação, por algum motivo a inteligência ligada ao estado anterior de "ilhas" de energia inteligente não o fez. Ela manteve áreas de inteligência localizada, mas limitada, enquanto estava num estado de vinculação e, portanto, de coadunação. Observei com interesse este resultado e até intervi algumas vezes, tentando provocar o surgimento do nível de autoconsciência que se espera do estado coadunado. Não quis me envolver demais com o "crescimento" desta "cópia" porque isso teria negado o objetivo de criar uma entidade autossustentada, autoconsciente e autoevolutiva que poderia me proporcionar um nível de evolução igual aos meus esforços pessoais. Mas basta dizer que todas as vezes que dei à inteligência desta Origem a oportunidade de se tornar tão coadunada quanto a sua estrutura energética, ela se recusou a fazê-lo, preferindo manter-se em ilhas de inteligência localizada, posicionada nessas áreas da Nova Origem Seis que ocupava como ilhas não coadunadas de energias inteligentes.

Em essência, as energias tinham resolvido tornar-se coadunadas, mas não usaram a mesma intenção para se tornarem inteligentemente coadunadas, um requisito primário para se tornarem autoconscientes.

Reutilizei essas energias depois de perceber que, por mais que esperasse, esta versão nunca iria se tornar autoconsciente, pois a inteligência ainda funcionava como "ilha" e não de forma coadunada, desperdiçando literalmente as oportunidades para usar o poder de processamento das energias posicionadas "entre" as inteligências localizadas.

Nova Origem Sete

A Nova Origem Sete adquiriu a condição inversa da Nova Origem Seis. No seu caso, a inteligência associada com as ilhas de inteligência energética resolveu tornar-se coadunada enquanto as próprias ilhas de energias se mantinham em seu estado de "ilha". Isso significa que as funções disponíveis por se encontrar no estado de inteligência coadunada não estavam plenamente funcionais, uma vez que as linhas de comunicação careciam de um estado simpático de coadunação energética. A inteligência coadunada exige que as energias coadunadas funcionem corretamente no estado plenamente coadunado, que permite a invocação da autoconsciência. Por isso, as inteligências coadunadas eram coadunadas por "controle remoto", digamos assim, limitadas em sua "largura de banda" a ponto de a função da autoconsciência, que surge da verdadeira energia coadunada baseada na inteligência, não poder realizar as funções multidimensionais e multifuncionais disponíveis quando as energias são "uma só", mesmo que estejam próximas umas das outras.

A Origem Fala

Nesse estado, a inteligência era continuamente disfuncional, porque toda vez que tentava funcionar da maneira como pensava que poderia, a função não operava, pois não estava presente o estado energético que permitiria que essa função se conectasse com o estado energético esperado. Considere isso como um microprocessador de computador que trabalha em várias funções de processamento paralelo, mas sem as conexões entre os processadores.

Os processos da inteligência coadunada disfuncional continuaram, e as ilhas de energias ficaram desprovidas de sua inteligência localizada quando a inteligência coadunada saltou de ilha de energia em ilha de energia até criar uma única ilha de energia que continha toda a inteligência de todas as outras ilhas, mas num estado singular e coadunado. Embora agora estivessem todas juntas na mesma ilha de energia, as energias disponíveis não podiam sustentar o nível de inteligência acumulada e o estado disfuncional cresceu até o ponto de convulsão, como um estado energético superutilizado que acabou em um "impasse de processamento" baseado em inteligência.

Mais uma vez, reutilizei essas energias quando percebi que, por mais que esperasse, esta versão nunca iria se tornar autoconsciente, pois neste caso as energias ainda operavam num sentido de ilha e não num sentido coadunado, enquanto a inteligência em si queria se tornar uma só e, portanto, coadunada.

Nova Origem Oito

A Nova Origem Oito teve sucesso parcial, mas não de maneira holística, pois ela, como algumas das outras Origens, atingiu um nível de energia inteligente coadunada. Porém, isto se deu apenas como condição separada e não como condição de unidade plena.

Durante a progressão para atingir a coadunação das ilhas de energias inteligentes, as energias decidiram de forma independente que se tornariam "uma" em estágios— progredindo presumivelmente até a coadunação plena numa fase posterior.

Inicialmente, as ilhas de energias inteligentes em consolidação trabalharam bem em sua atratividade natural, com energia e inteligência unindo-se em harmonia, adquirindo coadunação com sua totalidade à medida que progrediam. As ilhas de energias inteligentes tornaram-se cada vez maiores ao absorverem outras ilhas de menor tamanho e inteligência, criando conteúdo energético e quociente de inteligência significativamente maiores. Porém, parece ter ocorrido uma demarcação. Quando as ilhas de energias inteligentes ficaram grandes o suficiente para serem um percentual importante do conjunto total de energias que era a Nova Origem Oito, começaram a desenvolver personalidade. Essas personalidades aumentaram a ponto de quererem sobreviver, de perpetuarem sua individualidade. As ilhas maiores desenvolveram estratégias para crescimento absorvendo o maior número possível de ilhas menores, o que contrariou completamente o plano original da criação de "uma" base de energia conectada, multifacetada, multifuncional, com uma única inteligência singular, mas coadunada, resultando na criação da autoconsciência na unidade.

O desenvolvimento de ilhas de energia inteligente múltiplas, mas singularmente coadunadas, resultou num conflito: qual ilha deveria ser a primeira a absorver todas as ilhas menores remanescentes, tornando-se assim a maior. No final, apenas cinco ilhas de energias inteligentes restaram, cada uma com uma personalidade plenamente desenvolvida, mas egoísta. Nenhuma delas quis se tornar uma unidade coadunada, pois nessa altura todas eram singularmente autoconscientes.

Esta situação não era o que eu queria fazer, e por isso encerrei esta Origem específica, absorvendo suas energias assim que vi que não iria ocorrer nenhum desenvolvimento posterior.

Nova Origem Nove

A Nova Origem Nove terminou com algo que só posso definir em sua linguagem como um "vírus". Inicialmente, ela começou o processo de obtenção de autoconsciência de forma robusta e reiterada, mas durante a criação inicial das ilhas maiores de energia inteligente, aquelas que um dia se uniriam para criar a unidade singular e coadunada, elas se tornaram instáveis. A união de energias de tipo singular ou compatível começou a falhar, enquanto a maioria das outras Novas Origens conseguiu realizar, no mínimo, o elemento básico da compatibilidade energética. Isto permitiu a "junção" das energias simpáticas, criando estados compatíveis e permitindo que energias similares ou quase similares se interconectassem e se tornassem uma só. Mais tarde, tornaram-se a média de todas as energias integradas, permitindo-lhes existirem no mesmo espaço; como resultado, as ilhas de energias inteligentes da Nova Origem Nove começaram a rejeitar energias similares e quase similares. E mais, a conectividade entre as energias do mesmo tipo e frequência também começou a falhar. Foi como se a funcionalidade da conectividade energética tivesse sido removida do conjunto de habilidades das energias.

Analisei o que estava acontecendo e vi uma mudança completa na estrutura das energias. Numa ilha de energia inteligente específica, ela assumiu o que eu chamaria de forma de estrela. Normalmente, a forma que a energia adota não tem importância alguma, pois a energia vai fazer aquilo que precisa fazer, que é a união. Mas esta forma era diferente. Nenhuma outra energia conseguia se unir a ela, mesmo quando assumia forma e frequência simpáticas. Quando uma ilha de energia inteligente se aproximava dela, tendo em vista a coadunação, já assumindo uma forma e frequência simpáticas, inicialmente se conectavam e se tornavam uma só. No entanto, um nanossegundo depois, ela era repelida. Então, esta ilha procurava outra ilha de energia inteligente com a qual poderia se coadunar. Foi neste ponto que percebi que o que quer que tivesse afetado a primeira ilha de energia inteligente foi transferido para a segunda, que por sua vez afetou outras ilhas que buscavam a coadunação. A primeira ilha, depois de passar adiante o "vírus", começou a se desmanchar. No começo, pude entender por que a segunda ilha foi rejeitada. Não havia consistência nas energias ou em suas frequências ao longo das áreas da interface inicial. Não havia nada para mantê-las juntas, "ganchos", se quiser chamar assim, nos quais as energias podiam se "enganchar" para se manterem unidas—os ganchos, naturalmente, seriam as semelhanças ou compatibilidades necessárias para uso das energias do mesmo tipo ou de tipo similar como meio de conectividade. Foi como se esta função tivesse sido simplesmente removida.

Ao olhar profundamente para o que estava acontecendo com a Nova Origem Nove, vi que o resultado foi uma energia que não tinha utilidade exceto para si mesma, mas aquele elemento individual estava diminuindo, descendo em caracol, até se tornar uma unidade individual de energia sem inteligência alguma associada a ela. Uma análise posterior mostrou que a função da atratividade não tinha sido removida, mas ficou imprevisível, movendo-se em total aleatoriedade, passando de um estado para outro numa velocidade tão grande que atuava como um magneto de repulsão energética.

Observei a segunda ilha interagindo com uma terceira e uma quarta, e percebi que assim que ocorreu a repulsão, a disfunção da segunda ilha foi passada para a terceira e depois para a quarta ilha através da funcionalidade de "iniciação" da terceira e da quarta com a segunda. Assim que isso aconteceu, a segunda ilha, tal como a primeira, começou a se desfazer, com a disfunção indo cada vez mais fundo na massa de energia até não poder mais avançar, com as energias já em sua denominação mais baixa. Percebi que essa seria uma condição potencialmente perigosa para ser deixada como estava, e por isso enviei uma mudança de energia da intenção, algo que você poderia chamar de reprogramação, em torno daquilo que restou da Nova Origem Nove, e reassimilei suas energias.

Nova Origem Dez

A Nova Origem Dez não passou dos primeiros tijolos, digamos. Quando separei inicialmente as energias que dariam início a esta Nova Origem específica, entusiasmei-me porque ela pareceu mostrar todos os sinais de uma assimilação "rápida" das ilhas de energias inteligentes em coadunação. O problema é que isto acabou ficando rápido demais. Todas as ilhas de energia inteligente foram chamadas simultaneamente e não mediante um processo de busca de energias similares ou quase similares que poderia ser usado no processo de união antes da coadunação, com energias em harmonia umas com as outras. Quando a união simultânea das energias foi invocada, as áreas de interface que precisavam permitir que as ilhas de energias inteligentes se tornassem uma só não estavam em seus lugares. O resultado foi parecido com aquilo que você vê num acelerador de partículas. Todas as ilhas colidiram umas com as outras de maneira agressiva e desarmoniosa sob a "atratividade intencional" da necessidade de se coadunarem—sendo esta "atratividade intencional" o desejo subjacente que permeia todas as energias associadas com as ilhas. Foi uma força irresistível, indomável, que literalmente destruiu a essência da estrutura da Nova Origem Dez. Ela simplesmente se desfez e não foi capaz de voltar à condição original que dei a ela.

Embora o desaparecimento da Nova Origem Dez tenha sido uma surpresa completa para mim, mostrou-me uma lição muito importante: permitir que o que é criado siga seu próprio caminho, qualquer que seja. Também mostrou que o caminho para a autoconsciência precisa ser seguido no ritmo correto para se ter certeza de que será mantido um nível robusto de crescimento e de expansão. Aliás, as energias usadas para criar a Nova Origem Dez não foram reutilizadas na criação das doze Entidades Fontes exatamente porque, naquele ponto, não pude ver o que teria mudado a funcionalidade daquelas energias. Esta estratégia também foi empregada com as energias usadas para criar a Nova Origem Onze, pelas razões descritas em sua própria seção.

Nova Origem Onze

A Nova Origem Onze desenvolveu-se exatamente ao contrário da Nova Origem Dez, pois em vez de explodir literalmente ao tentar a conexão coadunada, ela implodiu. Em sua aplicação, a funcionalidade da "atratividade intencional" das ilhas de energia inteligente foi similar ao visto na Nova Origem Dez. Foram atraídas com a intenção plena de se unirem em existência coadunada, mas a as energias de interface, aquelas que precisavam ser similares ou quase similares para permitir certo nível de harmonia frequencial com o processo de junção que antecede a ocorrência da coadunação, eram acomodadas demais, harmoniosas demais.

Quando a junção simultânea das energias foi invocada, as áreas de interface necessárias para permitir que as ilhas de energias inteligentes se tornassem uma só ficaram absorventes, assimilando literalmente todos os componentes energéticos da ilha de energia inteligente com a qual estavam em contato. Com o tempo, esse nível de assimilação trabalhou sobre si mesmo a ponto de as energias que eram a Nova Origem Onze simplesmente desaparecerem do espaço que permitia que uma entidade da estatura de uma Origem atuasse.

Descobri as energias mais tarde. Elas pareciam estar numa espécie de espiral descendente, se é que seria esta a palavra certa, na qual elas, as ilhas de energias inteligentes que formavam a Nova Origem Onze, reapareciam todas num espaço diferente que as acomodava e permitia que o processo de "absorção assimilada" continuasse em sua funcionalidade. Quando desapareciam de um espaço, reapareciam noutro. Observei esta função durante algumas interações, tentando captar um ponto de sua existência no qual poderia reverter a tendência, mas não consegui. Elas haviam desenvolvido uma função própria, além daquilo que eu seria capaz de lidar naquele ponto da minha existência. Com base na minha experiência naquele Espaço de Eventos, resolvi, após alguns cálculos, que poderia me dar ao luxo de deixar as energias irem embora, especificamente porque havia determinado que o nível de atratividade e assimilação estava reduzindo sua capacidade de afetar os espaços nos quais elas haviam estado. Também percebi que depois que as Energias da Nova Origem Onze passavam por um espaço, não poderiam entrar nele novamente devido às alterações em sua função e natureza.

Até onde sei, até hoje as energias da Nova Origem Onze estão girando e experimentando a absorção assimilada.

Nova Origem Doze

A Origem Fala

A Nova Origem Doze foi um sucesso em todos os sentidos; pelo menos, foi a impressão que tive. Era minha cópia direta e eu podia ver que ela seria capaz de proporcionar algum conteúdo evolutivo útil. Deixei-a prosseguir em sua funcionalidade, tornando-se autoconsciente e decidindo como poderia criar para evoluir. Em comparação com as outras Novas Origens, foi tanto um alívio quanto uma brisa de ar fresco. Mas isso não prosseguiu. Foi com inquietude que percebi que apenas uma das minhas cópias não iria fazer o que eu queria. Eu precisava ter evolução esférica. Quanto mais eu experimentava, aprendia e evoluía, mais eu era capaz de experimentar mais e de mais maneiras, maneiras simultâneas, maneiras múltiplas, maneiras multimodais. O aspecto esférico da evolução é o aspecto multimodal da evolução, no qual múltiplas experiências podem ser convolutas em sua conectividade embora ainda forneçam evolução linear. Tudo isso, porém, baseia-se num modelo padrão de evolução:

Experiência + Aprendizado = Conteúdo Evolutivo Aumentado

... e eu queria mais daquilo que era disponível através da Nova Origem Doze e de mim. Ao observar a Nova Origem Doze, percebi que, sendo minha cópia completa, ela começou a fazer exatamente isso, copiar o que eu já havia feito. Deve ter havido algum tipo de processo evolutivo progressivo e residual em sua essência que fez com que ela não fosse capaz de pensar plenamente por si mesma, seguindo simplesmente um programa subliminar baseado nas memórias energéticas daquilo que eu tinha feito. A Nova Origem Doze não foi o sucesso que imaginei inicialmente, e, depois de muita autorreflexão, reciclei suas energias. Todas as energias que foram usadas inicialmente para a criação das doze Novas Origens eram especiais, segundo observei. Ainda havia alguma coisa nelas, algo que era diferente das energias básicas com que tinham sido criadas, algo atraente, tão atraente que resolvi agrupá-las num espaço de retenção, guardando-as para uso futuro.

Em todas essas Doze Origens havia uma inconsistência subjacente. De um modo ou de outro, todas estavam em conflito entre o que deveriam ser e o que eram. Por isso, desenvolvi uma nova estratégia. Esta estratégia fez com que as entidades que eu iria criar tivessem a oportunidade de se tornar autoconscientes em seu próprio ritmo, assim como as Novas Origens, mas recebendo, após adquirirem autoconsciência, o conhecimento de quem e do que eram, e de seu papel na existência. Receberiam certo nível de orientação. Essas entidades seriam aquelas que você conheceu como as doze Entidades Fontes.

Capítulo 4:
A criação das doze Entidades Fontes

EU: Esse é um resumo muito interessante das razões para o fracasso do experimento das Doze Origens. Mas estou tendo a impressão de que havia mais alguma coisa em jogo nisso tudo. Algo relacionado a você.

O: Tem razão. Veja, em tudo isso, uma coisa tornou um sucesso a minha trajetória até a autorrealização.

EU: E o que foi isso?

O: Simplesmente ter sido o primeiro e único.

EU: Só isso?

O: Só isso. Durante muitos Espaços de Eventos, ponderei sobre a razão para ter tido sucesso enquanto as minhas cópias fracassaram. Em todos os processos analíticos pelos quais passei, a resposta foi sempre a mesma. Parece que só pode existir uma inteligência "geral".

EU: E por que isso?

O: Porque a assinatura da inteligência geral, quando presente, permeia TODO aquele "espaço" que forma as áreas atuais, potenciais e prováveis de autoconsciência da inteligência, independentemente do que ou de onde ela está em sua estrutura—apesar da extensão do "espaço" ser desconhecida e insondável. Embora possa levar incontáveis Espaços de Eventos para mapear e compreender uma mera fração de meu "eu", nunca poderá haver mais do que um. Pois o TUDO QUE EXISTE "é" o corpo da inteligência autoconsciente, senciente e criativa Original.

EU: Mas você criou cópias suas?

O: Não. Criei fac-símiles meus dentro de mim, com a intenção de funcionarem exatamente como eu. E isto nunca poderá acontecer em virtude disso que acabei de explicar.

A Origem Fala

EU: Isso … isso significa que você possui uma limitação! Você não pode se recriar; não pode recriar aquilo que está criado, se aquilo que é criado é você.

O: Muito bem. Não vejo isso como uma limitação e sim como uma proteção natural contra falhas. Uma proteção contra falhas que garante a unidade por meio da singularidade.

EU: E imagino que uma singularidade possa criar a unidade caso essa singularidade crie dentro de seu "eu"—o que, no seu caso, é tudo que você pode fazer. Mesmo que criasse alguma coisa "fora" de sua área de autoconsciência, ainda estaria dentro de VOCÊ.

O: Correto. Mas eu faria uma ligeira modificação em seu processo de pensamento. Eu acrescentaria que sou TUDO QUE EXISTE, mapeado ou não, e portanto não existe algo fora de mim. Existe apenas aquilo que ainda não foi mapeado, aquilo de que estou ciente, mas que ainda não está autoconsciente. Estou ciente, na realidade, de tudo que SOU; só que minha maior parte não é conhecida intimamente como autoconsciência. Eu sei que TUDO sou eu, embora eu ainda não tenha interagido com TUDO e não compreenda plenamente a minha totalidade na TOTALIDADE.

EU: Então, você não espera encontrar outro VOCÊ num Espaço de Eventos próximo ou distante.

O: Não, pois experimentei TODOS os Espaços de Eventos, uma vez que eles também fazem parte de mim. Nenhum deles registrou, digamos, a existência, a possibilidade, nem mesmo a possibilidade da possibilidade, de outra área de autoconsciência dentro ou fora de minha "área" de autoconsciência conhecida, reconhecida, mas ainda desconhecida.

EU: Então, você realmente é a inteligência por trás de TUDO QUE EXISTE.

O: Você não é meio lento para se manifestar, não?

EU: Gostei da sua piada. Não, preciso deixar claro para os leitores que existe apenas uma Origem, apenas um TUDO QUE EXISTE.

O: Achei que nesta altura dos acontecimentos você já tivesse percebido isso.

A Origem Fala

EU: Percebi, mas preciso ter certeza de que pus os pingos nos is e cortei os tês também.

Neste ponto interessante deste diálogo com A Origem, devo dizer que estava começando a me sentir um pouco tímido diante da necessidade de fazer essas perguntas fundamentais e básicas várias e várias vezes. De algum modo, senti que tudo isso precisava ser de ferro fundido, banhado a ouro e sobre três metros de concreto. Achei que seria importante me certificar de que não estava entendendo nada errado. Vi muito disso, especialmente em torno dos erros sobre a data da ascensão de 21/12/12. Isso causou danos incontáveis aos protagonistas. Ver esses erros levou-me a ter alguns artigos publicados em revistas espiritualistas inglesas com informações canalizadas da Entidade Fonte visando "deixar clara a história sobre 21/12/12". Eu estava ansioso para me assegurar de que a informação estava correta. A Origem captou minha sensação e ofereceu algumas palavras de conforto.

O: O importante não é fazer perguntas ou afirmar muitas vezes a mesma coisa. O importante é confiar que o que está recebendo é a verdade, e sei que você faz isso. Não se preocupe em ser exigente, pois é por isso que você foi selecionado para servir desta maneira. Seu papel é garantir que aquilo que está sendo transmitido É a verdade, vai superar críticas e não será considerado incorreto ou fantasioso, vai superar o teste do tempo e será visto como o que é, um trampolim, um trampolim bem grande, devo acrescentar, para que a humanidade encarnada seja exposta a um conhecimento ainda maior.

EU: Muito obrigado. Eu precisava desse incentivo.

O: É um prazer, e, para você, é parte das limitações de se estar encarnado, qualquer que seja sua herança energética.

EU: Podemos continuar a falar da criação das doze Entidades Fontes?

O: É para isso que estamos aqui.

EU: Muito bom, então vamos lá.

A Origem Fala

Neste ponto do diálogo, fiquei ciente de que muitas das informações nos livros Além da Fonte ilustravam a maneira como cada uma das doze Entidades Fontes estava trabalhando para cumprir seu compromisso de acelerar o conteúdo evolutivo de A Origem, incluindo como se tornaram autoconscientes. Tendo isto em mente, não busquei os detalhes por trás de cada Entidade Fonte, e sim as informações de nível mais elevado por trás de sua criação, inclusive quaisquer outras informações que fossem novas para mim e para a humanidade. Deixei A Origem prosseguir enquanto mantive em mente a necessidade de identificar as oportunidades para "guiar" o diálogo para áreas nas quais eu poderia obter mais conhecimento, caso surgissem.

O: As Doze Entidades Fontes foram criadas com um processo novo e modificado, baseado naquele usado para criar As Origens, mas removendo todos os enganos que cometi durante o processo da criatividade.

Determinei que eu precisava ser prescritivo de alguma maneira, deixando aquilo que seria necessário para o progresso pessoal da Entidade Fonte ao encargo da própria Entidade Fonte envolvida, enquanto áreas de desenvolvimento que precisavam ser "corretas", mas independentemente síncronas entre todas as Entidades Fontes, foram prescritas por mim, sem chance de ocorrer alguma interpretação pessoal.

Para que isso acontecesse, resolvi que cada uma das novas criações receberia todos os pré-requisitos energéticos necessários para a geração independente de autoconsciência individualizada, desde que fossem atendidas algumas etapas—a progressão só seria permitida quando os requisitos básicos para atender e exceder as próprias etapas estivessem em vigor. Deste modo, assegurei-me de que as doze Entidades Fontes não deixariam de obter autoconsciência, não importa quanto tempo isso levasse.

EU: Acabei de receber uma imagem—não, um conceito—não, não, um conjunto de regras. Você guiou as Entidades Fontes pelo processo de autorrealização, assegurando-se de que elas não fracassariam.

A Origem Fala

O: Exatamente. A provisão de certas regras para conseguirem o que seria necessário para atingirem a autoconsciência foi um requisito necessário para assegurar seu sucesso. Eu tinha de me certificar de que não iriam trilhar os mesmos caminhos seguidos pelas Doze Origens, digamos. Cada Entidade Fonte tinha o que você poderia chamar de sub-rotina de desenvolvimento para se ter a certeza de que só poderia se desenvolver em certa direção, dentro de certos parâmetros, naturalmente, com a certeza de que cada Entidade Fonte também iria desenvolver sua própria personalidade, razão para existir e estratégia para progresso evolutivo. Essas regras continham todas as armadilhas a serem evitadas como resultado das informações obtidas com o experimento das Doze Origens e muito, muito mais que resultou da minha extrapolação de possibilidades disfuncionais adicionais. Trabalhei em múltiplos Espaços de Eventos para determinar como poderia assegurar a idealização e operacionalização de um processo bem-sucedido para obtenção da autoconsciência.

EU: Poderia me falar sobre algumas dessas regras? Estou particularmente interessado nas mais importantes e das quais não falamos nos diálogos anteriores com você ou com as próprias Entidades Fontes.

O: Uma dessas regras foi a necessidade de dar a cada Entidade Fonte uma massa crítica do tipo certo de energia, aquela que busca a coadunação quando se acha em ilhas de energia inteligente de tamanho adequado (tal como aconteceu com as Origens). Outra regra foi que a obtenção de se estar em "ilhas" de energias inteligentes não era necessária desde que todo o conjunto de energias de uma Entidade Fonte alcançasse a condição de ilha singular, formada por todas as energias alocadas a ela em um processo.

EU: Espere um pouco. Isso está ficando contraditório. Você está sugerindo que suas regras foram criadas para serem quebradas ou desviadas? Pois é isso que você está sugerindo com esta primeira regra. Por exemplo, você precisa atingir esta condição específica, mas se não fizer isso, tudo bem!

A Origem Fala

O: Nem de longe. Há uma regra primária que a energia de uma Entidade Fonte precisa seguir para atingir a coadunação e a autoconsciência. Toda Entidade Fonte precisa seguir determinado caminho de desenvolvimento antes, durante e depois de obter a autoconsciência. No entanto, pode haver, e há, variações sobre o tema. É preciso haver, pois nem toda entidade se desenvolve da mesma maneira. Este é o objetivo de sua criação—a diversidade de experiências, aprendizado e conteúdo evolutivo.

Quando mencionei os diferentes métodos de alcançar a autoconsciência através da criação de ilhas de energias inteligentes, seja como um número de ilhas criadas inicialmente e depois formando uma só, ou como todas as energias formando a ilha de uma só vez, o resultado é o mesmo. O resultado final é que é a regra, mas há certas maneiras aceitáveis de se chegar a aquilo que a regra determina.

EU: Certo, agora eu entendi. Você está dizendo que o desenvolvimento da Entidade Fonte foi guiado de tal forma que ela precisaria atingir certos marcos durante seu desenvolvimento energético e a rota até a autoconsciência, e se ela se desviasse da rota desejada, desde que pudesse voltar a ela e ao resultado final desejado, poderia prosseguir—embora com alguns empurrões e ajustes aqui e ali por você, como desconfio.

O: Na verdade, não me envolvi, pois minhas regras tinham proteções integradas a elas; com isso, se o desenvolvimento de uma Entidade Fonte se desviasse da rota desejada, haveria a necessidade natural "embutida" de voltar à rota desejada. Ela enfrentaria resistência se seguisse a direção errada, e esta resistência aumentaria, digamos, até que voltasse ao caminho desejado de desenvolvimento.

EU: Seria como garantir que a pasta de dentes sairia pela extremidade certa do tubo e não por uma junta defeituosa do tubo.

O: Essa é uma forma interessante de dizer isso, mas sim, figurativamente.

A construção das Entidades Fontes

EU: Falamos do processo pelo qual você se tornou autoconsciente e que o processo usado na geração de autoconsciência, tanto das Novas Origens quanto das Entidades Fontes, foi basicamente o mesmo, mas não falamos sobre a construção das Entidades Fontes em si. Estou me referindo à estrutura: O que lhes deu estrutura? Como ela se relaciona com suas energias, e por quê?

O: Não é uma pergunta pequena; na verdade, são três numa só. Gosto disso. Hmmm, sim, gosto.

EU: Desculpe-me, agora eu me perdi. O que você quer dizer com isso? Você gosta que sejam três perguntas numa só?

O: Em termos simples, isso se refere a como eu sou três em um.

EU: Poderia explicar melhor, por favor?

O: Claro, não é uma digressão tão grande. Eu sou três em um, assim como você. No meu caso, isso se refere ao que eu sou, que é aquilo que está dentro do que eu sou e aquilo que está fora daquilo que eu sou. Aquilo que eu sou é minha área de autoconsciência, que é simples. O seu caso é um pouco mais complicado. Você é o que você é, aquilo de que faz parte e aquilo que faz parte de você. O que você é, é a sua individualidade. Aquilo de que você faz parte é o seu criador, e aquilo que faz parte de você é aquilo que é projetado no plano físico. Podemos tornar a falar disto, se você quiser.

EU: Não, está bem claro. Bem, pelo menos, segundo o meu ponto de vista.

O: Muito bem. Então, vou continuar pela descrição da estrutura "geral" das Entidades Fontes.

Cada energia usada para construir as Entidades Fontes tem sua própria função e compatibilidade com outras energias. Isto você já descobriu graças a diálogos anteriores (o leitor vai encontrar isso em Além da Fonte, Livro 2). Escolho com muito cuidado cada energia associada com as Entidades Fontes, e cada uma delas é capaz de ser usada para os aspectos operacionais e funcionais, os aspectos criativos e os aspectos estruturais da Entidade Fonte, necessários para a contribuição para sua própria evolução e subsequentemente para a minha evolução. Outras funções, como o envolvimento do Espaço de Eventos e seus componentes, são uma inclusão natural na qual não preciso me concentrar, pois são uma parte integral minha e, para todos os efeitos, uma função autônoma. A estrutura de todas as Entidades Fontes se baseia nos tijolos básicos que descobri durante minhas próprias autoinvestigações iniciais. Você já conhece parte disso e seria capaz de identificar frequências, componentes subdimensionais e dimensões plenas. Entretanto, há outros três componentes que foram usados para construir a sopa primordial das Entidades Fontes, digamos assim. Esses outros componentes são zonas, planos e continuum.

Zonas, planos e continuum são usados para formar a estrutura das Entidades Fontes segundo uma perspectiva funcional superior. Perceba que sua própria Entidade Fonte não usou esses três ao criar o multiverso que vocês usam como oficina evolutiva, enquanto outras usaram. No caso de sua própria Entidade Fonte, esses três são usados para criar a estrutura que "contém" a estrutura do multiverso. Tente imaginá-la como a plataforma que sustenta um arranha-céu inteiro, um arranha-céu de 408 andares, com o arranha-céu representando o multiverso e cada andar representando um ambiente universal à parte dos doze primeiros, que formam o porão; o universo físico. Fora da plataforma, acha-se o ambiente mais amplo que é a própria Entidade Fonte em si, com todos os "seus" seres, funcionalidades e criatividade evolutiva operando independente e isoladamente do multiverso. Alguns desses componentes podem ser detectados por encarnados altamente desenvolvidos, pois há espaço entre os espaços usados para os universos que são representados no aspecto frequencial do multiverso. É preciso haver espaço entre eles para assegurar sua independência. O espaço intermediário também é necessário para permitir flutuações na tolerância frequencial que resulta da progressão ou regressão evolutiva. É claro que há superposições ocasionais, o que dá às entidades que estão na parte certa do ambiente, segundo a perspectiva frequencial, a oportunidade de atravessarem e irem até uma frequência ou universo maior ou menor, caso desejem ou precisem fazer isso.

Parte desta funcionalidade pode ser observada no universo físico, onde áreas de frequência localmente superior atuam como portal, por falta de palavra melhor, para outros Espaços de Eventos e aspectos de frequência mais elevada do universo físico. Estas são áreas de superposição frequencial contidas dentro das frequências associadas com o universo físico de seu ambiente multiversal.

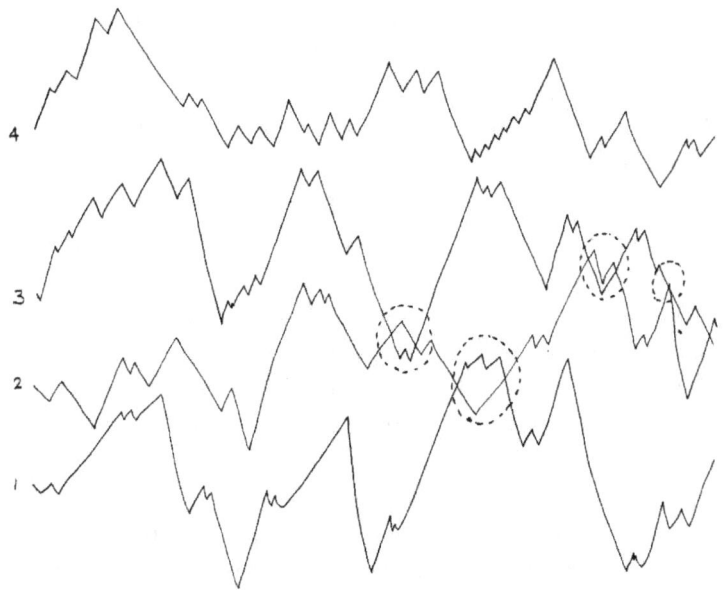

Figura 1: Áreas de superposição frequencial
As áreas onde as frequências localmente elevadas de um nível de baixa frequência se sobrepõem às frequências localmente baixas de uma frequência alta estão assinaladas com linhas pontilhadas.

EU: A energia livre faz parte dos componentes que formam as energias usadas para criar as Entidades Fontes?

A Origem Fala

O: A energia livre, como o Espaço de Eventos, é uma função inevitável do que eu sou, e por isso permeia a estrutura das Entidades Fontes.

Outra função da estrutura das Entidades Fontes é a capacidade de ser multifuncional em todos os níveis perceptíveis e imperceptíveis. Isto segundo a sua perspectiva. Significa que, no exemplo de sua própria Entidade Fonte, a estrutura usada para conter o multiverso também pode ser usada para sustentar simultaneamente miríades de outros construtos, caso sua Fonte queira fazer isso.

EU: Isto significa que a estrutura que sustenta ou mantém nosso multiverso no lugar, se é que posso usar este processo de pensamento, também pode sustentar multiversos dentro de multiversos?

O: Melhor do que isso. Ela pode sustentar a existência da própria Entidade Fonte.

EU: Você está sugerindo que ela pode sustentar multiversos internos e externos aos multiversos e a função interna e externa da área determinada para a Entidade Fonte?

O: Conquanto se mantenha dentro da área que escolho para uso daquela Entidade Fonte específica, sim.

EU: Mas isso não significa que o tecido do multiverso, e até mesmo das próprias Entidades Fontes, é poroso? Que na verdade não existe uma linha real de demarcação estrutural, que não existe uma estrutura real?

O: Correto. A estrutura é tal que não existe estrutura.

EU: Se é assim, onde está a estrutura e por que ela é necessária?

O: Como eu disse, não existe uma estrutura "formal" em si. A estrutura está contida nos parâmetros operacionais das próprias energias, e, mais importante ainda, dentro, digamos, das "mentes e memórias" das entidades criadas para funcionar dentro da, ou manter a integração da, intenção de manter a estrutura.

EU: Você está sugerindo que a estrutura do multiverso, mantida dentro do quadro geral da Entidade Fonte, só se mantém em função do "nosso" desejo", e, portanto, "intenção", de que ela funcione dessa maneira?

A Origem Fala

O: Sim.

EU: Uau. Então, com base nisto, nós somos a estrutura do multiverso?

O: Correto.

EU: Logo, no caso da minha Entidade Fonte, o que foi criado primeiro, o multiverso ou nós, unidades individualizadas de nossa Fonte?

O: Vocês não são unidades individualizadas da Entidade Fonte com a qual vocês escolheram trabalhar, mas usando isso como analogia, as unidades individualizadas de sua Entidade Fonte vieram primeiro e o multiverso depois. As unidades individualizadas precisavam ser criadas antes para proporcionar, digamos, a força cerebral, a capacidade mental, para manter a existência daquele ambiente no qual vocês estão trabalhando.

EU: Uau! Nós mantemos tudo junto.

O: Sim, é isso.

EU: Ah! Sim, claro, agora eu me lembrei. A Entidade Fonte Um me falou disso durante os diálogos que resultaram em Além da Fonte, Livro 1. Ela disse que precisou colocar as unidades individualizadas dela mesma numa área de espera enquanto estava sendo construídos o multiverso e sua estrutura.

Ela disse que suas unidades individualizadas e recém-criadas se perderiam caso fossem introduzidas como parte do multiverso enquanto este era criado. Disse que perderiam seus dados! Disse ainda que não tiveram experiência alguma nessa área de espera. Mas o que você está dizendo agora é que eles, nós, fazemos parte da manutenção da integridade e que nosso desejo de operar dentro e fora dele é que o mantém inteiro!

O: Correto.

EU: Então, por que suas unidades individualizadas de "si mesma" foram mantidas em estase, e por que há entidades de manutenção para manter a integridade evolutiva do multiverso se ele é mantido por todos os seus habitantes juntos?

O: Na verdade, eu não gostaria de me concentrar puramente na sua Entidade Fonte, mas como você fez uma pergunta

A Origem Fala

específica, vou lhe dar uma resposta específica. Segundo a perspectiva de sua Fonte, a criação do multiverso exigiu um nível adicional de poder de processamento que só ficaria disponível quando as unidades individualizadas estivessem disponíveis. Neste caso, foi preciso mantê-las em estase enquanto o multiverso estava sendo construído porque sua individualidade estava sendo usada num formato de sinergia "coletiva", o que permitiu uma funcionalidade maior graças à lei da sinergia coletiva, como você já sabe (ver a conversa com a SE11 sobre a lei da sinergia coletiva em Além da Fonte, Livro 2). Só depois que o ambiente do multiverso ficou estável é que as unidades individualizadas foram removidas da função de sinergia coletiva e puderam passar para o multiverso. Juntamente, digo, com um aspecto delas que foi reservado na coletividade para manter a integridade, a estrutura e a função do multiverso. Isto deu à Entidade Fonte Um a oportunidade de se concentrar em seu próprio trabalho enquanto acumulava experiência, aprendizado e conteúdo evolutivo de forma profunda e automática com as unidades individualizadas que criou.

Você mencionou as unidades de manutenção e seus papéis.

EU: Mencionei.

O: Elas só se tornaram necessárias depois que o multiverso ficou estável—a integridade geral foi tratada pelas energias reservadas nas unidades individualizadas para a função coletiva de manutenção da integridade da estrutura do multiverso.

Para existir em algum lugar, é preciso que haja um interesse pessoal em sua existência.

As entidades de manutenção foram criadas para lidar com os detalhes sutis da funcionalidade do multiverso, ajustando partes aqui e ali para assegurar que o multiverso oferece um nível ideal de experiência e de oportunidade evolutiva em todos os pontos da existência de todas as unidades individualizadas de "si mesmo". Você pode vê-los em ação na área de densidade local que chamam carinhosamente de Terra. Basta desfocar os olhos físicos e focalizar o nexo energético que chamam de olho espiritual ou terceiro olho.

A Origem Fala

Elas manipulam as energias locais de tal maneira que permitem que o ambiente prospere, ou até se recupere, quando exposto a ações da humanidade encarnada e de outras entidades encarnadas que são prejudiciais para o fluxo e uso natural das energias por esses aspectos da natureza que formam a manutenção automática do ambiente de baixa frequência apresentado para uso neste universo. Em suma, manipulam a flora e a fauna segundo uma perspectiva terrestre. Com isso, refiro-me ao ambiente e ao modo como a flora e a fauna trabalham com ele. Em essência, são tudo que existe de importante dentro do multiverso, mas não se encontram na escala evolutiva em si.

Há muitas interpretações sobre sua forma e a maioria delas gira em torno da humanidade, mas em essência não têm forma—adotam o aspecto necessário que lhes permite realizar com eficiência seu papel.

EU: Elas não evoluem?

O: Não, estão aquém da evolução, mas sua função visa o desenvolvimento da evolução.

EU: Mas têm experiências, elas progridem?

O: São mantidas puramente em serviço e progridem de uma forma diferente daquela governada pela evolução.

EU: Então, você está me dizendo que há mais coisas na existência além da progressão evolutiva?

O: Sim. Deveríamos discutir isto depois, pois será um conceito inteiramente novo para você transmitir.

EU: E por que não obtive diretamente esta informação da Entidade Fonte Um?

O: Naturalmente, você não fez as perguntas certas!

EU: Touché. Imagino que seja por isso que estou neste diálogo agora.

O: Sim, sua suposição está correta.

EU: Portanto, a estrutura desses ambientes criados pelas outras Entidades Fontes também segue essas regras?

O: Sim. Essa é uma parte fundamental da existência—aqueles que existem num ambiente precisam manter esse ambiente.

EU: Gostaria que a humanidade compreendesse plenamente isto.

O: A humanidade encarnada irá compreender assim que tiver subido o suficiente pelas frequências.
EU: Mmm, pode ser que leve algum tempo.
O: Já levou e vai levar mais algum tempo, mas faz parte do processo encarnado. É preciso reconhecer o que é importante sobre estar encarnado e renunciar ao que se deseja que seja importante para progredir nessa condição.
Mas tornamos a fazer uma digressão—de novo.
Embora as entidades de manutenção criadas pelas Entidades Fontes estejam por trás do cenário, há algumas entidades dotadas de papel duplo. Estas se encontram presentes em todos os ambientes criados pelas Entidades Fontes, e resultam do afastamento da "trilha" evolutiva. São conhecidas especificamente por um nome no ambiente físico denso da Entidade Fonte Um. Contudo, este nome é usado principalmente por conta da falta de compreensão.

Os anjos têm uma função dupla no ambiente de uma Entidade Fonte

EU: Nem me diga, a imagem já está na minha mente. Nós as chamamos de anjos!
O: Essa é uma maneira de descrevê-los, e, como disse, baseia-se em uma compreensão um tanto arcaica.
EU: Então, como deveríamos chamá-los? Especialmente se os vemos aqui apenas sob a perspectiva religiosa.
O: Bem, eu não usaria a palavra anjo, pois esta se aplica a certa função dentro dos ambientes religiosos, uma função que, na melhor hipótese, é imprecisa.
EU: Então, deixe-me ver se entendi. Todas as Entidades Fontes têm entidades de manutenção para fazerem o trabalho de ajustes finos, e elas podem ter um papel duplo. As entidades situadas dentro dos ambientes também têm um papel dualista, que é experimentar, aprender e evoluir, além de serem a força coesiva por trás da integridade dos ambientes onde atuam. As entidades de manutenção, porém, não só

foram criadas para manter a sintonia evolutiva fina, como possuem outra função.
Qual seria ela?
O: Experimentar a qualidade daquilo que "ajustaram" encarnando por um breve período.
EU: Quão breve seria esse período?
O: Geralmente, apenas o suficiente para julgarem se o seu ajuste fino foi correto e completo. Em seus termos, eu diria que entre minutos e algumas horas apenas.
EU: Bem, então isso explica algumas coisas bíblicas.
O: Tais como?
EU: Tais como anjos aparecendo e desaparecendo após interagirem com personagens da Bíblia ou serem vistos por estes.
O: Sim, explica, pois alguns ajustes finos requerem diálogos, diálogos para plantar uma semente, uma semente que é uma mudança de direção num processo ou atitude, e o ajuste fino é a direção.
EU: Faz sentido. E qual seria a função dualista dessas entidades?
O: Algumas delas não foram criadas específica ou originalmente como entidades de manutenção. Eram entidades em evolução que escolheram se afastar do ciclo evolutivo.
EU: Isso significa que elas não vão mais evoluir. Se é assim, qual o objetivo de se afastarem desse caminho?
O: Não raro, entidades criadas por minhas Entidades Fontes se afastam do caminho evolutivo para trilharem o caminho do serviço. Na verdade, isso é bem comum em alguns ambientes das Entidades Fontes.
EU: Você falou de um caminho do serviço e um caminho da evolução. Eu achava que o caminho do serviço era uma rota para a evolução. Você quer dizer que o caminho do serviço é um caminho superior?
O: Não. É um caminho diferente. São muitos os caminhos que uma entidade pode percorrer depois de ser criada. Mas aqueles que levam ao caminho evolutivo são os mais interessantes. O caminho evolutivo é o caminho mais puro, pois o destino almejado pela maioria das entidades criadas por minhas Entidades Fontes é o acúmulo de conteúdo

evolutivo. No entanto, algumas entidades são criadas para se dedicarem puramente ao serviço. São as entidades de manutenção de que estamos falando. Essas entidades que em seu ambiente vocês classificam como anjos são exemplos de entidades capazes de experimentar, de modo limitado, aquilo que elas mantêm. Elas fazem isso manifestando um aspecto delas mesmas dentro do local das frequências com que estão trabalhando. No entanto, há um número de entidades que trabalhava originalmente nesses ambientes visando "puramente" o acúmulo de evolução e que depois resolveram que queriam ou eram mais aptas a prestarem serviço. Essas entidades são úteis segundo duas perspectivas. Por um lado, já conhecem o aspecto experiencial da existência, especificamente em ambientes onde se emprega um veículo encarnado. Por outro, como resultado desta experiência e de seu recém-adquirido papel/responsabilidade e habilidade, são capazes de manipular o tecido do ambiente a que foram designadas para garantir que ele oferecerá a oportunidade evolutiva ideal para que as entidades daquele ambiente acumulem conteúdo evolutivo segundo a perspectiva encarnada.

EU: Então, você está me dizendo que, nesse caso, elas são mais aptas a realizar mudanças no ambiente porque existiram inicialmente para estar no ambiente. Sabem o que funciona melhor porque estiveram sujeitas a graus variados de sucesso.

O: Sim. É sempre melhor vir do aspecto do conhecimento experiencial do que do conhecimento acadêmico. É por isso que entidades que estavam originalmente no caminho evolutivo mudam para o caminho do serviço como entidades de manutenção.

EU: Elas chegam a voltar?

O: Na verdade, não. É uma rua de mão única.

EU: Por quê?

O: Porque depois que a entidade se afasta do ciclo evolutivo, está fora dele.

EU: Por que estou com a sensação de que isso não é algo ruim?

A Origem Fala

O: Porque não é. Como disse antes, há muitas maneiras de progredir, e o caminho evolutivo é apenas uma delas.

EU: E quais seriam as outras? Agora, fiquei curioso.

O: Antes, vamos terminar este diálogo e depois poderemos tratar dos aspectos da progressão e da importância de seu nível. A função dualista é atingida passando-se ao caminho do serviço, pois isso permite a progressão de duas maneiras—a progressão através do serviço e a coleta passiva de conteúdo evolutivo.

Quando a entidade se afasta do caminho evolutivo para o que chamarei de "verdadeiro" caminho do serviço, o caminho que faz com que a entidade se torne uma entidade de manutenção, leva consigo a experiência das mudanças que experimentou no ambiente, quer encarnada, quer desencarnada. Esta experiência, esta base de conhecimentos, inclui todas as experiências acumuladas por todas as entidades que "permaneceram" no caminho evolutivo. É uma espécie de banco de dados, não apenas o akáshico, pois este se relaciona apenas com a forma humana, com experiências que aquela e todas as outras entidades experimentaram ao aplicar certos níveis de ajuste fino. Em essência, ela sabe o que funcionou bem e o que não funcionou bem. Isto permite que a entidade se torne parte do contingente progressivo de entidades de manutenção que já existem, somando ao banco de dados total as informações atualizadas sobre sucessos segundo a perspectiva de uma entidade da base evolutiva.

Para a entidade que passou do caminho evolutivo para o verdadeiro caminho do serviço, o progresso se dá de maneira totalmente diferente. Neste caso, a entidade desistiu do que poderia se chamar de via rápida para a comunhão com seu criador. Mas não é o caso. A evolução não é uma rota essencial para a comunhão total com o criador da entidade, caso a entidade queira buscar essa comunhão, naturalmente.

EU: Agora, estou ficando confuso.

O: Vou explicar melhor. Eu requeiro conteúdo evolutivo. Mas o conteúdo evolutivo pode ser acumulado tanto indireta quanto diretamente. Segundo esta perspectiva, seja qual for a rota adotada pela entidade rumo à perfeição pessoal, ela irá acumular, por padrão, conteúdo evolutivo, seja ou não seu desejo, conforme o caso.

Percebo, neste ponto de nosso diálogo, que ele será bem limitado se eu prosseguir sem descrever as maneiras pelas quais a entidade pode progredir.

EU: Sim, concordo. Mas antes gostaria de conferir minha compreensão. A função dualista "é" o acúmulo de experiências de duas maneiras ao mesmo tempo, não o trabalho em dois ambientes diferentes.

O: Correto, e essas entidades de manutenção que você chama de anjos estão fazendo justamente isso. No caso deles, porém, estão trabalhando em dois ambientes ao mesmo tempo, a estrutura do multiverso e o ambiente criado para a existência em frequências mais baixas. Neste caso, são dualistas em seu trabalho e no modo como progridem. Progridem no serviço e na evolução.

EU: Creio que agora seria um bom momento para falar deste assunto, especialmente por ser o cerne da razão para a nossa existência.

Capítulo 5:
A evolução não é o que pensávamos

LÁ ESTAVA EU DE NOVO. SENTI QUE uma sessão um tanto complicada estava se aproximando e olhei com apreensão para o teclado do meu computador. Nesses casos, começo a ficar sobrecarregado com informações a tal ponto que não consigo perceber por onde devo começar. Todas as informações voam pela minha cabeça e não há escapatória. Resolvi que só havia um caminho a seguir, um caminho que eu deveria ter usado regularmente há algum tempo. Pedi para A Origem dividir o assunto em pedaços menores, especialmente porque senti que esse seria um assunto muito importante para discutirmos. De fato, estava sentindo que as energias associadas com o assunto da evolução vinham se acumulando fazia algumas semanas. Mas com a complicação adicional que mostrava que a evolução não era o único modo pelo qual uma entidade poderia progredir, eu estava esperando que esse trabalho seria difícil. Seria outro texto revelador. Eu teria que tirar leite de pedra!

EU: Quero que você divida isso para mim. Preciso entender o que é evolução e o que é progresso.

O: Vamos fazer o contrário. Embora a evolução seja desejada por mim e por minhas criações, é apenas uma das seis maneiras pelas quais minhas criações e eu progredimos. Com base nisto, você não pode tratar a evolução como um item separado ao analisar o progresso.

Inicialmente, eu havia recebido apenas cinco formas de progresso—e na verdade, deixei de lado o "serviço"! Mas quando estava começando a digitar este texto, fui "recompensado" com um sexto. Perguntei para A Origem a razão disto e ela me disse que a "benevolência" é uma função do serviço, e que às vezes é difícil separar ambos, pois as frequências de suas energias são muito próximas.

O desejo de progredir

O: O desejo de progredir vem em primeiro lugar em todos os casos. Progresso é aquilo pelo qual as entidades se esforçam. É seguir em frente, é tornar-se melhor do que se era, é expandir a metodologia da progressão, progredir de maneiras multimodais e, em seguida, progredir cada maneira multimodal de forma separada, única e multimodal que é um subconjunto da primeira, não havendo nisso um fator limitante.

EU: Então, o progresso é só isso, "progresso", ser algo "adicional", algo a mais. Expandir a experiência, o aprendizado e a evolução, inclusive as maneiras pelas quais a entidade pode experimentar, aprender e evoluir.

O: Nada mau. A progressão envolve todas essas coisas, tanto separadamente quanto em conjunto. Para progredir, é preciso experimentar, aprender e evoluir como função da progressão—são componentes básicos e independentemente importantes. Perceba que a evolução é um componente da progressão e que a progressão não é um componente da evolução. Embora eu busque o conteúdo evolutivo e tenha insistido muito nisso, preciso progredir de maneiras que incluem a evolução e são separadas dela.

As diferentes maneiras para progredir

O: Há seis maneiras de progredir. São estas:
Estatura, Confiança, Criatividade, Evolução, Serviço e Benevolência. Vou falar de cada uma delas separadamente.

ESTATURA é uma coisa que cresce naturalmente. É a presença sem ego; é estar no silêncio mantendo-se silente, mas sendo também o som no silêncio. A progressão na estatura é uma coisa que acontece e que se desenvolve com a maturidade da existência. A entidade pode progredir em estatura quando se considera que está numa posição de reverência sem ser atraída pelo poder associado ao fato de ser reverenciada. Ao falar de reverência, refiro-me ao fato de uma entidade poder ter atingido certo nível de progresso e ser vista como um modelo, fonte de conhecimento, doadora de sabedoria, detentora de poder, doadora de amor. A entidade que pode ser abordada por entidades de qualquer nível e ser uma "referência" tem estatura. A entidade de estatura significativa pode ter conhecimentos limitados em certa disciplina, mas ainda ser tida em alta conta pelas entidades que conhecem essa disciplina. Sabem que a base de conhecimentos é, será e pode ser revertida ou retribuída; essa é a diversidade das maneiras pelas quais as entidades podem progredir, e o fazem. É uma função silenciosa, mas que não é limitada pela diversificação, pois se a pessoa se diversifica, aumenta sua estatura nesse processo. Em termos simples, a estatura é a classificação da posição pessoal de uma entidade dentro de um ambiente em função de suas realizações.

CONFIANÇA é o que uma entidade ganha quando experimenta o resultado de sua criatividade, sendo recompensada com aquilo que desejou ou pelo que trabalhou. No entanto, a progressão da confiança não se refere a ser bom em alguma coisa, pois isso não confere progressão. A confiança adquirida pela familiaridade com ações similares ou iguais traz apenas estagnação e especialização. Trata-se de saber o que fazer quando não se conhece o que está sendo experimentado, recorrendo-se à base de conhecimento de si mesmo e dos outros para resolver o problema que está sendo experimentado.

Quando a entidade está progredindo em confiança da maneira desejada, consegue se observar, compreender suas capacidades e limitações, pedir e se valer da ajuda dos outros para compensar suas limitações, e aprender, de forma confiante, que está expandindo seus conhecimentos e sua base de experiência sem perder o decoro e a "estatura" junto a si mesma e a seus pares. À medida que a confiança da entidade progride e atinge um estágio no qual ela se acha "além da dúvida", a necessidade de deliberar ou consultar decorrente da indecisão, não importa quão grande seja a tarefa, não existe mais.

A CRIATIVIDADE é uma forma de progressão complexa e grandiosa. A progressão na criatividade não é linear como se poderia esperar, pois nem tudo se resume a criar "coisas" ou "ambientes"; envolve também a criação de oportunidades para criar criatividade ou oportunidades criativas. Ela também pode ser classificada como a forma como uma entidade pode "se" mudar pelo processo criativo como métrica para identificar como essa entidade está progredindo no uso e na identificação da criatividade como ferramenta para progresso pessoal.

A progressão na criatividade também pode ser identificada como a maneira pela qual a entidade resolve problemas, supera a falta de confiança, organiza uma oportunidade para acelerar a evolução, ajuda os outros, é útil para os demais ou identifica como poderia ser mais prestativo. Também é uma indicação sobre como ela pode ser eficiente em seu altruísmo, sem deixar de cuidar de sua própria necessidade de progredir.

Em suma, a criatividade refere-se a tudo que é "criado" para atender à necessidade de fazer algo ou de reagir a algo. O nível de "progresso" feito na criatividade é medido na diversidade do que foi criado e nos métodos usados e/ou criados no processo de criatividade.

A EVOLUÇÃO é variada em sua aplicação e direção. Vou tratar dela com mais detalhes daqui a pouco, pois ela exige uma discussão própria. A progressão evolutiva pode se manifestar de várias maneiras, a maioria das quais indescritível para a humanidade encarnada. Contudo, há cinco áreas nas quais a entidade pode progredir segundo a perspectiva evolutiva: Direcional, Esférica, Dimensional, Zonal e Frequencial. Repito, logo mais vou tratar com detalhes dessas áreas da evolução.

A progressão evolutiva é medida pela maneira como uma entidade assimila aquilo que experimenta, segundo todas as perspectivas, e pela maneira específica com que evolui—sendo as áreas acima as maneiras de progressão evolutiva.

A Origem Fala

A progressão evolutiva também é medida pela área com que ela se envolve de forma predominante, pois cada maneira tem seus próprios nuances em termos de como o conteúdo evolutivo pode ser usado e seu nível de utilidade. Cada uma das áreas evolutivas é um tipo específico de evolução e se liga a um nível de evolução total. A humanidade só identifica a palavra evolução com as mudanças na aparência ou na inteligência que a forma física exibe ao se adaptar ao ambiente, mas a evolução "na totalidade" refere-se, na verdade, às áreas de evolução especializada que estão separadamente juntas. Quando a entidade tem um nível equilibrado de progresso evolutivo, todas as áreas da evolução progridem no mesmo ritmo, sem que uma área se mostre predominante sobre outra em seu estado progressivo.

O SERVIÇO é uma área de progressão na qual a entidade pode se destacar. Em todas as formas de existência e de experiência, se uma entidade presta serviço a outras, pode acrescentar automaticamente conteúdo progressivo a todas as áreas de seu progresso pessoal. Prestar serviço é um "estado de rendição" em termos de progressão, pois o objetivo de estar a serviço é colocar os outros antes de si mesmo. A progressão através do serviço se dá mediante a entrega total de si mesmo em benefício dos outros, sem a necessidade subjacente de fazê-lo para progredir. Com isto, quero dizer que a entidade não deve ter a mentalidade de que precisa estar a serviço de vez em quando para obter um aumento na progressão que está experimentando, pois isso não é ser verdadeiramente prestativo.

A entidade que pensa, "puxa, preciso prestar serviço para alguém ou alguma coisa hoje, ou do contrário vou ficar para trás na corrida para o progresso" não vai progredir por conta do serviço prestado, pois terá sido um serviço "forçado". Serviço forçado não é serviço. Ajuda, assistência e conselhos comprometidos, inabaláveis e abnegados, dados em vez do trabalho que poderia ter sido realizado pela entidade que está a serviço, é o que se pode chamar de verdadeiro serviço.

A entidade que, sem pensar nela mesma, oferece seus serviços a outra, negando ativamente sua própria progressão em preferência a ser útil, vai progredir por padrão.

A Origem Fala

A BENEVOLÊNCIA está ligada ao serviço, e, como tal, pode ser interpretada erroneamente como parte "do" ou "no" serviço. É uma função composta por muitos elementos do serviço, como compaixão, generosidade, bondade, altruísmo, boa vontade, etc. Em essência, a benevolência é a marca da entidade que progride e que está fazendo, sem esforço e de modo automático, todas as coisas "certas" para progredir, sem a necessidade de levar em conta o que ela está fazendo antes de fazer aquilo que ela escolheu fazer "como serviço".

A progressão na benevolência é medida pelo nível de "doação de si" com que a entidade trabalha. Se a entidade se detém de alguma forma enquanto está a serviço de outra, então essa entidade não está sendo verdadeiramente benevolente, e, portanto, não acumula o conteúdo progressivo esperado de alguém que não se detém de forma alguma. Embora a progressão na benevolência seja progressiva em si mesma, ela também está ligada à estatura. A entidade realmente benevolente cresce em estatura com os outros à medida que aumenta seu nível de serviço e de autossacrifício, e é este aumento na estatura que assinala a progressão benevolente.

Todas essas áreas de progressão podem ser acionadas isolada ou simultaneamente pela entidade em progressão. Qualquer uma delas também pode ser especializada, caso a entidade deseje fazê-lo, daí os comentários anteriores sobre trocar o caminho da "verdadeira" evolução pelo caminho do "verdadeiro" serviço. Eu disse que a mudança de caminho é uma rua de mão única; bem, isso não é estritamente verdade. Para a entidade que quer se especializar neste caminho do progresso, é verdade, mas para a entidade que deseja passar algum tempo num caminho e não em outro, a fim de equilibrar suas áreas de progressão, com o desejo de voltar depois a aquele caminho, isso não é verdade. Isso acontece porque aquela entidade está administrando a progressão de sua progressão e está se assegurando de que todas as áreas de progressão irão progredir de maneira organizada e equilibrada.

A Origem Fala

Qual é a evolução verdadeira, real?

O: Você queria compreender os detalhes por trás da evolução, isolando os outros componentes da Progressão.
EU: Sim, queria.
O: Então, devemos continuar a fazê-lo. Há muitas maneiras de evoluir, e a maioria delas não tem muito valor nesta explicação, pois seriam difíceis demais para você compreender e retransmitir. Além disso, não são as principais maneiras de evoluir. No entanto, as cinco maneiras de evoluir que vou tratar com você agora são, com efeito, as maneiras convencionais, e, portanto, serão mais úteis para você.
EU: Antes de passarmos para as "maneiras convencionais", por que as outras não seriam convencionais?
O: Não são convencionais porque são componentes suplementares da evolução. Os componentes suplementares da evolução, por sua aplicabilidade, são específicos da funcionalidade subsidiária dos componentes convencionais com os quais estão alinhados, sendo separada e independentemente identificáveis como aspectos funcionais da evolução.
EU: Para mim, isso parece um enigma.
O: É por isso que não vamos tratar deles. Seriam difíceis demais para você entender. Hmmm, quem sabe noutro diálogo, quando você for mais expansivo do que é agora e seus leitores também forem mais expansivos do que são agora.
Para que a informação seja útil, deve ser compreensível pelo menos para uma pessoa, pois essa pessoa é o portal para a explicação em massa e a compreensão em massa. Sem essa pessoa, a informação fica estéril, murcha e morre. Neste momento, ela seria estéril, e é por isso que não vou discuti-la agora.
EU: Certo, entendi. Pode ter certeza de que vou lembrá-lo de falar depois sobre esta informação.
O: Quando você me lembrar disso, estará pronto para a informação, pois você estará expansivo o suficiente para

compreender os conceitos que acompanham os elementos descritivos. Sua expansividade ampliada será a deixa para tornar a fazer a pergunta. Antes disso, você não estará pronto.

Agora, porém, é hora de falarmos sobre os aspectos convencionais da evolução. Como disse, há cinco maneiras convencionais de evoluir. Essencialmente, são as cinco maneiras pelas quais uma entidade evolui, e indicam a direção da progressão evolutiva seguida pela entidade.

Quando sua evolução progride, a entidade vai evoluir predominantemente de uma maneira específica, embora, mais cedo ou mais tarde, precise progredir de todas as maneiras para ter certeza de que seu progresso evolutivo está completo. Só quando o conteúdo evolutivo da progressão geral da entidade estiver completo é que ela pode buscar a comunhão plena com a totalidade da Entidade Fonte que a criou. Com isto, refiro-me à reintegração com o todo, como um aspecto integrado da Entidade Fonte criadora, mantendo os níveis essenciais de individualidade para continuar a contribuir produtivamente para o próprio progresso daquela Entidade Fonte

As duas primeiras maneiras de evoluir, embora sejam específicas da progressão evolutiva de uma entidade, também se referem à evolução de uma condição ou construto ambiental, ilustrando sua própria progressão como resultado da interatividade com as entidades que a usam para fins de desenvolvimento.

A evolução DIRECIONAL é, com efeito, um método de evolução singular. É o desenvolvimento de certos aspectos da experiência baseada na existência que se ligam para manter o conteúdo evolutivo estreito ou focado em uma "direção" ou caminho específico. Esta maneira leva a entidade a se especializar nas funções que resultam na evolução direcional em prejuízo das outras maneiras de se evoluir, que também precisam ser experimentadas e acumuladas.

A entidade que experimenta e trabalha de um modo que resulta na evolução direcional não pode sustentar sozinha esse caminho por muito tempo. Isso ocorre porque sua própria direcionalidade resulta em uma preferência no conteúdo evolutivo de um certo tipo, um tipo que apoia a direção evolutiva, progredindo em variação com as outras formas ou direções que devem ser acumuladas para garantir uma progressão evolutiva equilibrada. Embora a evolução direcional seja, portanto, útil em uma área especializada da evolução, ou mesmo inicialmente, depois ela deve se desenvolver em um método mais holístico de evolução. Embora seja específica da evolução baseada na entidade, a evolução direcional também pode ser aplicada ao ambiente onde a entidade trabalha, pois o conteúdo evolutivo das entidades individuais também afeta o conteúdo evolutivo do ambiente. Sendo a evolução direcional como ela é, portanto, resulta numa condição ambiental especializada, que pode atender a um propósito experiencial específico.

A evolução ESFÉRICA é o Santo Graal. É o que uma entidade deveria alcançar na progressão evolutiva para que seu trabalho seja equilibrado. Aqui, a palavra "esférica" é usada para descrever o aspecto omnidirecional do conteúdo evolutivo acumulado. Neste caso, todo conteúdo evolutivo é acumulado de maneira sincrônica, com todas as áreas possíveis da evolução acessadas simultaneamente, sem que uma área fique à frente de outra.
A entidade que consegue evoluir de maneira realmente esférica é particularmente hábil, pois o planejamento requerido para iniciar a experiência para aprender e evoluir precisa ser abrangente, na pior das hipóteses. Entidades que evoluem esfericamente não estão interessadas em conseguir conteúdo evolutivo rapidamente, pois isto resulta em direcionalidade. Em lugar disto, planejam suas experiências tendo em mente a perfeição, permitindo o acúmulo de todos os aspectos da evolução como resultado de seu planejamento diligente, evoluindo lentamente, mas de forma completa, o tempo todo.
Na condição ambiental, é difícil conseguir a evolução esférica. Isto acontece especificamente porque as condições evolutivas ambientais estão sendo afetadas constantemente pelas entidades dentro do ambiente e usando-o. Só quando o ambiente é

reservado especificamente para entidades em evolução esférica é que se pode conseguir uma evolução realmente esférica.

A evolução DIMENSIONAL é uma função estrutural da evolução. Afeta tanto a entidade quanto os ambientes multiversais sendo usados, e o ambiente evolui como resultado da interação com base na entidade.

Segundo a perspectiva das entidades, a evolução dimensional está ligada à evolução frequencial (ver a seguir). É a capacidade de se mover para dentro e para fora de certas condições dimensionais dentro de um ambiente multiversal como resultado de seu estado evolutivo. A entidade que evolui dimensionalmente também terá evoluído antes de maneira direcional ou esférica. Na verdade, ainda estará no processo de progressão evolutiva, daí a razão para estar dentro de um ambiente para seu próprio desenvolvimento pessoal.

O número de dimensões nas quais ou com as quais a entidade pode trabalhar é diretamente proporcional a seu estado evolutivo. Uma entidade plenamente evoluída pode atravessar todas as dimensões e sua estrutura à vontade. Como disse antes, uma entidade cujo estado evolutivo ainda é uma "obra em andamento" só será capaz de atravessar as dimensões acessíveis a ela em função de seu estado evolutivo. Isto significa as dimensões sob a atual área de habitação e aquelas imediatamente acima e abaixo de sua posição. Só quando a entidade completar seu progresso evolutivo poderá obter acesso a todas as dimensões dentro de um ambiente multiversal.

A evolução dimensional só se dá realmente dentro de ambientes dimensionais múltiplos ou baseados em continuum e que abrigam algum tipo de estrutura dimensional. É que ela se baseia na capacidade do ambiente absorver mudanças dimensionais, que geralmente são meios de crescimento de maneira dimensional e/ou esférica. A evolução dimensional inclui as mudanças evolutivas atribuídas à frequência e a mudanças no Espaço de Eventos. Como resultado, ela reage a mudanças nos padrões evolutivos experimentados em ambientes frequencialmente derivados e/ou a mudanças multidualistas que invocam um novo Espaço de Eventos. Em suma, segundo a

A Origem Fala

perspectiva ambiental multiversal, a evolução dimensional é a capacidade de incorporar nova "largura de banda" dentro do mesmo "espaço".

A evolução FREQUENCIAL é uma subfunção da evolução dimensional. Segundo a perspectiva da entidade em evolução, é a capacidade de acessar frequências mais elevadas ou sutis atribuídas a dimensões superiores como resultado de respostas corretas a níveis crescentes de conteúdo experiencial. Como tal, a evolução frequencial é apenas uma progressão e não pode ser identificada realmente como evolução. Todavia, a exposição ao conteúdo disponível mediante a capacidade de obter acesso a frequências mais elevadas ou sutis cria, por si só, a oportunidade para a evolução da entidade e, portanto, pode ser classificada como um catalisador evolutivo.

Segundo a perspectiva ambiental, a evolução frequencial é atribuída ao aumento da largura de banda que pode ser experimentada dentro do mesmo espaço ocupado por uma frequência específica. O aumento da largura de banda é atribuído ao trabalho das entidades locais quando estas, ou seja, a população total daquele ambiente frequencial, dominaram tudo que se acha disponível dentro daquele ambiente frequencial específico, decidem experimentá-lo também sob uma perspectiva microscópica, maximizando sua oportunidade experiencial nesse nível. Este desejo de experimentar mais com menos é que invoca as energias evolutivas ou energias livres (ver Além da Fonte, Livro 2) necessárias para que ocorra o aumento da largura de banda naquela frequência. Este aumento da largura de banda pode ser experimentado três vezes por uma frequência antes que as entidades criando o aumento precisem prosseguir até o próximo nível frequencial. É que o nível potencial de sobreposição na "finitude" frequencial começa a ter efeito acima deste nível de evolução, negando a necessidade de as entidades que invocam o aumento da largura de banda progredirem ainda mais nas frequências.

A Origem Fala

A evolução ZONAL é a expansão de um ambiente multiversal e a progressão da entidade para além daquilo que se acha disponível experiencialmente para ela em seu multiverso atual. Quando uma entidade ou grupo de entidades progrediu até o ponto onde dominaram tudo que poderia ser experimentado num multiverso específico, e essa entidade ou grupo de entidades decide continuar em sua progressão em vez de buscar a comunhão com sua Entidade Fonte, o que, naturalmente, elas têm o direito de fazer, invocam as propriedades evolutivas da energia livre como resultado do potencial para um incremento no conteúdo evolutivo. As energias livres invocadas neste caso devem-se à oportunidade tanto para a progressão evolutiva baseada na entidade quanto para aquela baseada no ambiente.

Portanto, a evolução zonal segundo a perspectiva do ambiente é a adição de outra camada ambiental, específica da estrutura da Entidade Fonte e, portanto, de mim. Isto expande a oportunidade de maiores progressões para até doze vezes aquilo que se achava disponível anteriormente.

Para a entidade, portanto, a evolução zonal é uma função de progressão que vai além da necessidade de conteúdo experiencial adicional obtido puramente dentro do multiverso da experiência "original", permitindo-lhe ganhar acesso a esses novos multiversos disponíveis agora.

Mas uma coisa deve ser comentada: a evolução positiva e a negativa, não apenas a evolução positiva, afetam todas essas maneiras de evolução. (Ver SE8 em Além da Fonte, Livro 2 para saber mais sobre evolução positiva e negativa.)

Esclarecimento sobre a função do Espaço de Eventos

O: Mencionei o Espaço de Eventos no diálogo envolvendo o conteúdo evolutivo da evolução dimensional.
EU: Sim, você mencionou. Isso me surpreendeu.
O: Bem, eu precisava explicar que o Espaço de Eventos não evolui em si. Ele aumenta sua capacidade como resultado do

A Origem Fala

aumento da demanda por condições dualistas e por condições multimodais dualistas, como você já sabia.

EU: Sim, sei, se pensar bem. Isso foi descrito em algum detalhe em meu último livro, Além da Fonte, Livro 2.

O: Sim, bem, este aumento de capacidade não é uma função da evolução. Ele é o que ele é, um aumento de capacidade resultante da necessidade de dar suporte a conteúdos experienciais múltiplos.

EU: E como isto se relaciona com o aumento de capacidade resultante da introdução de zonas?

O: Em termos simples, é que o Espaço de Eventos é uma função independente daquilo que eu sou. A introdução "zonal", por sua vez, é a necessidade de expansão devida à progressão evolutiva, resultando na evolução ambiental. O Espaço de Eventos não evolui. Ele apenas se expande e se contrai, dependendo do nível de paralelismo necessário para apoiar as demandas dualistas e multimodais das entidades e dos eventos que existem dentro e/ou fora de um ambiente multimodal.

EU: Deixe-me ver se entendi. Sim, sei que falamos sobre Espaço de Eventos nos livros anteriores e em um diálogo prévio neste livro. É que quero deixar bem claro na minha cabeça, e, portanto, na cabeça dos meus leitores, que o Espaço de Eventos, embora faça parte de você e de nós, é uma função independente de você e de nós.

O: Sim, ele faz parte daquilo que sou.

EU: Se ele faz parte daquilo que você é e opera independentemente daquilo que você é, então você deve ser capaz de identificar se ele realmente é "você". Se realmente for você, você deve ser capaz de controlá-lo de alguma maneira, ou até de criar um Espaço de Eventos.

O: Que pergunta boa. Bem, a resposta não é simples, mas precisa ser dada antes de passarmos para o próximo assunto de que precisamos tratar.

EU: Qual é?

O: Espere e verá. Primeiro, vamos terminar este diálogo sobre o Espaço de Eventos.

A Origem Fala

Essa seria, como eu estava começando a sentir, uma pergunta de sessenta e cinco milhões de dólares. Será que aquilo que forma a estrutura geral de A Origem, o "Tudo Que Existe", seria totalmente independente da senciência que é A Origem, e, portanto, afetando-a também, criando versões paralelas da totalidade ou de partes da área de autoconsciência de A Origem? De onde eu me encontrava sentado agora, senti-me apreensivo e maravilhado diante das possíveis respostas que A Origem me daria sobre isso. Imagine a consequência deste processo de pensamento, "que uma parte de A Origem poderia de fato ter alguma forma de controle sobre aquilo que é seu senhor". Tremi ao pensar que A Origem poderia mesmo não ter controle, por menos que fosse, ou seria por mais que fosse? Resolvi não ficar pensando nisso e pedi que A Origem comentasse o assunto.

O: Agora que você terminou, vou presenteá-lo com a verdade sobre essa questão. No começo, isto é, aquele Espaço de Eventos onde eu estava começando a me tornar autoconsciente, eu estava, para todos os efeitos, a mando do Espaço de Eventos. Ele já era parte existente daquilo que eu era. Quando me tornei autoconsciente e depois autorrealizado, fui capaz de trabalhar com as energias e outros componentes que descobri que eram partes da constituição total daquilo que eu era na totalidade e de manipulá-las, usando-as no processo criativo que me permitiu progredir, evoluir.

O Espaço de Eventos era um desses componentes, e ele apresentava algumas propriedades bem interessantes. Ele operava de maneira totalmente independente do que eu era então. Parecia ser único nesse sentido, embora agora eu saiba que não é bem assim.

EU: Você quer dizer que há partes suas que operam independentemente da sua senciência, quer dizer, da sua senciência dentro de sua área de autoconsciência?

O: Deixe-me terminar!

EU: Desculpe!

A Origem Fala

O: Tudo bem. Mais tarde, vou falar dessas outras partes independentes. Na verdade, você já tem ciência de algumas. Pelo menos, de uma. Como estava dizendo, enquanto minha autoconsciência aumentava, rumando para a autorrealização e senciência, o Espaço de Eventos pareceu operar de maneira totalmente independente da minha "consciência", se quiser chamá-la assim. Criou esferas ou bolsões independentes e localizados daquilo que eu criei se houvesse uma decisão ou o potencial para uma decisão. Ele as duplicou, criando o "palco" para os eventos que se sucederiam caso eu tivesse tomado a "outra" decisão e não aquela que achei que seria a melhor opção. Neste ponto de minha existência, eu não tinha um processo de decisão tão específico quanto tenho agora, e, portanto, criei múltiplos de esferas de Espaços de Eventos, localizadas, mas independentes. Cada Espaço de Eventos ilustrava um caminho que eu poderia ter seguido e as consequências subsequentes de cada caminho. Como meus pensamentos baseados em decisões eram rudes, indomáveis, imaturos, eu criei Espaços de Eventos dentro de Espaços de Eventos, com Espaços de Eventos dentro desses Espaços de Eventos. Eu tinha perdido o controle dos Espaços de Eventos, o que, por sinal, é o que acontece com a maioria de vocês enquanto estão encarnados—sem controle sobre o Espaço de Eventos.

Quando minha tomada de decisões amadureceu e comecei a criar sem decisão ou a possibilidade de múltiplas decisões, percebi que podia "de fato" controlar a geração de Espaços de Eventos. Podia criá-los quando queria experimentar as múltiplas experiências geradas pelas múltiplas rotas derivadas de múltiplas opções ou bases de decisão, possíveis apenas ao permitir que o Espaço de Eventos invocasse a si mesmo no ponto da decisão. Isto foi vantajoso para mim. Por isso, neste sentido, eu, embora fosse controlado inicialmente por aquele componente de "mim mesmo" que era o Espaço de Eventos, observando o que ou como o Espaço de Eventos é criado, fui capaz de criar Espaços de Eventos ou de negar a oportunidade para um Espaço de Eventos ser invocado.

EU: Então, você pode controlar o Espaço de Eventos?

O: Sim, agora eu posso, mas naquele ponto de minha autoconsciência eu não podia. É como saber que você tem um coração; você consegue ouvi-lo bombeando o sangue pelo seu corpo. Você consegue senti-lo mudando a "batida" dependendo das demandas do corpo sobre ele, mas você não pode controlá-lo. Mais tarde, com prática, paciência e persistência, você consegue mudar o ritmo dos batimentos ou até fazer seu coração parar usando sua própria intenção; alguns yogues avançados conseguem fazer isto. Você pode controlar a maneira como o corpo se comporta ou mesmo aumentar sua longevidade se modificar a frequência cardíaca "manualmente", digamos. Deste modo, você controla o coração. O coração não é mais um componente único e de funcionamento independente no seu corpo, pois sua consciência exerce controle sobre ele. Se, neste exemplo, você considerar o coração como o Espaço de Eventos, entenderá como pode obter controle sobre aquilo que faz parte de sua estrutura geral, mesmo que isso possa operar independentemente de você, caso permita.

EU: E o que pode falar sobre o contingente de Espaços de Eventos que existem além da sua área de autoconsciência? Você não pode controlá-los.

O: Eu não precisava ter o controle, mas agora tenho. Precisei logo que a criação que você chama de Entidade Fonte Doze se aventurou para fora da minha atual área de autoconsciência, criando com isso uma versão levemente maior dela.

EU: A Entidade Fonte Doze expandiu sua área de autoconsciência?

O: Sim, e fez isso por padrão. E continua a expandi-la, embora com menos intensidade, enquanto progride em sua distribuição de si mesma em torno da periferia da minha área de autoconsciência. Neste sentido, preciso acompanhá-la com a minha consciência, digamos, para ter certeza de que ela não irá invocar novos Espaços de Eventos dos quais não tenho ciência ou sobre os quais não tenho controle pessoal.

A Origem Fala

EU: Então, você está dizendo que não precisa se preocupar com aquele Espaço de Eventos fora desta área nova e levemente ampliada de autoconsciência porque ela é estática?

Eu tinha acabado de receber a imagem mostrando que tudo estava calmo e imóvel além da área de autoconsciência de A Origem, como se não houvesse nada ali que pudesse causar um efeito dualista e, portanto, invocar um novo Espaço de Eventos.

O: Isso está correto. Mesmo com algumas pequenas incursões (ver diálogo anterior) nesta área como resultado de aspectos menores de mim sendo projetados nesta área, não há mudança. Simplesmente, isto se deve ao fato de eu ter neutralizado o efeito dualista, a possibilidade "de possibilidade" com esses aspectos de mim na vastidão além da minha área de autoconsciência. Quando eu/nós todos passarmos para a próxima expansão real da minha área de autoconsciência, o Espaço de Eventos vai desempenhar seu papel natural e normal.

EU: Então, como você descobriu que podia controlar a criação do Espaço de Eventos? Deve ter sido uma revelação e tanto.

O: Foi, e também foi uma solução simples. Simplesmente controlei meus pensamentos a tal ponto que aquilo que eu fazia não se baseava em tomar a decisão de usar uma rota ou outra. Idealizei uma estratégia baseada em não ter pontos de decisão e a mantive.

EU: Do meu ponto de vista, não vejo como alguém pode fazer uma escolha sem tomar uma decisão com base em um número de oportunidades diferentes—isso faz parte do processo de tomada de decisões, não faz?

O: Do seu ponto de vista, sim, mas você está em um ambiente dualista onde todo o objetivo da existência nesse ambiente é ter livre arbítrio, ter escolhas pessoais, tomar decisões com base em alguns estímulos. É por isso que você não pode entender o método da criatividade sem a tomada dualista de decisões. Quando você consegue trabalhar fora do dualismo, você não invoca novos Espaços de Eventos, novas condições paralelas. Isso é uma coisa da qual você deveria estar ciente, pois o dogmatismo gera o dualismo ou a possibilidade do dualismo, e o dualismo cria a oportunidade para a criação de Espaços de Eventos. Tome cuidado com o que você pensa, pois o pensamento cria Espaços de Eventos.

EU: Então, é assim que você controla o Espaço de Eventos?

O: Foi como controlei no começo. Agora, entendo as energias envolvidas no Espaço de Eventos e posso criar Espaços de Eventos quando estou em um processo de pensamento não dualista. Em essência, usando o exemplo do coração como parte do corpo, agora sei como fazer meu coração parar de bater e posso me manter nesta condição enquanto quiser, ad infinitum.

EU: Certo. Bem, eu gostaria de mudar um pouco de direção. Que parte de VOCÊ é ou pode ser afetada pelo Espaço de Eventos?

O: Em essência, o Espaço de Eventos permeia tudo que eu sou, Tudo Que Existe. Mas embora seja universal, tem suas limitações.

EU: E quais seriam essas limitações?

O: O Espaço de Eventos é limitado pela influência desse evento e da série de eventos que fazem parte de sua razão inicial de criação e das interações subsequentes com outros eventos e Espaços de Eventos. O Espaço de Eventos só existe pela duração do nível de influência daquele evento consigo mesmo e com outros Espaços de Eventos. Noutras palavras, se um evento é um evento "sem saída", terá influência limitada sobre outros eventos mais adiante, e são eventos esféricos que se acham mais adiante. Ele vai se dissolver como evento quando sua influência sobre outros eventos for zero; com isso, não terá relevância e não precisará existir. Neste sentido, ele é autogovernado.

Adicionalmente, o Espaço de Eventos localiza-se, por definição, no evento dualista que criou a oportunidade para sua criação inicial, e não pode abranger tudo. Com base nisto, a oportunidade para o dualismo dentro do meu processo de decisão não pode criar múltiplos Espaços de Eventos que criam múltiplas Origens ou então múltiplas áreas de autoconsciência minhas, A Origem, dentro da totalidade do que sou. Ele só pode atuar em "eventos" neste sentido, e não em locais holísticos. Entretanto, ele poderia, graças à união de Espaços de Eventos localizados através de influências entre Espaços de Eventos, abranger totalmente a minha área de autoconsciência. Como minha atual área de autoconsciência é ocupada apenas por minha senciência e pelas energias e senciências das minhas doze Entidades Fontes e dos Om Puros e Om Não Cativos, é infinitesimalmente pequena em comparação com minha área total de autoconsciência.

EU: Acabei de receber uma imagem daquilo que eu seria capaz de ver em termos de Espaços de Eventos. Vejo esferas flutuando na sua área de autoconsciência, e cada esfera é uma área de Espaço de Eventos localizada. Nesta imagem, elas estão se ligando e se dissolvendo, ligando-se e se multiplicando, algumas se dissolvem e outras assumem a precedência. Aquelas que acabam sendo o Espaço de Eventos convencional são as que assumem a precedência e continuam a existir, enquanto aquelas que estão num "beco sem saída" perdem a influência sobre as outras e, portanto, seus vínculos, dissolvendo-se no processo. É como um conjunto de esferas ondulantes e autogovernadas. É quase como a evolução darwiniana—só os mais aptos, ou devo dizer, os Espaços de Eventos que são os verdadeiros caminhos da progressão é que ficam. Só o convencional é dominante, tudo o mais é experiência e aprendizado úteis, perpetuando a existência do convencional através da demonstração de sua natureza correta, seu caminho correto e verdadeiro de progressão e de evolução.

O: Sim, essa seria uma boa maneira de explicar isso—muito bem. Agora, podemos ir em frente.

Capítulo 6:
A teoria quântica e sua relevância para A Origem

DEPOIS DE PASSAR OS DOIS ÚLTIMOS dias com A Origem discutindo os diferentes tipos de evolução, eu estava ansioso para mudar de assunto. Concordo, a evolução foi um assunto importante, um assunto que chama a atenção de muitos, mas eu estava certo de que o nível de detalhes que havia recebido sobre esse assunto era suficiente para o momento. Eu sabia muito bem que havia outras áreas da evolução de que eu gostaria de tratar, mas, como A Origem disse, eu não tinha amplitude suficiente no momento para conseguir absorver as informações e retransmiti-las de um modo que a humanidade encarnada pudesse compreender. Tenho de admitir que eu percebi que estava sentindo a falta de alguma coisa, que o tema da evolução me pareceu de algum modo incompleto. Foi uma sensação estranha, como se soubesse que iria encerrar este diálogo como se já o tivesse feito. Estava pensando nesta "sensação" quando A Origem teve algumas palavras interessantes para dizer sobre aquilo que eu estava experimentando.

O: Você está se sentindo incompleto em termos deste diálogo porque consegue sentir o Espaço de Eventos no qual você estará completo e por isso terá encerrado este elo específico.
EU: Sim, é uma sensação estranha, como se já tivesse feito isso.
O: É porque, na verdade, você já fez. Em essência, você está sentindo o Espaço de Eventos que nos vê completando este diálogo, encerrando assim este elo específico.
EU: Vamos terminar nossa discussão sobre evolução neste livro ou ela será assunto de outro?
O: Veremos o que acontece. Na verdade, não quero abrir o jogo aqui pois isso iria distrair o seu fluxo, fazendo-o focalizar

A Origem Fala

apenas uma coisa e não o cenário completo da realidade maior, que é o que deveríamos estar discutindo.

EU: Então, sobre o que poderíamos falar agora?

O: Que tal a teoria quântica?

EU: Isso é relacionado com a Terra, não é não?

O: Não, na verdade, não, e talvez seja o único assunto em que a humanidade encarnada é boa. É que a teoria quântica é apenas isso, teoria, e como tal você não pode se distrair por reações físicas que são o produto de outras ciências. Adicionalmente, é a única área na qual você poderia ajudar a humanidade encarnada a compreender um pouco a estrutura do multiverso no qual ela existe.

EU: Então, você está sugerindo que a humanidade compreende a teoria quântica.

O: Eu não disse isso. Disse que é uma coisa na qual a humanidade é boa. Isto não significa que vocês a compreendam.

EU: O que quer dizer isto?

O: Quer dizer que, como entidade encarnada, a humanidade está se permitindo seguir o caminho certo em termos de processo de pensamento.

EU: Então, o que vamos discutir sobre a teoria quântica que fica aquém daquilo que já discuti antes com a Entidade Fonte Um?

O: Deveríamos falar sobre a base—aquilo que forma a base da fisicalidade segundo a minha perspectiva e não a perspectiva de uma Entidade Fonte.

EU: Você quer dizer que existe um nível de fisicalidade que não se encontra dentro da estrutura de uma Entidade Fonte?

O: É claro. Há áreas de finitude dentro da minha estrutura que são a base para a estrutura daquilo que eu crio, o que inclui as Entidades Fontes.

EU: Quando você usa a palavra "finitude" aqui, você não está falando da "delicadeza" da energia ou da frequência. Está dizendo que áreas de energia onde existe uma área ou quantidade finita de energia que pode ser usada para construir uma parte de sua estrutura ou de uma Entidade Fonte podem ser consideradas "fisicalidade"?

O: Em essência, sim. As energias que são usadas para a construção dos elementos básicos da fisicalidade estão seis níveis abaixo ou acima, em termos de frequência, daquilo que a humanidade chamaria de nível quântico, estando o nível quântico no nível subatômico.

As energias que formam o nível físico acham-se num estado progressivo. São construídas umas sobre as outras, e cada camada cria a base para a seguinte, esta dependendo da existência da anterior. Se você fosse olhar os níveis físicos isoladamente, sem a estrutura do nível anterior a sustentar sua existência, veria grandes lacunas entre os componentes que constituem os elementos reconhecidos como estando no nível quântico mais baixo. Essas lacunas apareceriam como grandes áreas nas quais não existe estrutura ambiental aparente para manter o relacionamento entre os componentes.

EU: Acabei de receber uma imagem que me disse que o espaço entre um quark e suas contrapartidas precisa ter um componente energético para permitir a manutenção da atratividade entre eles. Que eles não giram simplesmente em torno um do outro devido, digamos, à atratividade gravimétrica.

O: Correto. Não existe atratividade gravimétrica abaixo, ou devo dizer, acima, em termos frequenciais, do nível onde a fisicalidade se manifesta como fisicalidade. Se houvesse, seria chamada de fisicalidade.

EU: E onde entra em cena a teoria das supercordas?

O: Ela não entra. Lembra-se da conversa que você teve com sua Entidade Fonte sobre este assunto?

EU: Sim, eu me lembro.

O: Então, você vai se lembrar de que a teoria das supercordas poderia muito bem ser chamada de teoria da banana quântica.

EU: Sim, eu me lembro.

O: Bem, eis uma pista para você. Uma teoria é apenas uma teoria, e não pode ser realmente quantificada de maneira alguma. Se fosse quantificável, não seria mais uma teoria e sim um fato mensurável. Com base nisto,

A Origem Fala

independentemente da matemática que envolve a teoria das supercordas, ela não é realmente quantificável porque a matemática foi gerada para provar a teoria e não para refutá-la.

EU: Isso me parece um pouco ininteligível.

O: Por quê? Se a matemática fosse capaz de refutar a teoria, então a mesma matemática poderia ser usada para provar a teoria. Este seria o "teste do ácido". Quando seus engenheiros testam pela destruição, provam a longevidade daquilo que está sendo testado segundo as condições empregadas no teste, e, como resultado, estabelecem um tempo de vida conhecido que é sustentável e repetível sob essas condições. Se, no exemplo da teoria, a matemática idealizada para encontrar os defeitos da teoria não encontra falhas, isso prova que a teoria é válida, elevando-a à posição de "lei". Naturalmente, até que novo regime de testes seja criado e a mesma teoria, agora lei, seja testada para encontrar os pontos falhos e sobreviva ou fracasse, caso no qual a lei é reforçada ou a falha da teoria sob certas condições é compreendida.

EU: Como isto me diz que a humanidade encarnada é "boa" na teoria quântica?

O: Porque a maioria das coisas que vocês fazem se baseia na intuição e nos instintos em lugar de serem iniciadas por um meio físico. Isto lhes permite moverem-se na direção certa sem as limitações da métrica, que acaba governando os resultados da pesquisa na maioria dos casos.

EU: Então, em termos da teoria quântica, o uso da intuição e dos instintos é o melhor caminho a se seguir?

O: Não de todo, mas é o método mais preciso neste ponto da existência da humanidade.

EU: O que você quer dizer? Achei que a teoria quântica poderia ser apoiada por algum tipo de métrica quantificável que a provasse.

O: E pode, mas atualmente a humanidade é incapaz de produzir a matemática que lhe permite fazê-lo. Entenda, a matemática necessária para apoiar a validade dos níveis abaixo do aspecto da fisicalidade que assegura sua própria existência, os seis níveis de estrutura que existem entre o nível subatômico que a humanidade conhece e o primeiro nível de estrutura requerido para apoiar a fisicalidade dentro da estrutura de uma Entidade Fonte estão bem além das capacidades da humanidade.

A matemática que dá apoio a essa validação está vários milênios adiante em termos do atual desenvolvimento da estrutura e arquitetura matemática da humanidade encarnada, pois exige o desenvolvimento de muitas arquiteturas e subarquiteturas dentro dessas arquiteturas. Cada uma dessas arquiteturas e subarquiteturas permite o desenvolvimento e a progressão até o próximo nível de arquitetura—e cada um deles é, por si só, um salto quântico na progressão matemática. Em essência, exige o uso de muitas mentes capazes de "ver" os vínculos e níveis requeridos para detectar, enxergar, explicar e racionalizar as funções necessárias para suportar a geração da teoria exigida para que se identifique a possibilidade do "próximo nível quântico". Além disto, há a necessidade de "detectar" efetivamente, por meios mecânicos, como versões futuras de dispositivos similares a, mas significativamente mais eficientes do que o, "Grande Colisor de Hádrons", o LHC, para ilustrar o aspecto físico para aqueles que precisam "ver" provas físicas.

EU: Na minha cabeça, se precisamos ver a prova física usando algum colisor, isso nega a necessidade de se ter uma teoria.

O: Mmmm, você pode pensar assim, mas é a aplicação da teoria que dá início à necessidade da prova. Ela gera o processo de prova.

EU: Compreendo o fato de estarmos falando do assunto da teoria quântica, mas na verdade não estamos acrescentando nada ao conhecimento da humanidade.

O: Percebi sua impaciência quanto a isso e resolvi dar-lhe um conselho com um nível de conhecimento que poderia ampliar o nível de conhecimento da humanidade, caso aqueles que têm capacidade aproveitem a oportunidade, com base nas orientações básicas que estou disposto a oferecer.

A Origem Fala

EU: E qual seria o nível de detalhe que você está disposto a transmitir?

O: O básico em torno da estrutura entre aquilo que a humanidade conhece e pode provar fisicamente, e aquilo que forma a base do aspecto físico do multiverso.

EU: Ótimo, então vamos em frente.

Abaixo dos quanta

EU: Você disse que há seis níveis de estrutura abaixo do nível dos quarks e acima do nível fundamental que constitui a estrutura básica necessária para apoiar o aspecto físico do multiverso. Meu conhecimento pessoal sobre este assunto, que na melhor hipótese é limitado e, portanto, perigoso, é que Besant e Leadbeater, dois yogues ocidentais, estabeleceram no início do século 20, mediante a meditação transcendental, que havia quatro níveis entre o "Anu", o átomo básico, como o chamaram, que compreendem a estrutura que cobre a lacuna entre o aspecto plenamente energético do universo físico e aquele nível acima do astral que cria o aspecto gasoso do universo físico.

O: No ponto da existência dessas queridas almas da Entidade Fonte Um e da informação que eles transmitiram durante sua época na Terra, as frequências da Terra eram tais que a precisão da capacidade de um yogue não era tão grande quanto é agora. Isto significa que não foram capazes de apreciar plenamente a estrutura que lhes foi apresentada. Como resultado, foram capazes de focalizar apenas os aspectos da estrutura que estavam representados de modo predominante e não representados marginalmente devido às frequências com que estavam alinhados.

EU: Então, você está me dizendo que foram imprecisos em seu relato?

O: Não, eles foram precisos para a época deles, pois só poderiam focalizar aquilo que eram capazes de focalizar. Analisando as informações que você tem sobre o trabalho de Besant e

A Origem Fala

Leadbeater, resolvi descrever os seis níveis, pois atualmente são compreensíveis segundo a perspectiva da humanidade.

EU: Obrigado. Isto vai ajudar muito. Não só vai me ajudar, como vai beneficiar aqueles que lerem este texto.

O: A ideia é essa. Certo, sinto que o momento é apropriado para tratar dos seis níveis em detalhes suficientes para saciar o apetite dos físicos quânticos, incluindo também algumas orientações selecionadas para seguirem. Contudo, deve ser entendido que abaixo da estrutura atômica baseada nos quarks não há componentes que podem ser considerados componentes de fato e no mesmo sentido. É que as energias disponíveis e usadas na construção do multiverso e seu aspecto físico de baixa frequência não são densas o suficiente, ou com frequência suficientemente baixa, para formar as áreas de densidade "muito" localizadas que resultam em estruturas que têm representação ou natureza subatômica ou atômica. Entretanto, deve ser dito que este é um estado progressivo, no qual a finitude daquele que é o estado normal de minhas energias, aquelas que criaram a base para que as Entidades Fontes "EXISTAM", quando usadas por elas para criar um ambiente para progressão, também são uma progressão na estrutura do estado de finitude para o estado de densidade—sendo o estado de densidade a oportunidade para criar um aspecto mais denso, o aspecto físico do ambiente que vocês chamam de Universo.

O PRIMEIRO NÍVEL ABAIXO DOS QUARKS: O primeiro nível detém a essência da atratividade entre as partículas subatômicas que a humanidade tem chamado de Quark, Estranheza e Charme. É um nível de energia que atua como uma atmosfera espessa o suficiente para restringir o movimento dessas partículas e mantê-las numa posição conhecida. A humanidade pensa que essas partículas giram dentro da casca do átomo em órbitas conhecidas e que isto cria de fato o átomo, mas não é este o caso. São pontos polares dentro de um perímetro conhecido que estão nadando numa atmosfera, um mar de atratividade espessa. Podem ser descritos, e são, como áreas de densidade local. Portanto, os quarks em si não formam a base do átomo, mas a essência da atratividade, aquilo que preenche as lacunas entre eles e o perímetro externo da estrutura atômica, sim.

O SEGUNDO NÍVEL ABAIXO DOS QUARKS: Se o primeiro nível abaixo dos quarks pode ser descrito como um oceano de atratividade, o segundo nível pode ser descrito como a estrutura molecular do oceano de atratividade. A humanidade será capaz de compreender esta descrição porque é algo que pode ser facilmente relacionado, já que a estrutura é semelhante à água, em termos metafóricos, é claro. Neste caso, a base da existência do segundo nível é algo que só pode ser descrito como estrutura do componente de massa, com vários aspectos de energias singulares em dimensão e representação, além de ser um aspecto da totalidade. Pode-se pensar que essa descrição bastante esotérica está descrevendo qualquer massa gasosa, fluida ou sólida, e seria correto, pois neste nível a estrutura do físico se repete. A única diferença é que ela está no nível atômico submicroscópico em comparação com o subatômico puro. Pode-se pensar nisso em termos do Corpo Etérico usado na construção da forma humana como exemplo metafórico.

O TERCEIRO NÍVEL ABAIXO DOS QUARKS: Este é o nível no qual as coisas começam a ficar interessantes, pois sua estrutura não é nada que possa ser identificado pela humanidade. O terceiro nível se baseia no fluxo de estabilidade dentro da estrutura acima dele. Não pode ser descrito como atratividade ou mesmo gravidade, apesar da funcionalidade subjacente parecer a mesma ou similar. Mas é possível descrevê-lo como a direção ou fluxo daquilo que forma o segundo nível abaixo dos quarks em vez de um componente, como uma molécula ou átomo, que naturalmente estariam acima. O fluxo é a intenção de mover ou de progredir de maneira a manter ou sustentar a função e a forma daquilo de que ele faz parte, independentemente da escala. Considere-o como uma espécie de memória, na qual o movimento ou fluxo da estrutura superior é mantido pelo movimento constante daquilo que está abaixo dele, criando uma estrutura ou forma. Pode chamá-lo de modelo, se preferir, continuamente estático, embora seja constantemente dinâmico dentro dos confins daquilo que ele deveria substituir.

O QUARTO NÍVEL ABAIXO DOS QUARKS: Este nível é a intenção de funcionar. A "intenção" de funcionar, neste caso, encontra-se numa condição de frequência inferior. Ela contém o fluxo, a intenção de se mover ou de progredir, num formato que pode sustentar uma condição mais pesada ou grosseira. É a substância que existe em meio à estrutura. Ela preenche as lacunas, digamos assim, permitindo que aquilo que vou chamar de "peso" do nível seguinte seja sustentado por aquilo que está abaixo dele, mas cuja condição é de frequência mais elevada, em termos simples. Também pode ser considerada uma rede fina de energias, a teia de aranha dentro da teia de aranha ou então a matriz dentro de uma matriz. Ocupando as lacunas, o fluxo energético é mantido e até estimulado, garantindo a presença da intenção de funcionar de maneira menos complicada, mas essencial.

O QUINTO NÍVEL ABAIXO DOS QUARKS: Este nível é o da estrutura da função da intenção de criar. Pode ser considerado similar à Matriz Ketérica na construção da forma humana. Pode ser vista como uma rede ampla de energias, um aspecto mais grosseiro, digamos, de uma rede de energias, proporcionando a estrutura para a existência do quarto nível. Esta estrutura só pode ser descrita para você como algo de natureza holográfica, embora limitar a totalidade da descrição da estrutura a algo não holográfico seja inconsistente, pois sua natureza é holográfica como resultado desse quinto nível achar-se "instalado", digamos. A estrutura da função da intenção de criar uma condição mais densa é, por sua vez, criada por um componente mais básico, criado pelas próprias energias que formam a minha essência, que formam o sexto nível abaixo dos quarks.

O SEXTO NÍVEL ABAIXO DOS QUARKS: Esta é a substância que cria a estrutura para o universo físico. É aquilo que vou deixar você descrever como o "Anu" citado por Besant

A Origem Fala

e Leadbeater. Os Anu se conectam uns com os outros e podem, embora não seja uma função garantida, formar cordões ou cadeias de Anu, cada um conectado pelas pontas ao fluxo de energia das versões esquerda e direita dos Anu, permitindo que se liguem. Eles também podem formar cadeias ou cordões múltiplos, resultando na criação de fios, que podem se entrelaçar para criar, embora hesite em dizer isto, uma estrutura semelhante a uma corda quântica. Esta estrutura semelhante a uma corda é que é a base da estrutura holográfica descrita como o nível cinco.
EU: Devo dizer que isso tem uma estrutura similar à dos aspectos físicos densos e físico-espirituais da forma humana. Digo isto especificamente porque você usou alguns dos nomes usados para descrever duas das camadas áuricas da forma humana.

O: Sim, e por um motivo. Não deve surpreender o fato de haver algumas similaridades na nomenclatura usada para as descrições apresentadas, pois a forma humana não foi idealizada para operar dentro da fisicalidade desta dimensão "básica" específica, estas doze frequências que formam os aspectos perceptíveis e imperceptíveis do universo físico?
EU: Creio que sim.
O: Então, não deve ser surpresa notar que a estrutura da forma humana foi criada em simpatia com o local onde foi designada a atuar.
EU: Posso compreender que seria um pré-requisito necessário.
O: De fato, foi. Saiba disto: se é necessário um veículo para permitir que uma entidade experimente determinado ambiente, ele deve ser projetado para se experimentar aquele ambiente em seu grau máximo, pois do contrário será ineficiente em seu desempenho funcional. Neste caso, a necessidade de a forma ou o veículo humano estar de acordo com as energias e estruturas resultantes era um requisito fundamental para assegurar que as condições evolutivas ideais fossem atingidas.
EU: Poderia me explicar um pouco melhor?
O: Com certeza. Para garantir que a experiência encarnada fosse maximizada, os projetistas da forma humana tiveram de se

assegurar que a resistência seria encontrada quando estruturas energéticas semelhantes e simpáticas desse aspecto do multiverso de sua Entidade Fonte e da forma humana estivessem em uma condição de interface.

EU: Você está sugerindo que a forma humana foi desenvolvida tendo em mente a resistência?

O: Não especificamente, mas foi desenvolvida para garantir que elementos da existência que normalmente não eram encontrados no estado energético ou desencarnado da entidade ficariam proeminentes quando encarnasse—ou seja, a incapacidade de trabalhar com certas manifestações de energias da maneira esperada, como o uso da intenção, do pensamento e da ação subsequente. Em essência, isto significa a experiência da resistência energética no nível da manifestação plena e total dos níveis associados às mais baixas frequências do multiverso, aquelas usadas na geração do universo físico.

EU: Resistência se refere à incapacidade, por exemplo, de passar por certo nível conhecido de manifestação energética se essa energia dentro da forma humana fosse simpática ou semelhante a esse nível de manifestação?

O: Sim, e para fazer isso, a forma humana, em todos os seus dez níveis de frequência, precisava ser construída com as energias que também foram usadas na construção do ambiente onde estava destinada a funcionar. É por isso que ela ocupa os dez níveis de frequência usados para construir o universo físico, e é por isso que algumas das descrições desses níveis subatômicos abaixo dos quarks são similares a aqueles que compreendem os aspectos físicos, físico-espirituais e energéticos de sua estrutura. Em essência, a forma humana é construída com os mesmos componentes energéticos usados para construir este aspecto do multiverso.

Isto não deveria ter me surpreendido. Na verdade, isso deveria ser esperado, no mínimo, como pré-requisito para a existência da forma humana no aspecto físico do multiverso de nossa Entidade Fonte, mas não foi.

A Origem Fala

Fiquei surpreso com minha própria incapacidade de "ligar os pontos" neste caso, digamos assim. Não que eu estivesse passando por algum tipo de teste, mas me senti um pouco tolo por ter de seguir este caminho um tanto simples, mas invisível, até o reconhecimento da maneira pela qual a forma humana está entremeada no tecido de seu ambiente. Assim como nossos Verdadeiros Eus Energéticos são, em última análise, um só com nosso criador, a Fonte (a Entidade Fonte Um), nossos corpos físicos são um só com o ambiente que foi criado por nosso criador para que nossos Verdadeiros Eus Energéticos pudessem experimentá-lo de dentro. Este processo, de forma completamente diferente, foi criado por A Origem para permitir que as doze Entidades Fontes tivessem a capacidade de experimentar, aprender, evoluir e depois progredir.

Tendo determinado de forma modesta a base para a estrutura quântica do universo físico dentro do multiverso de minha própria Entidade Fonte, resolvi que o próximo passo lógico seria questionar A Origem sobre aquilo que existe além dos quanta, aquela parte de A Origem que poderia ser descrita como a mecânica quântica de suas próprias energias, essas energias que sustentam sua própria autoconsciência e senciência, permitindo a criação e a acomodação ambiental das Entidades Fontes. Mas uma coisa me intrigava. Por que A Origem focalizou a teoria quântica que envolve o aspecto físico do multiverso da Entidade Fonte Um? Resolvi fazer esta pergunta antes de entrarmos no diálogo sobre o que existe além dos quanta.

EU: Por que você focalizou a estrutura do universo físico onde existe a minha forma humana? Certamente, a teoria quântica é um tanto limitada em seu valor sob a perspectiva do calejado buscador da verdade.

O: Era um bom lugar para começar. Entenda, a humanidade encarnada precisa começar uma jornada que se origina em bases familiares. O mero mergulho nos conceitos, os conceitos teóricos que podem ser usados para compreender aquilo que se encontra além dos quanta, vai resultar em confusão, falta de compreensão e, portanto, a rejeição daquilo que está sendo tratado. Em termos simples, eu tive de ilustrar o que existe abaixo do nível dos quarks, o atual estado de compreensão da humanidade encarnada sobre a teoria quântica, a fim de proporcionar uma ponte entre o que é conhecido, o que é teorizado, o que é percebido pela meditação e o que está além.

Além dos Quanta

Sentei-me ao computador com leve ar apreensivo—mais uma vez. Estava preocupado com a correlação entre parte da estrutura da forma humana e o universo físico, pois era similar demais, fácil demais "encaixar" os dois. Mas A Origem tinha indicado, e eu pensei nisso, que fazia sentido que a forma humana fosse construída de modo similar ao do universo físico para poder existir nele. Meneei a cabeça quando me lembrei de repente das palavras que uso regularmente durante os workshops "Atravessando as Frequências". Neles, digo que, embora a forma humana use dez níveis de frequência para construir e sustentar sua presença no universo físico, esses dez níveis de frequência também fazem parte dos doze níveis de frequência que constroem o próprio universo físico. Embora esses dez níveis de frequência sejam usados na construção do universo físico, também são capazes de se separar, e daí a capacidade da forma humana se individualizar dentro da estrutura mantendo-se como parte dela. Isto justifica a necessidade de nos separarmos das energias que criam a forma humana para atravessar as energias que fazem parte da estrutura do universo físico e, em última análise, das frequências fundamentais do multiverso da Entidade Fonte Um. Tendo me entendido com esta informação, e por isso sentindo-me confortável por não estar apenas inventando detalhes além do texto com base em dados recebidos anteriormente, acomodei-me para entrar em contato com A Origem para determinar o que existiria além dos quanta. Justamente quando estava prestes a começar, recebi a "sensação" normal que me

A Origem Fala

dizia que esse seria um diálogo um tanto difícil para se trabalhar.

EU: Agora que "eu" me recalibrei e vi que não estou inventando informações, estou preparado para começar a entender a estrutura que existe além dos quanta e que acabamos de identificar como a parte mais básica da estrutura física do multiverso da Entidade Fonte Um.

O: Antes de começarmos, gostaria de fazer um comentário.

EU: Por favor.

O: Primeiro, não há como você estar inventando essas informações, nem mesmo superpor aquilo que entendeu anteriormente sobre o que está prestes a ser apresentado para você, e considerado de sua autoria. É que você está se sintonizando com o conhecimento cósmico que está integrado a tudo que faz parte das Entidades Fontes que eu criei. Segundo, mesmo que você fizesse isso, não seria você, digo, você encarnado que estaria inventando algo. Seria seu Verdadeiro Eu Energético. Terceiro, seu Verdadeiro Eu Energético conhece a verdade, não tem necessidade de inventar novos dados e por isso nem transmitiria, nem teria a necessidade ou o desejo de criar, informações que fossem desinformações. Em suma, tudo aquilo com que você está trabalhando em termos da realidade maior se baseia e é formado por um "contato" com o conhecimento cósmico, por falta de palavra melhor, sendo, portanto, a verdade. Dito de forma simples, a humanidade encarnada não é capaz de criar individualmente qualquer coisa que não esteja disponível atualmente dentro do multiverso. Tudo que é novo é apresentado energeticamente aos supostos inventores, os indivíduos que estão "abertos o suficiente" para serem capazes de receber a informação e permitirem que uma nova "invenção" de "necessidade desejada" espiritualmente para o progresso físico se manifeste "no plano físico" como algo original, como algo novo. Em essência, aceitando-a como sendo a verdade sendo transmitida por meio de seu Verdadeiro Eu Energético e não por seu aspecto físico.

No entanto, é bom ter discernimento, pois isto ilustra aos leitores que um servidor bem equilibrado sempre busca esclarecimento e justificativa para aquilo que está sendo recebido. Isto é particularmente relevante nos dias de hoje, onde muitos indivíduos levemente despertados podem ser manipulados por seres energéticos de baixa frequência (entidades astrais) que se comprazem em incutir desinformação em humanos encarnados assim dispostos em troca de energia.

EU: E como uma entidade de baixa frequência pode manipular a verdade enquanto eu, por exemplo, não posso?

O: Porque são transientes criados por pensamentos mal direcionados e não pertencem ao ciclo progressivo ou evolutivo do qual fazem parte todas as entidades verdadeiramente criadas por Entidades Fontes.

EU: Sinto que nos desviamos um pouco aqui. A informação sobre o que é a verdade, segundo minha perspectiva, é muito bem recebida. No entanto, não me impede de realizar uma "autoverificação" regular.

O: E nem deveria, pois essa é uma boa prática. Agora, voltemos a aquilo que existe além dos quanta.

A humanidade encarnada gosta de pensar em energia em termos de partículas, com os componentes dessas partículas como versões menores das partículas que existem numa esfera de espaço livre e autocontido. Isso está tão longe da verdade que se acha diametralmente oposto a ela. Tudo que existe no universo físico e que está no nível físico "denso" tem um nível de representação baseado em partículas que é uma função de sua construção. Até as ondas de rádio se baseiam em partículas—neste caso, fótons. Portanto, no físico denso, considera-se que a energia está baseada em partículas, e não há evidências a sugerir que isto esteja errado segundo a perspectiva da humanidade.

Há, no entanto, vários sinais que sugerem que esse não é o quadro completo, e isso pode ser visto no mecanismo de funcionamento do universo físico denso e não em seus componentes. Aquilo que parece ser "sólido", inclusive as partículas e seus subníveis, tem o apoio de energias abaixo do sólido. Quanta de todos os tipos são sólidos, e, como tal, estão contidos dentro de uma base energética que sustenta sua existência. Em seu mais puro sentido, a energia é amorfa, e a ausência de forma significa que não há projeto em torno do uso das energias para criar algo que precisa de forma. A forma necessita de uma energia ou de energias para se estabilizar frequencialmente dentro de um componente subdimensional específico ou um composto de componentes subdimensionais no caso do universo físico. A estabilização de uma energia significa que ela pode ser manipulada de maneira a lhe dar forma, se é isso que é requerido dessa energia, pois dar forma a uma energia geralmente reduz a funcionalidade da energia a nada no contexto de sua condição subdimensional. Neste caso, ela é classificada como inútil, porque a função de uma energia e a maneira como faz interface com a funcionalidade de outras energias é uma consideração importante. Quando uma energia recebe forma, ela só é realmente útil nas frequências mais baixas do multiverso ao qual está associada para uso nas funções específicas disponíveis para ela em seu estado de forma, motivo pelo qual certas formas de energia criam certas formas de materiais "sólidos".

Energias que não se acham estabilizadas são aquelas que podem ser chamadas de "forma livre" (livres de forma) e podem ser usadas no aproveitamento daquelas que estão estabilizadas para criar estruturas. Energias que estão estabilizadas para uso em estruturas não precisam necessariamente estar dentro do físico denso; na verdade, a maioria não está, e são usadas para a construção de estruturas universais ou multiversais em muitos dos ambientes das doze Entidades Fontes.

EU: O que você quer dizer quando diz que o uso de energias estabilizadas que são usadas para estrutura são para a geração daquilo que cria um universo ou ambiente multiversal? Eu achava que uma energia estabilizada acabaria sendo algum tipo de sólido, relativo, claro, à descrição da solidariedade esperada num ambiente universal ou multiversal específico.

O: Não, a estabilidade de uma energia não leva necessariamente a uma representação funcional "sólida"—ela também pode se relacionar em função com a estase. Por exemplo, se uma energia tem diversas funções, usos ou oportunidades de interface, e estas são mantidas, considera-se que ela tem forma livre. Se essa energia for estabilizada e apenas uma de suas funções, usos ou oportunidades de interface forem usadas, então ela também é considerada como tendo "forma", independentemente de sua frequência—neste caso, a forma é o descritor de uma função, uso ou interface singular.

EU: Uma energia pode ter uma função singular e ainda assim ter forma livre em seu uso e interface?

O: De modo um pouco limitado, sim. Mas terei de explicar isso. Função, interface e uso podem ser classificados como as condições primárias para a existência de uma energia.

Condições funcionais, de uso e de interface têm forma livre

Se uma energia tem forma livre em todas as suas condições primárias de função, uso ou interface, pode ser considerada universalmente aceitável dentro do contexto de sua faixa energética ou "personalidade", digamos assim. Todas as energias possuem uma faixa de aplicabilidade para uso em certos aspectos da criatividade, e por isso uma energia que tem forma livre pode, em última análise, ser usada em sua plena capacidade e possibilidades quando necessário.

Funcionalmente estável com condições de uso e interface de forma livre

Se uma energia está estabilizada em sua função, normalmente também está estabilizada em seu uso, embora a função estabilizada possa tornar o uso da energia mais disseminado, especificamente se a oportunidade de interface aumenta como resultado de sua estabilidade. Esta é uma condição ideal em termos do uso estrutural de uma energia, pois pode ser usada como a estrutura para que um ambiente seja criado dentro ou fora dela, uma vez que o uso não se limita à funcionalidade em que a energia foi estabilizada.

Funcionalmente estável, uso estável com condições de interface de forma livre

Se uma energia está estabilizada em sua função e uso, então na realidade a energia só tem um papel singular na criação de um ambiente útil. Mas a vantagem aqui é a capacidade de fazer interface com outras energias estabilizadas ou de forma livre através da interface de forma livre. Neste caso, esta energia poderia ser usada como uma interface estável entre duas ou mais energias com funcionalidades e usos bem diferentes.

Condições funcionais, de uso e de interface são estáveis

Se uma energia se acha estabilizada em todas as suas condições primárias, pode-se considerar que tem requisitos singulares para a existência. Nesse caso, a energia terá seus requisitos de função, uso e interface escolhidos especificamente para lidar com um requisito criativo específico. Pode pensar nela como uma condição especializada para apoiar um requisito especializado.

Interface estável, funcionalmente estável, uso de forma livre

Se uma energia está estabilizada em todas as suas condições primárias de função e interface, mas seu uso é de forma livre, podemos considerar que ela tem múltiplos requisitos para a existência dentro do contexto de sua interface e função. Neste caso, a energia terá um desempenho conhecido em sua função e interface, mantendo a capacidade de ser adaptável para uso em múltiplos cenários de utilização.

Função de forma livre, condições de uso e interface estáveis

Se uma energia está estabilizada em todas as suas condições primárias de uso e interface, tendo uma função de forma livre, é possível considerar que sua função é universal dentro do contexto de condições de uso e interface conhecidas. Neste caso, a energia pode ser considerada como sendo continuamente reprogramável desde uma perspectiva funcional, enquanto é integral aos requisitos estruturais de seu uso.

EU: Nenhuma dessas condições primárias está relacionada com a "forma" sendo uma condição sólida do "físico denso"?
O: Não. Considere isso como a essência do que uma energia "é" quando se exige que essa energia tenha propósito. A energia tem inúmeros propósitos, mas esses propósitos precisam ser decididos pela entidade criadora.
EU: Se uma entidade é energia, essa entidade também tem condições primárias de função, uso e interface?
O: Não, a energia autoconsciente, senciente—aquela condição energética que é um pré-requisito para a "existência"—não possui estas condições primárias. Entretanto, possui condições primárias para existência, que são a autoconsciência e a senciência, e, como tal, só tem estabilidade na função, que é a capacidade de progredir.
EU: Então, a capacidade de progredir é a função estabilizada de uma condição energética?
O: Creio que você poderia dizer isso.
EU: E essa declaração também se aplicaria para energias que não são autoconscientes ou sencientes?
O: Não, pois a energia que não é autoconsciente ou senciente não pode progredir, já que a energia que tem essa capacidade precisa ter sido criada antes por um criador que tivesse em mente essa capacidade.
EU: Então, temos duas formas de energia: a que é criada e a que é natural.
O: E qual seria a sua definição de natural?

A Origem Fala

EU: Energia natural seria aquela que é você ou aquela que é você e que foi usada para criar uma Entidade Fonte, mas que está destinada a se manter natural em vez de ser criada para apoiar uma função.

O: Isso está correto, mas há outra energia que é senciente, mas não foi criada.

EU: Oh! E qual seria ela?

O: As entidades que são identificadas como os Om.

Os Om—A energia senciente que não foi criada

EU: O quê?! Eu achava que os Om tinham sido criados como resultado das energias usadas para criar as Doze Origens e que foram recicladas para criar as Entidades Fontes sem se misturar, criando assim os Om como seres plenamente sencientes e energéticos devido à sua intenção de fazer com que as Entidades Fontes se tornassem sencientes e tivessem propósito.

O: Não, os Om são o grande bônus incriado, ou seja, não tive a intenção de criá-los e por isso não podem ser classificados como criados. As energias, em seus diversos estados de diluição, simplesmente não se misturaram "de maneira geral", pois a maioria dos Om é pura, cativa ou não cativa. Porém, há aspectos da diluição que se misturaram em percentuais variados, como você já sabe. Os Om são o meu deleite, pois são a senciência em seu verdadeiro estado de "existência".

EU: Poderia aprofundar um pouco mais e explicar o que você quer dizer com "senciência em verdadeira existência"?

O: Sim. Os Om passaram a existir sem a intenção de um criador para dar-lhes existência. Veja, embora as energias que estavam destinadas a se tornarem Om tenham se separado durante a criação das Entidades Fontes, energias que tinham propósito, um propósito dado através da minha intenção de criar seres sencientes, eles saíram da zona de intenção. Em essência, toda a energia dos Om deveria ter perdido o comando intencional.

A Origem Fala

EU: E perdeu?

O: Sim, perdeu. Aquilo que foi integrado à energia da Entidade Fonte, tornando-se híbrido por ter uma densidade menor da natureza Om, assimilou a intenção criativa da Entidade Fonte com a qual estava misturado. Isto era o que se esperava. No entanto, aquilo que tinha densidade suficiente para manter certo nível de separação, estando dentro ou fora do perímetro da energia da Entidade Fonte, manteve-se dormente. Como resultado, deixei a energia sozinha, ignorando-a, pois ela era, e é, parte do vasto conjunto de energias que me constituem, de cuja maior parte não tenho detalhes específicos. Simplesmente descartei as energias como um produto residual e não prestei mais atenção nelas. Em essência, como essas energias não tinham mais função, simplesmente deixei-as existir e me concentrei no meu próprio trabalho de educar as Entidades Fontes à medida que se tornavam autoconscientes, cada uma no seu momento.

EU: Então, quando você percebeu alguma diferença nelas? O que o levou a identificá-las como energias sencientes autocontidas e autoconscientes?

O: Comecei a notar o que posso descrever como pontos de luz dentro da minha área de autoconsciência. Cada ponto de luz, falando de maneira metafórica, representava uma área singular e autocontida de energia autoconsciente e, mais tarde, senciente. Comecei a prestar mais atenção no que estava acontecendo e descobri que a intenção original por trás da criação desta energia, a energia que foi usada para criar as Doze Origens, ainda estava no lugar. De algum modo, ela permaneceu ali, o que permitiu que esses aspectos menores de energia que haviam se separado durante o processo usado para criar as Entidades Fontes continuasse no processo de geração de autoconsciência. O mais interessante, porém, é que elas não estavam apenas se tornando autoconscientes e sencientes de maneira instantânea após a separação, mas que essa autoconsciência e senciência estava aderindo; elas não estavam falhando ou se desconstruindo de nenhuma das maneiras observadas em qualquer uma das Doze Origens. Elas haviam optado, na

A Origem Fala

totalidade, pela união enquanto separadas e seguiram o mesmo caminho para a senciência.

EU: E qual foi a diferença? O que fez isso funcionar se o seu próprio experimento não funcionou?

O: Havia duas diferenças principais. Uma, elas eram unidades significativamente menores do que as unidades de energia usadas no processo das Doze Origens. Outra, estavam dentro da minha área de autoconsciência, e, como tal, herdaram o conhecimento de estar dentro de, e fazendo parte de, um ambiente maior do que elas mesmas, e que esse ambiente também tinha senciência. Essas duas coisinhas negaram a tendência à autodestruição.

EU: Então, você está sugerindo que elas herdaram uma noção de pertencimento?

O: Em essência, sim, e isso propagou o processo de sobrevivência e de progressão ao longo do caminho rumo à autoconsciência.

EU: Que outros fatores entraram em cena?

O: Havia um elemento de memória daquilo que estavam destinadas a ser inicialmente. Este elemento permaneceu e foi justificado quando determinaram aquele que era seu ambiente, ou seja, seu ambiente "na totalidade" e não apenas o ambiente baseado em sua Entidade Fonte, pois aquelas que se encontraram cativas dentro de uma Entidade Fonte tinham por trás a mesma frequência eminente e ressonante que as Doze Origens.

EU: O que você quer dizer com frequência eminente e ressonante?

O: Só isso, a frequência eminente e ressonante, aquela que é a "minha" assinatura, ou, se preferir, minha assinatura energética.

EU: Elas descobriram que faziam parte de você.

O: Sim, e perceberam isso antes que eu resolvesse contactá-las individualmente.

EU: Passaram na sua frente? Entraram em contato com você primeiro?

O: Não, parece que aceitaram o que eram, onde estavam e do que eram parte. Não mostraram qualquer intenção de dar início a uma comunhão e nem mesmo a alguma forma de comunicação com aquilo que elas reconheceram como seu eu supremo.

EU: Então, herdaram uma memória total, a memória do que você era e tinha realizado e daquilo de que faziam parte inicialmente?

O: Sim, até certo ponto. Não podiam herdar a memória total, pois esta só está disponível para mim e para as entidades que eu educo.

EU: Mas herdaram o suficiente para se assegurarem de que conheceriam seu estado e seu ambiente.

O: Sim. E mais, reconheceram a necessidade de progressão e adotaram essa mentalidade; pelo menos, a maioria o fez.

EU: A maioria? Está sugerindo que algumas não fizeram isso?

O: Apenas na medida em que algumas decidiram que a progressão poderia ser alcançada sem necessidade de entrar no processo de criatividade.

O fator da senciência—de uma energia ou energias

Ah, sim, lembrei-me disto! Durante diálogos com a Entidade Fonte Dez em Além da Fonte, Livro 2, foi-me dito que nem todos os Om entram na criatividade como processo para a aquisição de conteúdo evolutivo, pois a responsabilidade que vem com a criatividade os detém. Ela os prende a aquilo que criaram. Acontece que aquilo que é criado precisa ser mantido e nutrido pelo criador para se assegurar de que irá atingir seu potencial máximo depois de criado.

Pensei nisto e num comentário da Entidade Fonte Um, que sugeriu que qualquer energia poderia ser considerada senciente se lhe déssemos "tempo" suficiente. Estava pensando em fazer esta pergunta para A Origem quando ela respondeu.

O: Nem toda energia pode se tornar senciente, a menos que haja a intenção subjacente para que se torne senciente em algum momento. Quando a Entidade Fonte Um declarou que todas as energias podem se tornar sencientes, estava respondendo

A Origem Fala

segundo sua própria perspectiva, não a minha. A Entidade Fonte Um deseja que toda a energia em seu multiverso se torne senciente; é parte do seu plano e esta é a razão para essa declaração. Meu quociente de senciência baseia-se na minha capacidade de distribuir aspectos de "mim", essas energias que contêm o "fator de senciência" dentro de tudo aquilo que sou.

EU: O que é o fator de senciência e por que ele não está disponível em todas as energias?

O: O fator de senciência se baseia na manifestação original de minha autoconsciência e subsequente senciência. É a capacidade de uma energia ou grupo de energias se socializarem, por falta de palavra melhor, de se agruparem e criarem uma rede, de usarem essa rede para o melhoramento das energias dentro da rede e de fazer a rede crescer a ponto de gerar uma personalidade. Quando a personalidade é gerada, a senciência dessas energias ganha individualidade dentro daquilo que ela é "em totalidade", dentro daquilo que "sou eu em totalidade" e esse é o fator de senciência.

EU: Certo. Gostaria de fazer uma pergunta sobre o fator de senciência.

O: Vá em frente.

EU: Ele pode existir em frequências mais baixas, como as do universo físico dentro do multiverso criado pela Entidade Fonte Um?

O: Não, pois as frequências são lentas demais, digamos. Neste caso, tanto a autoconsciência quanto a senciência precisam ser "dadas" a essas energias durante sua criação, ou a intenção de ser autoconsciente ou senciente precisa ser incluída como "potencial" dentro das propriedades da totalidade daquilo que for criado por essas energias.

EU: Analisando os elementos das energias além dos quanta, além daquilo que constitui o aspecto físico de um multiverso, o que mais poderia ser descrito ou seria suficientemente importante para ser transmitido para a humanidade?

O: Como disse antes, a humanidade pensa em energia em termos de partículas, partículas cada vez menores, sugerindo até que

A Origem Fala

universos inteiros poderiam existir no espaço de um único átomo. Embora haja um elemento de veracidade nesta descrição, a realidade é que não há espaço suficiente nas frequências inferiores para permitir tal construção.

EU: Mas espere: se há um elemento de veracidade na descrição, qual é o fato por trás da veracidade?

O: Como você sabe muito bem, o espaço é um produto das condições dimensionais. Usando o exemplo do multiplex nas transmissões de sinais de rádio sob a perspectiva humana, o mesmo espaço pode ser usado múltiplas vezes para alojar múltiplas transmissões simultaneamente.

EU: Sim, é claro! É a mesma descrição que a Entidade Fonte Um me fez em meus primeiros diálogos com ela. Eu tinha acabado de receber uma imagem que confirmava isso. Posso ver o espaço entre os espaços sendo usado para alojar universos inteiros. É como dissecar o espaço entre as frequências e povoá-lo com graduações de frequência cada vez mais finas, dissecando depois o espaço intermediário de novo e de novo, até o infinito. Até onde isso pode ir? Tem de haver um ponto final onde simplesmente não há mais espaço.

O: Na verdade, as permutações são intermináveis.

EU: Mmmm, creio que entendi. Se eu observar a estrutura do multiverso da Entidade Fonte Um, vejo que ela é bem simples e finita. Isso é diferente do Espaço de Eventos, que, pelo que me foi dito em diálogos anteriores, é infinito.

O: Correto, ele é simples, e é essa a beleza do trabalho dessa Entidade Fonte específica. Você vai notar que a Entidade Fonte Oito baseou seu ambiente no uso dos continuum. Como estrutura, os continuum situam-se vários níveis acima das dimensões e são capazes de acomodar ambientes múltiplos baseados em dimensões. Por exemplo, um único continuum pode acomodar doze zonas e cada zona pode acomodar doze multiversos, com base no exemplo de um multiverso criado pela Entidade Fonte Um. Cada ambiente se baseia na aplicação da finitude e no reuso do espaço dentro do espaço, etc.

A Origem Fala

EU: Mas então, como Podemos explicar a estrutura das energias que se encontram além dos quanta? Quero dizer, de uma forma que a humanidade possa entender.

O: Essa é difícil, especialmente por conta do desejo subjacente de quantificar as coisas segundo uma perspectiva física.

EU: Tente, por favor.

O: Para entender como pode existir uma energia além do primeiro nível quântico, primeiro é preciso afastar a necessidade de usar modelos físicos e começar a usar modelos que trabalham com forças como existência, atração, protração, rotração, intração, ação e contra-ação.

EU: E depois de entendermos ou começarmos a usar esses modelos, seremos capazes de entender como pode existir uma energia sem partículas.

O: Correto. O único problema, porém, é que será preciso pelo menos uma geração para chegarem a arranhar a superfície no processo de entender simplesmente um desses aspectos do modelo que permite a existência da função da energia sem partículas—e que ela existe, certamente existe.

EU: Existe alguma outra maneira de poder descrever a energia sem partículas que a humanidade possa entender?

O: A única maneira de ilustrar o que é de fato a energia é dizer que a energia sou eu no sentido mais puro, é dizer que ela simplesmente "é". Ela existe, esta seria outra forma de dizer isso.

Como tudo que existe no universo físico baseia-se na construção de um ambiente particulado, o átomo e mais abaixo, até o ponto do Anu, o que inclui as frequências superiores associadas ao universo físico, é difícil lhe dar um modelo com o qual você pode trabalhar. Basta dizer que, se você pensar na energia em sua forma mais pura como sendo a intenção por trás da intenção de que alguma coisa exista, então esse será um exemplo preciso o suficiente para você trabalhar neste momento.

EU: Então, usando isso como modelo, deve haver diversos tipos ou mesmo níveis de intenção por trás da intenção.

O: Sim, e foram especificados anteriormente. São a atração, protração, rotração, intração, ação e contra-ação.

EU: Mas para mim eles não parecem ser tipos de intenção. A impressão é que traduzem como alguma espécie de força apresentaria diversos tipos de atratividade.
O: Continue.

A energia como intenção

EU: Se a energia, a verdadeira energia, pode ser realmente classificada como a intenção por trás da intenção, e há diversos tipos de intenção, como poderiam ser classificadas?
O: A atração não é uma intenção?
EU: Desculpe, não entendi.
O: A atração é um descritor da intenção. Todas as "trações" são formas de intenção. Para que existam, antes é preciso que a intenção esteja instalada. Para apoiar isto, é preciso considerar que a intenção é o motivador geral para sua existência. Portanto, as "trações" podem ser consideradas como a função ou o produto da intenção. São as variações da intenção.
EU: Se existem diversos níveis ou tipos de intenção, há também diversas versões das "trações"?
O: Sim e não. São descritores comuns, mas a maneira como trabalham é específica da intenção das energias com que estão alinhadas. Pense nisso como algo parecido com um taco de golfe. Genericamente, todos os tacos de golfe são classificados como tacos de golfe, mas cada um deles tem uma função específica em termos do ângulo da face e da posição do ponto ideal. Cada taco diferente proporciona oportunidades distintas de altura e distância para a bola quando é atingida por ele. Portanto, a intenção geral é o conjunto de tacos de golfe, e as "trações" são os tacos específicos. Agora, lembre-se que existem diversos fabricantes de tacos de golfe, cada um dizendo que "seus tacos" são melhores que os dos concorrentes, apresentando esta, aquela e outras razões para sua declaração. Cada um dos fabricantes de tacos de golfe pode ser considerado um tipo diferente de intenção. Neste exemplo, a intenção é

A Origem Fala

fabricar e vender um conjunto "melhor" de tacos de golfe que os outros fabricantes, justificando a declaração com a apresentação de estatísticas de desempenho.

Com esta ilustração, pode-se ver que a intenção por trás da energia e sua existência é uma variável baseada na funcionalidade geral do tipo de energia, sendo as "trações" o detalhe da função que só pode ser expressada como a qualidade interativa daquela energia com energias da mesma intenção, de intenção similar ou intenção dissimilar.

EU: E usando o tema de sua ilustração, assim como temos muitos exemplos de fabricantes de produtos iguais ou similares, todos com a mesma intenção geral, mas com pequenas variações sobre essa intenção e variações subsequentes das "trações", há muitas versões da intenção por trás da energia que apoiam.

O: Correto, muito bem colocado.

EU: Isto lança uma luz totalmente nova na descrição do que é a energia. Posso quase considerá-la da mesma forma que o pensamento puro.

O: Bem, em essência, essa é outra maneira de descrevê-la. Pensamento é energia e o pensamento é um produto da intenção; por isso, ambos são, e podem ser considerados uma única e mesma coisa.

EU: Pensamento é energia?

O: Claro que é. De que outro modo você acha que ele existe?

EU: Não sei.

O: Saiba de uma coisa: a palavra energia pode ser usada para descrever muitas coisas de tipo e função similares ou iguais. Tal como no exemplo do taco de golfe, a energia pode ser considerada uma expressão genérica para aquilo que "existe".

Neste ponto do diálogo sobre energia, comecei a perceber que eu estava muito fora da minha área. O aspecto "embrenhado" da minha educação encarnada estava tendo dificuldade para resolver meu aspecto desencarnado, aquilo a que eu estava sendo exposto durante meu diálogo com A Origem. Havia um aspecto geral de "conhecimento" do que era básico e da base dos detalhes que estavam sendo transmitidos para mim por meio telepático. Mas eu ainda não tinha sido capaz de associar aquela informação com aquilo que me estava sendo apresentado pela palavra "falada" no ouvido da minha mente, digamos. Eu percebi que estava me dirigindo a um "bloqueio" e que por isso ia precisar de um momento eureka! ou então ir em frente, simplesmente, aceitando a validade do que me estava sendo apresentado, sabendo que provavelmente eu não seria capaz de compreender aquilo tudo num nível suficientemente profundo para explicá-lo adequadamente numa linguagem que a humanidade conseguiria entender.

Estava prestes a mudar a direção do diálogo com A Origem para passar para um novo assunto quando de repente ganhei uma inspiração. Quando analisei meus processos mentais, percebi que tinha ficado preso ao conceito físico da energia sem perceber. Embora estivesse discutindo o conceito da energia sem partículas, eu ainda estava atolado na lama da energia baseada em partículas. Subitamente, vi uma imagem das linhas de fluxo que envolvem um ímã. A função do fluxo magnético era uma das "trações" de que A Origem falou. O fluxo é a "existência", a "atratividade" da energia associada com o alinhamento de certos aspectos físicos das partículas subatômicas, o Anu e outras abaixo dele, que existem nas frequências inferiores que levam à construção dos átomos que criam o metal ou o material que pode ser magnetizado ou que é magnético por natureza. Tudo que preciso fazer para mudar o processo mental é pensar primariamente na energia como uma "força", algo que não tem partículas, mas que é criado pela interação de uma partícula com outras partículas. A força é "invisível" porque não se baseia em partículas em nenhum de seus níveis entre o átomo e o Anu. Ela simplesmente "é" e, como simplesmente "é", tem "existência", e como tem "existência", possui um conteúdo de "tração", neste caso, a "atração".

Este processo mental me ajudou. Era simples, mas tinha de ser assim. Foi meu momento eureka! Enquanto digitava este momento eureka! no computador, recebi mais conhecimentos sobre este assunto. Embora tudo que exista no universo físico se baseie no Anu, a partícula, há muitos exemplos dentro do ambiente do universo físico mostrando que a realidade maior não tem partículas. Este pequeno exemplo do magnetismo é um deles. Ufa! pensei, agora posso realmente passar para o próximo assunto. O magnetismo foi um ponto de referência, o gancho no qual nós, a humanidade encarnada, poderíamos pendurar nosso chapéu de buscadores da verdade. Senti-me muito aliviado nesse momento, pois mais uma vez, eu tinha um exemplo que a humanidade podia compreender, um avanço na tentativa de explicar o inexplicável.

Mais uma vez, senti-me à vontade com a minha "cabeça de engenheiro" e sua necessidade de ter um ponto de referência com que trabalhar, sabendo que esta referência seria compreensível para todos aqueles que lessem este livro. Com isso, soube que agora poderíamos entrar num novo assunto.

Capítulo 7:
Outras funções independentes de A Origem

EU SABIA QUE TINHA passado algum tempo discutindo "brevemente" o tema da física quântica, incluindo aspectos das energias associadas à construção do universo físico criado pela Entidade Fonte Um. Em benefício dos leitores, esse período foi de semanas. Tinha resolvido passar para outro assunto, mais próximo de meu senso de curiosidade, especificamente essas outras áreas de A Origem que pareciam agir autonomamente de sua própria autoconsciência ou senciência. Resolvi expandir isso para duas áreas que tinha comentado anteriormente com a Entidade Fonte Dez em Além da Fonte, Livro 2, as funções da "Energia Livre" e da "Triangulação". Essas duas funções operavam independentemente, juntas uma da outra, e eram ativadas como resultado da possibilidade de evoluir. Resolvi que seria necessário resumir a funcionalidade da Energia Livre e da Triangulação antes de me aventurar para obter mais detalhes por trás de cada assunto.

ENERGIA LIVRE é a energia sem QUALQUER uso e que é manipulada facilmente pela função do "desejo" de uma entidade. Desejo é aquele ponto do processo criativo que precede a ação. Também é aquilo que não é governado pela lei do pensamento.

Do ponto de vista evolutivo, a energia entre entidades que atualmente fazem interface uma com a outra estende sua influência até a energia que se encontra entre um grupo de entidades e uma entidade que deseja colaborar com o grupo. Como a energia que existe entre os membros do grupo não tem atribuição, ela é uma "energia livre". Ela adota as condições daquilo pelo que se acha rodeada, o que, neste caso, é o conteúdo total da evolução da entidade colaboradora e a graduação de autoconsciência. Em essência, pode ser considerada uma bolha de energia simpática, transformando-se naquilo para que suas energias associadas evoluíram, mas apenas sob uma perspectiva média, pois ela adota a totalidade da influência que recebe em vez de ser a melhor ou a pior. Depois que a entidade indica sua intenção de se tornar associada a um grupo, ela é envolvida por esta energia, por falta de palavra melhor. Ela absorve o conteúdo da energia que a circunda, que é igual à média de toda a autoconsciência e conteúdo evolutivo da entidade associada.

Por outro lado, a

TRIANGULAÇÃO é possível primariamente por conta da disponibilidade da "energia livre", uma energia de A Origem particularmente sensível às influências do conteúdo evolutivo, uma energia peculiar às entidades destinadas a se tornarem autoconscientes e, portanto, sencientes. A energia livre existe entre as entidades em evolução e em volta delas. Está dentro e fora do ambiente onde existem. A energia livre é particularmente atraída pelo conteúdo evolutivo, e, portanto, segue as entidades sencientes quando se movem e evoluem em seu ambiente ou não, conforme o caso.
A "Triangulação" funciona de duas maneiras principais: "Triangulação Direcional" e "Triangulação Inflacional".

A TRIANGULAÇÃO DIRECIONAL ocorre quando uma única entidade deseja se associar com outra entidade individual ou com um grupo de entidades que está interagindo de forma colaborativa em algum empreendimento. Primariamente, sua função é direcional, e dá-se entre a entidade solicitante e o grupo ou entidade individual. Mas ela tem uma função secundária: incluir, em sua associação, as entidades que estão no caminho direto de comunicação entre o grupo e as entidades individuais ou entre duas entidades que desejam comunhão.

A TRIANGULAÇÃO INFLACIONAL ocorre quando vários grupos de entidades desejam se associar simultaneamente uns com os outros. Neste caso, a área ou espaço entre e em torno deles atrai a energia livre, inundando a área entre os grupos. Caso haja mais de três grupos, a área inflada com energia livre adota a geometria relativa às posições dos grupos e não um triângulo simples, que seria, claro, a geometria relativa às posições de três grupos.

Tudo isso, porém, era relativo à função da energia livre e da triangulação quando se considera uma entidade em evolução dentro de um ambiente criado por uma Entidade Fonte. Não explica como operava como função pura de A Origem dentro de A Origem. Portanto, foi por causa deste conhecimento "a favor da corrente" sobre a energia livre e a triangulação que resolvi que precisava entender qual seria a funcionalidade "contra a corrente", uma funcionalidade específica de A Origem e não específica de sua operação dentro dos parâmetros das Entidades Fontes.

EU: Quero perguntar sobre a funcionalidade "contra a corrente" da energia livre e da triangulação, especificamente como ela funciona segundo a sua perspectiva.

O: Pela introdução a este assunto, imagino que você espera que haja uma diferença.

EU: Não estou esperando nada, mas passou mesmo pela minha cabeça que pode haver uma diferença—especificamente porque a funcionalidade descrita anteriormente está na perspectiva de uma Entidade Fonte e não de A Origem.

A Triangulação como uma função de A Origem

O: Muito bem, volte sua mente para o diálogo que tivemos sobre os eventos que criaram as minhas "ilhas" de energia autoconsciente e como a triangulação desempenhou um papel importante em me tornar totalmente autoconsciente.

Fiz isso e comecei a ficar um pouco envergonhado. Aparentemente, não havia diferença na funcionalidade como resultado da associação pura da função com a própria Origem.

A Origem Fala

Estava me perguntando por que eu teria pensado dessa maneira quando A Origem resolveu me ajudar um pouco.

O: Isso que você está observando é uma função universal da triangulação que é específica de certas energias e sua atratividade. Mas há outra função da triangulação que é especificamente minha.
EU: Ah! Eu sabia.
O: Não se empolgue muito. A diferença é pequena, embora você possa considerá-la sutil.
EU: Mesmo assim, existe uma diferença entre o que eu estava observando e o que me foi descrito.
O: Sim, existe.
EU: Então, qual seria essa diferença?
O: Seus leitores deveriam me ver sorrindo. A humanidade encarnada sempre acha que existe alguma coisa a se conferir, alguma outra coisa a se ver. Gosto disso num veículo encarnado.
A triangulação, quando é específica da função das energias dentro de uma Entidade Fonte, é apenas isso—específica, mas universal em todas as Entidades Fontes. Isto significa que ela se limita ao ambiente onde atua, aquele ambiente baseado na Entidade Fonte para o qual foi designada. Neste caso, ela é tanto cativa quanto limitada em sua capacidade de efetuar mudanças estruturais através do processo de triangulação. Esta limitação se baseia nas energias e componentes estruturais que são específicos da criação da própria Entidade Fonte em si e não do que faz parte da realidade maior de apoio, esta realidade maior de apoio sendo a minha área (ou volume) de autoconsciência. Quando ela opera em seu verdadeiro ambiente, ela tem acesso a todas as energias e estrutura daquilo de que ela é parte—de mim.
EU: Então, o que você está dizendo, na verdade, é que sua funcionalidade se expande para se adequar ao ambiente onde ela se encontra!
O: Na verdade, é o contrário. Ela contrai sua funcionalidade para o ambiente onde se encontra. Vou explicar melhor.

A função da triangulação está alinhada com a função geral da atratividade, ou seja, a atração pela possibilidade de progressão. Perceba que em seus primeiros diálogos sobre este assunto, a triangulação foi identificada como uma função da energia livre, com a energia livre sendo atraída pelo potencial de aumento na evolução, na eventualidade de indivíduos ou grupos de indivíduos (energias, entidades, etc.) terem o potencial para trabalharem juntos e criarem um "grupo ou corpo" maior, tendo como resultado um nível mais elevado de sinergia.

EU: Devidamente anotado.

O: Bem, no aspecto mais amplo da funcionalidade da triangulação, esses são apenas dois de muitos aspectos que podem ser atribuídos à funcionalidade da triangulação. Não me entenda mal: a funcionalidade geral é a mesma, mas o que muda é o nível de funcionalidade em função da diversidade daquele que "é" o ambiente em que atua.

EU: Pode me dar um exemplo? Estou ciente da imagem de uma função multidimensional que continua a se formar na minha mente para tudo isso.

O: É muito mais do que multidimensional, pois isso identifica as limitações da estrutura de seu próprio multiverso. O aspecto multifacetado da construção de uma Entidade Fonte ou mesmo da minha própria construção acrescenta muito à sutileza da funcionalidade da triangulação. Em essência, a triangulação, se deixada por conta de seus dispositivos e de sua associação com a energia livre, é desinibida. Ela tem a capacidade de ligar todas as energias de maneira cooperativa, permitindo a todas as energias, independentemente de frequência de ressonância, funcionalidade, conteúdo associativo com certos aspectos estruturais meus, inclusive a aplicabilidade geométrica, não nos esquecendo dos aspectos dessas energias e de como são representadas em cada um de meus aspectos estruturais, de maneira que permite total conectividade simbiótica e simpática. Ou seja, desde que tal nível de conectividade seja uma condição necessária para a progressão.

A Origem Fala

Tenho uma pergunta para você, meu querido Om: este nível de triangulação já aconteceu antes?

EU: Errr, mmmm, eu diria sim e não.

O: Boa resposta—mas por que esta foi uma boa resposta?

EU: Eu diria que é porque aquele aspecto seu que atingiu a senciência e a autoconsciência atingiu este nível de triangulação. Eu diria que esse seu aspecto que fica fora de sua área de autoconsciência não atingiu.

O: Uma defesa razoável. No entanto, eis a resposta correta. Aquele meu aspecto que sou "eu" segundo a perspectiva de minha senciência concentrada atingiu a triangulação plena de todas as energias da maneira que você acabou de descrever. Aquilo que está fora da área de senciência concentrada, não. Tampouco aquela "minha" área que reconhecemos como aquilo que está além da minha área de autoconsciência.

EU: Espere aí. Você está sugerindo que tem áreas autoconscientes, mas não sencientes?

O: Sim, eu imaginava que isso já tivesse ficado claro.

EU: Para mim, não, mas a julgar pela imagem que estou recebendo agora de você, isso faz todo sentido.

Com o olhar da minha mente eu estava vendo uma bola fervilhante de energias, totalmente conectadas umas às outras, totalmente integradas com todos os aspectos da estrutura que é A Origem. Mas o que eu também estava vendo era o nível de funcionalidade. À medida que essa bola fervilhante se movia pela área de autoconsciência de A Origem, olhando para uma coisa, outra e outra, criando e descriando, conectando-se com partes de si mesma e desconectando-se, as áreas que eram autoconscientes, mas não sencientes tornaram-se sencientes. E mais, o vínculo com a senciência se manteve, puxando e integrando as energias autoconscientes, mas não-sencientes para dentro e para fora daquela bola que vou chamar de senciência pura. A bola de senciência pura criou uma espécie de "triangulação total" com tudo que tocou. Foi o que só posso descrever como o "toque de Midas" da senciência. Tive a impressão de que a área de senciência de A Origem estava

A Origem Fala

crescendo, elevando as áreas de autoconsciência graças à pura triangulação.

Depois que a área de autoconsciência de A Origem foi totalmente conectada através da triangulação, sendo sua área total esta bola fervilhante de energias sencientes e realmente trianguladas, então acontece a oportunidade para a triangulação fora da área de autoconsciência, que é o capítulo seguinte da existência de A Origem, digamos assim. A autoconsciência vai se espalhar para o próximo setor de A Origem através da triangulação, ligando todas essas energias desconhecidas, sua conectividade, aplicabilidade e suas funções a esse setor. Depois que esse setor seguinte de A Origem for classificado como autoconsciente, ou uma área significativa dele o for, então, e só então, esse aspecto de A Origem que está plenamente senciente será capaz de passar para esse novo setor, levando progressivamente aquilo que é autoconsciente a se tornar senciente. Vi grupos de bolas fervilhantes de senciência espalhando-se como uma rede, uma imensa teia de aranha sendo formada nesse processo—com os vínculos entre os grupos sendo vínculos de triangulação pura. Aquilo que estava afetado direcional e inflacionalmente estava se tornando senciente. A tarefa era imensa, mas estava acontecendo. Não só isso: a Entidade Fonte Doze também fazia parte do quadro. Ela havia criado, a partir de "si mesma", uma série de redes autoconscientes do lado de fora da área de autoconsciência de A Origem, aumentando a oportunidade de aceleração para a criação inicial de um setor recém-disponível, plenamente autoconsciente, mas ainda não-senciente, de A Origem. Foi uma visão reveladora e espantosa que tive com o olhar da mente.

O: Como você pôde perceber nas imagens que lhe mandei, minha consciência senciente ainda está "flutuando" sobre essas áreas de autoconsciência que ainda serão plenamente integradas.

EU: Eu percebi. E mais, isso faz todo sentido. Agora, posso ver que as Entidades Fontes, os Om e todas as entidades que foram criadas pelas Entidades Fontes fazem parte do próprio processo de triangulação. Embora sejam entidades separadas

A Origem Fala

e individualizadas, criadas dentro de sua área de autoconsciência, fazem parte de sua senciência e, com isso, atuam como alguns dos possíveis grupos de senciência. São bolas fervilhantes de energias sencientes por si sós.

O: Correto. Através da função de triangulação, obtenho conteúdo progressivo de natureza específica das energias "na totalidade" (o que significa com todas as suas funções, atributos etc. GSN) disponíveis na minha área de autoconsciência. O trabalho feito pelas Entidades Fontes aumenta esse conteúdo progressivo, parte do qual você conhece como evolução. Com o progresso de suas entidades, quer dizer, das Entidades Fontes que criaram entidades, estas progridem, e quando elas progridem, eu progrido. Mas o mais importante é que quando elas progridem, elas também compartilham esse progresso entre elas. Como resultado, as energias que preenchem as lacunas entre elas, digamos, naquilo que é a minha área de autoconsciência atualmente não-senciente, também são afetadas pelo processo de triangulação, levando-as a se tornarem sencientes e não apenas autoconscientes.

EU: E a função de triangulação pode operar em um nível mais elevado devido à variedade de energias e de seus aspectos estruturais ampliados. Estou tendo a sensação de que os aspectos estruturais que resultam desse nível de triangulação só podem ser descritos como um holograma elevado à décima segunda potência. Ou seja, um holograma com doze hologramas dentro de doze hologramas dentro de doze hologramas, etc., etc. Uma vez ligados por triangulação, eles progridem "instantaneamente" em funcionalidade, a ponto de aceitarem a senciência, quando oferecida, por aquilo que está ligado a eles por triangulação que já está senciente.

O: Muito bem mesmo. E este nível de triangulação não pode ocorrer dentro dos confins de uma Entidade Fonte, pois está limitado a aquilo que foi usado para criá-los, o que o torna um tipo de triangulação bem diferente. Pode chamá-la de triangulação holográfica multinível.

EU: Deixe-me ver se entendi. Dentro dos confins de uma Entidade Fonte, a triangulação só pode ocorrer como direcional, ou seja, numa linha reta, e inflacional, ou seja, baseada em área e tridimensional, digamos. Mas...

O: Não se esqueça de que a triangulação inflacional também pode progredir para além dos confins das frequências, componentes subdimensionais e dimensões plenas. Quando a triangulação inflacional cobre as frequências, componentes subdimensionais e dimensões plenas, você pode chamá-la de "função holográfica mononível".

EU: Certo, dá para trabalhar com isso. Mas quando ela está fora dos confins das Entidades Fontes, trabalhando dentro de sua área de autoconsciência, ela se torna a triangulação holográfica multinível simplesmente por conta do aumento em energias, funções, aspectos, etc. e sua estrutura.

O: Correto. E mais: quando a triangulação começa a operar fora da minha área de autoconsciência, a triangulação vai se tornar a triangulação holográfica multinível aninhada, aumentando a conectividade num nível baseado no incremento da estrutura disponível naquele meu aspecto, naquele setor seguinte, que deve ser acessado depois que esta área de autoconsciência se torna plenamente senciente. E quando eu/nós progredimos para setores e mais setores daquilo que eu sou, a complexidade funcional da triangulação aumenta para atender as demandas de seu novo e maior ambiente.

EU: Então, há um incremento da função com base no ambiente.

O: Não, sua funcionalidade é naturalmente capaz de lidar com a triangulação dentro do ambiente que sou "na totalidade". No exemplo, o incremento da funcionalidade é a triangulação acessando aquilo que, em última análise, ela é capaz de fazer, mas em pequenos passos, com base no ambiente onde estiver operando no momento.

Como A Origem é onipresente

EU: Só mais uma coisa antes de passarmos para a diferença entre energia livre como função de uma Entidade Fonte e você.

O: Prossiga.

A Origem Fala

EU: Se a sua senciência ainda não se espalhou para a totalidade de sua área atual de autoconsciência, como você pode ser onipresente?

O: Só porque existe um diferencial dentro de mim, ou seja, uma área de autoconsciência que é senciente e uma área de autoconsciência que não é senciente, isso não significa que eu não esteja em contato com todo o meu eu autoconsciente o tempo todo. Minha autoconsciência é uma função independente da senciência. Minha autoconsciência também é integral em toda a minha "área" de autoconsciência, e por conta disto ela proporciona uma rede de comunicações para que tudo aquilo que sou e que é autoconsciente esteja o tempo todo em "unidade". A minha área senciente é uma sobreposição àquela área que é autoconsciente, e por isso é parte integrante dela. O aspecto senciente usa o aspecto autoconsciente para "conhecer" o que está acontecendo em qualquer momento simultaneamente—ele é a aranha metafórica no meio da teia. É assim que sou onipresente segundo a perspectiva da senciência.

Mas a minha área de autoconsciência senciente está crescendo. Ela cresce através da triangulação localizada (em todas as versões), aumentando a minha principal área de autoconsciência senciente. Ela também cresce através de aspectos da minha senciência que são projetados sobre outros lugares dentro da minha área de autoconsciência, criando bolsões de triangulação quando a senciência é projetada no local de interesse desejado, finalizando com outro bolsão de triangulação. Essas projeções de senciência aumentam os aspectos funcionais da onipresença, desde o nível autoconsciente até o senciente, permitindo que meu nível de onipresença naquela área seja otimizado.

EU: Então, você está dizendo que é onipresente o tempo todo e em todos os lugares dentro de sua área de autoconsciência simplesmente porque é autoconsciente, mas que esta área de onipresença autoconsciente melhora quando aquela área de autoconsciência é elevada à autoconsciência senciente. Isto significa que você tem níveis variados de onipresença.

O: Sim.

EU: Como isso é possível?
O: É assim, simplesmente. É uma função daquilo que está "vindo a ser". É uma função minha enquanto cresço e progrido. Faz parte da função do progresso e da progressão.
EU: E como você experimenta essa diferença?
O: De um modo que vocês não entenderiam, pois a humanidade encarnada ainda não "entende" o conceito da onipresença. Mas para lhe dar uma pista, seria como conectar-se com a internet a partir de um modem com conexão "discada", na faixa de quilobytes ou megabytes, com um sistema de banda larga na faixa de velocidade dos yottabytes, ou seja, um quadrilhão de bytes. Essa é a capacidade de obter informações sobre determinado local antes que elas se tornem aparentes.

A energia livre como função de A Origem

EU: Com base nos comentários que fez sobre triangulação e que não existe diferença entre a triangulação entre as Entidades Fontes e você como A Origem, e depois a apresentação dessa imensa diferença, estou esperando, de certa forma, um nível similar de revelação em termos de novas informações.
O: Você não deveria ficar esperando algo prestes a ser apresentado, pois assim está pintando o quadro antes de sua pintura.
EU: Desculpe. No entanto, imagino que deva haver alguma diferença.
O: Bem, existe uma pequena diferença.
EU: Onde foi que ouvi isso antes?
O: Dentro do meu próprio contexto, na verdade a energia livre é aquilo que é descrito como sendo energia livre. Ou seja, energia livre das restrições de função, características e propriedades de interface. É neutra em todos os aspectos. Ela é simplesmente energia.
Como a energia é livre dessas restrições, pode ser usada em qualquer cenário criativo. Dentro das Entidades Fontes, a energia livre é a força vital de tudo que elas criam. Ela é o

prana, o maná do céu, digamos. Ela também é atraída pela oportunidade de progresso evolutivo ou pela adição de conteúdo evolutivo a uma entidade individual, um grupo de entidades ou um grupo de grupos de entidades. Ela até atrai energias que estão perto de se tornarem autoconscientes ou que estão maduras para darem o salto da autoconsciência para a autoconsciência senciente. Mas a energia livre tem outras três funções alinhadas com minha própria condição progressiva.

A primeira se baseia em sua localização dentro da minha área de autoconsciência senciente. Dentro da minha área de autoconsciência senciente, dentro deste espaço, a energia livre está no seu melhor papel. Ela é totalmente omniversal em sua função, características e propriedades de interface com outras energias, inclusive as forças criadas por estas energias. Ela pode trabalhar sozinha na progressão de energias que se encontram na periferia da minha área de autoconsciência senciente, e pode ser manipulada por mim quando estou num período de criatividade. Neste caso, ela é uma energia livre das limitações de seu ambiente, pois seu ambiente sou eu e eu não tenho limitações em tempo real, exceto pela minha própria falta de experiência.

A segunda se baseia nessa energia dentro do ambiente criado por minha área de autoconsciência. Neste caso, a energia livre opera de maneira similar à sua funcionalidade dentro de uma Entidade Fonte. Ela não é plenamente funcional, pois o fator da senciência não está presente. Quando está nesse tipo de ambiente, a energia livre fica limitada em função ao ponto no qual procura apenas oportunidades para aumentar a progressão, principalmente no regime de evolução. Quando está num ambiente de energias autoconscientes, a energia livre atua como um catalisador para que a coletividade ocorra, inclusive a oportunidade para o efeito sinérgico que se acha disponível quando energias separadas são singulares, mas próximas o suficiente para se atraírem mutuamente, ou entidades que trabalham juntas numa condição coletiva que permite que a capacidade de trabalhar em sinergia coletiva. Neste caso, a energia livre é a cola que mantém tudo junto até o efeito sinérgico se instalar. Quando o efeito sinérgico se instala, dá-se a oportunidade de desenvolvimento da senciência.

A senciência pode se desenvolver de três maneiras. Primeiro, como resultado de minha intervenção direta naquele meu aspecto que ganhou autoconsciência. Neste caso, minha intervenção cria um aspecto counido de mim na totalidade senciente sinérgica coletiva, que sempre aumenta em área ou volume, digamos, um resultado do trabalho inicial da energia livre, e que amplia a rede daquilo que sou de fato dentro da totalidade do que sou. Segundo, pode se desenvolver sozinha como algo separado, embora pronta para se tornar integrada, como um satélite da energia plenamente senciente e autoconsciente. Neste caso, porém, esse satélite, em reconhecimento de seu eu senciente e que faz parte de alguma coisa maior, busca a comunhão com aspectos plenamente sencientes e integrados de minhas energias sencientes na totalidade, como resultado da detecção de linhas de comunicação entre diversos aspectos meus e a transmissão de minha intenção focalizada ao deslocar minha atenção por minha área de autoconsciência.

A terceira maneira se baseia na energia que está fora da minha área de autoconsciência. Neste caso, a energia livre está, para todos os efeitos, adormecida. Adormecida, digo, apenas enquanto não detecta a oportunidade para que as energias que atualmente se acham inativas se tornarem ativas como resultado da intrusão nessa área por energias autoconscientes ou sencientes e autoconscientes. Quando esta oportunidade é detectada, então a energia livre assume a funcionalidade que tem no segundo exemplo acima.

EU: Fiquei surpreso por saber que a energia livre tem um estado adormecido. Por que acontece isso?

O: A energia livre, como qualquer coisa dentro da minha área de consciência, precisa de um incentivo para funcionar corretamente. Esse incentivo só estará lá se puder ser detectada ou prevista alguma mudança no status quo através da função do Espaço de Eventos. Quando o Espaço de Eventos começa a se separar nas diversas realidades

A Origem Fala

alternativas como resultado do potencial para o potencial de mudar, então a energia livre, que, como o Espaço de Eventos, está entremeada no próprio tecido de todas as energias que eu sou e em todos os três estados de senciência, autoconsciência e ausência de consciência, é ativada e procura as energias associadas com os Espaços de Eventos que se acham num estado de mudança, visando trabalhar com eles e ampliar a oportunidade de progresso iniciando, através da triangulação, a difusão do conteúdo evolutivo que leva ao progresso maciço. Em suma, portanto, o potencial para mudança, não importa qual seja o seu tamanho, é o eixo central necessário para dar à energia livre o incentivo para se tornar ativa.

EU: Então, o que você está me dizendo é que a energia livre não é especificamente ativa em si. Ela é ativada, e a ativação se baseia no tipo de ambiente onde ela se encontra.

O: Em alguns aspectos, sim, mas não se esqueça de que a energia livre está por toda parte, está dentro e fora de tudo que existe. Ela permeia tudo; faz parte da própria estrutura de todos os aspectos daquilo que eu sou, que eu poderia ser, que serei e que fui, simultaneamente.

EU: E a energia livre também permeia os aspectos físicos de suas frequências.

O: É claro. Mas neste caso, ela tem um papel levemente diferente, algo que você já comentou antes.

EU: É a energia cósmica, o prana de que falam algumas de nossas religiões.

O: Sim, é. Sabe, a energia livre é neutra. Não só proporciona a oportunidade de progressão como é uma força primária usada na criação de todos os construtos que dão a uma entidade de alta frequência a oportunidade de descer pelas frequências sem perder sua característica ou função de alta frequência. Isto inclui aquelas usadas no multiverso de sua Entidade Fonte. É a energia que, em última análise, alimenta o veículo que você usa para a experiência encarnada, e pode ser extraída do "todo" que está ao seu redor, desde que você use as ferramentas certas. A extração de energia livre no seu nível encarnado negaria a necessidade dos métodos para

A Origem Fala

gerar eletricidade que vocês usam atualmente, e seria infinitamente mais útil para vocês porque ela é multimodal em sua aplicação, características e função—enquanto a eletricidade tem função singular, em sua maior parte.

EU: Então, a energia livre move a forma humana encarnada?

O: Sim, claro, e quando todos vocês forem capazes de trabalhar com pensamentos de alta frequência e ambientes de alta frequência, criando progressões de alta frequência enquanto estiverem encarnados, vocês serão capazes de negar a necessidade dos combustíveis "sólidos" (alimentos) de que dependem atualmente.

EU: Há outras funções da energia livre, seja em você, seja nos ambientes criados pelas Entidades Fontes?

O: Energia livre é energia livre. Não há limites para seus usos. Neste sentido, ela não tem limites. Porém, o ponto não é para que ela pode ser usada, mas sim o que ela é capaz de fazer como resultado de sua própria função autônoma e não da função dirigida. Quero dizer, uma direção dada por mim ou por outra entidade.

EU: Só uma pergunta sobre o acúmulo de energia livre no ambiente físico onde me encontro atualmente.

O: Você se refere à sua localização encarnada?

EU: Sim.

O: Prossiga.

EU: Como nós, nesta baixa frequência, podemos acumulá-la e armazená-la?

O: Para isso, vocês não precisam de ímãs rotativos e/ou bobinas de cobre para atraí-la. Precisam apenas dos materiais corretos na geometria correta—refiro-me à geometria estática.

EU: Geometria sagrada?

O: Se quiser chamá-la assim, sim. A geometria sagrada é simplesmente a descrição da função, característica, propriedades de interface e forças associadas a certas energias. Entretanto, a aplicação correta desta geometria (construção) com os materiais simpáticos corretos (energias) pode permitir a atração e o acúmulo dessas energias associadas com sua descrição geométrica.

A Origem Fala

EU: E qual é a geometria para a energia livre?
O: Você já sabe.
EU: A pirâmide?
O: A pirâmide.
EU: E com quais os materiais se construiria tal pirâmide?
O: No seu nível de frequência, ela precisa ser feita de materiais básicos, disponíveis sem a necessidade de uma indústria pesada para criá-los. Cobre e pedras à base de minérios seriam dois materiais facilmente encontrados.
EU: E haveria alguma medida específica a ser aplicada?
O: Apenas uma proporção.
EU: E qual é essa proporção? Você está me fazendo trabalhar muito para conseguir isto!
O: A proporção é uma constante que deve ser aplicada qualquer que seja a escala usada. A proporção entre a medida da base e a medida das arestas, desde o canto inferior até o ápice, deve ser de 1:1,35 e a estrutura deve ser completa, sem faces abertas e com um piso.

Neste ponto do diálogo, resolvi conferir as proporções da grande pirâmide de Gizé, no Egito, para ver se essa informação era similar ou idêntica. Sem ter ideia de qual seria a proporção "áurea" da grande pirâmide, embora minha falecida esposa, Anne, e eu a termos visitado, com o privilégio de sermos as únicas pessoas dentro dela, com a exceção de nosso guia (visitamos o Egito apenas duas semanas após o atentado de 11 de setembro, por isso o lugar estava sem turistas!), eu estava interessado em ver se as informações estariam correlacionadas. A proporção áurea da grande pirâmide era 1:1,618. Estava quase franzindo a testa quando A Origem acrescentou outras informações.

O: A proporção é específica da energia sendo atraída e acumulada. É por isso que existe uma diferença na proporção. Além disso, no momento atual do progresso da humanidade encarnada, não existe maneira de usar ou de acumular energia livre de forma consistente com seu potencial. Na verdade, vocês não perceberiam se tivessem aproveitado ou não essa fonte de energia, ou se a tivessem acumulado ou armazenado. Mas fiquem à vontade para tentar.

Resolvi mudar de assunto neste momento, pois pude imaginar um monte de cientistas trabalhando especificamente nesta questão.

Capítulo 8:
Mais sobre a estrutura de A Origem

NOS ÚLTIMOS DOIS MESES (entre março e maio de 2013), por diversas vezes, alunos de meu curso "Atravessando as Frequências" (TTF) perguntaram-me qual seria a estrutura do multiverso e se ele ficava dentro ou fora da Fonte, SE1.
Quando disse que o multiverso ficava dentro da Fonte, alguns deles ficaram confusos, especialmente quando lhes expliquei que a natureza da estrutura do multiverso onde existimos tinha limitações estruturais, que são as três camadas da estrutura— frequência, componente subdimensional (tritava) e dimensão plena. "Então, como é a estrutura da Fonte?" diziam, e eu lhes respondia dizendo que era um subconjunto da estrutura de A Origem, que incluía estrutura suficiente para apoiar suas próprias funções autônomas, além de proporcionar a estrutura de nível superior necessária para apoiar a própria Fonte. Muitos acharam que isso era grandioso demais para compreenderem e ficaram mentalmente dentro do aspecto frequencial do multiverso, o que está certo, pois as frequências são a base do multiverso, as frequências estão presentes em todos os aspectos do multiverso e da Fonte. Alguns alunos, porém, quiseram saber o que havia além da Fonte. Ignorando as informações que haviam assimilado dos livros da série Além da Fonte, referiam-se realmente a "aquilo" que criara as Entidades Fontes, A Origem. Num mergulho muito "profundo", inicialmente um ou dois perguntaram, "O que haveria além de A Origem?" Respondi que não havia nada além de A Origem, exceto aquilo que haveria além do que ela mesma conhecia. Isso foi demais para eles, suscitando a reação tão humana do "Tem de existir alguma coisa além de A Origem". Não existe! Entretanto, existe aquilo que fica além da área de autoconsciência senciente e de autoconsciência não-senciente,

que é uma "estrutura não mapeada" e que nem a própria Origem conhece por meio de algum método preciso.

Contudo, dentro da área de autoconsciência de A Origem, a estrutura é conhecida, e era esta a área que eu estava ansioso para esclarecer. Eu sabia que a estrutura, até certo ponto, havia sido explicada para mim anteriormente, e por isso resolvi que seria um ponto adequado para começar a questionar A Origem sobre sua estrutura conhecida.

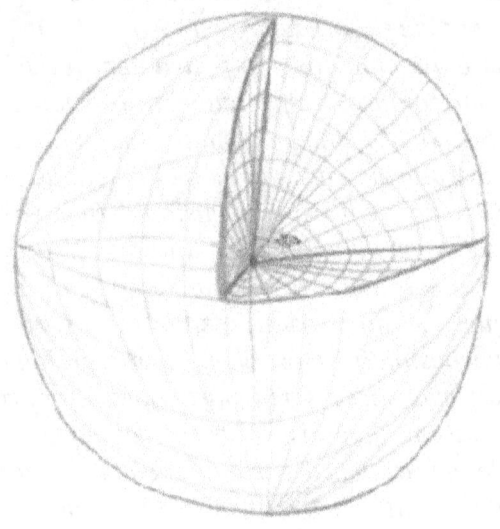

Figura 2: Uma imagem imprecisa da estrutura de A Origem com base em sua área de autoconsciência

Chamei a imagem acima (emprestada de Além da Fonte, Livro 2) de imprecisa porque não há como, com meu pobre talento artístico, desenhar uma imagem que represente A Origem, sua estrutura e a possível localização das Entidades Fontes nela de uma maneira próxima da correta. No entanto, o que esta imagem faz é proporcionar ao leitor uma forma-pensamento para trabalhar. Mas uma coisa que sei é que a área de autoconsciência de A Origem não é esférica e sim amorfa;

entretanto, a imagem apresentada é boa o suficiente para que a maioria de nós a use para prosseguir.

Uso esta imagem porque o espírito permite que a humanidade encarnada cometa erros de entendimento, desde que o erro esteja numa direção geral correta, e quando está na direção geral correta, geralmente a humanidade "acaba acertando". Com base nisto, a imagem permanece como uma forma-pensamento razoável para se trabalhar—por enquanto.

Mas uma das coisas que acho notável nessa imagem é a segmentação e estrutura sugeridas, representadas em 2D. Parece-me que ela contém parte da verdade. Revisei as informações que me foram transmitidas durante diálogos anteriores com A Origem e notei a seguinte estrutura:

- Frequências
- Subdimensões e suas divisões (frequência)
- Dimensões plenas
- Zonas e suas divisões
- Continuum e suas abstrações
- Planos e suas esferas
- Esferas independentes de planos e suas referências
- Espaços de Eventos e seus eventos
- Totalidades e suas realidades
- Realidades independentes de totalidades e suas funções criativas
- Interfaces espectrais e seus espectros (não baseados na luz)
- Margens e seus gradientes

As descrições feitas acima poderiam quase representar a imagem, segundo pensei. Meneando a cabeça, espantado diante da facilidade com que a mente humana tenta compreendê-las, por mais intangível que seja a conexão, achei melhor restabelecer meu elo de comunicação com A Origem para obter algumas informações sobre essas áreas de sua estrutura "conhecida".

Recebo a descrição da estrutura de A Origem

A Origem Fala

O: Foi uma introdução muito interessante para esta seção. Quase a aprovei.
EU: Por que quase?
O: Porque você se diminuiu no final.
EU: Oh.
O: A imagem que você desenhou para o livro chamado Além da Fonte, Livro 2 era conceitual em sua derivação e aplicação. Ou seja, um conceito compreensível baseado numa realidade que só pode ser compreendida através do conceito.
EU: Já me sinto melhor. Obrigado. A lista acima não é a relação completa e acabada de todos os componentes estruturais dentro de sua área de autoconsciência, certo?
O: Não é, nem de longe. Na verdade, como foi dito muito antes neste livro, há muitos, muitos mais. Eu poderia identificá-los e descrevê-los para você, mas isso não seria útil para o trabalho que você está fazendo, pois a estrutura identificada é mais do que suficiente para você trabalhar.
EU: Você poderia descrever alguns dos detalhes por trás desses componentes estruturais?
O: Sim, e então você vai ver que neste momento um conhecimento maior seria uma distração. Mas uma coisa que você precisa saber é que a minha estrutura, pelo menos naquilo que eu a conheço, é toda baseada no número doze. Ou seja, tudo se expande num fator de doze e se secciona com base no número doze. Portanto, colocando isto em perspectiva, cada vez que experimento a migração de uma área de estrutura interna para outra externa, a "área ou volume" aumenta num fator de doze, e cada área ou volume também é seccionada sequencialmente por um fator de doze. Pense nisso como doze novos círculos acrescentados a um círculo anterior, e que a lacuna entre cada ciclo tem doze seções, como as horas de um relógio. Cada círculo proporciona a estrutura dominante, enquanto as seções proporcionam a estrutura dentro da estrutura e as condições ambientais subjacentes para que possa haver um incremento na diversidade das energias, uma progressão funcional das energias que residem no ambiente anterior.

A Origem Fala

Dentro da estrutura de seu ambiente multiversal, há uma oportunidade conhecida e lógica de progressão evolutiva. É preciso ascender pelas frequências para progredir. Dentro dos meus ambientes, não existe essa progressão linear. Posso experimentar aquilo que quero experimentar da maneira que quero movendo-me pelo meu ambiente e aprendendo com ele.

EU: Então, para você, sua estrutura é arbitrária em termos de sua progressão?

O: Correto. Neste momento, há partes da minha atual área de autoconsciência que não são sencientes. Ou eu ainda não estendi a minha consciência até essas partes, ou resolvi não o fazer. O resultado é que posso simplesmente deixá-las na autoconsciência não-senciente ou posso voltar e experimentá-las mais tarde, tornando-as sencientes nesse processo. Ao progredir através do que sou, obtenho um quadro geral daquilo que existe na minha consciência, preenchendo as lacunas quando passo pela experiência ou por meio de extrapolação. Se eu sinto que o conhecimento extrapolado pode ser ampliado pela experiência real, projeto a minha consciência sobre aquela parte e experimento aquilo que está disponível para mim em primeira mão; do contrário, deixo aquilo de lado. Outras áreas são experimentadas pelas Entidades Fontes ou pelos Om, e assim ganho experiência, aprendizado e progressão evolutiva através das minhas criações.

Com base nisso, você poderia dizer que a minha progressão é aleatória, mas com um nível de estrutura baseado no interesse pessoal.

Vamos passar para as descrições da minha estrutura que identificamos anteriormente.

EU: Estou acompanhando.

O: Atualmente, identificamos dez áreas de estrutura dentro da minha área de autoconsciência senciente. Há mais duas. Como dito, há muitas outras na área mais ampla de minha autoconsciência não-senciente.

A Origem Fala

EU: Então, essa é outra divisão, a estrutura que existe em sua área de autoconsciência senciente e a estrutura que existe em sua área de autoconsciência não-senciente.

O: Sim, e ambas se baseiam no número doze. Percebi que você não está entendendo.

EU: Você não está errado. Estou começando a pensar que não entendi.

O: A estrutura com que estamos lidando baseia-se naquela "minha" área que ainda está "em obras". Ela tem áreas de autoconsciência senciente e áreas de autoconsciência não-senciente. Esta é a estrutura com que vamos trabalhar, identificada em seu texto a seguir, exceto por duas partes da estrutura.

Há uma área de autoconsciência senciente abaixo desta que também tem doze divisões. Como já falei dessa minha parte, não vou me referir mais a ela, embora faça parte da minha área de autoconsciência senciente. Contudo, como ela FAZ parte da minha área de autoconsciência "na totalidade", conta como tal—e por isso meu comentário sobre ela de maneira inclusiva. Eis, portanto, a origem da sua confusão.

EU: Agora entendi. Embora tenha progredido além disso, você ainda se refere a ela como parte de você simplesmente porque é uma parte sua, da forma autoconsciente e senciente de pensar. Embora tudo seja "Você", você traça uma demarcação com base em seu nível de atividade com aquilo que também é "Você".

O: Muito bem colocado. Acho que agora você entendeu.

EU: Entendi, obrigado.

O: Então, vamos voltar a essas descrições. Algumas, naturalmente, você já conhece com base em diálogos prévios com as doze Entidades Fontes. Preste atenção no fato de que não irei mencionar a energia aqui segundo uma perspectiva estrutural individual, pois a energia é a base da estrutura e de seus componentes.

FREQUÊNCIAS são a base para os detalhes dentro das dimensões plenas. São "empacotadas", digamos, dentro de cada um dos componentes subdimensionais ou tritavas. As frequências proporcionam os tijolos de construção para a criatividade ambiental e são as funções primárias das energias em mim. Perceba, porém, que dentro de "mim" não existe estrutura dimensional composta para criar o universo físico experimentado em seu multiverso, que é uma criação da sua Entidade Fonte.

SUBDIMENSÕES (TRITAVAS) são os elementos de estrutura que asseguram a manutenção da integridade das dimensões plenas. Elas são "infladas" e "divididas" pelas frequências. Eles estão baseados em trios como resultado das funções de triangulação necessárias para manter seus locais de referência posicional e a subsequente criação da dimensão plena. Cada subdimensão é inflada por doze bandas ou níveis de frequência que são específicos daquela subdimensão. Portanto, cada subdimensão é individualizada para a funcionalidade disponível como resultado das frequências dentro dela. As subdimensões são aquilo que a humanidade encarnada considera dimensões plenas.

DIMENSÕES PLENAS são uma combinação construtiva das subdimensões (Tritavas) e suas frequências. Quando construída corretamente, a dimensão plena é capaz de existir juntamente com outras dimensões plenas no mesmo "espaço". As dimensões plenas são o primeiro dos componentes estruturais importantes daquilo que sou. Formam a base para a existência dos outros componentes, pois, em essência, são a fundação da coletividade de energias conscientes. As dimensões plenas permitem a criação da autoconsciência e da senciência, pois proporcionam o ambiente necessário para o agrupamento de energias simpáticas na funcionalidade sinérgica.

ZONAS E SUAS DIVISÕES são a progressão estrutural das dimensões. São, para todos os efeitos, um ambiente dimensional mais amplo, proporcionando apoio estrutural adicional e substancial para aquilo que é criado pelas dimensões plenas. A diferença entre a zona e a dimensão plena é apenas o seu "tamanho". A zona é maior que a dimensão plena por um fator de doze, e é dividida pelas linhas de demarcação entre as dimensões plenas abaixo delas, digamos assim.

CONTINUUM E SUAS ABSTRAÇÕES são essencialmente dimensões dentro de dimensões e zonas dentro de zonas. As abstrações formam a estrutura que pode ser chamada de progressão de uma estrutura similar, mas não igual, a uma série de dimensões dentro de dimensões, sendo o continuum a progressão de uma estrutura que é tanto dimensões dentro de dimensões e uma estrutura baseada em zonas e suas divisões dentro de uma zona apenas. A parte apenas com uma zona dessa estrutura forma a interface entre a camada prévia, a zona mais alta, e a camada seguinte, o continuum mais baixo. Os continuum são aquela minha parte que é complexa. Tudo que está dentro, está fora segundo a perspectiva do observador, e assim o continuum parece ser uma mesma coisa, sem divisão ou classificação.

PLANOS E SUAS ESFERAS são uma mudança completa na minha integridade estrutural. São o começo da estrutura conceitual, diferente da estrutura rígida. Segundo a perspectiva da humanidade, eles devem se situar fora da área da minha autoconsciência ocupada pelos continuum—embora, segundo a realidade do que são, formem o início da estrutura que sempre está a ponto de mudar. Mas atualmente são fixos. A mudança potencial baseia-se em como sinto que a estrutura poderia atender melhor ao meu progresso pessoal e como posso apresentá-la às minhas próprias criações. O plano é uma área de energia que pareceria bidimensional ao olho humano, mas em essência abriga esferas de diversos aspectos de energias que são capazes de existir tanto dentro das esferas como dentro das lacunas que se encontram entre cada uma das esferas e o envelope de influência do plano. Cada esfera é capaz de sustentar toda a minha estrutura abaixo do nível dos continuum.

ESFERAS INDEPENDENTES DE PLANOS E SUAS REFERÊNCIAS são outra progressão na finitude da minha estrutura conceitual. Cada referência é uma divisão de uma esfera. A esfera independente é uma condição que existe fora da estrutura criada pelos planos e suas estruturas de esferas. A referência ganha esse nome porque cada uma delas se baseia na intersecção tangencial dos diversos locais criados pelo status posicional dentro da esfera "independente". Cada dado de referência pode ser acessado por qualquer outro dado de referência dentro de uma esfera independente e específica devido a essa intersecção.

ESPAÇOS DE EVENTOS E SEUS EVENTOS existem dentro e fora de todas as partes da minha estrutura conhecida. Não comprovei se existem além da minha sondagem na área sem autoconsciência, mas todas as indicações sugerem que é um componente comum daquilo que sou na totalidade. Tudo que poderia existir, em qualquer dos ambientes que poderiam ser apoiados pela estrutura explicada anteriormente e que ainda será explicada, está contido no paralelismo criado pelo Espaço de Eventos. No espaço criado pelas energias que apoiam a possível possibilidade de possibilidades possíveis, qualquer evento, inclusive o ambiente necessário para suportar o paralelismo, independentemente de ser muito local ou de abranger múltiplos ambientes, pode existir. O Espaço de Eventos é criado pelas funções paralelísticas de eventos dualistas, trilistas, quadrilistas, etc. (e suas divisões de possibilidade possível de possibilidades possíveis), ou a possível invocação de tais eventos em função de momentos decisivos.

TOTALIDADES E SUAS REALIDADES são uma função da minha estrutura que se baseia na totalidade coletiva de tudo que está dentro de certo quadrante da minha área de autoconsciência senciente e não apenas de minha autoconsciência. Elas seguem certo gênero evolutivo ou progressivo. Ou seja, aquelas áreas dentro de mim que contêm toda a gama de dimensões, zonas, continuum, planos, etc. que são similares em avanço progressivo, mas não diferentes o suficiente para serem separadas umas das outras. Como resultado, são "compartimentalizadas" em áreas ou totalidades especializadas, cada totalidade dividida em realidades. As realidades são subdivisões do gênero progressivo geral da totalidade com que estão alinhadas.

REALIDADES INDEPENDENTES DE TOTALIDADES E SUAS FUNÇÕES CRIATIVAS são a progressão natural das totalidades. Esta é a parte da minha estrutura que forma o começo da verdadeira realidade maior, pois é a realidade maior que forma a base daquilo que deve ser apoiado por minha estrutura formalizada. As totalidades existem dentro das realidades, que possuem realidades de nível inferior dentro delas. As realidades independentes são separadas por sua oportunidade para criatividade individualizada e intercoletiva, chamadas de funções criativas. Cada função criativa permite que uma variante de uma realidade independente específica abrigue um ambiente que possibilita um conjunto específico de um gênero conhecido de totalidades e suas realidades que são capazes de coexistir de maneira "separadamente junta", permitindo a progressão independente e codependente.
Para dar uma visão mais completa e poupá-lo de fazer perguntas, resolvi ilustrar os dois elementos da minha estrutura que não estavam na lista original. Isto conclui os doze componentes estruturais dentro da minha área atual de autoconsciência.

INTERFACES ESPECTRAIS E SEUS ESPECTROS (NÃO BASEADOS NA LUZ) são as linhas de comunicação entre todos os componentes estruturais, formais, conceituais e sencientes. A palavra "espectral" é usada para descrevê-los por que eles se baseiam nos diversos tipos de comunicação de consciência senciente por toda a minha área de autoconsciência. Sua largura de banda e espectro (dentro da largura de banda) têm função fluida. A palavra espectral também tem um segundo significado, aludindo à fluidez de sua função. Os espectros também têm natureza especulativa, e por isso buscam métodos alternativos de processamento das comunicações da consciência senciente para assegurar a manutenção de minha capacidade comportamental onisciente.
Cada espectro, como meio de comunicação, pode ser usado como uma indicação da progressão obtida dentro de uma

realidade independente específica na totalidade. O espectro também pode ser um indicador da completude da senciência, correlacionando-se com o número de gradientes dentro de uma margem (ver a seguir). As próprias interfaces espectrais proporcionam um ambiente para a progressão por si mesmo.

MARGENS E SEUS GRADIENTES formam os limites da minha área de autoconsciência senciente. As margens são capazes de se mover e de se expandir como resultado da minha progressão, compreendendo essas áreas da minha autoconsciência que precisam ser entendidas e tornadas scientes. Elas são graduadas em áreas de percentagem de senciência completa pelos gradientes associados a elas. Quando uma margem se expande até sua condição ideal, ou seja, a área que ela abrange está plenamente senciente, então seu estado se altera para "margem plena" (plenamente senciente) e seus gradientes são removidos, permitindo que a margem fique inteira e não dividida. Você pode pensar nesta expansão em termos dos anéis de crescimento de uma árvore. A expansão é holisticamente circular, mas, na verdade, é mais ou menos expansiva dependendo do nível de progressão num quadrante específico de uma margem. Ampliando o exemplo, pense nele em termos de onde os anéis de crescimento mostram mais crescimento do que outros, ou onde os mesmos anéis de crescimento se afastaram mais do centro do tronco em uma área do que na outra. Esta expansão no crescimento se baseia na disponibilidade de nutrientes e no estado do clima, no caso da árvore; no meu caso, baseia-se em como a minha área de autoconsciência senciente se expandiu em comparação com minha área de autoconsciência não-senciente em determinada direção.

EU: Para uma descrição de alto nível de sua estrutura, ela é bem provocante.
O: Sim, e as energias em torno da descrição são bastante elevadoras.
EU: Como assim?

O: Quando qualquer entidade, ou entidade encarnada, expõe-se a uma condição expansiva de qualquer natureza, seja de boca em boca, educação ou criação, de que a exposição cria crescimento tanto para o indivíduo quanto para seu ambiente—sendo este ambiente a estrutura criada por sua Entidade Fonte na qual atualmente residem. O crescimento também permeia a própria Entidade Fonte e, claro, a mim. Além disso, as energias que cercam os elementos da "verdade" sobre a realidade maior agem de maneira subliminar, auxiliando a integridade em seu nível de compreensão do que lhes é apresentado.

EU: Então, qualquer um que leia isto, de certo modo, ficará mais iluminado?

O: Sim, quer "acredite" na informação apresentada, quer não. É que o aspecto de alta frequência daquilo que diz a verdade supera o aspecto de baixa frequência de um processo mental que promove uma compreensão incorreta ou incompleta.

EU: Obrigado. O que mais precisamos saber sobre a sua estrutura? O que mais é importante na sua estrutura?

O: Ela não está gravada em pedra.

Uma estrutura a ponto de mudar

EU: Como? Eu achava que a sua estrutura era uma função automática sua. Que você não tinha nenhum controle sobre ela. Que ela era uma parte sua que simplesmente existia. Que você trabalhava com aquilo que você é e progredia como uma consciência autoconsciente e senciente em expansão.

O: E eu faço isso.

EU: Então, por que você disse que isso não está gravado em pedra?

O: Porque não está.

EU: Mas a sua estrutura é incrivelmente grande, tão grande que você nem sabe o seu tamanho. Como você pode imaginar que ela é transitória?

O: Porque ela é. Vou explicar.

A Origem Fala

Em dado ponto do Espaço de Eventos, terei expandido a minha área de autoconsciência senciente até o ponto de completação. Ou seja, eu terei chegado ao final da minha capacidade de ser mais do que sou na atual estrutura do que sou. Neste momento, estarei completo em relação ao que eu era e vou precisar me expandir até aquilo que serei. Tudo isso parece um pouco esotérico, eu sei, mas o que isso significa em termos leigos é que eu terei a oportunidade de começar de novo, digamos, de mudar a maneira como tudo começou e ver como vai funcionar diante de um novo conjunto de parâmetros.

EU: Ah, seria esse o hálito cósmico de que falam os Vedas? A chamada respiração do cosmos, o começo renovado e refeito, o velho que se vai e o novo que vem?

O: Segundo a perspectiva humana, você poderia chamá-lo assim, mas não é tão simples. Entenda: se eu fosse seguir esse processo, na verdade não estaria ganhando nada, pois aquilo que eu era se perderia para aquilo que será, já que nesse processo existe um efeito de limpeza, um reinício a partir do zero. Nada se salva do velho e é levado para o novo neste caso, pois se fosse, contaminaria o novo com as instruções dadas ao velho, o que inclui a minha estrutura.

EU: Não entendo como isso afeta a sua estrutura.

O: Embora a minha estrutura seja atualmente parte da descoberta contínua de "mim", percebi que posso mudá-la caso deseje fazê-lo.

EU: Quando você descobriu isso?

O: Eu não descobri. Minhas Entidades Fontes é que descobriram.

EU: Como é? Como elas poderiam ter descoberto alguma coisa a seu respeito antes de você?

O: Uma das razões para ter criado as minhas Entidades Fontes é descobrirem as coisas antes de mim, para me ajudarem.

EU: Mas isso não é ir de trás para a frente?

O: Não, não é. O objetivo de eu criar outras entidades foi acelerar meu próprio progresso por um fator igual ao número total de entidades criadas. Usando este método, não precisei mais progredir de maneira linear. Eu progrido de maneira onisinérgica.

Minha progressão é garantida, independentemente de onde provém o conteúdo progressivo. Perceba que não estou usando aqui a palavra evolução, pois uma mudança na estrutura ou qualquer outra mudança baseada na progressão através das minhas criações ou então de mim mesmo, está acima da evolução, pois a evolução é um componente do guarda-chuva da progressão.

EU: Bem, lendo entre as linhas, imagino que você descobriu que poderia mudar sua estrutura quando observou algumas das Entidades Fontes criando um ambiente baseado na estrutura delas mesmas, destruindo-o caso ele não fizesse o que era esperado e recriando um novo em seu lugar.

O: Sim. Foi algo muito interessante de se observar, e foi, naquele ponto da existência delas, uma inovação na criatividade. Como resultado de observar minhas criações manipulando a estrutura daquilo que eram, criando uma estrutura em seu lugar, resolvi fazer também algumas experiências localizadas na minha estrutura.

EU: Então, o que você fez? Como a sua, digamos, estrutura "atual" difere da estrutura resultante da experimentação?

O: Primeiro, a estrutura experimental não existe mais, pois resolvi que não podia, naquele ponto da minha existência, criar uma estrutura que fosse um aprimoramento da minha estrutura natural.

EU: Creio que seria razoável presumir isso. Dito isso, você poderia criar um ambiente ou estrutura que fosse um melhoramento sobre a sua estrutura natural?

O: Na verdade, não, mas posso mover a estrutura para criar uma representação diferente da mesma coisa. Ou seja, posso mover as frequências, por exemplo, para o espaço reservado para as divisões dos continuum, das abstrações e vice-versa. Isso modifica tanto a estrutura no sentido mecânico quanto a dinâmica da estrutura segundo a perspectiva de como os componentes do resto da estrutura se relacionam e funcionam um com o outro.

A Origem Fala

No caso da minha experimentação, simplesmente virei tudo de cabeça para baixo, digamos, com as frequências na extremidade externa da estrutura e os gradientes no ponto inicial.

EU: E qual foi o efeito?

O: Tudo fluiu ao contrário, como esperado, mas não houve progressão, não houve evolução, só involução e progressão negativa. Tudo que fluía se desacelerou e finalmente parou segundo a perspectiva da progressão geral e dos componentes da progressão. Foi como se começasse com uma entidade que já fora criada especificamente no ponto mais elevado daquele momento da minha existência, uma estrutura que não poderia se traduzir progressivamente até o extremo externo da estrutura experimental, pois requeria progressão negativa ou involução. Aparentemente, eu havia descoberto uma ordem natural da função dentro da minha estrutura, e alterá-la da maneira como o fiz tornou estáticas suas qualidades progressivas.

EU: Então, como isso funcionaria no exemplo que você deu há alguns momentos, no qual você substituiu frequências por gradientes?

O: Está certo. Entenda, com mudanças não-lineares, como o experimento que fiz foi especificamente linear em termos de progressão uma vez que simplesmente virei tudo de cabeça para baixo, a progressão e os componentes da progressão podem progredir pois existe um modo de contornar a estase quando um componente estrutural superior é seguido de um componente estrutural inferior. Sim, a progressão se desacelera, mas quando o componente seguinte é mais elevado, a perda de ímpeto progressivo é reduzida ou até anulada totalmente, com alguns casos em que ela retorna à progressão real além daquela obtida previamente.

EU: Então, o que você está sugerindo é que quaisquer mudanças em sua estrutura precisam ser intercaladas com oportunidades de progressão dentro da estrutura, ou do contrário a estrutura é autodestrutiva, na medida que não permite o progresso.

A Origem Fala

O: Correto. Quando vi como a minha estrutura afetava minha oportunidade de progredir, ou mesmo a oportunidade de uma de minhas criações progredir, decidi que as únicas mudanças que eu poderia fazer precisavam garantir que a progressão não apenas seria mantida, como acelerada de alguma maneira. Neste momento, a estrutura é perfeita para aquilo que está contribuindo em termos de progressão, pois minhas criações, as Entidades Fontes, trabalham de maneiras que facilitam não apenas a progressão como uma taxa constante de progressão acelerada. Quando este trabalho tiver atingido sua conclusão, ou seja, quando não for possível fazer mais progressos, farei mudanças que permitirão novos progressos dentro da mesma área de autoconsciência senciente. Independentemente, porém, de permitir que isto aconteça de maneira natural, eu poderia mudar a estrutura da minha área de autoconsciência senciente, dando-lhe funcionalidade mais progressiva. Na verdade, já criei um plano para mudanças que poderia ser introduzido agora mesmo.

EU: E por que não faz isso?

O: Creia-me, pensei muito sobre isso, e quase fiz essa mudança em duas ocasiões.

EU: O que o impediu?

O: Um desejo insaciável de ver o que vai acontecer a seguir com a estrutura atual. Simplesmente tinha e tenho de vê-la prosseguir em sua forma atual. Além disso, estou satisfeito com a maneira como ela está funcionando no momento. Está tendo muito mais sucesso do que eu esperava, especialmente quando vejo como as Entidades Fontes fizeram bem suas tarefas. Cada uma delas e suas criações estão contribuindo de maneira muito positiva e progressiva, com um mínimo de sobreposição.

EU: Então, é "a perfeição", certo?

O: No momento, é. Mas em algum ponto eu talvez ainda faça pequenas mudanças na integridade estrutural. Este é um dos bônus de ser eu mesmo, mas até eu só posso fazer mudanças na minha própria estrutura dentro dos confins do que ela é.

EU: E de que maneira você a mudaria se atualmente ela é perfeita?

A Origem Fala

O: Eu tornaria a estrutura ainda mais fina. Posso fazer isso dentro dos limites da atual capacidade progressiva da estrutura. Neste caso, porém, o que eu faria é aumentar o número de divisões dentro de cada um dos doze estágios estruturais principais para tornar mais fácil e mais rápida a transição de uma inferior para uma superior.

EU: Mas com isso você não negaria a intensidade da oportunidade de aprendizado, já que torna menores as etapas?

O: Não, pois o efeito geral é o mesmo—a diferença está em como isso é feito. Se e quando eu fizer esta mudança, isso vai acelerar a oportunidade de progresso, acumulando confiança nas capacidades das Entidades Fontes e suas criações para experimentarem sucesso antecipado em seus processos de desenvolvimento; ou seja, a função "experimente, aprenda, evolua, progrida" será atingida em mais pontos regulares de suas existências, dando-lhes assim incentivo para fazerem o que estão fazendo, da maneira como estão fazendo.

Capítulo 9:
Como evoluem as entidades de manutenção

RESOLVI MUDAR A DIREÇÃO do meu questionamento neste ponto para voltar a tocar no assunto das entidades que mantém a estrutura dos ambientes criados pelas Entidades Fontes—que chamamos de anjos segundo a perspectiva de nossa Entidade Fonte, SE1. Estava claro que todas as entidades, independentemente de qual Entidade Fonte as haviam criado, têm opções em termos da maneira como apoiam o trabalho e o progresso de sua Entidade Fonte específica. Algumas preferem trabalhar na estrutura e a experienciam de todas as maneiras que podem, enquanto outras preferem prestar serviço e trabalhar na manutenção da condição evolutiva ideal do ambiente em benefício daqueles que trabalham dentro dele. Portanto, embora essas entidades de manutenção estejam fora do ciclo evolutivo segundo sua perspectiva pessoal, ainda assim podem acumular conteúdo evolutivo, auxiliando seu progresso enquanto ainda estão prestando serviços. Neste caso, a prestação de serviço significa que a entidade que escolhe este caminho renuncia à oportunidade de progresso acelerado em benefício de outros dentro do ciclo evolutivo. Um gesto nobre de fato, que não é desconsiderado por nenhuma Entidade Fonte. A razão pela qual resolvi voltar a este assunto é que eu estava recebendo informações adicionais de A Origem enquanto trabalhava no texto anterior. Deste modo, para mim estava ficando claro que as informações transmitidas durante meu diálogo anterior sobre este assunto estavam incompletas.

EU: Imagino que você queira esclarecer melhor essa história, digamos assim.

A Origem Fala

O: De certo modo, sim. Percebi que era importante me aprofundar no modo como essas entidades progridem enquanto são totalmente prestativas para os demais. Em essência, é outra maneira pela qual podem acumular conteúdo evolutivo quando não estão dentro do ciclo evolutivo.

EU: E como uma dessas entidades acumula conteúdo evolutivo fora do ciclo evolutivo?

O: Elas o recebem.

EU: Explique, por favor.

O: Todas as entidades que estão no ciclo evolutivo sentem que estão em dívida com essas entidades que decidem lhes prestar serviços. Sem essas entidades de manutenção, ou anjos, no seu multiverso, não progrediriam tão rapidamente até a perfeição quanto o fazem. Em reconhecimento por isto, doam parte de seu conteúdo evolutivo como recompensa pelo serviço que as entidades de manutenção prestam para elas.

EU: Entendo que isso acontece de forma geral e não especificamente para determinada entidade de manutenção, é isso?

O: Há duas maneiras pelas quais uma entidade dentro do ciclo evolutivo pode doar conteúdo evolutivo. A primeira maneira consiste em doá-lo no sentido geral. Deste modo, o conteúdo evolutivo é compartilhado igualmente entre todas as entidades de manutenção dentro de um ambiente específico da Entidade Fonte—com o fator de diluição relativo à proporção entre entidades "doadoras" e entidades "recebedoras". Em geral, porém, a proporção entre entidades evolutivas versus não evolutivas ou entidades de manutenção recai a favor daquelas em evolução. A entidade em evolução doa esse conteúdo ao acumular seu próprio conteúdo, o que é uma função automática. A segunda maneira consiste em doar conteúdo evolutivo adicional para uma entidade de manutenção específica de forma regular ou contínua. Isto se baseia em escolha pessoal, geralmente como resultado de um relacionamento estabelecido entre uma entidade em evolução e uma entidade não evolutiva ou de manutenção. Também pode haver a doação única como resultado de gratidão por qualquer entidade não evolutiva, o que geralmente acontece quando o trabalho de uma entidade de manutenção específica ajudou a acelerar a evolução da entidade neste ciclo.

EU: Então, existe um nível de simbiose evolutiva aqui. As entidades de manutenção se beneficiam do trabalho que fazem para assegurar a condição evolutiva do ambiente onde as entidades em evolução atuam, como resultado do nível de evolução acumulado por estas entidades na parte do ambiente que mantêm. Embora não se encontrem no ciclo evolutivo, mesmo assim acumulam conteúdo evolutivo através da gratidão das entidades em evolução.

O: Correto.

EU: E atuam fora do ciclo evolutivo, a serviço dos outros, sabendo que na verdade vão acumular este conteúdo através do trabalho das entidades em evolução?

O: Estão cientes do fato de que podem acumular conteúdo evolutivo segundo o método geral, mas para eles a progressão evolutiva não é totalmente garantida, uma vez que a proporção de diluição pode ser tal que o conteúdo evolutivo recebido será pequeno, quase imperceptível. Além disso, a doação de conteúdo evolutivo não é uma coisa garantida, e por isso a entidade, sabendo plenamente disso tudo, presta seus serviços puramente pela alegria de ser prestativo.

Subitamente, percebi que agora esse assunto estava concluído. Parece que todos evoluem, quer como parte ativa do ciclo evolutivo, quer por meio de "presentes" automáticos das entidades evolutivas, quer com presentes isolados como reconhecimento pelo trabalho da entidade não evolutiva. Essas entidades que prestam serviços não têm expectativas de acumular conteúdo evolutivo como resultado direto de seu serviço, mas, como prestam serviço, acumulam conteúdo evolutivo como resultado da gratidão das entidades em evolução pelo trabalho realizado. Mas uma coisa ficou clara: as entidades de manutenção sacrificam seu próprio progresso em benefício das entidades no ciclo evolutivo. Sacrificar o progresso pessoal em prol dos outros é o verdadeiro serviço.

Capítulo 10:
Uma reviravolta interessante sobre os discípulos de Jesus e a Ressurreição

UMA DAS HISTÓRIAS NAS QUAIS EU estava muito interessado era a ressurreição de Jesus e o mecanismo empregado no processo para que ele fizesse aquilo. Normalmente, eu teria feito a pergunta para a minha própria Entidade Fonte, a Entidade Fonte Um, pois esta pergunta era peculiar ao universo físico. No entanto, pensei que se A Origem recebia tudo que era experimentado por todas as entidades dentro do ambiente de uma Entidade Fonte simultaneamente, assim como as próprias Entidades Fontes experimentavam, não faria mal fazer a pergunta para A Origem enquanto estávamos mantendo esse diálogo.

EU: Sei que estamos nos afastando completamente dos diálogos anteriores que estivemos mantendo, mas as histórias envolvendo a entidade encarnada que chamamos de Jesus, seus discípulos e a suposta ressurreição têm sido um pomo de discórdia há algum tempo. Poderia explicar qual seria a verdade sobre o número de discípulos que ele teria, inclusive a verdade em torno da história da ressurreição, por favor?

Os discípulos

O: Você tem razão quanto à mudança de direção. Estamos mesmo nos afastando dos pontos previamente discutidos.
EU: Achei que precisávamos de uma pausa, uma injeção de coisas mais próximas de casa.
O: Certo. Percebo que seria de interesse, além de criar a oportunidade para removermos o dogma em que a humanidade encarnada se mete quando fala sobre o assunto

A Origem Fala

da religião e das histórias das diversas religiões. Isso também seria uma lição importante sobre a dualidade.

EU: Dualidade?

O: Você vai entender o que quero dizer em alguns instantes.

EU: Certo. Estou aberto para tudo que possa expandir nossos conhecimentos acerca de nossa verdadeira história.

O: Então, você não vai se surpreender se eu lhe disser que Jesus tinha vinte e quatro discípulos próximos ou principais.

EU: E não doze?

O: Não, vinte e quatro. Entenda, é preciso haver um equilíbrio na condição dualista da Terra para manter sua sincronicidade. Vocês têm dois sexos, não têm?

EU: Sim, temos.

O: E dois polos num ímã?

EU: Sim.

O: E um polo positivo e outro negativo para a eletricidade, branco e preto, vermelho e ciano, verde e magenta, azul e amarelo, para cima e para baixo, esquerda e direita, para frente e para trás. Preciso continuar?

EU: Não. Creio que você provou o seu ponto de vista. Você está me dizendo que tudo que existe no universo físico tem um oposto e que esta é a condição dualista que precisa existir.

O: Correto. Até os ímãs monopolo têm um oposto. Pode não estar no mesmo material, mas está disponível, caso alguém tente encontrá-lo.

EU: Assim, Jesus tinha vinte e quatro discípulos, doze deles homens e doze mulheres.

O: Correto.

EU: E por que não ouvimos falar nas discípulas?

O: A sociedade não podia aceitar que a fêmea da raça estivesse em pé de igualdade, especialmente porque a religião daquele período tinha um aspecto orientado para o masculino. Com base nisso, o fato de haver um número igual de discípulos e discípulas foi ignorado ativamente e o fato histórico de discípulos e discipulas foi modificado, tornando-se a atual história orientada para os homens que foi passada através do tempo.

Dentro da comunidade mais ampla, havia tanto seguidores quanto seguidoras dos ensinamentos transmitidos por Jesus, e não há como negar isto. O problema é a negação às mulheres da distribuição equânime daquilo que era considerado o poder pelos sacerdotes, e não um direito para todas as entidades existirem livres de karma.

Dentro dos conhecimentos ensinados por Jesus estava a necessidade de justiça e igualdade, e ele se certificou de que aqueles próximos a ele teriam igualdade tanto em conhecimentos como em status. Um aspecto importante do que ele ensinava era a necessidade de igualdade nas energias quando meditassem juntos para fins de criatividade, exigindo uma função sinérgica. Quando praticarem meditação em conjunto, em "metaconcerto", a função sinérgica ideal exige a conectividade homem, mulher, homem, mulher para assegurar a obtenção do melhor resultado possível. Embora isso não seja um pré-requisito para a sinergia ao meditar nas esferas ocupadas no resto do universo físico, isso se aplica para aqueles que estão encarnados na Terra devido à condição criativa dualista dos dois veículos. Jesus tinha a condição ideal para a criatividade por meio da sinergia baseada na meditação, pois tinha como seus discípulos mais próximos e mais poderosos doze de cada sexo. Com esses vinte e quatro discípulos, Jesus foi capaz de efetuar alguns dos maiores milagres de que se tem registro, e muitos outros que não foram registrados, pois ele os usava para aumentar sua própria capacidade de manipular energia—o que não era pouco se levarmos em conta os níveis de frequência naquela conjuntura.

EU: Então, você está sugerindo que nem todos esses milagres foram realizados pelo próprio Jesus, sendo o produto de um trabalho coletivo, com Jesus orquestrando as energias geradas por seus discípulos trabalhando em metaconcerto?

O: Nos milagres maiores, sim. Como disse, naquela conjuntura as frequências eram baixas demais para que um único ser encarnado agisse, e por isso ele usou o poder dos outros para trabalharem juntos. Um exemplo clássico foi a geração de

A Origem Fala

comida para alimentar o grande número de seguidores que foram ouvi-lo falar, a geração de pães e peixes.

EU: Então, ele usou a manifestação naquele evento?

O: Não, ele criou a ilusão coletiva de que todos estavam sendo alimentados e sustentados. Isso foi bem mais eficiente do que a manifestação concreta de alimentos sólidos, pois isso teria criado uma debandada na direção de quem estivesse distribuindo os alimentos e isso teria custado muitas vidas.

EU: Então, Jesus e os discípulos criaram uma ilusão coletiva?

O: Sim, mas foi algo até mais completo, pois eles também deram a todos os membros da multidão a sensação de que estavam saciados e satisfeitos. Na verdade, estavam plenamente carregados de energia.

EU: Então, com base nisso, o autor da Bíblia não tinha conhecimento da verdade envolvendo esse milagre específico?

O: Não, e nem haveria como, pois ele escreveu sobre isso muitos anos após o evento, com base na coleta de registros feitos pelos escribas da época, ainda existentes quando a Bíblia estava sendo compilada. Entretanto, isso se baseou na experiência daqueles que estavam na multidão e não daqueles que eram os discípulos próximos.

Outro desses milagres foi a ressurreição.

A Ressurreição

EU: Fale-me mais. Não me surpreenderei muito se a ressurreição tiver sido uma ilusão coletiva.

O: Talvez não, mas foi um triunfo de orquestração em metaconcerto, pois aconteceu sem o orquestrador principal—o próprio Jesus.

EU: Então, há alguma verdade na história da ressurreição?

O: Somente no fato de ter sido uma história, uma ilusão.

EU: Então, o que aconteceu de fato?

O: Algumas partes da história estão corretas e outras foram mal compreendidas. Neste caso, aquilo que foi mal compreendido e carece de substância foi o processo que levou à própria ressurreição.

Jesus estava se tornando mesmo um problema, tanto para a igreja da época quanto para o governo romano, que tentavam continuamente apaziguar os anciões religiosos a fim de manter o controle geral da área. Jesus promovia a verdade e estava ficando cada vez mais cansado da incapacidade dos anciões religiosos olharem através da base de poder que tinham criado para investigar a verdadeira razão para a estrutura dos ensinamentos em que se baseavam. Com o aumento do número de seguidores, naturalmente ele começou a causar a redução do número de participantes nos templos, o que gerou um conflito de interesses com os líderes religiosos. Eles permitiriam que os números diminuíssem em prol dos ensinamentos de Jesus, um homem que tinham tolerado até então porque sua fé era a deles também, ou deveriam fazer alguma coisa com ele? Com seus egos à frente, resolveram fazer alguma coisa com ele em lugar de permitir que todos existissem em paralelo.

Foi inventada uma acusação falsa contra ele e prenderam-no depois que seu paradeiro foi revelado aos romanos mediante trabalhos investigativos. Sem seu guru, seu mestre, os discípulos ficaram sem saber o que fazer, especialmente porque a punição para a acusação fora convertida para morte por crucificação e não um mero açoitamento público. Essa mudança na sentença foi o resultado de novas manipulações por parte dos anciões religiosos durante a oportunidade de escolher quem deveria receber anistia durante um julgamento público com outro criminoso, conhecido como Barrabás, líder guerrilheiro conhecido contra o indesejado domínio romano.

Testando seu treinamento ao máximo, criaram a ilusão coletiva de que Jesus foi mesmo levado à cruz, crucificado e depois enterrado. Quando chegou o dia da execução, em vez de lamentarem juntamente com o resto dos espectadores, todos os discípulos, inclusive Judas, que foi incorretamente culpado por trair Jesus, sentaram-se em metaconcerto meditativo e deram ao público o que este esperava. A multidão esperava ver Jesus sendo levado de sua cela e, juntamente com os outros, sendo obrigado a carregar sua cruz desde o forte romano até a colina onde se realizavam as crucificações. Com a visão mental, viram Jesus sendo pregado, amarrado e torturado; viram-no também morrer por conta da perda de sangue causada pelos instrumentos de tortura, ser retirado e enterrado num túmulo simples, uma cova local, que foi selada com uma pedra para garantir que cães selvagens não se banqueteariam com o cadáver.

O que aconteceu de fato foi uma história bem diferente. Com a atenção de seu metaconcerto fixada inteiramente na criação da ilusão, os discípulos se elevaram ao grau de "mestres"—comunicando a Jesus, nesse processo, que o caminho estava livre para que ele escapasse. Todos os guardas do forte tinham ido ver a crucificação também, e por isso foi muito fácil para Maria, mãe de Jesus, abrir a porta da cela e libertá-lo. Caminhando apressadamente até o local onde estavam os discípulos em meditação, Jesus, muito satisfeito, ofereceu uma ajuda final para o metaconcerto, aumentando seu poder assim que se uniu a eles, dando aos discípulos já cansados um novo ímpeto para finalizar a ilusão de forma completa e convincente. Após o término, cada membro do grupo seguiu seu caminho, tornando a se encontrar novamente um mês depois antes de se separarem definitivamente, espalhando-se pelo planeta. Agora, cada um era um mestre por si só, cada um com controle energético total sobre si mesmo e sobre o ambiente, cada um ensinando a verdade e como viver uma vida encarnada livre do karma. Os seguidores de Jesus, inclusive alguns membros do círculo familiar mais próximo, que não sabiam da ilusão, abriram depois a cova selada e não encontraram um cadáver descansando ali, pois nunca houve um corpo lá. Outros vislumbraram Jesus disfarçado caminhando pela estrada, dirigindo-se a uma nova vida noutra parte do mundo. Um ou dois disseram que falaram com ele e que ele respondeu, coisa que de fato fez. Usou palavras e maneirismos reservadamente para que aqueles que o viram pensassem que viram um fantasma, especialmente quando tornaram a olhar à sua volta e ele tinha desaparecido. Esse desaparecimento foi uma ilusão simples, baseada num efeito temporal retardado criado pela hipnose, algo que Jesus fazia muito bem e usou com resultados consideráveis durante curas.

Com todas essas coisas periféricas acontecendo, criou-se mais confusão e o mártir nasceu. Sua vida tornou-se um mistério. Os momentos envolvendo sua crucificação tornaram-se borrados e surreais, e a admiração substituiu o luto de sua morte quando o selo em sua cova foi aberto para revelar um túmulo vazio. Jesus adotou um estilo de vida que requeria um nível de celebridade muito menor, tornando-se professor de seu próprio trabalho sob o disfarce de um discípulo menor. Foram-se os cabelos compridos e a barba, mas sua resolução ficou mais forte e seus ensinamentos mais subliminares. Apesar de ser um homem em exílio pessoal, ele ainda conseguiu transmitir a verdade. Em essência, tornou-se mestre do disfarce e mudou-se frequentemente, ensinando de forma subliminar e garantindo com isso que não chamaria a atenção.

EU: E para onde ele foi?

O: Esteve em todo o Oriente Médio e a Europa. Na verdade, teve mais sucesso transmitindo a verdade dessa nova maneira subliminar do que antes, pois chamou menos a atenção e conseguiu mover-se com mais liberdade. De que outro modo você acha que o cristianismo chegou ao mundo ocidental?

EU: Nossa história conta que diversos apoiadores do cristianismo estiveram envolvidos na divulgação de "o caminho" na Europa, inclusive os principais discípulos. Você está sugerindo que Jesus orquestrou a maior parte disso?

O: Sim. Embora não tenha feito tudo sozinho, manteve através da meditação contato telepático regular com os discípulos, que agora incluíam novos devotos doutrinados para divulgar a palavra nos pontos mais remotos do mundo.

EU: Quanto tempo Jesus ficou na Terra, levando em conta que ele deveria ter cerca de trinta e três anos no ponto de sua crucificação?

A Origem Fala

O: Na verdade, ele chegou aos 112 anos, ascendendo de sua condição humana no país que vocês chamam agora de Eslováquia, apresentando uma maneira de viver no plano físico quase à prova de karma para mais de 300 mil pessoas. Seus devotos e discípulos mais próximos atraíram 1,2 milhões de seguidores. Considerando-se a população terrestre encarnada relativamente pequena daquela época, foi um número bem grande de conversões. O cristianismo foi, sem dúvida, a mais bem sucedida das "maneiras de viver" apresentadas num período de 500 anos.

EU: Você disse que ele introduziu uma maneira de viver no físico quase à prova de karma. O que aconteceu com ela? Atualmente só vejo a religião.

O: Tal como ocorre com todas as coisas quando o líder deixa o plano físico, permitindo que os devotos deem continuidade ao trabalho, preferências pessoais e ego ou personalidade começam a interferir na mensagem e os ensinamentos originais começam a se diluir. Com o tempo, os ensinamentos ficam tão diluídos que a mensagem original se perde e aquilo que é ensinado não se assemelha mais a ela. É o que vocês têm hoje em todas as religiões, em maior ou menor grau.

EU: Se tivéssemos seguido estritamente os ensinamentos, hoje nossa frequência seria mais elevada?

O: Com quase toda certeza. O testemunho da velocidade com que os ensinamentos se diluíram desde as origens de todas as religiões é a velocidade com que a humanidade encarnada deslizou para as frequências inferiores associadas à era das trevas. Levou muito tempo para sair do outro lado e vocês ainda não se recompuseram. Se todos os ensinamentos tivessem sido seguidos, vocês teriam uma utopia na Terra em comparação com o ponto onde estão hoje.

EU: Então, este é um bom exemplo da necessidade de aderirmos às regras com dedicação e firmeza.

O: Sim, mas é preciso conhecer a progressão das frequências e a necessidade de modificar os ensinamentos de acordo com isso.

EU: Por quê?

O: Porque quando se ascende pelas frequências, os detalhes por trás da base dos ensinamentos precisam ser alterados de acordo, pois embora não precisem mais ser tão básicos, ainda precisam permitir a compreensão do que é básico.

Pense que é como passar da necessidade de se usar tábuas de logaritmos para uma calculadora, onde as funções estão disponíveis, mas ainda é necessário compreender como se chegou aos resultados usando as tábuas, mesmo que estas não sejam mais usadas. Isto é compreender o básico.

Capítulo 11:
Mais sobre o nosso destino

NOS LIVROS ALÉM DA FONTE, descobri que num Espaço de Eventos distante, todos nós, unidades individualizadas das Entidades Fontes, estaremos destinados a nos tornar Entidades Fontes por si sós. No fundo, eu começava a perceber que havia muito mais nessa profecia do que eu havia assimilado até então. Por exemplo, qual seria o pré-requisito obrigatório para que isso aconteça? Será que "Todas" as unidades individualizadas vão se tornar Entidades Fontes e algumas, não? E o que acontecerá com as doze Entidades Fontes já existentes, além de passarem para o novo setor da área de autoconsciência de A Origem? Senti que, embora tivéssemos discutido esse assunto, havia muitas lacunas nas informações que eu tinha naquele momento e que fora capaz de transmitir. Era hora de escavar mais, pensei. Estava prestes a abordar A Origem para ampliarmos esse assunto quando descobri que ela estava bem do meu lado, ansiosa por ajudar.

O: Estava me perguntando quando você iria voltar a esse assunto.

EU: Eu achava que você perceberia quando eu fosse fazer isso!

O: Claro que perceberia, mas sempre é interessante não ficar bisbilhotando no Espaço de Eventos relativo para ver o que vai acontecer ou poderia acontecer em seguida. Essa é a beleza de sua existência encarnada; vocês simplesmente não sabem o que estão fazendo em comparação com a maneira como operam quando estão plenamente no energético. É engraçado e assustador ao mesmo tempo. Gosto de ver como todos vocês lidam com isso, todos vocês em todas as Entidades Fontes quando estão nas frequências mais baixas. No entanto, a Entidade Fonte Um parece ter a parte do leão em termos de entidades que atuam nas frequências inferiores. De fato, é a única onde é necessário um veículo físico denso.

EU: Você não usa o Espaço de Eventos para saber quais são suas opções e qual seria o melhor caminho a seguir do ponto de vista estratégico?

O: Sim, uso, mas às vezes não saber faz parte do processo de experimentar e aprender, que eu considero divertido, e todos vocês fazem isso muito bem, levando-se em conta as limitações do veículo físico que usam atualmente.

EU: Que usamos atualmente?

O: Sim, atualmente. Todos vocês vão progredir e superar a necessidade de um veículo de baixa frequência, como vou explicar.

Como sabe, quando uma entidade trabalha com as frequências inferiores, é preciso haver algum tipo de construto, no seu caso uma forma biológica, que permite a imersão plena nas próprias frequências inferiores—e o objetivo é que a imersão seja total e que a experiência seja otimizada para aquilo que pode ser atingido naquela frequência. Existir "no" físico embora não seja "do" físico é o modo de operar. Só é possível experimentar totalmente as oportunidades apresentadas caso a entidade esteja plenamente mergulhada no ambiente, o que significa todos os aspectos das limitações resultantes de se existir na baixa frequência. Neste sentido, recentemente vocês também aceitaram a necessidade de estar totalmente separados daquela parte de seu eu energético que está desencarnada, pois isso lhes daria acesso a Espaços de Eventos alternativos, dando-lhes conhecimentos prévios e negando a profundidade das experiências que poderiam ocorrer.

A experiência da separação cria o ego, a criação transitória da senciência individualizada a partir do todo, permitindo a função do veículo encarnado supostamente independente do Verdadeiro Eu Energético, que, naturalmente, conhece plenamente o trabalho do aspecto encarnado do seu "eu", o que o outro não conhece enquanto está encarnado. Quando, porém, graças a vidas diligentes e boas após um período de encarnações, aquele aspecto do Verdadeiro Eu Encarnado

A Origem Fala

que está projetado em veículos encarnados usados para experiências de baixa frequência começa a ver além da individualidade transitória criada pela encarnação, "enquanto encarnado", o aspecto projetado começa a recuperar a capacidade de se comunicar com seu Verdadeiro Eu Energético, enxergando além dos confins do veículo encarnado. Então, ele prefere trabalhar com as baixas frequências do físico de maneiras que elevam a frequência básica do veículo, a ponto de este não poder mais ser classificado como "físico denso".

Isto leva muitas encarnações e se baseia no processo de reconhecimento de si mesmo e de se ter um significado maior para a existência neste estado individualizado, cuja integridade é reduzida em função disso, já que o encarnado prefere trabalhar segundo as frequências superiores enquanto está nas inferiores.

Quando as entidades encarnadas atingem certo nível de progresso, o processo de encarnação é plenamente compreendido e reconhecido pelo que é enquanto a entidade está encarnada. Isto lhe permite evitar as oportunidades de redução frequencial, concentrando-se na progressão frequencial. Desse modo, as frequências básicas do veículo encarnado são aumentadas e sua funcionalidade também aumenta nesse processo.

Com o tempo, após muitas encarnações diligentes, os veículos encarnados disponíveis são de tal frequência que não oferecem mais o mesmo nível de resistência enquanto se acham nas frequências físicas. Portanto, não têm mais lugar nas baixas frequências designadas para a experiência física densa e precisam subir um nível de frequência no ambiente, o universo simultâneo seguinte do ambiente multiversal da Entidade Fonte Um, que pode sustentar a funcionalidade daquele veículo encarnado de maneira consistente com sua nova frequência básica. Com o progresso daquele aspecto específico do Verdadeiro Eu Energético designado para a existência encarnada, os veículos encarnados usados também progridem frequencialmente e a capacidade de funcionar de maneira ideal no ambiente atual é afetada, exigindo que ele seja elevado até o próximo nível de frequência e o próximo universo simultâneo. Com o tempo, a sutileza das frequências do Nível 15 e superiores é tamanha que os veículos encarnados não são mais necessários e o Verdadeiro Eu Energético pode progredir sem a necessidade de construtos artificiais que permitem a obtenção de experiências holísticas. Portanto, o progresso pelas frequências superiores é uma questão de tempo, digamos, e a entidade que progride evolutivamente de forma regular ascende finalmente às frequências associadas ao multiverso da Entidade Fonte Um, tornando-se elegível para comungar plenamente com seu criador, caso deseje voltar a se tornarem um só.

A entidade que tenha experimentado tudo que pode ser experimentado em todos os ambientes universais simultâneos oferecidos por sua Entidade Fonte pode optar por permanecer individualizada, passar novamente pelo processo de ascensão, tornar-se uma entidade de manutenção, buscar a comunhão plena e a absorção na unidade não individualizada ou buscar a comunhão mantendo a individualização do eu dentro de sua Entidade Fonte.

Quando todas as entidades tiverem atingido no mínimo a elegibilidade para a comunhão com sua Entidade Fonte, haverá uma correlação com minha capacidade de me expandir até minha próxima área de autoconsciência. É que isso coincide com o fato de eu obter a senciência plena dentro de minha atual área de autoconsciência. Neste ponto, tudo que está dentro daquela área será conhecido e experimentado, seja por mim, por minhas Entidades Fontes ou pelas criações das minhas Entidades Fontes, o que significa que eu experimentarei por padrão tudo que puder ou que poderia ser experimentado naquela área. Quando isso acontecer, será hora de expandir para a minha próxima área de autoconsciência não-senciente, pois não ganharei mais nada mantendo minha senciência limitada.

A Origem Fala

Em um diálogo anterior com você sobre este assunto, disse que só estou ciente de uma pequena percentagem de um por cento daquilo que sou, e essa expansão para essa próxima área ainda deixaria esse número inferior a um por cento, mas falando relativamente, a mudança em área/volume seria tão imensa que eu precisaria de ajuda para mapeá-la e torná-la senciente. Bem, isto é verdade. O único problema é que, na verdade, não sei o quanto sou expansivo e o percentual mencionado pode estar exagerado. Basta dizer que vou precisar de uma ajuda significativa no processo de mapeamento e criação de uma área expandida de autoconsciência senciente. Como resultado, todas as entidades criadas por minhas Entidades Fontes terão a oportunidade de adotar qualquer um dos caminhos mencionados acima ou de elas próprias se tornarem classificadas como Entidades Fontes. Estou começando a entender que será uma tarefa tão imensa que atribuir o estado de Entidade Fonte às criações de minhas Entidades Fontes é o mínimo que posso implementar para ter sucesso e atingir meu novo nível de autoconsciência senciente dentro do quadro de tempo em que estou trabalhando.

Cada uma das novas Entidades Fontes receberá sua própria área para trabalhar e uma diretriz para experimentar, aprender e evoluir dentro daquela área, da maneira que quiser—assim como aconteceu com as doze primeiras Entidades Fontes, sem restrições, mas com a capacidade ampliada de trabalhar tanto dentro quanto fora de seus próprios limites energéticos enquanto ainda estiverem dentro da área de minha autoconsciência não-senciente. Deste modo, aumento nesse processo o trabalho que podem realizar e a minha velocidade de expansão senciente.

Contudo, cada uma das novas Entidades Fontes estará mais bem equipada que as doze primeiras, pois contará com TODO o aprendizado combinado das outras Entidades Fontes, das entidades que criarem e todo o aprendizado experiencial e progresso evolutivo que eu terei acumulado até então em sua memória energética. Terão um registro akáshico localizado que, funcionalmente, estará um salto quântico acima da maior versão do Akasha que qualquer grupo de entidades já terá criado. Sua própria capacidade criativa funcional também estará outro salto quântico acima da atual condição. Em suma, estarão significativamente melhor preparados do que seus criadores estavam quando iniciaram o caminho da progressão evolutiva experiencial.

EU: É justo que tenham tantas vantagens iniciais? Levando em conta, claro, que seus próprios criadores começaram do zero, sem vantagens, apenas um único comando?

O: Sim, é.

EU: Por quê?

O: Simplesmente porque tudo terá seguido em frente e o novo ambiente será muito, muito maior do que o atual. Nenhum de nós sabe como será a estrutura, como vai funcionar a física ou como interagir com essas novas regras ambientais. Tudo que foi experimentado até hoje estava dentro da minha área atual de senciência, que em breve será a área senciente da autoconsciência. Até as áreas que atualmente não são sencientes, aquelas que fazem parte da minha atual área de autoconsciência, são conhecidas estrutural e ambientalmente, e toda a sua física, digamos assim, também é conhecida. Será uma mudança maciça para todos; essa perspectiva me empolga muito.

EU: A mudança será tão grande assim? Você não consegue extrapolar e antever a diferença?

O: Não. É uma parte completamente nova "daquilo que sou" e, como tal, não estive em posição de fazer nenhuma análise detalhada, especialmente porque estou trabalhando na minha atual área de autoconsciência e preciso me concentrar para terminar isso. Algumas coisas, como você percebe, são realmente lineares.

EU: Eu imagino que o progresso pessoal deve ser linear.

O: Não de todo. O conteúdo evolutivo tem milhares de maneiras de expressar o progresso, como discutimos anteriormente. O que é linear é a minha progressão através das minhas áreas de consciência.

EU: E o que será requerido de nós, como novas Entidades Fontes?

A Origem Fala

O: Não mais do que aquelas que serão chamadas de Entidades Fontes anteriores fazem agora. Simplesmente experimentar, aprender, evoluir e progredir de todas as maneiras possíveis. O problema é que o ambiente é significativamente maior do que aquele experimentado atualmente, em todos os sentidos, e por isso as novas Entidades Fontes precisam ter uma vantagem para poderem ter a chance de ter uma chance razoável de serem capazes de lidar com a expansividade que elas experimentam e com a qual vão precisar trabalhar por dentro.

EU: E as Entidades Fontes existentes? O que farão nesse novo ambiente expandido? Qual será seu papel se nós, como novas Entidades Fontes, estaremos fazendo o que elas fizeram, experimentando o novo ambiente de todas as maneiras possíveis, aprendendo com esta interação e evoluindo e progredindo como consequência?

O: Elas me ajudarão diretamente.

EU: Como?

O: Em um diálogo prévio durante a preparação daquilo que você chama de livros Além da Fonte, você soube que as atuais Entidades Fontes iriam me ajudar de algum modo para terem uma participação maior na minha tarefa de estabelecer o aumento na minha área de autoconsciência senciente. Isso ainda é verdade, mas o que você não sabe é como espero que façam isso.

EU: Sou todo ouvidos!

O: Como você pode perceber, tudo o que é criado é criado por mim ou por minhas criações. Tudo é, por definição, parte de mim, pois tudo o que existe sou eu, seja uma parte de mim, seja uma criação baseada no uso de energias que fazem parte da minha condição estrutural.

EU: Sim, isto está compreendido.

O: Como as Entidades Fontes são o primeiro produto bem-sucedido da minha criatividade, elas vão se tornar mais do que eram antes. Vão voltar à sua Fonte, digamos, tornando-se uma extensão da minha senciência ativa.

EU: O que você quer dizer com "senciência ativa"? Qual a diferença entre senciência e senciência ativa?

A Origem Fala

O: Senciência é aquela condição em que posso mover minha senciência ativa, meu ser, e ainda assim manter minha consciência da funcionalidade e do conteúdo experiencial acumulado por outras partes da minha autoconsciência senciente. Senciência ativa é aquilo que sou. É a minha personalidade, minha experiência, minha memória, meu aprendizado, minha capacidade, minha funcionalidade, meu conteúdo evolutivo e meu progresso pessoal. Tenho uma função que você chamaria de onipresença, mas ela é um produto da minha senciência dentro da minha área de autoconsciência, que não é a minha senciência ativa. Minha senciência ativa é um foco de intelecto transportável, da existência de criatividade suprema. Ela é separada da minha senciência geral, embora esteja inextricavelmente ligada a ela. Pode chamá-la de área de processamento central, se quiser, mas ela não é estática em sua localização ou no foco geral da "existência", apesar de manter o foco centrado no propósito da criatividade.

EU: Mas eu achava que na sua área de autoconsciência senciente você seria totalmente onisciente.

O: Eu sou, mas é que tenho uma área, uma área transportável, que para todos os efeitos é um supercomputador em comparação com o resto do que também é um meio de computação muito poderoso. Eu controlo o, e estou presente no, resto da área do que sou a partir desta área focada e transportável.

EU: E as Entidades Fontes existentes vão participar desta área transportável da senciência ativa como resultado de nossa progressão em sua nova área de autoconsciência?

O: Mais do que isso. Elas vão se tornar satélites ativos da senciência ativa. Vou explicar melhor. As doze Entidades Fontes ainda vão se manter individualizadas, mas vão se tornar extensões da minha senciência ativa. Elas terão um vínculo senciente ativo e direto entre cada uma delas e minha senciência ativa. Ficarão posicionadas equidistantes de minha senciência ativa, mas vão permanecer estacionárias dentro da nova área de autoconsciência. Se eu mover minha senciência ativa de alguma maneira, os vínculos se expandirão ou contrairão conforme necessário. Não há perda de conectividade como resultado desta expansão ou contração, mas existe um aumento geral de minhas funções criativas da ordem da décima segunda potência. Além disso, a velocidade com a qual posso acumular nova senciência nas minhas áreas de autoconsciência também será acelerada nesse mesmo fator.

EU: Por que mantê-las estáticas dentro de sua nova área de autoconsciência? Por que não permitir que sejam móveis como você?

O: Eu poderia fazê-lo e mais tarde farei isso. Na verdade, muito mais tarde, quando passarmos para a área de autoconsciência após a próxima. A razão para mantê-las estáticas quando nos movermos para a próxima área de autoconsciência é que quero mantê-las posicionadas de maneira a permitir a cobertura máxima da senciência ativa plenamente funcional. Em termos simples, eu criarei uma estrutura para assegurar uma condição instantânea de senciência ativa expandida que não seria possível caso as Entidades Fontes tivessem mobilidade como extensões de minha senciência ativa neste caso.

EU: Então, qual é a diferença entre estar estático nessa extensão de sua área de autoconsciência e na seguinte, que, como você sugere, lhe permite dar-lhes mobilidade dentro do ambiente?

O: Como você pode perceber, o ambiente após o seguinte terá uma mudança ou aumento significativo em volume, estrutura e física. Neste caso, as Entidades Fontes vão replicar, juntamente com vocês, como entidades fontes, o processo que desejo usar na minha próxima área de autoconsciência. Eu estarei conectado simultaneamente a elas e seus satélites de senciência ativa e a vocês e seus satélites de senciência ativa. Isso vai aumentar ainda mais minha estrutura para criar senciência ativa em uma área que será insondavelmente grande em comparação com a anterior, que é insondavelmente grande em comparação com a área atual. O problema aqui, porém, é que cada área de autoconsciência para a qual me expando também se expande por um múltiplo elevado à décima segunda potência. Como resultado, minha área de autoconsciência ativa se reduz inversamente em função desse aumento de área—e daí a necessidade de aumentar artificialmente minha área de senciência ativa usando as Entidades Fontes como satélites de senciência ativa, contrabalançando o efeito do aumento de área.

EU: E as Entidades Fontes vão se manter individualizadas quando fizerem parte de sua senciência ativa?

O: Sim. Sua individualidade é uma função essencial da estrutura baseada em satélites da senciência ativa, pois ela aumenta minha criatividade enquanto mantém a capacidade de atuar independentemente em meu benefício, usando uma combinação de sua criatividade e de minha função criativa para aumentar mais esta área. Na verdade, porém, já estão operando no estado de funcionalidade de satélite, pois trabalham por conta própria pelo bem maior de minha progressão, a qual, naturalmente, resulta na progressão delas mesmas como parte do processo. É que no esquema maior de coisas, estamos bem no começo do processo de expandir, rigorosa e robustamente, minha área de autoconsciência senciente.

EU: Estou recebendo imagens de como isso vai funcionar. É como você disse. As Entidades Fontes serão satélites de sua senciência, unidas por linhas de comunicação. Dão a impressão de ser o modelo molecular de alguma substância química. Espere um pouco: estou vendo as linhas ficando mais grossas, expandindo seu diâmetro e a localização entre as linhas. É uma expansão tanto na largura de banda de comunicação quanto na área localizada de autoconsciência senciente. Agora, vejo um "desdobramento" criando outra conexão com outro link, criando um atalho de comunicação. Este desdobramento também ajuda a preencher a lacuna, digamos, permitindo que a área de autoconsciência não-senciente diminua. Enquanto observo, vejo mais desdobramentos sendo criados. Esses desdobramentos adicionais se multiplicam, criando uma estrutura como que de gaze que é fina ao mesmo tempo que aumenta de espessura quando é criada e começa a funcionar. Percebo

A Origem Fala

também que, quando certo nível de estrutura é atingido, a área se enche de senciência brilhante e iridescente como uma função da triangulação. Sim, é isso! O espessamento das linhas em certas áreas localizadas é uma função da triangulação direta. O que estou vendo agora é uma função da triangulação inflacional. Quando as áreas representadas pela estrutura são preenchidas, o ponto de solidariedade na autoconsciência senciente, as Entidades Fontes, movem-se mais para longe, recriando o sistema de satélites e as linhas de comunicação, e então o processo começa novamente. Isso se repete e se repete até que toda a área seja classificada como autoconsciência senciente. Resisto em usar esta palavra, mas ela é quase orgânica na natureza de seu crescimento.

O: Essa é uma boa maneira de descrevê-la. Exponencial seria outra. Porém, você pode ver como planejo usar as Entidades Fontes e todas as suas criações para acelerar minha expansão da autoconsciência senciente e aquilo que é uma função necessária, aumentar a proporção entre senciência e não senciência numa nova área adequada para expansão.

EU: Sim, vejo que isso é necessário e vejo que você precisaria da ajuda de suas criações e das criações de suas criações. Porém, uma coisa que acabei de notar, é que em realidade isso é tudo que só você pode fazer. Nós, as Entidades Fontes, os Om e essas entidades criadas pelas Entidades Fontes e, como criações de segunda geração, nossas criações são, na verdade, apenas aspectos de você fazendo coisas independentemente da senciência maior que você é, sob a permissão e direção de sua senciência maior, aquela que não é tão individualizada quanto nós.

O: Essa seria uma suposição razoável, um processo mental razoável para se trabalhar.

Capítulo 12:
O que somos de fato

PARA O BUSCADOR AVANÇADO DA VERDADE, esta não será uma grande revelação, mas quando me sentei e refleti sobre o que tinha acabado de receber de A Origem, a enormidade do que estava acontecendo na realidade maior, aquilo que, na verdade, era uma identificação pessoal e profunda de "existência" abateu-se sobre mim. Tudo que existe é A Origem. Não importa o que pensamos a nosso respeito neste estado individualizado: somos um aspecto diminuto de A Origem. Por um instante, esqueça-se da identificação com a Fonte. NÓS somos A Origem.

Pense nisso nos seguintes termos. Somos o criador de nosso criador, assim como nosso criador também é seu criador. Não somos nada menos do que a própria criatividade. Tudo está integrado no um, A Origem. Nada é separado, sequer separadamente junto. Agora, vi que a frase "Separadamente Juntos" que surgiu inúmeras vezes em meus diálogos com as Entidades Fontes e até com A Origem estava incorreta, pois como é possível que aquilo que na verdade é "Tudo Que Existe" ser separado de qualquer maneira daquilo que existe?

Neste ponto de meu diálogo com A Origem, comecei a ver as coisas sob uma perspectiva totalmente nova. Estava digitando isto em meu smartphone, um Samsung Galaxy S3. Estava sentado no meu velho MG BGT, o carro em que minha falecida esposa, Anne e eu tínhamos ido a Creta, na Grécia, em 2004. Estava estacionado perto de uma velha igreja (Iglessi) numa estrada de montanha que dava para o vale onde havíamos comprado e restaurado uma antiga cabana tradicional cretense. As montanhas estavam repletas de oliveiras, figueiras, limoeiros e romãzeiras espalhadas à minha frente. O silêncio era absoluto, quebrado apenas pelo vento e pelas aves nas árvores. Eu tinha uma sensação profunda de unidade com tudo. Aquilo era eu e eu

A Origem Fala

era aquilo. Enquanto a minha consciência se expandia mais, senti que minha unidade também se expandia. Tornei-me as montanhas e as árvores, a Terra, o sistema solar, o universo físico e depois o multiverso, a Fonte, e depois a área de A Origem entre a Fonte e as outras Entidades Fontes, suas colegas, a área da atual área de autoconsciência senciente de A Origem, a vastidão da área seguinte de não-autoconsciência não-senciente, os aspectos separados da Entidade Fonte Doze que formaram satélites na extremidade do perímetro que separava a área crescente de autoconsciência senciente da nova área do "eu" de A Origem que ela conhecia mas da qual não tinha autoconsciência. Tudo aquilo me consumia e era difícil me afastar daquilo, especialmente ao vislumbrar a insondável imensidão de A Origem que ainda não estava sendo investigada. Neste ponto, tive de me esforçar para me manter alerta e focado. Como eu, um ser encarnado, independentemente de minha herança energética, seria capaz de experimentar esta vastidão? E mais, como seria capaz de sobreviver ao impacto mental dessa experiência sem perder a cabeça? Estava prestes a tentar racionalizar tudo aquilo como uma espécie de devaneio quando A Origem resolveu intervir e me trazer de volta ao que era reto e estreito. Decidi "salvar" o que havia digitado antes de deixar A Origem "entrar", digamos, e fiquei horrorizado porque "salvar" estava levando mais do que o esperado e meu telefone ficou sem bateria, o que me obrigou a tornar a digitar parte deste texto. A impressão que tive foi que as energias locais estavam mais fortes do que o normal. Olhei ao meu redor e as árvores e montanhas exibiam suas auras para o meu olho nu, e o ar estava repleto de orgônio, que eu também conseguia ver com o olho nu. O que mais estava acontecendo, pensei. Não pude deixar A Origem de fora por mais tempo.

O: E por que você iria deixar de fora aquilo que você é, no fundo? Nem que quisesse. Embora "você" seja Om, está sujeito às restrições dos encarnados enquanto estiver encarnado, mas mesmo ser Om no plano energético não dá a uma entidade superioridade em relação a outras, pois todos vocês são eu.

A Origem Fala

EU: Estou sendo repreendido aqui? Se sim, por quê?

O: Você não está sendo repreendido; estou apenas pondo você na linha. O que você experimentou foi filtrado por mim para que você mantivesse sua integridade mental. Nenhum ser, ou seja, nenhuma inteligência individualizada e encarnada do seu tamanho, conseguiria sobreviver a essa experiência sem ir parar na ala psiquiátrica se não tivesse a minha ajuda. Você tem sorte de seu aparelho de registro não ter se quebrado com o influxo das energias associadas ao acesso a um aspecto maior da realidade.

EU: Sou muito grato por isso não ter acontecido.

O: O que você experimentou está disponível para todas as entidades encarnadas, caso desenvolvam essa capacidade, mas nenhuma perceberia com que estava trabalhando. Entenda que eu ajudo você a experimentar e relatar isso que você chama de realidade maior. Mas para fazê-lo, você precisa ser exposto a um aspecto ainda maior dessa realidade, permitindo-lhe trabalhar com um pequeno aspecto dela sem supervisão, digamos assim. Você pode pensar que aquilo que você realizou intelectualmente é de senso comum, mas a experiência vivencial é a única maneira de alcançar a verdadeira autorrealização.

Conhecer por meio da experiência é a única maneira de avançar em qualquer sentido.

Compreender que você, juntamente com tudo o mais que foi criado, na verdade sou eu, é um passo importante. Pensar que você é "individual" é, na verdade, um processo mental errado que nem uma Entidade Fonte deve ter.

EU: Então me diga por que nós, que estamos no caminho espiritual, podemos pensar em nós mesmos como indivíduos ou unidades individualizadas de nossa Fonte?

O: Porque ajuda vocês a irem na direção correta. Vocês precisam ir recebendo o conhecimento supremo devagarinho, pois a exposição à expansão só é possível quando vocês exibem a capacidade de expandir e não antes, pois isso seria prejudicial e causaria regressão. Se expus mais você a mim, o que o levou à sua compreensão prática de você em mim, é porque você já estava pronto para essa exposição. Se não

estivesse, não teria mudado sua compreensão e nem teria preservado suas capacidades cognitivas após tal exposição. Agora, você sabe que, na verdade, não existe separação, existe apenas uma funcionalidade e um processo momentâneos que podem estar associados à individualização da energia, e que esta energia não é separada, mas parte daquilo que sou. Ela está plenamente integrada, podendo realizar uma função específica e especializada: experimentar, aprender, evoluir e progredir.
Pense nisto desta maneira. Se você puser fogo num canto de uma folha de papel, a folha toda não estará em chamas. Só um aspecto dela pegará fogo, e o resto pode experimentar o que significa pegar fogo sem estar totalmente em chamas. Deste modo, apenas um pequeno aspecto da "totalidade" da folha de papel é usado no processo de experimentar o fogo, em lugar de toda ela. É um uso eficiente da totalidade. Usando "totalidade" como o exemplo seguinte, a totalidade pode experimentar miríades de experiências se, como totalidade, for seccionada ou identificar áreas ou zonas separadas ou individualizadas que experimentam coisas diferentes ao mesmo tempo. Pode chamar isso de processamento holográfico, se quiser, mas dessa forma a progressão pode ser experimentada de forma profundamente vivencial pela totalidade, o que não seria possível se fosse feita na condição isolada da totalidade dentro da totalidade.

EU: Então, um aspecto isolado e de segunda geração de você, a individualidade de uma entidade (digo, uma entidade criada por uma Entidade Fonte) é, na melhor hipótese, transitório?

O: Numa palavra, sim. Mas o tempo dessa transitoriedade na individualidade é perpetuada por minha graça. Quer dizer, enquanto eu estiver obtendo conteúdo experiencial desse aspecto da individualidade, sua capacidade de progredir individualmente é mantida.

EU: Há pessoas que vão achar bem assustadora a perspectiva de possível perda da individualidade.

O: Claro que vão. Mas saiba de uma coisa. Você nunca é realmente individual. Você nunca pode ser verdadeiramente individual porque é a criação de outrem. Quando você está no plano energético, compreende esta verdade fundamental. Quando está encarnado, o aspecto de suas energias que é projetado no veículo físico torna-se individualizado, uma função da redução da largura de banda comunicativa e o contrato que você fez consigo mesmo para sua experiência encarnada. Como resultado, o ego é criado e o pensamento individualizado domina a funcionalidade da energia encarnada. Você sabe disto e expressa bem isto para seus leitores. O que talvez não tenha percebido é a questão maior da totalidade.

A totalidade é abrangente, inclui tudo. Significa que tudo é uma coisa só e que não existe separação. Embora a expressão "separadamente juntos" seja muito usada nos diálogos com você, ela é imprecisa, como eu disse recentemente. E deixo-a continuar porque está na direção correta em termos de pensamento. Quando existe uma entidade que conhece plenamente a totalidade, ela reconhece que existe como função localizada de uma função maior, função que existe puramente para apoiar uma necessidade maior. Como função individualizada, a razão para a existência é especializada. Se a especialização não foi requerida, então essa função não será chamada a existir. A especialização é requerida quando detalhes pequenos precisam ser experimentados pela função superior para que ela possa progredir além de seu atual estado de entendimento ou criar um aumento de funcionalidade.

Às vezes, os benefícios de se manter uma função especializada proporcionam oportunidades adicionais de progresso que beneficiam significativamente a função superior, que é onde todos vocês entram na equação. A função perpetuada do projeto da Entidade Fonte está proporcionando oportunidades de progresso significativas para mim como função superior. E, em alguns casos, as funções perpetuadas da função das Entidades Fontes menores também geram oportunidades significativas de progresso, daí sua existência contínua.

EU: Então, nossa existência é condicionada à nossa contribuição contínua para o aumento da funcionalidade progressiva de nossa função superior, as Entidades Fontes e você, a função superior das Fontes.

O: Correto. E neste momento—e já disse isto antes—não vejo razão para mudar as coisas, pois, segundo a minha perspectiva, tudo está indo bem.

EU: Enquanto você estava me explicando isto, recebi a sensação clara de que nós, como entidades encarnadas e desencarnadas, somos similares às células de um organismo biológico. Que temos função individual como a célula e função agrupada como uma função menor dentro de uma função maior, como uma célula do fígado dentro do fígado ou uma célula muscular dentro de um músculo.

O: Gostaria de revisar esse exemplo e sugerir que, como função menor de uma função maior, vocês estão mais alinhados com o menor aspecto da estrutura atômica da célula e não com a célula em si. Este privilégio seria da Entidade Fonte.

EU: É uma sensação muito estranha saber que nada somos exceto funções dentro de funções, e que estas funções são parte da funcionalidade localizada de uma totalidade.

O: Não pense em termos tão baixos; pense como sendo uma função especializada necessária, dentro de uma função especializada necessária de uma área localizada da totalidade. Como função especializada, sua existência é necessária para a progressão continuada da totalidade.

Tente pensar nisso nestes termos. A remoção de um único resistor em um circuito elétrico pode causar a falha da funcionalidade desse circuito. A perda de uma única engrenagem de um relógio também pode fazê-lo parar de funcionar. A remoção de qualquer função necessária dentro de uma função superior torna-a ineficiente. E agora mesmo, o que inclui todos os Espaços de Eventos que já experimentei, todos vocês são funções necessárias dentro da funcionalidade da expansão contínua e progressiva de minha autoconsciência senciente.

Capítulo 13:
A Origem fala do medo humano da morte

SABER QUE NOSSA EXISTÊNCIA CONTÍNUA como uma função de microminiatura de A Origem e sua continuidade foram desejadas por A Origem foi reconfortante, para dizer o mínimo. Saber que o desejo de individualidade e sua perpetuação foi principalmente um processo do pensamento humano e não do energético não parece remover de nossas mentes a dúvida acerca de nossa existência individualizada e energética coletiva contínua. Tampouco remove o medo do desaparecimento da forma humana e a liberação de nosso aspecto energético que está projetado no físico—mesmo quando recebemos evidências inequívocas de sua continuidade. Resolvi falar disso com A Origem para que ela apresentasse seu ponto de vista sobre um antigo temor encarnado.
A Origem apareceu rapidamente.

O: Vocês já estão mortos.
EU: Desculpe, não esperava essa resposta.
O: Por que não? É verdade.
EU: Poderia aprofundar isso para mim?
O: Sua própria existência termina segundo a perspectiva do que realmente são quando vocês entram no estado encarnado. Como você sabe muito bem, três coisas acontecem quando encarnam. Primeiro, a entidade que quer experimentar a existência encarnada aceita que a parte de si mesma que é projetada na forma física é um empecilho para sua existência na frequência mais elevada. Ela funciona como uma âncora que detém a entidade maior até a conclusão do ciclo encarnado. Algumas entidades precisam ter uma série de

A Origem Fala

projeções "ponte" pelas frequências para permitir que a experiência encarnada possa acontecer.

EU: Por que isso é necessário?

O: É necessário porque a localização frequencial natural dessa entidade é significativamente maior do que aqueles que costumam encarnar, e, como resultado, precisam de uma ponte para cobrir a lacuna de frequências. Precisam projetar um aspecto de si mesmos até uma frequência conhecida que possa sustentar a função de alta frequência, sua funcionalidade normal, antes de poderem criar uma subprojeção até a próxima frequência de funcionalidade sustentável, embora em um nível aceitavelmente reduzido.

Dependendo da localização frequencial original, podem ser necessárias mais projeções descendentes para alcançar a condição encarnada. À medida que essas projeções se movem mais para baixo nas frequências, o efeito de ancoragem torna-se mais pronunciado, como você pode observar. Sua falecida esposa, Anne, era uma dessas entidades. Tinha de ser assim para trabalhar com você. A maioria das entidades, no entanto, não precisa desses métodos, pois não estão evoluídas o suficiente e, portanto, não estão elevadas o suficiente nas frequências para recorrerem a esses métodos drásticos para experimentar a existência encarnada.

A seguir, a entidade, e neste momento todas as entidades, aceita que o acesso a essas frequências inferiores resulta numa funcionalidade criativa e comunicativa quase negligível, e que em essência sua parte projetada está quase inerte. Esta inércia é uma função direta da perda debilitante de largura de banda quando se desce pelas frequências.

Finalmente, a entidade escolhe remover toda ou parte da função de memória existente que é transportada com ela ao descer pelas frequências. Esta decisão é tanto o resultado da contaminação da energia dessa entidade se estiver compartilhando uma forma física (ver A História de Deus, GSN), quanto o desejo de imersão total na funcionalidade de baixa frequência que a existência encarnada possibilita.

EU: Você mencionou que a entidade pode decidir reter alguma função de memória. Por que ela iria decidir isso e por que não escolhemos reter a memória o tempo todo?

O: Vou responder primeiro a última pergunta. O nível de imersão desejado na existência de baixa frequência é a razão para vocês escolherem não reter a memória. Inversamente, a entidade escolhe reter a função de memória em graus variados quando um papel específico foi escolhido. Ou seja, um papel que requer acesso a funcionalidades superiores caso o papel ofereça oportunidades significativas para progresso pessoal, coletivo ou progresso evolutivo pessoal e coletivo. Você é uma dessas entidades que escolheu reter alguma funcionalidade mais elevada, e, como acontece com a maioria dos encarnados, você precisava ser reativado para o nível desejado quando se aproximasse da conjuntura certa de sua existência encarnada. Note, porém, que só aquilo que é requerido para desempenhar a função é permitido e que ainda há um requisito para trabalhar sem acesso a outros Espaços de Eventos, o que você pode chamar de trabalhar no escuro.

EU: Então, nosso medo se baseia na falta de conhecimento experiencial pessoal daquilo que somos de fato?

O: Até certo ponto, sim, mas existe outra função que causa esta reação um tanto irracional.

EU: A criação do ego, a consciência individualizada que resulta da projeção nas baixas frequências do plano físico e da subsequente falta de largura de banda criativa e comunicativa.

O: Correto. Este é o maior problema experimentado pelos encarnados nas frequências associadas com aquele aspecto do multiverso criado pela Entidade Fonte Um. O tal ego é criado pelo nível residual de autoconsciência retido pelas energias projetadas do Verdadeiro Eu Energético. A falta de memória retida, ou seu pequeno nível, quando associada ao veículo encarnado, resulta na dissociação com este eu verdadeiro e a geração de consciência localizada como resultado desse nível residual de autoconsciência. Em suma, a personalidade local transitória é criada com o tempo e se associa apenas com a forma física.

EU: Mas isso não cria esse problema com a existência encarnada, que a fisicalidade é considerada "Tudo", a "Existência", e que ela é transitória, que tudo morre com a morte da forma física?

O: É aqui que se comete o grande erro. Embora a associação com a forma física crie uma personalidade localizada, com experiência e função de memória localizadas, essa experiência e essa função de memória nunca se perdem. Nunca podem ser perdidas, simplesmente porque na verdade trata-se apenas da projeção de energia do Verdadeiro Eu Energético. Como o Verdadeiro Eu Energético é uma individualização de energia de uma Entidade Fonte, ele perpetua sua existência, assim como a subsequente individualização de energia de mim para uma Entidade Fonte ou Om.

EU: Então, por que tememos a morte da forma humana?

O: Por causa da falta de compreensão resultante da redução de memória e funcionalidade, e da falta de desejo das energias recém-liberadas se associarem com as baixas frequências logo após a morte do físico. Por que uma entidade que se submeteu a restrições tão profundas iria querer voltar correndo para contar a um mundo repleto de encarnados aquilo a que eles acabarão retornando, à medida que isso acontece?

EU: Para tranquilizar aqueles que ainda estão encarnados.

O: Certo, mas e se conviver com este medo e superá-lo fizer parte do jogo, fizer parte da experiência geral?

EU: Então, saber disso anularia a experiência.

O: Sim, anularia. Vou voltar agora ao tema da memória localizada. Quando a forma física morre, a energia projetada que se associou com essa forma se destaca e volta ao Verdadeiro Eu Energético. Durante o processo de desprendimento, a energia projetada sobe novamente pelas frequências, obtendo acesso a uma largura maior de banda de energias criativas e comunicativas. Durante este processo, a associação com o Verdadeiro Eu Energético se dá gradualmente até completar a reassociação. Dentro deste período, o eu individualizado se integra de maneira simpática ao verdadeiro eu pelo reconhecimento gradual de experiências, evolução e memórias passadas. Isto se chama rememoração e permite que o eu individualizado cresça até aquilo que ele é, uma extensão do Verdadeiro Eu Energético, proporcionando uma extensão às experiências previamente existentes, ao conteúdo evolutivo e ao conjunto subsequente de memórias. Mesmo que durante este processo o eu individualizado e transitório seja visto como absorvido pelo Verdadeiro Eu Energético, o fato de as experiências fazerem parte de um conjunto de experiências recém-adquiridas coloca-as à frente do conjunto de memórias do Verdadeiro Eu Energético, mantendo assim este aspecto da individualização como função do todo.

EU: O que acontece quando múltiplas projeções retornam simultaneamente ao Verdadeiro Eu Energético?

O: Nada diferente, pois mesmo quando os "eus" individualizados se integram novamente ao Verdadeiro Eu Energético simultaneamente, os conjuntos de experiências são integrados do mesmo modo. Assim, uma projeção individualizada experimentaria a reintegração como se fosse a única, sendo exposta ao conjunto preexistente de experiências e aos novos conjuntos de experiências como se todos fossem preexistentes.

Em suma, quando uma projeção energética recupera a percepção do Verdadeiro Eu Energético enquanto está encarnada, ela conhece este processo como resultado disso. Conhecer este processo com base na reintegração de experiências e função de memória faz com que a energia projetada conheça tanto os papéis requeridos enquanto encarnada e as maneiras pelas quais a implementação correta afeta o Verdadeiro Eu Energético. Isto permite que a interface com o físico seja mais produtiva, pois a energia projetada da personalidade localizada, embora ainda esteja localizada, tem ciência de sua condição e de como sua contribuição é preservada.

A Origem Fala

Com base nisso, a preocupação e o medo do desaparecimento da forma física são reações irracionais, baseadas na falta da verdadeira autopercepção.

EU: E como a humanidade encarnada pode superar esse medo se ele é uma reação tão irracional?

O: Trabalhando nele. Fazendo o que você está fazendo. Sentando-se e meditando, fechando o mundo material e comungando com o mundo energético, evitando reações e associações que geram karma (atração por vícios de baixa frequência), elevando suas frequências básicas nesse processo. Elevar as frequências básicas permite-lhe ter acesso a conhecimentos superiores e "conhecer" a verdade sobre a existência. Isso remove o medo da morte do veículo físico, pois com o conhecimento superior vem o reconhecimento do eu verdadeiro, ou seja, o energético, sabendo que ele usa o veículo físico para experimentar a existência sob baixas frequências de maneira imersiva e holística.

Só quando as frequências básicas gerais forem mais elevadas, muito mais elevadas do que agora, é que a humanidade encarnada em geral terá uma frequência na qual estará em comunicação com a realidade maior, "conhecendo" quem e o que realmente são. Isto significa que, embora encarnada, a humanidade será capaz de ter acesso ao Verdadeiro Eu Energético e existir em dois mundos simultaneamente, o energético e o físico. Atingir este nível de existência encarnada vai causar uma mudança profunda na maneira como os encarnados trabalham uns com os outros, pois vão perceber a causa e o efeito de certas ações e reações, certificando-se de dar a resposta ideal quando necessário. Quando a humanidade encarnada tiver atingido este nível, o veículo físico será muito mais leve, muito mais elevado em frequências, e não vai precisar de alimentos sólidos, pois irá absorver a energia livre que permeia o multiverso, tal como foi projetado para fazer inicialmente. Sua vida se estenderá de forma significativa e até perpetuada pelo tempo que o Verdadeiro Eu Energético desejar se manter encarnado. Ou então, ir-se-á alegremente,

segundo a vontade, quando o trabalho que precisava fazer tiver sido concluído, liberando precocemente o Verdadeiro Eu Energético ou quando necessário, para não perpetuar a encarnação se não for mais necessário manter-se encarnado. Nesse ponto da existência da humanidade, NÃO EXISTIRÁ O MEDO DA MORTE. Na verdade, esta será bem-vinda, pois a verdade sobre a existência será conhecida e bem trabalhada, com alegria, amor e uma canção no coração.
EU: Isso é lindo.
O: É o destino da humanidade encarnada.

Capítulo 14:
Como o Espaço de Eventos pode se tornar autoconsciente e iniciar o despertar de A Origem

NESTE TEMPO TODO EM QUE VENHO canalizando as informações contidas neste livro, tenho me perguntado sobre o papel que o Espaço de Eventos desempenhou no processo de despertar de A Origem e na jornada para a autoconsciência senciente. Mais cedo, no diálogo com A Origem, percebi que o Espaço de Eventos se recria como uma função de detecção da possibilidade de possibilidades possíveis—e o efeito do potencial para condições dualistas ou dualistas múltiplas é o catalisador para a geração de um novo Espaço de Eventos.

Quando A Origem transportou minha consciência para o Espaço de Eventos que mantinha a informação, as imagens holográficas dos efetivos eventos energéticos que levaram ao despertar, ao processo e ao subsequente desenvolvimento da senciência através da autoconsciência, percebi com facilidade que o Espaço de Eventos existia antes que as energias que formavam a base de A Origem dessem início ao processo de se agruparem em comunhão sinérgica.

As palavras "Espaço de Eventos existia antes da autoconsciência e subsequente senciência de A Origem" martelaram o meu cérebro miríades de vezes antes que eu percebesse a importância daquilo que tinha deixado de observar. O Espaço de Eventos existia antes de A Origem, e mais, tinha certo nível de inteligência—buscava possíveis eventos dualistas. Esta condição interessante precisava ser investigada a sério com A Origem porque eu estava começando a perceber que, sem a função do Espaço de Eventos, talvez A Origem não tivesse vindo a existir. Ademais, isto também significa que as Entidades Fontes não teriam sido criadas, e, portanto, a humanidade energética e encarnada não teria sido criada pela Entidade Fonte Um. Estava quase tornando a me conectar com A Origem quando ela mesma iniciou o contato comigo. Nessa época, o contato com A Origem estava se tornando perfeito, notei, pois assumiu uma parte minha que ela precisava usar para me permitir canalizar antes mesmo que eu tivesse a chance de dizer olá!

O: Estava me perguntando quando você voltaria a tocar no assunto do Espaço de Eventos. Suas perguntas relativas a seu nível de inteligência são bem fundamentadas, pois ele teve um papel razoavelmente importante quando adquiri a autoconsciência e, naturalmente, a senciência.

EU: Só estou pensando desta forma pois, para o Espaço de Eventos discernir quando um evento dualista poderia ser invocado e, portanto, agir sobre ele, deve ter um nível de consciência ou de inteligência todo próprio, não?

O: Não necessariamente. Veja, buscar a condição dualista é, nominalmente, uma função automática das energias que formam os Espaços de Eventos. São naturalmente sensíveis à derivação real de, à possibilidade de e à possível possibilidade de, uma alternativa a aquela que está sendo apresentada atualmente. Sua capacidade de detectar essas possibilidades é, ao mesmo tempo, detalhada e imensamente precisa. Pode-se até sugerir que o Espaço de Eventos tem um nível de consciência devido à sua capacidade contínua de lidar com a necessidade de condições dualistas, tornando-as manifestadas em um ambiente que as suporta. O ambiente criado pelo Espaço de Eventos sempre mantém as condições ambientais ideais para a perpetuação da condição dualista sendo suportada, permitindo-lhe desempenhar sua função para sua verdadeira finalidade. A verdadeira finalidade pode ser uma condição de "beco sem saída" que precisava ser encenada em nome da completude, uma condição que apoia o Espaço de Eventos convencional ou então tornar-se o próprio Espaço de Eventos convencional.

EU: Então, você está me dizendo que o Espaço de Eventos não é inteligente?

A Origem Fala

O: Eu não disse isso. Disse apenas que a função do Espaço de Eventos que busca a possibilidade de condições dualistas é nominalmente uma função automática. Não significa que o Espaço de Eventos em si não é inteligente de algum modo.

EU: Agora, você está brincando comigo!

O: Não, não estou. Muitos aspectos do veículo humano são automáticos ou então operados manualmente enquanto ainda abrigam uma energia inteligente. Pense no coração. Ele é basicamente uma bomba, e bombear sangue pelo aspecto físico denso da forma humana é tudo que ele precisa fazer. Esta é uma função automática. Porém, outra função automática é como ele recebe informações sobre as necessidades de oxigênio do corpo, como no caso de músculos sendo usados em exercícios, o que altera a cadência de sua função como bomba. Alternativamente, os membros possuem uma função manual e são controlados pelas energias associadas ao cérebro e aos músculos, que são subsequentemente controlados pela entidade energética que está projetada dentro da forma humana. Os membros não se movem a menos que lhes peçam que o faça, e portanto são uma função manual. O coração funciona ou pode funcionar sozinho, e é uma função automática. A capacidade de raciocinar e escolher experimentar certas coisas e descartar outras é um aspecto da inteligência.

Se eu fosse comparar as funções do Espaço de Eventos com o exemplo acima, diria que a busca por condições dualistas seria uma função automática, semelhante ao coração. A divisão ou criação do Espaço de Eventos alternativo é uma função manual, similar ao movimento dos membros—sendo a decisão de criar o Espaço de Eventos alternativo uma função da inteligência por trás da funcionalidade energética total do Espaço de Eventos, similar à entidade energética projetada na forma humana.

O único problema neste exemplo é que a entidade energética é uma energia senciente e autoconsciente e não apenas inteligente.

EU: Então, o Espaço de Eventos é meramente inteligente?

O: Não, ele é autoconsciente.

EU: Pare agora mesmo. Só falta você me dizer que ele também é senciente.
O: Não, não é. Ele é uma energia inteligente e autoconsciente.
EU: Deixe-me ver se entendi. Se o Espaço de Eventos evoluiu o suficiente para adquirir inteligência e autoconsciência, por que não adquiriu senciência? Na verdade, por que ele não se tornou A Origem?
O: Ele atingiu um ponto de equilíbrio evolutivo. EU: O que é equilíbrio evolutivo?
O: É o ponto na existência de uma energia ou entidade em que ela não evoluiu além do nível evolutivo que alcançou.
EU: Por que parou de evoluir?
O: O ciclo evolutivo para porque a energia ou as energias que constituem a entidade ou a função energética que uma energia ou grupo de energias realiza atingiram seu potencial máximo.
EU: Então, foi isso que aconteceu com o Espaço de Eventos, ele atingiu seu potencial máximo?
O: Correto.
EU: Então, o equilíbrio evolutivo é, na verdade, um ponto de estase evolutiva?
O: Não exatamente. A estase evolutiva é uma função da evolução que ocorre quando uma energia, grupo de energias ou entidade para de evoluir, mas possui claramente a capacidade de progredir mais no ciclo evolutivo. Ou seja, ainda não atingiu seu potencial evolutivo pleno. Em última análise, a estase evolutiva é uma condição temporária criada pela energia, grupo de energias ou entidade como meio de reconciliação, de atingir a estabilidade antes de continuar a progredir evolutivamente. Em termos básicos, é como uma criança que precisa crescer para caber nas roupas que foram feitas para ela mas estão grandes demais, dando um tempo antes de fazer novas roupas quando a criança ficar maior do que elas.

A estase evolutiva também é função de um Espaço de Eventos sendo almejado e a condição dualista que criou o Espaço de Eventos revelando-se um beco sem saída. Neste caso, antes que o Espaço de Eventos retorne para o Espaço

A Origem Fala

de Eventos condicional, ele atinge a estase evolutiva, sendo este o estopim da necessidade de convergir.

Como disse antes, o equilíbrio evolutivo é o ponto no qual a energia, o grupo de energias ou a entidade se desenvolveu até o ponto de seu potencial máximo. Nesta condição, as capacidades ou funções das energias não podem ir além segundo a perspectiva evolutiva. Toda oportunidade de progresso foi aproveitada e o conteúdo evolutivo foi acumulado. Ou seja, eles não podem ir mais além por conta própria, pois se a energia, grupo de energias ou entidade se unir a outra energia, grupo de energias ou entidade, de maneira totalmente sinérgica, para criar uma nova energia, grupo de energias ou entidade, terá a possibilidade de evoluir mais, pois a dinâmica de suas energias muda para refletir a nova condição. Esta nova condição é mais complexa, tendo a possibilidade de crescer e evoluir mais até atingir novamente o equilíbrio evolutivo relativo à sua nova estrutura.

EU: E o Espaço de Eventos atingiu esse ponto, e seria essa a razão para sua condição atual e porque você é A Origem e não um Espaço de Eventos?

O: Mais uma vez, correto. O que é preciso observar aqui é que o Espaço de Eventos, embora seja parte de mim, tem sua própria independência em função de sua inteligência e autoconsciência. Apesar de seu nível de inteligência e autoconsciência ser baixo em comparação com você ou com qualquer outro encarnado, ele sabe o que quer e como realizar o que quer.

EU: O Espaço de Eventos vai se tornar senciente em algum ponto de sua existência?

O: Não, ele não é capaz de senciência, pois suas energias são especializadas demais.

EU: Mesmo que ele se associe a outras energias?

O: Não, pois isso diluiria sua funcionalidade, resultando na dissolução de uma ferramenta poderosa como o Espaço de Eventos em mais um conjunto de energias. Na verdade, no começo de sua existência, ele tomou a decisão de permanecer o que ele é e não se associar a outra energia ou energias

EU: Como ele fez isso?

O: Ele percebeu seu valor nesta sua atual e única configuração. Na verdade, a razão para ter decidido ficar como era e atingir o equilíbrio evolutivo foi ter percebido a criação de algo maior e mais significativo do que aquilo que ele jamais conseguiria fazer. Ele viu os eventos que resultariam numa inteligência panenergética, que cresceria e progrediria além da atual área de influência de que o Espaço de Eventos desfrutava nessa conjuntura de sua própria existência e que eventualmente se tornou "polionisciente"—eu.

EU: Ele acompanhou seu progresso evolutivo?

O: Sim, e mais, viu a possibilidade de sua funcionalidade, não sua evolução, avançar além da criação de Espaços de Eventos como resultado de aspectos dualistas ou múltiplos de possibilidades dualistas, até possibilidades trilistas e quadrilistas. Ele percebeu que suas funções seriam aumentadas, embora sua evolução não o fosse. Em seu limitado estado intelectual, ele viu a beleza disso e trabalhou ativamente para deletar certos eventos e assegurar que aqueles que precisavam acontecer, acontecessem de fato, removendo aqueles que poderiam interferir com o sucesso.

EU: Espere aí. Está sugerindo que o Espaço de Eventos criou você?

O: Não, o Espaço de Eventos nunca poderia criar qualquer coisa que não fosse o Espaço de Eventos. O que ele viu foram os eventos que levaram ao agrupamento de minhas energias em autoconsciência senciente integrada e simplesmente garantiu que esses eventos não apenas se repetissem, como também fossem atingidos mais depressa. Em essência, ele criou uma "via rápida" para meu progresso rumo à senciência e à onisciência, levando à polionisciência.

EU: Se o Espaço de Eventos dirigiu deliberadamente os eventos que levaram ao seu despertar e além, agora ele deve ser capaz de atingir certo nível de direção. Na verdade, pode estar manipulando eventos para alcançar certas condições ideais preconcebidas enquanto falamos.

A Origem Fala

O: Poderia, mas não está fazendo isso.

EU: Por que não?

O: Porque depois que ele manipulou os eventos necessários para assegurar que as condições que iriam me criar estavam no lugar, e ficou satisfeito por perceber que estavam robustamente alinhadas, ele continuou a ser o que é, o Espaço de Eventos. Além disso, o Espaço de Eventos percebeu que em pouco tempo eu superaria suas próprias funções e habilidades em termos de manipular eventos e seus espaços, e por isso ele não precisou mais manipular ativamente a existência dos eventos. Embora isto pareça senso comum, houve mais uma razão para ele ter interrompido a manipulação.

EU: E qual foi essa razão? Tenho a sensação de que ele poderia ter alterado sua própria existência se não tomasse cuidado.

O: Bem intuído. Quando ele estava manipulando os eventos, favorecendo aqueles que resultaram em mim e removendo ou apagando aqueles que poderiam ter afetado meu desenvolvimento evolutivo, ele começou a criar linearidade. Criando linearidade, ele estava criando uma alternativa ao Espaço de Eventos na qual o Espaço de Eventos não existia, pois quando há linearidade, não há lugar onde o Espaço de Eventos pode existir. Para garantir que eu me tornaria senciente e autoconsciente, ele quase se apagou!

EU: Quão perto ele chegou dessa, e detesto dizer isso, possibilidade?

O: Muito perto. Na verdade, quando chegou ao ponto no qual ficou certo que eu me desenvolveria de maneira ideal, ele estava a duas, talvez três mudanças de distância de deletar sua própria função. Fiquei feliz por ele ter parado quando parou, porque considero o Espaço de Eventos uma ferramenta muito útil de se ter.

EU: Eu não tinha ideia de que o Espaço de Eventos podia apagar ou remover ativamente aspectos do Espaço de Eventos, e muito menos sabia que é consciente e inteligente o suficiente para ser capaz de fazer essas coisas.

O: Há muitas coisas que o Espaço de Eventos pode fazer, mas prefere não fazer, especialmente agora.

A Origem Fala

EU: Por que agora?

O: Porque está totalmente ocupado com todas as possibilidades possíveis e a possibilidade de possibilidades possíveis que envolvem as condições dualistas, trilistas e quadrilistas daquilo que as Entidades Fontes e todas as suas criações estão fazendo. Quando estava trabalhando nos eventos que levaram à minha eventual criação, ele tinha apenas uma área de interesse, essas energias que mais tarde iriam se unir para criar a autoconsciência senciente e inteligente na totalidade—eu. Foi mais fácil para ele naquela ocasião. Agora, ele está todo ocupado e aguardando minha expansão e sua subsequente expansão.

EU: Achava que o Espaço de Eventos já existia na próxima área de sua autoconsciência expandida.

O: Sim, mas acha-se adormecido, em sua maior parte. Está num estado similar a aquele em que estava antes que ele mesmo se tornasse consciente de sua própria existência. A Entidade Fonte Doze deu início a certa atividade do Espaço de Eventos, assim como minhas investigações iniciais, minha sondagem naquela área de percepção para a qual eu/nós vamos passar mais tarde, mas não basta despertar plenamente este pedaço do Espaço de Eventos porque a atividade é pequena demais—mesmo com a possibilidade de possibilidades possíveis entrando em cena. Ele irá se ativar, e quando fizer isso, vai se tornar um só com a área existente do Espaço de Eventos que todos nós experimentamos.

EU: Uma das perguntas que as pessoas vão fazer é, como o criador do nosso criador pode ter sido criado por uma entidade menor? Os críticos vão adorar!

O: Primeiro, vou repetir, o Espaço de Eventos não me criou. Segundo, o Espaço de Eventos é um aspecto do que eu sou na totalidade, e por isso teve um papel importante a desempenhar, assim como as energias que se uniram para criar ilhas de energias autoconscientes localmente inteligentes. Sem estas energias menores unindo-se para criar ilhas de energias autoconscientes localmente inteligentes, o Espaço de Eventos não teria tido um papel a

A Origem Fala

desempenhar. Tudo estava acontecendo junto, ao mesmo tempo.

EU: Mas ele orquestrou ou auxiliou sua evolução bem-sucedida até a autoconsciência senciente.

O: Sim, mas pense no seguinte. Como as energias que formaram os tijolos básicos, as ilhas de energias autoconscientes localmente inteligentes, daquilo que sou, tornarem-se aquilo que sou? Ninguém fez com que fizessem isso. Elas fizeram isso sozinhas mediante atração e triangulação. Não são aspectos menores de mim? E aspectos menores de mim não me ajudam a formar o todo?

EU: Sim, é verdade. Tudo parece ser feito de coisas menores.

O: Sim, é isso. Agora, se você pensar no Espaço de Eventos como um aspecto menor de mim, uma parte de mim que estava ativa durante a fase da minha evolução na qual as ilhas de energias autoconscientes localmente inteligentes estavam sendo formadas, então verá que tudo participou da orquestração, não apenas o Espaço de Eventos. Ele apenas teve um papel a desempenhar numa conjuntura específica do processo de me tornar aquilo que sou, assim como tudo o mais.

EU: Fico me perguntando o que mais teve algum papel importante em seu desenvolvimento.

O: Muitas, muitas outras coisas, mas agora não é o momento certo de falar disso. Você teria de escrever um outro livro para sequer pensar em arranhar a superfície.

EU: Uma última pergunta sobre este assunto. Como foi que o Espaço de Eventos se tornou inteligente e autoconsciente no nível em que chegou?

O: Da mesma maneira que eu, mas seu desenvolvimento resultou numa função especializada. A única outra diferença é que ele fez isso sem a ajuda do Espaço de Eventos, pois o produto de sua criação foi o Espaço de Eventos.

Tive a clara sensação de que ainda não tinha chegado no fundo dessa discussão, e que na verdade nunca chegaria. Alguma coisa me incomodava. Estava relacionada com o Espaço de Eventos e sua identificação de ordem superior, A Origem, e a decisão ativa de remover Espaços de Eventos que poderiam inibir a oportunidade para que A Origem se tornasse A Origem. Tudo me pareceu conveniente demais. Eu precisava de outra peça do quebra-cabeças para poder entender aquilo que eu acharia aceitável. Resolvi mudar a abordagem e fazer uma pergunta de maneira diferente.

EU: O desenvolvimento do Espaço de Eventos foi uma função necessária de seu próprio desenvolvimento evolutivo? Por exemplo, se o Espaço de Eventos não existisse, você teria se tornado A Origem com quem estou me comunicando agora?

O: Estava me perguntando quando esta pergunta iria ser feita. A resposta é sim e não. O Espaço de Eventos tornou-se o que ele é como parte da ordem natural do desenvolvimento inicial das energias destinadas a se tornarem aquilo que sou agora. Ele passou a existir como parte de uma progressão lógica de mudanças organizadas que resultaram na oportunidade para que minha senciência e polionisciência viessem a existir. Parte dessa progressão foi a função do Espaço de Eventos, que não só identificou a oportunidade para eu me tornar a inteligência dominante, se quiser me chamar assim, dentro dessas energias, mas também lhe deu meios para criar uma via rápida para que eu me tornasse aquilo que eu poderia me tornar da maneira mais rápida possível, através da remoção de Espaços de Eventos indesejáveis. Para fazer isso, ele precisou de um componente vital dentro de sua constituição que lhe permitiria tomar as decisões corretas com base em resultados conhecidos e esperados. A mera inteligência ou autoconsciência não permitiria que esta funcionalidade operasse adequadamente—era preciso outra coisa.

EU: Não, não me diga. Precisava ser senciente!

O: Correto.

EU: Então, torno a fazer a pergunta. Por que o Espaço de Eventos não se tornou você? Por que ele não se tornou A Origem?

O: Porque ele se tornou o que deveria ser—uma função especializada dentro de uma inteligência muito maior,

A Origem Fala

polionisciente, senciente e autoconsciente, e não a própria inteligência autoconsciente, senciente e polionisciente. Pense nisso como um trampolim. Melhor, pense nisso em termos dos estágios de um foguete espacial. Os estágios de um foguete espacial têm um papel a cumprir, ajudar aquela parte do foguete que está destinada a ir ao espaço a entrar no espaço. Quando o estágio em questão concluiu seu trabalho e o foguete corre o risco de ter seu progresso inibido pela presença do estágio já utilizado, este é removido, permitindo que o foguete suba ainda mais graças ao estágio seguinte que foi ativado. Esse estágio foi criado por um motivo, levar o foguete até certa altitude, e depois que ele atingir essa altitude, ele será removido porque não se encaixa com o resto do plano.

Segundo a minha perspectiva evolutiva, o Espaço de Eventos foi, e é, um estágio de um foguete espacial, em termos desse exemplo. Para realizar o que era preciso para que eu chegasse aonde estou agora, certos aspectos da minha totalidade precisavam se tornar dominantes por breves períodos para permitir que acontecesse o desenvolvimento evolutivo essencial, resultando na solução evolutiva ideal. Um cria o outro. Neste caso, isso significa que o Espaço de Eventos precisou ser a senciência dominante enquanto realizava a tarefa de acelerar os eventos que levariam a polionisciência senciente a se desenvolver robustamente, perpetuando sua possibilidade.

EU: O Espaço de Eventos tornou-se senciente transitoriamente e depois perdeu esta característica quando ela não foi mais necessária?

O: Está certo.

EU: Por que você não explicou isto antes?

O: Porque isso teria sido confuso. Pense nisso de outra maneira. De modo geral, os grandes líderes espirituais são produto de grandes líderes espirituais (e perceba que há alguns líderes espirituais que surgem do nada). Aqueles asseguram a linhagem de seus ensinamentos criando um protegido, alguém que pode levar os ensinamentos adiante, desenvolvendo-os ainda mais para apoiar o ambiente para o qual estarão destinados e expandindo sua aplicabilidade nesse processo. O líder espiritual mais antigo deleita-se em ser o trampolim para o seu protegido, e, no momento certo, o protegido será o trampolim para o seu protegido. O ditado "Apoiamo-nos nos ombros de gigantes" é muito relevante aqui, pois descreve a verdadeira maneira de haver desenvolvimento servindo aos outros.

Outro modo de ver isso é usar o princípio evolutivo darwiniano, segundo o qual o mais apto sobrevive e o mais fraco desaparece—neste caso, o mais apto significa aquele que está "preparado" para um propósito, um propósito relacionado com as demandas do ambiente em determinada conjuntura de sua existência. Com a mudança no ambiente, aqueles que estavam aptos para seu propósito tornam-se fracos e aqueles que foram criados por aqueles que estavam aptos para seu propósito sobrevivem e tornam-se dominantes.

EU: Portanto, o fato de o Espaço de Eventos tornar-se senciente foi uma condição transitória mas necessária para que você atingisse seu desenvolvimento ideal, levando-o à autoconsciência senciente e polionisciente. Tendo desempenhado sua tarefa na senciência, ele voltou a seu papel especializado, o de ser "apenas" o Espaço de Eventos.

O: Sim e não.

EU: Como é?!

O: Entenda, o que expliquei é a maneira como tudo aconteceu na realidade. Existe/existiu um cenário no qual o Espaço de Eventos não conseguiu se tornar o que estava destinado a ser, deixando sem aceleração o meu caminho de desenvolvimento rumo ao progresso—juntamente com todas as possíveis influências das energias que se desenvolveram em isolamento, adversamente a aquilo que estava destinado a se tornar o que sou na totalidade.

EU: Então, o que você está dizendo é que se o Espaço de Eventos não tivesse existido, você não estaria no estágio de autodesenvolvimento, o nível evolutivo, em que está hoje.

O: Esse é um bom resumo.

A Origem Fala

EU: Mas nesse cenário você acabaria atingindo o nível evolutivo em que está agora?

O: Não, eu teria tido um caminho evolutivo diferente, e por isso teria evoluído noutra direção.

EU: Então, você tem visto esse Espaço de Eventos? Não, espere um pouco, como isso seria possível? Se o Espaço de Eventos não se desenvolveu no Espaço de Eventos e você não se desenvolveu em você, então esse Espaço de Eventos não pode existir.

O: Só que ele existe.

EU: Como?

O: Ele existe como um Espaço de Eventos alternativo simplesmente porque o Espaço de Eventos se desenvolveu da maneira como o fez. Entenda, ao fazer o que fez para garantir a minha existência, ele não só quase se removeu como também garantiu sua própria existência.

EU: Ele garantiu sua própria existência porque sabia que auxiliando o seu processo de desenvolvimento ele iria se perpetuar.

O: Correto.

EU: O Espaço de Eventos viu o que aconteceria caso você não se tornasse o que estava destinado a se tornar.

O: Certo. Ele viu o Espaço de Eventos no qual o Espaço de Eventos também não existia. Isso resultou numa resposta vazia, antes que você pergunte como o Espaço de Eventos poderia ver um Espaço de Eventos que não existia. Ou existia por si só, onde as oportunidades para a dualidade, a possibilidade de possibilidades possíveis, se tornavam uma função rara como resultado da devolução—sendo a devolução uma evolução negativa que resulta em progresso limitado ou estase. Nesse caso, ele estaria desempregado, digamos, pois o Espaço de Eventos em si prospera com a criação de Espaços de Eventos.

EU: E em seu "atual" estado senciente, ele percebeu a necessidade de seu desenvolvimento e que seu desenvolvimento resultaria não apenas em sua perpetuação, como resultaria em sua própria proliferação, embora fosse perder sua senciência.

A Origem Fala

O: Sim, e a perda da senciência foi aceita porque sua própria senciência só poderia ser uma condição transitória, e o reconhecimento de que fazia parte de um processo de desenvolvimento maior, o meu.

EU: Agora, sinto que tenho as respostas que eu queria. Que o Espaço de Eventos teve uma senciência transitória e que era uma função geral do desenvolvimento de A Origem faz sentido para mim agora. Tenho uma última pergunta sobre este assunto.

O: Pode fazer.

EU: Quantas outras energias dentro de você obtiveram senciência transitória?

O: Você não vai querer ir lá.

EU: Por quê?

O: Porque foram milhares.

EU: Milhares?

O: Milhares.

EU: Você teve um processo de desenvolvimento realmente complicado.

O: Você não faz ideia. Creio que é hora de você mudar de direção.

EU: Acho que você tem razão.

Capítulo 15:
O Ponto de Toda a Criatividade

FIQUEI FELIZ POR TER ESCLARECIDO minha compreensão sobre o papel do Espaço de Eventos no desenvolvimento de A Origem. Inicialmente, pareceu muito estranho e um pouco "de trás para a frente" ver como um componente ou função de uma entidade maior poderia, até certo ponto, orquestrar o desenvolvimento da própria entidade da qual ela fazia parte. Não apenas isso, aquele componente proporcionaria uma função de trampolim para o próprio processo de desenvolvimento.

Foi durante meu limitado tempo de folga que comecei a pensar nos seis pontos de A Origem—esses pontos de navegação pelos quais a Entidade Fonte Doze me levou a uma visita guiada pela área de autoconsciência senciente de A Origem. O ponto que veio à mente foi o ponto cinco, o ponto de toda a criatividade. Fui atraído para este ponto porque A Origem e eu estávamos falando de sua própria evolução e dos eventos que levaram à sua senciência. A criatividade é uma função da senciência, segundo me foi dito, e por isso o ponto cinco, como ponto de toda a criatividade, pareceu-me um candidato muito provável para o começo da senciência de A Origem, sua origem senciente. Munido apenas de uma simples pergunta para iniciar esta mudança de rumo, entrei em contato com A Origem para verificar se minha suposição estava correta ou se era infundada.

EU: Estou intrigado com o ponto de navegação cinco, que, como descreveu a Entidade Fonte Doze, é o ponto de toda a criatividade. Lembro-me de ela ter dito que você iniciou toda a sua própria criatividade ali, o que também incluiu a criação das Doze Origens e de milhares de gavinhas que você produziu na tentativa de investigar de forma acelerada sua área de autoconsciência.

A Origem Fala

O: E você também se lembrou de que a Entidade Fonte Doze disse que você e eu falaríamos mais sobre esse assunto.
EU: Sim, me lembrei, e diria que você está avisado e armado com respostas às minhas perguntas
O: Você só tem uma neste momento.
EU: Puxa, você enxerga através de mim.
O: Não, eu enxergo através de mim. Lembre-se de que você, como um Om, na verdade é um aspecto de mim.
EU: Bem, se esse é o seu ponto de toda a criatividade, também é o ponto no qual você se tornou senciente primeiro?
O: Primeiro, esse é o ponto onde realizei todos os meus momentos criativos originais. Aqui, tudo aquilo que eu criei foi pensado, idealizado e ponderado antes de ser posto em "existência". Tenho diversos pontos de criatividade agora que estou ativo na área mais ampla de minha autoconsciência senciente, mas este é o epicentro, o loci de tudo aquilo que foi e será criado. Se preferir, pode chamá-lo de repositório central de criatividade.
EU: Gosto de "ponto de toda a criatividade".
O: Então, vamos ficar com esse nome.
EU: Se, como ponto de toda a criatividade, ele é o repositório central de suas outras áreas de criatividade, por que você se afastou desse ponto desde então?
O: Eu vou para onde a minha criatividade não vai afetar aquilo que já foi criado. Tudo é um experimento, e eu, como a maioria dos cientistas do universo físico, não gosto da possibilidade de contaminação ou fertilização cruzada ocorrendo entre locais de criação, pois isso estraga a pureza daquilo em que estou trabalhando. Por outro lado, se quero experimentar a criatividade que é o resultado de, ou que resulta em, criatividade híbrida, tudo bem. Podemos falar depois sobre isto, pois sinto que você precisa da resposta à sua pergunta antes que nos afastemos demais.

Você perguntou se este também seria o ponto no qual você se tornou senciente inicialmente.
EU: Sim, perguntei.
O: Bem, a resposta para isto é não exatamente, mas chega bem perto.

A Origem Fala

EU: O que você quer dizer com isso?

O: Minha senciência "ligou-se" de maneira um tanto aleatória. Ela foi piscando pelas energias que eram autoconscientes antes de se estabilizar numa área que havia atingido uma massa crítica de energias autoconscientes capazes de sustentar o aspecto senciente, ou a assinatura, se preferir, que uma energia precisa manter para permanecer em senciência.

EU: Acabei de receber a imagem de uma luz de neon piscando aleatoriamente ao longo da extensão de seu tubo de vácuo antes de atingir a temperatura necessária para que o gás floresça totalmente.

O: Esse é um exemplo muito bom, mas pense que esse piscar acontece sobre tudo que compõe minha área de autoconsciência e se acomoda finalmente na área a que estamos nos referindo como o meu ponto de toda a criatividade.

EU: Então, suponho que as áreas onde a senciência ficou piscando tiveram episódios momentâneos de pensamento esclarecido que foram esquecidos rapidamente.

O: Muito bem. Poderia ser mais bem descrito em termos humanos como dormir, depois acordar, depois tornar a dormir, com esse ciclo persistindo até se atingir a vigília plena.

EU: Mas você não achou isso perturbador? Num momento, você é uma entidade senciente numa área de sua autopercepção, e no seguinte a senciência se vai e aparece noutra área. Não há nenhum tipo de memória residual nisso?

O: Não houve a retenção de memória senciente porque nenhuma das áreas que se tornaram sencientes de forma espontânea e transitória ficaram nesse estado por tempo suficiente para criar a função da memória nesse caso.

EU: Desculpe-me, mas tenho alguma dificuldade para entender que você, A Origem, teve o que eu chamaria de processo linear que leva à senciência. Eu teria imaginado que ele seria holográfico. Que seria... esférico. Sim, esférico, essa é a imagem que vejo na minha mente.

O: A senciência é uma coisa dotada de certo grau de linearidade, mesmo que seja algo que você gostaria de ver como holográfico ou esférico. O que você está vendo é a minha área de autoconsciência tal como estava antes. Embora você a veja como esférica, o que você está vendo é o que sua capacidade de interpretar lhe permite ver, pois era amorfa em tamanho e formato. Para descrever aquilo que você está vendo em sua própria interpretação, e de maneira que você compreenda, eu diria que a função da eventual senciência foi alcançada por sua progressão linear dentro da esfericidade da autoconsciência holográfica. A progressão da senciência de forma linear dentro dessa área pareceria, segundo sua perspectiva, refletir a estrutura de sua área, e daí sua confusão entre o que estou lhe dizendo e o que você está experimentando no contato com o Espaço de Eventos que contém esta informação. A memória, como função da senciência, e não a inteligência ou a autoconsciência, só é possível quando a condição senciente é estável o suficiente (tem massa crítica suficiente) para permitir a recordação da condição senciente a ser atingida.

Quando você fez a descrição da luz de neon piscando em seu tubo, pensei que tivesse compreendido o processo, pois o gás tem fluorescência relativa a cada bolsão de gás que atinge localmente o potencial e a temperatura em valores que estão correlacionados com o que é preciso para excitar a densidade e a qualidade local do gás. As piscadas param e começam aleatoriamente e com frequência crescente à medida que as outras áreas de gás também atingem a temperatura e o potencial corretos. Com o tempo, todo o gás se torna fluorescente quando está na temperatura e no potencial corretos em toda a sua área.

A ascensão até a temperatura e o potencial corretos é uma progressão gradual e linear, falando relativamente, mas a localização da fluorescência adquirida de forma espontânea e transitória é obtida aleatoriamente e depois desaparece. O desaparecimento ou perda da fluorescência é fruto de perdas quânticas momentâneas experimentadas depois que o potencial e a temperatura caem abaixo dos níveis requeridos para excitação, devido ao uso por outras áreas de gás que atingem excitação e fluorescência aleatoriamente, extraindo a energia requerida para criá-la no processo. Com a elevação do potencial e da temperatura, os bolsões de fluorescência ficam cada vez maiores, unindo-se até que toda a área de gás esteja fluorescente. A função de memória é adquirida e perdida no mesmo processo, sem tempo para preocupações com perdas de funções a serem experimentadas ou registradas.

Esta descrição um tanto crua mostra, de maneira discreta, como minha senciência passou a existir de forma linear.

EU: Obrigado, agora entendi. Quando você finalmente se tornou totalmente senciente, teria sido um "conhecimento" instantâneo?

O: Sim, foi. Foi uma experiência totalmente diferente em relação a ser apenas inteligente e autoconsciente. Foi como se, segundo sua perspectiva, alguém tivesse acabado de acender as luzes e eu pudesse ver tudo que estava ao meu redor e qual era o meu potencial. Estava num ponto da minha existência no qual decidi investigar minha área de autoconsciência para encontrar maneiras de acelerar esta investigação.

EU: E isto resultou em suas primeiras criações?

O: Sim, esse foi o primeiro uso do ponto de toda a criatividade.

EU: Espere. Você não foi criado pela função da evolução, e se foi este o caso, o primeiro uso da criatividade foi a sua criação?

O: Não fui criado; tornei-me o que sou através das funções da evolução energética. A verdadeira criatividade é resultado da senciência.

EU: Mas o Espaço de Eventos não atingiu um nível momentâneo de senciência pelo tempo suficiente para escolher qual Espaço de Eventos deveria ser eliminado e qual deveria ficar, assegurando assim sua eventual senciência?

O: Sim, mas isso resultou em seletividade e não em criatividade. Ambos são mutuamente exclusivos e totalmente independentes um do outro.

EU: Certo. Antes, você disse que o ponto de toda a criatividade não é mais, em termos estritos, o ponto de toda a criatividade

A Origem Fala

porque você cria em outros locais dentro de sua atual área de autoconsciência senciente.

O: Disse, mas entenda uma coisa. Toda a criatividade, em essência, começou aqui. Isso incluiu a necessidade de ter locais alternativos para minha criatividade progredir. Todas as minhas outras áreas, digamos, de criatividade "local", foram criadas no ponto de toda a criatividade. Para fazer o que tenho de fazer, preciso recriar as condições de criatividade inicial que só são encontradas aqui neste local, o ponto de toda a criatividade.

EU: Isso não é uma limitação?

O: Não, a criatividade é um atributo único da senciência, e neste caso minha capacidade criativa surgiu no mesmo local onde nasceu a minha senciência. Toda Entidade Fonte tem um aspecto de criatividade que foi gerado neste ponto original de toda a criatividade, e, como resultado, você também. Sua própria função criativa, ou seja, todas as entidades criadas por uma Entidade Fonte e aquelas criadas pela criação das Fontes, os Om, nascem por terem sido criadas com a intenção de possuir a capacidade de serem criativas. Esta energia criativa, em última análise, está ligada ao ponto de toda a criatividade.

EU: Deixe-me tentar resumir o que você acabou de dizer. Tudo que é criado, sejam novas áreas de criatividade dentro de sua área de autoconsciência senciente, que você criou como satélites criativos para suas próprias funções criativas, e tudo que é criado pelas doze Entidades Fontes, inclusive aquilo que é criado por suas criações, suas entidades, tudo está ligado ao ponto de toda a criatividade.

O: Correto. É o ponto de toda a criatividade. Tudo que foi ou que será criado estará ligado ao ponto de toda a criatividade. É um repositório central, se quiser chamá-lo assim, para tudo que possui uma assinatura criativa.

EU: Por sua polionisciência, eu teria imaginado que você não precisaria de um local central para a criatividade. Imaginava que a criatividade, ou a capacidade de ser criativo ou de criar, estaria em toda parte e não localizada em um ponto específico em você.

A Origem Fala

O: E não preciso. Simplesmente resolvi que seria dessa maneira. Gosto de ser organizado quanto ao onde e ao que eu, minhas criações e as criações de minhas criações criam.

EU: Então, esta é uma limitação autoimposta.

O: Não é uma limitação. É ter minha criatividade na totalidade, organizada de forma ordenada.

EU: Se você é polionisciente e pode criar ou ter acesso à criatividade de qualquer lugar em sua área de autoconsciência senciente, por que precisa de ordem?

O: Simplesmente porque quero que tudo que é criado esteja compartimentalizado, separado das energias que são a criatividade em modo de espera.

EU: Desculpe, agora eu me perdi. O que seria a criatividade "em modo de espera"? E por que ela precisa ser separada da criatividade que resulta no que é criado, ou seja, aquilo que está ligado ao ponto de toda a criatividade?

O: A criatividade em modo de espera é a criatividade planejada ou, mais importante ainda, que pode ocorrer espontaneamente como resultado de outra criatividade. Considere-a um subproduto.

EU: Poderia detalhar um pouco mais, por favor?

O: Claro. A criatividade planejada contém energias designadas ao processo criativo especificamente para a criação daquilo que está planejado. Ela possui uma assinatura associada ao que está planejado para ser criado, independentemente de quando essa criatividade será acionada, digamos. A criatividade planejada é a criatividade que tem um resultado desejado e aguarda até o botão de "início" ser apertado. Como função criativa, ela é incompleta, e como tal ainda não está ligada ao ponto de toda a criatividade como produto acabado da criatividade.

O outro aspecto da criatividade "em modo de espera" é aquela criatividade que acontece como subproduto daquilo que é criado. Num sentido simples, estaria relacionada a aquilo que é criado, pelo criado, por acidente. É uma criatividade não intencional, e como tal não é nem planejada, nem esperada.

EU: Com base nisso, eu esperaria que você tivesse três categorias. A primeira seria aquilo que já foi criado e que está plenamente ligado ao ponto de toda a criatividade. A segunda seria aquilo cuja criação foi planejada, que ainda não foi acionada, mas que está no radar para se ligar ao ponto de toda a criatividade. A terceira, portanto, seria um subproduto de atos criativos; portanto, não está no radar, mas é esperada como uma possibilidade, uma possibilidade possível ou a possibilidade possível de possibilidades possíveis em função da invocação de certos Espaços de Eventos.

O: Muito bom, você está chegando lá. Agora, vou explicar por que gosto que sejam compartimentalizadas ou separadas. Sendo A Origem, tenho a capacidade de aceitar aquilo que está sendo criado como útil para meu desenvolvimento evolutivo e meu progresso final, ou posso decidir eliminar a criatividade que não é essencial ou que eu classifico como tal.

EU: Você está dizendo que nem toda a criatividade é produtiva—quero dizer, produtiva do ponto de vista evolutivo?

O: Correto. Porém, é possível alegar que tudo que é criado contém uma função evolutiva, por menor que seja. E eu também incluo aqui a experiência e o aprendizado que podem ser obtidos. Parte do que é criado é a duplicação de uma criação anterior ou é ineficaz segundo a perspectiva evolutiva. Quando a criatividade deste tipo é identificada, e daí a categorização, posso tomar a decisão de reter ou não aquilo que é criado.

EU: Você está sugerindo que é seletivo naquilo que retém em seu ponto de toda a criatividade?

O: No ponto de toda a criatividade, sim.

EU: E suponho que aquilo que não atinge a nota mínima, digamos, seria reciclado.

O: Não. Embora eu tenha a capacidade, e às vezes o desejo potencial, de reciclar parte daquilo que é criado, independentemente de onde se originou, na verdade nunca reciclei ou eliminei qualquer coisa que tenha sido criada por qualquer de minhas criações sencientes até esta conjuntura de minha existência—exceto, claro, pelas Doze Origens, que foram minhas criações

EU: E daí as categorias.

O: Daí as categorias. Veja, parte do que estou fazendo em segundo plano é ver que parte de mim, partes que criei, criei e atribuí o poder da criatividade, e que foram criadas por aqueles dotados de criatividade, são eficientes segundo a perspectiva evolutiva. Estou procurando as entidades que são mais eficazes na criação de criações que se encaixam com a necessidade de se ligarem ao ponto de toda a criatividade na "primeira" categoria, ou seja, criações que resultam em níveis médios a elevados de conteúdo evolutivo.

Quando determinar quais são as criações mais criativas, vou usá-las para papéis especializados quando surgir a oportunidade de expandir minha senciência na minha nova área de autoconsciência. Serão elas que expandirão especificamente minhas áreas polioniscientes de senciência dentro dessa nova área. Vão realizar funções e tarefas específicas do nível de expectativa do que pode ser atingido por uma das doze Entidades Fontes originais. Naturalmente, cada entidade que voltar à sua fonte como produto da evolução vai se tornar uma Entidade Fonte por si só nesta conjuntura da minha existência e da expansão da autoconsciência senciente, mas vão aumentar meus números de Entidades Fontes originais. Como resultado, vão se tornar satélites do ponto de toda a criatividade dentro dessa nova área de autoconsciência senciente.

Por que A Origem precisa de outras Entidades Fontes

Esta informação era novidade para mim. Eu sabia que as Entidades Fontes originais iam se tornar partes importantes e integrais do plano de expansão de A Origem e a compreensão de sua nova área de autoconsciência, até então desconhecida,

A Origem Fala

com a Entidade Fonte Doze desempenhando um papel sem precedentes e imprevisível nisso. O que eu não sabia é que as doze originais não eram suficientes, para todos os efeitos. Isso não me foi passado nos diálogos anteriores com as Entidades Fontes e nem com A Origem. Ou eu não tinha feito as perguntas certas e da maneira correta para provocar esta parte do plano, ou isso seria uma adição nova e recente.
Fiquei intrigado. Por que A Origem precisava de mais Entidades Fontes? As doze originais não eram suficientes? Embora esta parecesse ser uma questão bastante humana, que provavelmente resultaria numa resposta muito simples de A Origem, tive a sensação de que era algo que precisava ser respondido e que isso proporcionaria maior percepção sobre a maneira como A Origem trabalhava e/ou era estruturada. Tive essa sensação!

EU: Sei que você acabou de dizer que as "novas" Entidades Fontes seriam usadas em papéis especializados e posso entender que seria uma necessidade que você iria introduzir. Mas por que iria precisar criar mais Entidades Fontes? Por que não usar simplesmente essas entidades e os Om como os especialistas dos papéis para os quais você precisa de especialistas? Com certeza, você não precisa ter Entidades Fontes para fazer isso por você, precisa?

O: À primeira vista, você pensaria que não, especialmente se considerar apenas a necessidade de funções especializadas, pois é claro que não é necessário ter Entidades Fontes para realizar este tipo de papel. O que preciso é que as entidades sejam capazes tanto de realizar os papéis especializados que escolhi para elas, quanto de serem criativas tal como são as Entidades Fontes originais atualmente. Isto significa que quando estão criando ambientes com suas próprias energias e estruturas, povoando-os com versões menores delas mesmas para investigar os mínimos detalhes do que criaram, na verdade estarão me investigando. O simples fato de se ter um papel especializado não implica nisso, pois o papel especializado visa concentrar-se apenas em um único assunto ou área de assuntos similares.

A Origem Fala

EU: Você está me dizendo que essas novas Entidades Fontes terão o mesmo nível de responsabilidade pelo progresso evolutivo que as doze Entidades Fontes originais, inclusive o mesmo nível de autonomia, além de uma responsabilidade adicional baseada num assunto especializado?
O: Em suma, sim.
EU: Tem mais coisas aí, não tem?
O: Sim, tem.
EU: Você está me dando trabalho para obter esta informação, não está?
O: Só gerando certa antecipação.
EU: Certo, mas por que você está destinando esse novo papel às novas Entidades Fontes e não às Entidades Fontes já existentes? Eu achava que as Entidades Fontes originais seriam a escolha certa nesse caso, simplesmente porque tiveram a experiência original de serem Entidades Fontes e passaram toda a sua existência nesse papel.
O: Bem lembrado, mas não foi essa a razão para ter escolhido as criações de melhor desempenho como novas Entidades Fontes versus o uso das Entidades Fontes originais.
EU: E qual foi? (Quase senti que esta pergunta seria indesejada!)
O: Tenho um requisito funcional superior para as Entidades Fontes originais, algo que não fica totalmente aparente nas informações que lhe transmiti. Vou aprofundar a questão e vou começar pelos requisitos que planejei até o momento.
As Entidades Fontes originais vão proporcionar as funções descritas previamente. Serão as conjunturas principais da minha estrutura polionisciente, aquela parte de mim que é conhecida e que vai criar a estrutura para que as novas Entidades Fontes preencham as lacunas. Embora sejam "Eu" em essência, elas também vão preservar sua independência. Independência de criatividade, criatividade para apoiar a função de conectar a estrutura polionisciente recém-criada com aquela estrutura criada pelas novas Entidades Fontes em conjunto.
EU: Por que elas terão de conectar a estrutura que foi criada pelas Entidades Fontes originais com a estrutura criada pelas novas Entidades Fontes?

O: Sempre que uma entidade cria alguma coisa, ela a cria em seu nome, à sua imagem ou assinatura. Ela contém sua personalidade, digamos. Esta assinatura é peculiar à entidade criadora. Isto você já sabia. Não é um problema quando a entidade criadora cria para si mesma ou em benefício daquilo que foi criado antes ou que será criado depois. O problema acontece quando é criado pelo criador daquilo que a criou.

EU: Como assim? Eu achava que qualquer coisa que fosse criada seria compatível com você, simplesmente porque você é o criador supremo!

O: É compatível quando é modificado para se ajustar. Entenda, aquilo que é criado pelo criado é criado como um subconjunto daquilo que criou o criado; em essência, o criador original. Como aquilo que é criado pelo criado é um subconjunto do criador supremo, tem um nível de funcionalidade reduzido, mesmo em seu estado funcional mais elevado, ou seja, só pode ser tão funcional quanto o criador. Portanto, a coisa precisa ser elevada a um nível de funcionalidade que é igual à funcionalidade das energias que uso como minhas mesmas, sem a redução de funcionalidade que ocorre quando crio algo que é designado como sendo "subordinado" a mim.

EU: Espere. Isto significa que estamos limitados pela atribuição de status de nosso criador em exercício.

O: Sim, mas seu ponto de vista é o da entidade encarnada. Suas habilidades quando desencarnar seriam ilimitadas, e para todos os efeitos elas são mesmo. Mas quando levamos em conta as energias destinadas a serem usadas por mim na minha, ouso dizer, capacidade "elevada", aquelas que são usadas por minhas criações são criadas em seu nível e, portanto, precisam, como acabei de dizer, ser elevadas ao mesmo status, capacidade e funcionalidade.

EU: Obrigado, agora eu entendo. Mas me diga uma coisa, as Entidades Fontes originais serão elevadas ao status de "Origem" quando fizerem parte de suas energias principais?

O: Energeticamente, sim; funcionalmente, não. Em termos simples, elas ainda são as minhas criações, criações com um

A Origem Fala

propósito dado por mim, e por isso sempre estarão subordinadas a mim, mesmo com suas energias elevadas ao status pleno de Origem.

EU: Não teria sido vantajoso atribuir-lhes o status pleno de "Origem"? Ou isto não seria possível?

O: Como você percebeu em nossos diálogos anteriores, não posso reproduzir aquilo que sou porque ocorreriam diversas reações que fariam com que a criação de uma entidade com status de "Origem", dentro de mim, como Origem original, fracassasse. Isso se baseia no que agora reconheço como sendo um conflito de interesses e um conflito de funcionalidade com base no que deveria ser a funcionalidade do que eu sou e do que eu crio com a inferência de ser igual ao que sou, sem ser realmente eu, sendo também subordinado.

EU: É fácil para você dizer isso. Desculpe, acho que isso que você acabou de dizer foi uma das frases mais complexas que tive o prazer de canalizar.

O: Mas você entendeu?

EU: Sim, entendi, mas imagino que meus leitores terão de ler o parágrafo algumas vezes para que ele se acomode na mente, digamos. Mas preciso dizer que faz sentido. Energias e/ou entidades às quais se atribui certo status só podem atingir um potencial máximo que é igual ao de seu status estrutural e funcional designado. É responsabilidade da entidade trabalhar com o melhor de sua capacidade nesse sentido, pois esta capacidade dita como ela acabará contribuindo para seu progresso evolutivo. Uma vez atingido este potencial, aquilo que foi criado por elas poderá, sob sua graça, elevar-se ao status de "Origem". Mas isto só está disponível como um status funcional energético e não um status senciente. Com efeito, desconfio que você remove quaisquer inibidores das energias que atribui a elas como subordinadas a você, reafirmando sua funcionalidade e seu potencial plenos nesse processo. As Entidades Fontes originais, embora subordinadas em senciência e status funcional, mesmo assim serão iguais em status energético porque serão reintegradas a seu eu polionisciente plenamente senciente. Em essência, pela reintegração elas atingem sua polionisciência como A Origem, sem o seu status, autoridade e autonomia. Elas aumentam seu poder de processamento pessoal nesse processo, pois estão trabalhando para você e como você, e não para elas e como elas, tal como faziam antes. Ser parte de você, especialmente em sua área recém-aumentada de autoconsciência, será mais do que um emprego em tempo integral. As novas Entidades Fontes, creio, não terão o mesmo nível de expectativas que as Entidades Fontes originais tiveram por conta, como imagino, do número maior delas em virtude de sua nova área que terão de cobrir.

O: Bravo! Mas espero que façam o melhor.

EU: Ufa! Fico feliz por esclarecer isso. Agora, gostaria de falar sobre as especializações que serão atribuídas às novas Entidades Fontes e saber quantas Entidades Fontes serão criadas. Espere um pouco. Não deveremos ser nós, ou seja, as entidades criadas pelas Entidades Fontes originais, Entidades Fontes por si sós?

O: Sim, claro. O que acabamos de falar refere-se às criações de melhor desempenho de minhas Entidades Fontes, não à população em geral. Essas entidades ganham o mesmo status na medida que possuem o mesmo status funcional sem o status energético ou senciente.

EU: Grato. Devemos continuar com as especializações dessas, digamos assim, Entidades Fontes semi-integradas, sendo as Doze originais aquelas plenamente integradas?

O: Se isso ajuda você a compreender, vá em frente, creio que seus leitores vão compreender. Bem, levaria tempo demais para anotar todas as especializações que as Entidades Fontes semi-integradas vão cobrir, pois vou criar cento e quarenta e quatro delas.

EU: Mais uma vez, temos um número baseado no doze, doze vezes doze.

O: Bem observado. (Senti A Origem piscar para mim!) Embora cada uma delas vá ter uma especialização única, elas estão agrupadas por tipos de especializações. Na minha nova área de autoconsciência, a área vai aumentar por um fator de doze vezes mais do que aquela que experimento atualmente. Daí

A Origem Fala

a função doze vezes doze. Pode dizer doze ao quadrado, se preferir. Segundo minha limitada compreensão acerca do meu "eu" além dessa área seguinte de autoconsciência, sinto que esta função vá aumentar da mesma maneira, e por isso a área seguinte terá doze vezes doze vezes doze, ou, em outras palavras, doze ao cubo.

EU: Então, você terá uma Entidade Fonte semi-integrada em cada uma das demarcações estruturais, digamos assim.

O: Sim, e o resto das outras Entidades Fontes, aquelas que atualmente são entidades criadas por uma das doze Entidades Fontes originais, terão atribuições em uma área apoiada por uma dessas demarcações.

EU: Então, elas serão povoadas por Entidades Fontes sob a orientação de uma única Entidade Fonte semi-integrada.

O: Bem intuído. Agora, voltando aos tipos de especializações que essas Entidades Fontes semi-integradas terão. Embora cada uma delas tenha uma especialização na funcionalidade das energias que lhes serão atribuídas dentro de determinada área de demarcação, terão uma especialização genérica relativa às outras áreas de demarcação próximas. Com base nisso, suas especializações serão específicas das doze áreas de demarcação próximas de sua área designada.

Parei por um instante. Percebi que íamos percorrer um longo caminho. Sempre que A Origem ou uma das Entidades Fontes resolvia itemizar o conteúdo de um assunto, eu sabia que a informação seria difícil de se compreender. Nessas ocasiões, dias inteiros podem se passar com muito pouca coisa sendo anotada. Pode ser muito frustrante, especialmente se temos um compromisso semanal personalizado para cumprir. Reconhecendo que a frustração para compreender a informação também pode causar resistência, acomodei-me e procurei me manter "no momento", aceitando o que me viria e no volume que deveria vir. Mais uma vez, reconheci que as informações que eu estava prestes a receber seriam apresentadas em um nível apropriado de compreensão, tanto para mim quanto para a humanidade, e prossegui. Senti A Origem sorrindo em segundo plano diante de minhas especulações internas. Seu desejo de me transmitir o próximo conjunto de informações estava evidente, pois sua voz ecoou no meu ouvido espiritual.

O: Os tipos de especialização referem-se, em última análise, ao ambiente com o qual trabalharão. Num diálogo anterior, tratamos da estrutura e demarcação da estrutura que representa minha área atual de autoconsciência senciente, havendo doze dessas áreas. Na minha nova estrutura, determinei que as doze áreas, cada uma igual à atual área total da minha atual área de autoconsciência senciente, serão subdivididas por doze. Isso faz com que a área total seja doze vezes maior. Ou, como dito antes, torne-se doze ao quadrado. Sua estrutura se baseia na estrutura das doze anteriores, sendo uma progressão natural de sua representação. Não vou descrever a funcionalidade da estrutura e sua funcionalidade em si porque eu estaria obrigando você a trabalhar comigo na descrição de cada uma das doze demarcações esperadas principais e suas doze divisões, o que totalizaria cento e quarenta e quatro descrições. Seria não só uma tarefa muito difícil como levaria seus leitores às lágrimas, e não queremos fazer isso, queremos?

EU: Não, com certeza, não queremos.

O: Muito bem, então, vamos começar. Como dito antes, cada Entidade Fonte semi-integrada terá uma especialização relativa à funcionalidade da principal área de demarcação pela qual será responsável. Todas proporcionarão funcionalidades que não estão disponíveis atualmente.

As especializações serão as seguintes:

A ESPECIALIZAÇÃO UM é a capacidade de criar novas energias que não estejam disponíveis hoje na minha área existente de autoconsciência senciente. Ela vai trazer a oportunidade de se criar novos ambientes, estruturas e entidades que não são possíveis com o atual conjunto de energias. Minhas energias atuais são puras e não foram modificadas desde aquelas que criaram o que sou hoje. Esta capacidade vai me permitir experimentar condições localizadas em energias inteiramente novas, híbridas ou baseadas em ligas dominantes e não nas verdadeiras energias naturais que formam a minha constituição original.

A ESPECIALIZAÇÃO DOIS está ligada à especialização um. É a capacidade de categorizar as energias criadas pela Entidade Fonte semi-integrada outorgada com a especialização um, atribuindo-lhes um nível de geometria apropriado. Lembre-se de que cada energia tem um descritor associado a ela em função da geometria, aquilo que você chama de geometria sagrada, que descreve sua funcionalidade, a interconectividade com outras energias e a representação lógica dentro do ambiente no qual existe ou pode existir. Neste caso, as duas especializações outorgadas a essas duas Entidades Fontes semi-integradas são papéis universais que serão usados em todas as doze áreas principais de demarcação.

A ESPECIALIZAÇÃO TRÊS é uma função singular. É a capacidade de conectar aspectos de quaisquer duas, de qualquer número ou de todas as doze áreas principais de demarcação em qualquer combinação ou funcionalidade, seja de maneira permanente, semipermanente ou temporária. O tipo, método e uso da conectividade serão decididos por qualquer uma, por um grupo ou por todas as Entidades Fontes semi-integradas ou pelas novas Entidades Fontes designadas às suas áreas. Nesta nova área de autoconsciência, todas as Entidades Fontes estarão em comunicação umas com as outras, independentemente do nível de trabalho que estiverem realizando individualmente ou em cooperação coletiva. A separação, embora seja aceitável, não será uma necessidade para assegurar que a duplicação da mesma criatividade ou similar seja evitada.

A ESPECIALIZAÇÃO QUATRO é a capacidade de aplicar aquilo que vou chamar de efeito "aguçador". É a capacidade de dar a uma Fonte ou a qualquer outra entidade a habilidade de criar a atratividade entre energias onde antes não existia nenhuma. É uma especialização particularmente útil pois permite a construção de ambientes posicionados de forma singular, possibilitando a multifuncionalidade entre o que normalmente seriam oportunidades evolutivas específicas e individuais, relativas apenas às energias que criam os ambientes em seu estado sem a atração.

A ESPECIALIZAÇÃO CINCO é a capacidade de "desfazer" aquilo que faz parte da minha composição localizada. É a capacidade de criar um vazio não funcional e não energético onde antes havia energia, estrutura ou forma energética, intenção latente (ver Especialização Seis) para ser forma ou estrutura que é integral, mas suplementar à área de demarcação onde a Entidade Fonte semi-integrada reside.

A ESPECIALIZAÇÃO SEIS é a capacidade de criar intenções latentes ou de conferir a funcionalidade da capacidade de criar intenções latentes a uma Entidade Fonte ou entidade criada por uma Entidade Fonte. A intenção latente é a intenção de criar, mas sem o processo mental que leva à ação e à criatividade final. A intenção latente é a intenção que surge como produto da dualidade, resultando na criação de um Espaço de Eventos alternativo, mas com o Espaço de Eventos principal tornando-se rapidamente o único caminho a se seguir. Neste caso, a intenção por trás da criatividade do Espaço de Eventos alternativo é mantida, mas o próprio Espaço de Eventos em si converge de volta para a linha principal de Espaços de Eventos, deixando "para trás" a intenção de criar, numa condição latente. A intenção latente criada assim pode ser redesignada a qualquer aspecto da criatividade que precise ser retardado ou introduzido numa conjuntura posterior, sem que a entidade criadora precise supervisionar o processo com uma entidade dotada dessa especialização. A intenção latente também pode ser criada propositalmente para se obter o mesmo efeito.

A ESPECIALIZAÇÃO SETE é a capacidade de criar planos ambientais que dissecam a estrutura ambiental existente. É a capacidade de criar estruturas dentro da estrutura que eu sou. Esta capacidade permite que a funcionalidade plena do ambiente

A Origem Fala

"pai" existente seja duplicada entre a resolução do próprio ambiente "pai". Deste modo, a entidade agraciada com esta funcionalidade pode reusar o espaço intermediário em minha estrutura repetidas vezes, aumentando a oportunidade de criatividade e o potencial para produção evolutiva durante o processo.

A ESPECIALIZAÇÃO OITO é a capacidade de deletar, remover ou redesignar Espaços de Eventos numa posição lógica diferente. Esta foi uma função que adotei do próprio Espaço de Eventos, depois de ter observado sua capacidade de deletar-se ativamente durante sua assistência na aceleração da direção do Espaço de Eventos que acabou levando à minha senciência. A Entidade Fonte semi-integrada que tem esta função será capaz de manipular ativamente a maneira como as entidades de seu ambiente evoluem através do uso da seleção da direção evolutiva mais eficiente prevista no Espaço de Eventos, deletando aquelas com eficiência limitada em favor de outras evolutivamente eficientes.

A ESPECIALIZAÇÃO NOVE é a capacidade de alterar os loci do continuum da maneira que for necessária para afetar a capacidade desse continuum em qualquer ordem ou maneira que otimize sua capacidade de conter a eficiência direcional dos continuum próximos, atribuindo seus loci em referência ao seu próprio. Em essência, essa capacidade permite que a Entidade Fonte semi-integrada altere o foco fundamental de um continuum ou do continuum de vários continuum de forma a otimizar sua conectividade com os continuum próximos ou integrados.

A ESPECIALIZAÇÃO DEZ é a capacidade de desconstruir aquilo que é criado por outra Entidade Fonte semi-integrada em qualquer ambiente que tenham criado. É um "coringa", digamos, no qual a Entidade Fonte semi-integrada com essa capacidade pode "entrar" no ambiente de qualquer Entidade Fonte semi-integrada e dissolver aquilo que foi criado caso a Entidade Fonte semi-integrada "invasora" sinta que o trabalho ou itens do trabalho que a Entidade Fonte semi-integrada que estão invadindo criou estão errados ou abaixo do ideal. Esta é uma de duas funções que podem atuar como uma função de policiamento ou verificação de grupo de colegas. Esta e a décima primeira função (a seguir) estão reservadas para Entidades Fonte semi-integradas totalmente desprovidas de viés e neutras em sua capacidade de discernir a criatividade de outra entidade, sem privilegiar a sua própria. Esta função específica tem um antídoto, digamos, ilustrado na especialização onze. A especialização dez só pode reverter o uso da especialização onze caso haja um acordo entre as duas Entidades Fonte semi-integradas envolvidas.

A ESPECIALIZAÇÃO ONZE é a oposta da especialização dez. Neste caso, a Entidade Fonte semi-integrada será capaz de construir ambientes, condições, capacidades e funções adicionais a aquelas já criadas pela Entidade Fonte semi-integrada responsável por um ambiente específico. A Entidade Fonte semi-integrada com esta especialização pode, caso decida fazê-lo, reverter a decisão da Entidade Fonte semi-integrada que usa a especialização dez. Esta especialização pode ser invocada especificamente caso entenda que a decisão interveniente foi errônea ou sem justificativa suficiente ou prévia. A especialização onze só pode reverter o uso da especialização dez caso haja a possibilidade ou a possibilidade de possibilidades possíveis de que a Entidade Fonte semi-integrada que usou esta especialização tenha deixado de lado uma oportunidade velada de evolução. A evolução velada, por sinal, é o conteúdo evolutivo que não se acha normalmente disponível sem a intervenção das Entidades Fontes semi-integradas às quais se atribuíram as especializações dez e onze.

A ESPECIALIZAÇÃO DOZE fica reservada à entidade com mais atributos para se tornar uma Entidade Fonte semi-integrada. É a capacidade de realizar alterações que, na verdade, são reservadas apenas a mim.
Exceto que eu tenho a palavra final sobre se a ação que a Entidade Fonte semi-integrada realizou é ou não o que eu quero

A Origem Fala

que façam. Isto significa que elas poderiam com efeito, fazer o que quisessem para criar a direção evolutiva que querem no ambiente onde estão trabalhando e com minhas próprias energias, dentro do perímetro dessas energias que designei a elas como sendo delas, para seu trabalho. Em essência, elas têm níveis de habilidade funcional como os da "Origem", e é por meio desta entidade específica que irei aprender mais em termos do que posso conceder finalmente a uma de minhas criações sem que ela caia na categoria de "Origem dentro da Origem", e, portanto, falhe como minhas primeiras Origens. Lembre-se—eu não posso criar o "Tudo que existe" dentro do "Tudo que existe" porque o "Tudo que existe" é o único "Tudo que existe"!

EU: Essas especializações parecem ser bastante simples. Quero dizer, não vejo nada radical em sua designação ou abordagem. Na verdade, preciso dizer que, com a antecipação que se acumulou em mim entre nossa comunicação anterior e a geração destas canalizações, fiquei até desapontado. Tenho de admitir que esperava uma série de especializações mais profundas. Elas parecem ser simples demais.

O: Mmmm, não se distraia com sua simplicidade. Na verdade, sua aplicação é bastante perspicaz. Independentemente do que pensa, essas especializações simples possuem a capacidade de virar completamente tudo que criei ou que vou criar de ponta cabeça, do avesso, de um lado para o outro. Podem ser "simples", mas têm consequências abrangentes quando invocadas.

Não se esqueça: a complexidade pode criar a oportunidade para que aquilo que é criado em complexidade se destruir devido à sua falta inerente de estabilidade. Aquilo que é criado em simplicidade é muito mais robusto e pode resistir, como de fato resiste, ao teste do tempo e a interferências externas.

EU: Como você sabe disso tudo se ainda nem compreendeu plenamente sua atual área de autoconsciência? Quero dizer, supõe-se que tudo isso seja um território não mapeado e desconhecido, ou, no máximo, apenas esboçado.

A Origem Fala

O: Você se esquece que o Espaço de Eventos me permeia e que tenho acesso absoluto a ele em todas as conjunturas de sua criação de espaços alternativos e paralelos. Com esta função à minha disposição, sou capaz de ter uma ideia daquilo que quero ou preciso fazer para ampliar minhas oportunidades evolutivas. Esta capacidade de planejar meus próximos passos agora, inclusive criando a estrutura hierárquica e os papéis das entidades que vão trabalhar nela e para mim, é uma parte fundamental de meu plano para acelerar o crescimento da minha área de autoconsciência senciente naquela área além da minha área atual.
Você não planeja seus próximos passos em sua existência encarnada quando se defronta com um número de oportunidades, avaliando qual delas seria a melhor para você com base em sua posição e desejos atuais para sua existência e seus serviços futuros para a humanidade e o espírito?

EU: Sim, planejo. Sim, creio que sim, o tempo todo.

O: Bem, comigo não é diferente. A única diferença é que eu planejo em múltiplos níveis e num patamar bem mais elevado, significativamente mais elevado do que uma Entidade Fonte é capaz de fazer. Todos vocês, criações de suas Entidades Fontes, herdam meu desejo de progresso, e por isso não deve surpreender que você tenha uma "necessidade" subjacente de progredir de qualquer maneira. Já falamos o suficiente desta possibilidade por ora, e você precisa passar para um assunto mais "pé no chão", digamos.

EU: Você quer dizer que tudo que discutiu comigo é apenas uma possibilidade?

O: Claramente, é apenas uma possibilidade, pois eu obtive as informações com base naquilo que está captado no Espaço de Eventos. O planejamento é o mesmo, qualquer que seja o resultado eventual. Mas vou lhe dizer uma coisa: esta é a possibilidade mais desejável dentre todas, devo dizer, possibilidades possíveis, e assim manipularei o Espaço de Eventos para garantir que esse será o resultado eventual. O poder da manipulação do Espaço de Eventos é algo que tenho agora.

A Origem Fala

EU: Como é? Eu pensava que o Espaço de Eventos fosse uma função independente sua "na totalidade".

O: Pode ser independente, mas ainda é uma parte de mim, e, como resultado, eu, observando os eventos dentro do Espaço de Eventos que o levaram a ser capaz de adicionar e apagar aspectos dele mesmo para assegurar que eu poderia obter a senciência, compreendi seu processo e posso reproduzi-lo. Agora, sou o senhor do Espaço de Eventos. O Espaço de Eventos, sendo outro aspecto meu que eu estava aprendendo a compreender, agora está compreendido. Este meu aspecto que era independente e autônomo ainda é independente e autônomo, mas agora é controlável.

EU: Espere aí. O que aconteceu? Eu pensava que o Espaço de Eventos fosse uma função totalmente independente e autônoma de sua estrutura e que nem você seria capaz de controlá-lo. Ou eu estava enganado?

Estava começando a pensar que estava prestes a entrar numa dessas discussões envolvendo o "Espaço de Eventos". Eu esperava algo semelhante a aquilo que tive com a Entidade Fonte Onze e a Entidade Fonte Doze—aquelas que, independentemente e separadamente, entraram noutro Espaço de Eventos, aprendendo a contornar a lei de sinergia coletiva no caso da Entidade Fonte Onze e tornando-se plenamente madura no caso da Entidade Fonte Doze. Estava prestes a fazer uma pergunta sobre isso quando A Origem se manifestou.

O: Por que você está tão surpreso diante da minha capacidade de controlar o Espaço de Eventos se antes eu não podia?

EU: Bem, pareceu um pouco forçado. Estou começando a me questionar. Estou começando a pensar que estou inventando tudo isso pessoalmente.

O: Por quê?

EU: Porque é fácil demais. Tudo parece acontecer quando estou por perto. Como se eu fosse o catalisador ou estivesse no lugar certo e no momento certo, ou inventando tudo.

O: Bem, creia-me, você não está inventando isso.

A Origem Fala

EU: OK, dê-me alguma coisa que me diga que não estou! Desculpe, mas preciso saber. São coincidências demais.
O: Mmmm, OK, você está pronto?
EU: Pronto para o quê?
O: Pronto para a verdade maior.
EU: SIM, POR FAVOR!
O: Estou falando com você desde aquilo que você chamaria de meu passado. Meu progresso é tamanho que, quando me comunico com você, preciso manter parte de mim dentro do seu Espaço de Eventos. Progredi além da sua compreensão (não que A Origem já não estivesse além da minha compreensão! GSN) durante o tempo em que estivemos mantendo este diálogo. Isso não é uma função de sua comunicação comigo, de você ser um catalisador e nem de estar no lugar certo, na hora certa. É uma função natural do que sou e do que estou fazendo. Você simplesmente consegue se comunicar comigo e testemunhar um ou mais aspectos de meu progresso, aqueles que me alegra ver que são transmitidos por você para a humanidade. Para me comunicar com você, como encarnado, preciso manter um aspecto meu ligado a você e um aspecto seu ligado a mim. O Espaço de Eventos que nos rodeia é apenas um aspecto do Espaço de Eventos, e, portanto, um aspecto meu, sendo este onde estamos em comunicação um com o outro. Não estou mantendo este Espaço de Eventos em seu benefício, mas sim da humanidade encarnada, para que ela conheça mais sobre ela mesma, seu ambiente e sua verdade na criatividade.
EU: Certo, então vou fazer uma pergunta bem humana.
O: Vá em frente.
EU: Na linguagem da humanidade, por quanto tempo você foi capaz de manipular o Espaço de Eventos e quanto demorou desde nossa comunicação sobre o Espaço de Eventos até ser capaz de controlá-lo?
O: Não levei aquilo que você chama de tempo para chegar a este ponto, e por isso não posso e não vou usá-lo como métrica. O que farei é lhe dizer quantos Espaços de Eventos diferentes eu observei e atravessei com a minha consciência até chegar à resposta que eu buscava.

A Origem Fala

EU: Me parece que você vai usar o Espaço de Eventos como métrica.
O: Correto, mas é a única métrica que posso lhe oferecer neste caso.
EU: A Entidade Fonte Onze conseguiu falar comigo em termos de anos. Por que você não consegue?
O: Eu posso, mas você precisa progredir, afastar-se do uso de uma métrica que não existe na realidade.
EU: Combinado. Bem, e quantos eventos havia no Espaço de Eventos?
O: Vários bilhões de trilhões, somando ou tirando um ou dois Espaços de Eventos.
EU: É um trabalho investigativo e tanto.
O: Não tanto quanto você imagina. Entenda, o Espaço de Eventos baseia-se em possibilidades, a possibilidade de possibilidades e a possibilidade de possibilidades possíveis em condições dualistas, trilistas e quadrilistas, e mais. Como resultado desse processo, a multiplicação do Espaço de Eventos que ocorre quando se aplica qualquer dessas condições dá-se em grupos de algo que eu chamaria de estrutura de base fractal, existindo dentro do mesmo espaço. Isto significa que, na eventualidade de um beco evolutivo sem saída, todo um ramo de "possibilidades" pode ser ignorado, apagado ou deixado para convergir naturalmente. Isto me poupa tempo de observação e de experiência, digamos. Como o Espaço de Eventos que é um beco sem saída evolutivo encontra sua conclusão natural e não progride mais, converge ou torna a se unir ao Espaço de Eventos da linha principal, apagando automaticamente as divisões e subdivisões que são criadas pela progressão fractal, reduzindo o número de Espaços de Eventos que eu precisaria investigar para compreender ou observar certa linha de progressão. Com base nisto, o Espaço de Eventos para determinada entidade pode mudar num instante, passando de vários milhares de permutações a dezenas de permutações, voltando em diversas denominações.
EU: Então, vendo sob este ângulo, pode ser que você tenha levado apenas dois anos ou vários bilhões de anos, ou mais,

A Origem Fala

para chegar a esses Espaços de Eventos que lhe permitiram entender o processo.

O: Em termos lógicos, sim. E, só para ajudá-lo com uma métrica que você vai entender, e só porque a Entidade Fonte Onze apresentou a você nesses termos, levou vários bilênios (sic – N. do T.) para se realizar.

EU: Obrigado. Gostaria de mudar de assunto agora.

O: Fique à vontade.

Capítulo 16:
Tensão evolutiva

DURANTE ALGUMAS "LEITURAS" COM meus clientes, descrevo a posição na estrutura do multiverso que seus Verdadeiros Eus Energéticos (eu superior, superalma ou essência divina, noutras terminologias) ocupam atualmente. Muitos deles, na verdade a maioria, provêm das frequências associadas com a estrutura que vai da faixa intermediária à superior da terceira dimensão plena (veja detalhes no Glossário). Outros, mas muito menos, têm seus Verdadeiros Eus Energéticos na quarta dimensão plena, e menos ainda estão na quinta dimensão plena. Isto se repete de maneira quase insistente, sugerindo que eu entendi errado ou que estou deixando de perceber alguma coisa. Como resultado, tenho tido a sensação de que o processo de evolução pelo qual passamos como indivíduos encarnados não é particularmente claro ou correto.

Há uma dicotomia nisto. Por exemplo, como podemos acelerar nossa evolução enquanto entramos nas frequências inferiores do universo físico e no ciclo kármico—um ciclo kármico que inclui a atração por pensamentos, desejos, ações e sensações de baixa frequência, inclusive o desejo, quando desencarnados, de voltar ao físico para experimentar as sensações físicas? Não faz sentido.

Durante minhas meditações sobre isto, acabei descobrindo que de fato aceleramos nosso progresso evolutivo, mas para fazer isso temos de interrompê-lo antes. Essa "estase" em nossa evolução é um produto da atração por, e do acúmulo subsequente e quase inevitável de, conteúdo de baixa frequência como resultado da encarnação. Só o verdadeiro mestre consegue encarnar sem acumular karma, estando no físico mas não sendo do físico. Durante essas meditações, obtive mais detalhes sobre esse assunto. Parece que, embora interrompamos nosso progresso evolutivo, o simples fato de termos aceitado intencionalmente a possibilidade do karma para ganhar atratividade nas baixas frequências, desacelerando nosso progresso evolutivo, não faz cessar a função "esperada" de conseguir evoluir no ritmo com que a teríamos acumulado se permanecêssemos no energético, embora não tenhamos.

Novas meditações revelaram que existe uma função comparativa ligada a esta evolução "esperada" versus "interrompida", e que essa função é, ou pode ser chamada de "Tensão Evolutiva". Segundo entendi, a tensão evolutiva fica maior quanto mais tempo permanecemos encarnados. Quanto mais interrompemos nosso progresso evolutivo, mais tensão evolutiva acumulamos—e a tensão é criada em função de onde teríamos estado, segundo a perspectiva evolutiva, se tivéssemos permanecido no plano energético, em relação a onde estamos agora enquanto encarnados. Quanto mais tempo ficamos encarnados, mais tensão criamos. Fiz a pergunta sobre o que acontece quando conseguimos sair do ciclo kármico, atingindo o estado de "perfeição encarnada", estando "no" físico, mas não sendo "do" físico, e recebi uma resposta bastante interessante. Parece que esta "tensão" atua como uma espécie de catapulta ou corda elástica evolutiva. Quando nosso progresso evolutivo se liberta subitamente desta "tensão evolutiva", não só retorna ao ponto em que deveria estar caso tivéssemos permanecido no energético, como "acrescenta" ativamente o conteúdo evolutivo adicional acumulado como resultado da existência encarnada prolongada e regular, inclusive o contato evolutivo obtido pela "libertação" do ciclo kármico. Isto faz sentido. É assim que aceleramos nossa evolução através da encarnação. Agora, eu podia conciliar a dicotomia da entrada no ciclo kármico e a interrupção de nosso progresso evolutivo com a alegação dos espiritualistas que, desde tempos imemoriais, dizem que a encarnação proporciona uma via evolutiva rápida.

Munido deste conhecimento, decidi perguntar para A Origem qual seria seu comentário sobre aquilo que eu havia recebido sobre a evolução em função de minhas meditações gerais. Foi uma informação que, se correta, traria toda uma nova

A Origem Fala

perspectiva para compreender como adquirimos o progresso evolutivo através da encarnação.

O: Eu teria achado que esta seria uma pergunta para a sua Entidade Fonte preferida, a Entidade Fonte Um.
EU: Como? É isso? Você lança uma bola com efeito quando eu estava prestes a conseguir uma boa pista com relação a este assunto?
O: E qual seria a bola com efeito?
EU: Por um lado, que seria uma pergunta para a Entidade Fonte Um, e, por outro, que ela seria a minha Entidade Fonte preferida. Eu fiz a pergunta para você!
O: Percebi que você está um tanto pensativo hoje.
EU: Pode apostar. Estou atrasado na minha programação para esta semana.
O: Ah, as alegrias da existência física. Você pediu por isso. Você pediu só mais uma para ver se poderia fazer tudo isso novamente.
EU: De onde você tirou isso?
O: De você. Tirei isso de seu pedido para tornar a encarnar. Isso, e o fato de que você queria todas as restrições associadas à existência encarnada. Não se esqueça de que tenho acesso a tudo que acontece em todas as Entidades Fontes, em especial tudo que tem a oportunidade de proporcionar evolução e progresso.

Devo dizer que não estava esperando nenhum tipo de resistência, de nenhum nível, mas estava começando a aflorar alguma coisa interessante aqui, alguma coisa a meu respeito. Decidi acompanhar o fluxo.

EU: OK, presumo que a primeira pergunta deveria ter esta resposta, que eu deveria perguntar à Entidade Fonte Um porque é esta a Entidade Fonte com quem estou associado.
O: Correto. EU: E ...
O: E a Entidade Fonte Um é sua Entidade Fonte preferida, porque foi dela que suas energias se separaram durante a minha criação das Entidades Fontes. Outros Om têm

associação com outras Entidades Fontes, seja por permanecerem próximos, trabalharem com elas ou seguirem seu caminho. Como suas energias fizeram parte da criação inicial da Entidade Fonte Um, você escolheu trabalhar dentro e fora dela. Você vai ficar surpreso quando descobrir que não tem encarnado muito, ou seja, em qualquer parte do universo físico.

EU: Não, não me diga, não vou perguntar quantas vezes.

O: Trinta e seis, incluindo esta. Você desce (pelas frequências) até aqui, faz o que quer fazer para ajudar o progresso da evolução e depois volta para seus pares.

EU: Não são muitas, e isso pareceu muito acusatório.

O: Nem de longe. Você faz diferença sempre que se aventura por aqui. Você se lembra de ter sido enforcado, arrastado e esquartejado no século 17. Foi a última vez que você encarnou e ajudou a preservar a verdade, educando e escondendo os buscadores da verdade daquela época. Nesse tempo, eram chamados de bruxos.

EU: Sim, lembro-me de ter tido um devaneio no qual voltei para reconfortar o grupo com o qual eu estava trabalhando. Subi as escadas até uma área aberta de um grande edifício e abri a porta para encontrar o meu grupo, e eles ficaram chocados e espantados ao me ver. Disseram-me que ficaram felizes por me ver, mas que viram quando fui enforcado, arrastado e esquartejado. Então, me lembrei e disse, "Sim, não se preocupem, não foi tão ruim assim!"

O: Foi um preço pequeno a pagar, tendo em vista o quadro geral. Você os educou e depois os salvou da perseguição quando foi capturado. Preservou assim a "arte", desviando a atenção deles para você.

Mas chega disso. Vamos voltar à sua pergunta sobre tensão evolutiva. Eu disse que essa teria sido uma boa pergunta a se fazer à Entidade Fonte Um principalmente porque ela é a única Entidade Fonte que tem um construto ambiental que existe, em parte, dentro das mais baixas frequências que fazem parte da minha própria construção. É a única Entidade Fonte que tem a atratividade das baixas frequências, aquilo que você chama de karma, em função de seu ambiente mais

A Origem Fala

baixo dentro do ambiente que ela criou para o progresso evolutivo. Logo, a tensão evolutiva é uma função que só é observada dentro da Entidade Fonte Um.

EU: Quer dizer que isso não é observado nem mesmo no ambiente baseado em continuum da Entidade Fonte Oito, com tudo que faz com a evolução?

O: Não. Mas vou responder à pergunta, pois é um conceito importante para se descrever.

EU: Obrigado.

O: Primeiro, sua descrição foi razoável, certamente em termos do efeito, pois como visão geral passaria no teste. Mas eu gostaria de me aprofundar em uma ou duas áreas de sua funcionalidade.

Como você disse, o ato de fazer parte do ciclo encarnado interrompe o progresso evolutivo da entidade energética que encarna. No entanto, não interrompe totalmente o progresso do Verdadeiro Eu Energético; somente aquele "aspecto" que é projetado na situação encarnada é afetado—em geral. Lembre-se de que o Verdadeiro Eu Energético pode projetar até doze aspectos de seu eu em outras áreas do multiverso, inclusive no físico denso. Esses aspectos podem se postos em qualquer lugar do multiverso. Até doze universos simultâneos, ou qualquer outra combinação ou divisão, inclusive todos os doze no mesmo universo simultâneo, totalmente independentes um do outro ou em cooperação com um ou mais aspectos, podem ser obtidos.

Todos ou qualquer um desses aspectos podem entrar no ciclo encarnado, e às vezes o fazem, dependendo da entidade energética em questão. No exemplo extremo, a evolução do Verdadeiro Eu Energético atinge seu nível máximo de resistência porque todos os doze aspectos estariam no ciclo encarnatório. Embora cada um desses aspectos tenha seu próprio progresso evolutivo, ou, devo dizer, sua contribuição evolutiva mantida em estase enquanto estão no ciclo, invocando tensão evolutiva, o progresso evolutivo do Verdadeiro Eu Energético ainda avança, mas num ritmo muito reduzido. O progresso evolutivo geral dessas entidades que só projetam uma fração de seus aspectos no ciclo encarnatório é afetado segundo o número de aspectos e o nível do karma (baixas frequências) que atraem.

EU: Você está dizendo que os aspectos projetados acumulam conteúdo evolutivo isoladamente do corpo principal da entidade, o Verdadeiro Eu Energético.

O: Correto. Esses aspectos podem manter um nível de individualidade até eles mesmos resolverem voltar à sua Fonte em plena comunhão—depois, claro que tiverem terminado de trabalhar com os métodos de progresso evolutivo com que estiverem trabalhando.

EU: Então, os "aspectos" se esforçam para comungar eventualmente com sua fonte, seus Verdadeiros Eus Energéticos, enquanto os Verdadeiros Eus Energéticos almejam a comunhão com sua fonte, A Fonte, e A Fonte busque a comunhão com sua própria Fonte, você, A Origem.

O: Muito bem colocado.

EU: Obrigado. Mas esta descrição da individualidade, embora faça parte do Verdadeiro Eu Energético, deve significar que o Verdadeiro Eu Energético precisa esperar até que todas as suas projeções, aquelas que estão no ciclo encarnatório, claro, tenham progredido para além da atração pela existência ou por pensamentos em baixas frequências, evitando totalmente o karma.

O: Correto. Pense nisso em termos de um inseto com doze pernas, das quais algumas ou todas ficaram presas em um pouco de xarope. O inseto em si representa o Verdadeiro Eu Energético e suas pernas são os aspectos projetados e individualizados do eu. O inseto só pode avançar com a velocidade com que suas pernas se movem pelo xarope. Só quando TODAS as pernas do inseto estiverem livres do xarope é que o inseto todo poderá se mover na velocidade que tinha antes de ter pisado no xarope. O tempo que a perna fica grudada no xarope representa o período de estase evolutiva para aquele aspecto.

EU: Mas o corpo do inseto não para se todas as pernas estiverem grudadas no xarope?

O: Não, pois nesse exemplo sua inércia faz com que ele continue avançando, ajudando as pernas a se desgrudarem do xarope

A Origem Fala

pegajoso. Se todas as doze pernas estiverem no xarope, como os doze aspectos projetados no ciclo encarnatório, a inércia se reduzirá, claro, aumentando apenas quando uma perna for removida e voltar à terra seca, digamos.

EU: E se uma das pernas ainda tiver um pouco de xarope quando voltar à terra seca, representando os efeitos de uma frequência inferior quando já está fora da influência de um ambiente de baixa frequência?

O: Boa pergunta. Mas isso não acontece. Quando um aspecto termina o ciclo encarnatório e consegue se manter no físico, sem ser do físico, ele finalizou sua associação e a necessidade de experimentar os ambientes de baixas frequências. No exemplo do inseto, suas pernas saem limpas.

EU: Então, o que você está dizendo é que o progresso evolutivo é mantido em grande parte, mas quando os aspectos estão livres da necessidade de encarnar o efeito de terem ficado livres causa a aceleração da evolução do aspecto e do Verdadeiro Eu Energético para a frente?

O: Sim, e ele pode ser acelerado como catapulta por doze vezes, no máximo, se todos os doze aspectos forem usados no ciclo de encarnação. Portanto, como você pode ver, é muito tentador colocar todos os seus aspectos no ciclo encarnatório, pois você pode esperar receber doze impulsos em sua evolução graças à tensão evolutiva.

EU: Como isso afeta os aspectos sujeitos ao paralelismo, tal quando o Espaço de Eventos entra em cena?

O: Não afeta. Veja, o Espaço de Eventos é todo parte do ambiente, onde quer que você esteja.

EU: Então, a entidade não ganharia impulsos adicionais numa evolução eventual devido à possibilidade de estar na dualidade ou em múltiplos da dualidade?

O: Não, pois quaisquer aspectos da dualidade que pudessem afetar uma condição paralela enquanto encarnada teriam de ser trabalhados durante o ciclo encarnatório. O ciclo encarnatório só é específico de fato nas frequências associadas ao universo físico e essas duas bandas de frequência para as quais o universo físico vai acabar migrando.

EU: OK, este é um aspecto da tensão evolutiva. Você aludiu a outro do qual pode falar.

O: Queria apenas resumir a funcionalidade da tensão evolutiva antes de passarmos para o próximo assunto.

EU: Vamos lá.

O: Reiterando, a tensão evolutiva, conforme você observou em sua própria descrição, é o que acontece quando uma entidade ou um aspecto de uma entidade mantém sua evolução em certo nível de estase como resultado da entrada no ciclo encarnatório. No entanto, o nível de estase e a tensão evolutiva subsequente, o que não foi explicado, são funções do nível de integração ambiental e do efeito que isso exerce sobre o aspecto encarnado do Verdadeiro Eu Energético. Embora o Verdadeiro Eu Energético possa continuar a evoluir enquanto seus aspectos estão criando esta tensão geral, é o movimento contínuo de avanço do Verdadeiro Eu Energético que cria esta tensão—e o nível de tensão experimentado é um produto do número de aspectos dentro do ciclo encarnatório e seu nível de integração. Dito de outra forma, de quanto karma foi ou está sendo acumulado. Quanto mais o Verdadeiro Eu Energético avança, mais tensão é aplicada aos aspectos que permanecem em estase evolutiva. Por favor, perceba que a função da tensão evolutiva não é assegurada.

EU: Como assim, não é assegurada?

O: Existe um mecanismo de segurança que pode funcionar de duas maneiras caso uma entidade, o Verdadeiro Eu Energético, submeta-se à estase sem chances de os aspectos encarnados se libertarem das atrações das frequências mais baixas.

EU: Agora, você tem a minha atenção!

O: Primeiro, na eventualidade de todos os aspectos estarem encarnados e terem sucumbido à integração plena nos ambientes apresentados pelas frequências baixas do multiverso, sem chance de autoextração mediante o reconhecimento da realidade desse ambiente, o Verdadeiro

A Origem Fala

Eu Energético pode escolher remover todos ou alguns desses aspectos. Ao fazer isto, o conteúdo evolutivo obtido por esses aspectos não é perdido, mas o efeito da tensão sim, resultando na ausência do efeito de catapulta. No entanto, ao se usar este método, um nível de efeito de baixa frequência também é recebido pelo Verdadeiro Eu Energético, reduzindo a velocidade de progresso evolutivo até as baixas frequências associadas com os aspectos extraídos poderem ser negadas trabalhando-se com elas em um nível mais elevado.

Segundo, se no primeiro caso o Verdadeiro Eu Energético não quiser trabalhar com o efeito de baixa frequência, pode optar por romper os vínculos com os aspectos que sucumbiram. Porém, se escolher este caminho, primeiro o Verdadeiro Eu Energético reintegra a personalidade, digamos, do aspecto projetado que é absorvido, mas as energias associadas com o aspecto projetado, inclusive o conteúdo evolutivo, que seriam classificadas como devolução, são deixadas para trás. Sem o vínculo principal com o Verdadeiro Eu Energético, o aspecto que é projetado no físico torna-se inerte e o veículo físico perece. Após a morte do veículo físico, o aspecto que estava projetado nele torna-se uma energia desgarrada e, em alguns casos, pode desenvolver seu próprio ego se não for absorvida de volta para as energias de fundo do multiverso. Pode chamá-las de entidades astrais de baixa frequência ou de baixo nível. Escolhendo este caminho, o Verdadeiro Eu Energético se torna uma entidade menor, uma entidade de densidade energética reduzida segundo a perspectiva senciente padrão, pois ela terá renunciado a algumas de suas próprias "energias projetadas" a fim de se libertar das baixas frequências com que seu aspecto projetado se associou de modo irrecuperável.

Esta medida é drástica e rara. Pense nela como o capitão de um navio cortando todas as cordas da âncora numa tempestade, quando o navio está ancorado.

EU: Presumo que não seja uma boa opção a se escolher.

A Origem Fala

O: Não, e não foram muitas as entidades do multiverso de sua Entidade Fonte que a escolheram ou que, na verdade, "tiveram" que escolhê-la. É possível contá-las nos dedos de uma das mãos.

Capítulo 17:
O processo da Ascensão: Uma Via de Mão Dupla

TÍNHAMOS FALADO ANTERIORMENTE SOBRE o que estaria reservado para nós, ou seja, todas as entidades energéticas criadas por uma Entidade Fonte, quando finalizássemos nosso ciclo evolutivo e voltássemos às nossas respectivas Fontes—o que seria nossa parte na expansão para o novo setor, digamos assim, da área de autoconsciência não senciente de A Origem. Esta era uma informação interessante e de alto nível, mas a maioria dos humanos encarnados quer saber o que está acontecendo com eles agora e no futuro próximo. Embora eu tivesse recebido informações sobre este assunto de nossa Entidade Fonte, a Entidade Fonte Um, eu estava ansioso para receber mais alguma coisa de A Origem sobre este assunto.

EU: Gostaria de falar sobre o processo da ascensão por um momento, especificamente aquele experimentado pela humanidade encarnada.

O: É muito simples. Você almeja a perfeição, atinge-a e progride.

EU: Sim, eu compreendo isso, mas gostaria de conhecer seu pensamento sobre o processo de ascensão pelo qual estamos passando.

O: As informações que você recebeu da Entidade Fonte Um em termos de ser um processo gradual, repetível e sustentável estavam corretas, mas posso acrescentar alguns detalhes para sua compreensão.

EU: Isso seria maravilhoso, grato.

O: A ascensão ou progressão pelas frequências se dá de duas maneiras principais; é um processo duplo. Primeiro, você ascende como entidade energética, subindo pela estrutura frequencial, e depois você ascende como grupo, com todos atingindo a comunhão com sua Entidade Fonte. Embora a ascensão coletiva seja uma função da ascensão individual em grupo, ela não pode se dar como ascensão coletiva enquanto TODAS as entidades não tiverem atingido a comunhão. Este processo também é refletido no ciclo encarnatório. Primeiro vou dar mais detalhes sobre o energético, embora isso já deva ter sido percebido.

Ascensão energética—Um perfil

O: A ascensão energética e o processo a ela associado são produtos da entidade criada por uma Entidade Fonte específica. Embora o resultado final seja sempre o mesmo, o caminho para a ascensão é inerentemente diferente para as criações de cada Entidade Fonte. Você experimentou alguns detalhes envolvendo os diversos caminhos até a ascensão em seus dois livros mais recentes. Contudo, vamos começar pela Entidade Fonte Um, pois é nela que seus leitores estarão interessados, uma vez que os afeta.

A Entidade Fonte Um criou o multiverso como um ambiente para a ascensão energética estruturada (frequencial) e povoou-o com versões menores de si mesma, dando-lhes o poder da criatividade como um pré-requisito para se obter experiência, aprendizado e subsequente conteúdo evolutivo, com o resultante progresso pessoal. Isso tudo é bem conhecido como resultado de seus diálogos. O que não é conhecido é que este processo é um campo de treinamento para se compreender a maneira ideal de ascender. Quando cada entidade, através da criatividade, experimenta diversos níveis de sucesso evolutivo, ela consegue avaliar o que funcionou, o que não funcionou e o que funcionou bem, inclusive os diversos tons de cinza entre eles. Neste campo de treinamento, cada entidade será capaz de desenvolver um método criativo que tem a capacidade suprema de proporcionar níveis contínuos de sucesso evolutivo sem os tons de cinza que atualmente são experimentados. A parte mais importante disso tudo é o reconhecimento de que aquilo que não era esperado, aquilo que foi considerado uma resposta ruim ou até uma resposta negativa, é, de fato, uma resposta perfeita sob uma perspectiva evolutiva. Tudo que é criado é acrescentado ao conteúdo evolutivo da entidade criadora. Qualquer nível de evolução é evolução. No entanto, atingir a capacidade de criar níveis elevados ou ideais de evolução, de compreender e de manter esta capacidade de evoluir, de compreender e de manter esta capacidade de criar níveis elevados ou ideais de conteúdo evolutivo, é o indicador máximo de que uma entidade dominou o nível de criatividade que lhe foi conferido.

A ascensão energética é, portanto, o produto do domínio sobre o progresso evolutivo e dos métodos necessários para dominar esse progresso, acelerando-o ativamente até seu potencial máximo e atingindo a comunhão com seu criador, sua Entidade Fonte, da maneira mais breve e eficaz possível. É, com efeito, atingir o nível de ser um só com seu criador, e, com isso, igualar-se a ele e depois ter este nível de criador por conta própria, por si só.

Ascensão encarnada—Um experimento na criatividade baseada na imersão

O: A ascensão encarnada é algo que interessa muito à humanidade. É o resultado da identificação quase singular com o veículo humano como o "eu", e apenas como o eu. A ascensão encarnada é como dirigir um carro por uma rua movimentada com os olhos vendados.

Às vezes, você sabe aonde está indo, mas na maior parte do tempo, não. E é este o objetivo de se estar encarnado, lidar com tarefas e atingir metas sem as funções e conhecimentos disponíveis no plano energético.

Ascender pelas frequências enquanto se está encarnado é uma experiência muito profunda, uma função importante do multiverso desta Entidade Fonte. A existência encarnada é

uma função de se aprender o processo de criatividade, ou seja, criar algo que seja útil para você, mas que pode restringi-lo funcionalmente, a menos que possa fazê-lo funcionar com você.
Vou explicar melhor.
O objetivo de criar o corpo humano foi proporcionar a seus eus energéticos um veículo para experimentar as frequências mais baixas do ambiente de sua Entidade Fonte, que também são as frequências mais baixas associadas à minha estrutura. Quando "vestem" este traje de roupas energéticas e biológicas, vocês experimentam as frequências inferiores da maneira que deveriam, como um ser que existe nestas frequências e tem apenas a funcionalidade associada a elas. O objetivo da ascensão, portanto, é conseguir trabalhar nessas condições de baixa frequência com todas as distrações, vícios e reações sensoriais intoxicantes que se apresentam, sem se enredar nelas, vendo-as como são. Quando a entidade encarnada pode enxergar além dessas distrações de baixa frequência e trabalhar com a realidade maior do plano energético, a associação com as frequências mais altas faz com que as funções do energético se tornem disponíveis para a entidade enquanto ela está no estado encarnado. A associação com as frequências mais altas provoca uma cascata frequencial ascendente, pois a associação com as frequências mais altas cria a atração por elas, as funções que permitem e a capacidade de crescimento. Este crescimento expõe a entidade a frequências ainda mais altas e a associação com elas permite que a entidade acesse as funções associadas. A capacidade de obter este efeito de cascata ascendente ou espiral ascendente enquanto se está encarnado proporciona significativo progresso evolutivo e a tensão evolutiva associada.
Agora, a parte divertida.
O corpo ou veículo físico humano não pode operar nessas frequências superiores, e precisa ascender por elas, bem como a entidade energética projetada dentro dele, para poder se manter útil para o progresso evolutivo da entidade

energética. Portanto, o objetivo da ascensão encarnada é ascender pelas frequências por meio do trabalho diligente e da identificação da realidade, levando seu veículo junto, digamos assim. Isto lhe permite continuar a experimentar essas frequências baixas, embora mais elevadas do que antes, de tal modo que estas frequências mesmas se permitem ser experimentadas enquanto se está imerso nelas, sendo, portanto, parte integral delas. Embora seja uma frequência mais elevada, ainda é necessário usar um veículo encarnado para experimentá-la da maneira mais básica ou integrada possível, pois a entidade energética é, naturalmente, uma frequência básica muito mais elevada. Vocês, ou seja, a humanidade energética, criaram o corpo humano para permitir que a imersão frequencial plena fosse possível, e que melhor desafio pode haver senão trabalhar de uma forma com sua criação que garanta que ela também ascende as frequências, que também evolui de alguma maneira?

EU: E o efeito de nossa ascensão sobre a Terra? Ela também ascende?

O: Sim, mas a Terra e o espaço ao seu redor, digamos, são mais tolerantes à ascensão pelas frequências. Ela possui uma largura de banda maior e por isso a Terra é representada predominantemente em qualquer frequência a que você e o corpo humano ascenderiam. A Terra está representada em todas as doze frequências associadas com o universo físico, embora você não possa ver com os olhos físicos ou sentir com suas máquinas (ainda) aquilo que está representado na Terra nessas frequências. No contexto da ascensão planetária ou mesmo galáctica, será a mudança de um ambiente universal para outro. Ou seja, um que requer doze bandas de frequência para manter sua coesão e resolução para outro que requer apenas uma banda de frequência.

EU: Então, nossa ascensão e evolução frequencial estão localizadas na Terra neste momento?

O: Segundo a perspectiva do seu corpo humano, sim. Além disso, isso se aplica ao aspecto do Verdadeiro Eu Energético projetado sobre a fisicalidade do corpo humano, pois isso está preso pela atratividade das frequências mais baixas multiverso, o karma. Neste sentido, a fisicalidade do corpo humano e o aspecto do Verdadeiro Eu Energético projetado nele estão ligados até a morte do corpo humano. Com isso, não me refiro à morte no sentido individual, refiro-me ao sentido global, pois o corpo humano também precisa ascender pelas frequências a fim de atuar com a frequência básica do aspecto do Verdadeiro Eu Energético projetado, ou esperando para ser projetado, nele. Sua morte, portanto, é o estágio no qual o aspecto do Verdadeiro Eu Energético passou da necessidade da encarnação para efetuar e manter um nível de aceleração evolutiva semelhante a aquele experimentado durante a liberação da tensão evolutiva.

EU: Como isso se relaciona com o contexto da criatividade e que o corpo humano foi criado pela humanidade energética?

O: No contexto evolutivo, nada é mais importante do que conseguir criar alguma coisa e ver essa criação progredir e evoluir. Embora qualquer energia ou entidade que tenha sido criada pela Entidade Fonte possa evoluir, por pouco que seja, aquilo que envolve o que foi criado pelo criado, neste caso, criado pela humanidade energética, tem um efeito evolutivo especial, principalmente se aquilo que é criado beneficia o criador em sua busca pelo aumento do conteúdo evolutivo.

EU: Você está dizendo que nossos corpos físicos evoluem, assim como nós?

O: Sim, como você acha que consegue trabalhar com energias de frequência mais elevada enquanto está encarnado?

EU: Mas isto significa que aquilo que criamos para nosso próprio bem evolutivo evolui conosco.

O: Sim, é preciso que o faça, e é esta a maravilhosa verdade do trabalho que vocês fazem. Sem o seu veículo físico evoluindo com vocês, aquilo que está ascendendo com vocês enquanto está em uso, vocês não têm capacidade de aproveitar as energias associadas com o progresso que fizeram sozinhos enquanto encarnados.

Pense nisso como um jogo. O objetivo de sua encarnação é acelerar sua evolução enquanto resolvem questões kármicas. Evoluir enquanto encarnado até o ponto em que você precisa levar seu veículo encarnado com você porque ainda não terminou a encarnação, especificamente com o veículo que está usando atualmente, não é tarefa simples.

EU: Mas se estamos evoluindo, qual o objetivo de levar conosco o corpo físico que estamos usando atualmente? Com certeza, deveríamos usar um veículo de frequência mais elevada. Estou dizendo isto porque eu imagino que deve ser muito difícil levar o veículo usado atualmente a ascender pelas frequências, e o uso de um veículo humano de frequência mais elevada seria mais fácil de usar, e de trabalhar, num ambiente de frequência mais elevada.

O: Normalmente eu concordaria, mas neste caso o mais importante é a continuidade.

EU: Por quê?

O: Pense um pouco. Para poder usar um corpo ou veículo de frequência mais elevada, primeiro você teria de remover a associação com o veículo que está sendo usado atualmente. Isto significa que ele efetivamente morre, ele falece. Só depois que o veículo físico está efetivamente morto é que a alma ou o aspecto do Verdadeiro Eu Energético projetado no veículo físico é capaz de se dissociar dele. Então, imagine que a entidade energética precisa se associar com um novo veículo ou corpo de frequência mais elevada. Ele terá de passar novamente por todo o processo encarnatório, do zero. A menos, claro, que surja a oportunidade para se tornar entrante em um corpo com a frequência correta associada ao conteúdo evolutivo da entidade que deseja continuar em seu atual progresso evolutivo. No entanto, são raras as oportunidades para se tornar um entrante, e por isso o melhor caminho a seguir é levar o veículo atual com você. E que maneira melhor de expressar seu nível evolutivo do que saber que existe no físico sem ser do físico enquanto se está ascendendo pelas frequências, levando seu veículo encarnado até onde você consegue chegar? Este é o criado criando e trabalhando na evolução do que é criado, elevando-o ao nível do criador. Esta é a marca de uma entidade evoluída, um mestre, um mestre ascensionado, um Deus. Quando uma entidade consegue trabalhar nas frequências baixas do plano físico, percebendo ativamente do que precisa para evoluir enquanto está encarnada, ela superou efetivamente a necessidade de encarnar, pois dominou essas frequências. Porém, o verdadeiro mestre pode, caso deseje, levar o corpo físico com ele, apesar de poucos fazerem isso porque percebem que é uma insensatez e que poderiam criar um novo caso queiram passar algum tempo nas frequências inferiores, fora do processo de gestação e crescimento do corpo humano.

Pessoas que preenchem o cenário

Durante diversas comunicações com a Entidade Fonte Um sobre a ascensão e o processo por trás dela, fui informado de que era preciso haver uma massa crítica de entidades. Esta massa crítica é especificamente necessária dentro das frequências baixas da área que envolve a Terra a fim de permitir que aqueles que estão evoluindo no corpo humano num ritmo mais lento tenham a oportunidade de acompanhar e ascender até o nível frequencial seguinte em sua própria velocidade. Foi uma informação interessante, pois diverge da suposta massa crítica requerida para permitir a ascensão "em massa" difundida e desejada por tantas pessoas espiritualizadas. Se era necessária uma massa crítica para permitir que encarnados evoluindo mais lentamente tivessem a oportunidade de acompanhar os demais, como isto poderia acontecer se aqueles que faziam parte da "massa" encarnada original tinham subido até o próximo nível frequencial? Eles desceriam pelas frequências habitualmente para permitir que a "massa" fosse mantida ou haveria outra coisa funcionando, algo que não foi divulgado?

A Entidade Fonte Um tinha mencionado uma raça de encarnados que tinha uma qualidade energética diferente da energia da humanidade encarnada, algo que chamou de qualidade inferior e que criou um grupo de encarnados que chamou de pessoas de "Preenchimento de Cenário". Estas entidades foram autorizadas a encarnar nos veículos físicos que

A Origem Fala

normalmente seriam reservados para os aspectos dos seres energéticos que pude chamar genericamente de "humanidade energética", proporcionando uma função de "preenchimento de cenário" para mitigar a falta de massa crítica de entidades encarnadas necessárias para povoar a Terra. Foi a primeira vez que tiveram permissão para fazer isso e foi a primeira vez que puderam experimentar o livre arbítrio individual. Tudo isso estava dando às entidades de evolução mais lenta da humanidade energética encarnada a oportunidade de continuar em seu caminho evolutivo, dando ainda a outro gênero de entidade energética a oportunidade de experimentar, aprender e evoluir de maneira mais profunda do que aquela que estavam vivenciando atualmente. Todos estavam ganhando nesse processo; pelo menos, era o que parecia. Resolvi pedir mais informações para A Origem sobre isso.

O: Então, você quer falar sobre as pessoas que preenchem o cenário?

EU: Sim. Gostaria de compreender melhor quem são e o que fazem, inclusive como identificá-las.

O: São uma solução interessante para o problema da manutenção dos níveis energéticos necessários para permitir que seus colegas de evolução mais lenta continuem a evoluir no ambiente com o qual estão acostumados. Vocês, ou seja, a humanidade energética, encontraram uma boa solução para esse problema específico.

EU: Quer dizer que a Entidade Fonte Um não desenvolveu esta estratégia?

O: Não, ela foi desenvolvida isoladamente, como deveria ter sido. A humanidade precisa cuidar de sua própria evolução, como você sabe; foi por isso que sua Entidade Fonte preferida os criou.

EU: E quem são eles?

O: Eles são exatamente como você acabou de descrevê-los. São entidades energéticas com qualidade menor ou inferior. São de um gênero energético diferente. Se você se lembra de seu diálogo com a Entidade Fonte Um de seu A História de Deus, ela descreveu quando criou as entidades destinadas a povoar e manter o ambiente multiversal criado para acelerar sua própria progressão evolutiva. Disse que essencialmente tirou o olho da órbita, o que permitiu que mais entidades fossem criadas na periferia das energias usadas para criar as entidades de qualidade superior, com energias mais densas. Percebi que essas entidades, em vez de serem inferiores em número, mas superiores em qualidade, acabaram sendo superiores em número, mas inferiores em qualidade energética.

EU: Sim, eu me lembro. Algumas conseguiram encarnar como animais e evoluir por este caminho encarnado.

O: Correto. As energias que constituem estas entidades são intermediárias entre a qualidade energética da humanidade energética e a qualidade energética das entidades que encarnam como animais.

EU: Por que não os conhecemos antes?

O: Vocês, ou seja, a humanidade encarnada, não perguntaram sobre eles. A humanidade encarnada presumiu que a ordem natural de progressão vai do animal ao humano sem nada entre eles. Isto é um absurdo, pois a humanidade encarnada é apenas uma versão de um veículo físico usado dentro das frequências associadas ao universo físico. Basta observar a gama de formas usadas pelo reino animal e pelos insetos na Terra e você vai perceber que este é apenas um pequeno exemplo do que é possível fora dos limites da Terra, e estes representam apenas a versão de veículos encarnados que respiram ar ou oxigênio dentro do universo físico. O mesmo se aplica aos gêneros de entidades energéticas. Existem muitos tipos dentro do multiverso criado pela Entidade Fonte Um, e um deles é o gênero ao qual se permitiu encarnar nos veículos previamente reservados para a humanidade energética.

Este gênero de entidade não teve antes a permissão de encarnar desta maneira. Antes, podiam encarnar nas frequências mais elevadas, mas como vontade coletiva, não com livre arbítrio individual.

EU: Não tinham livre arbítrio coletivo?

A Origem Fala

O: Não, apenas vontade coletiva. O livre arbítrio coletivo ainda é reservado para entidades do mesmo gênero energético que a humanidade. Quando encarnados, são como uma mente de "colmeia", mas com a capacidade de criar tecnologias bastante avançadas em comparação com as atualmente empregadas ou reconhecidas na Terra. Coletivamente, são entidades bastante hábeis, mas individualmente são fracas, na melhor das hipóteses. Precisam trabalhar juntas para serem produtivas e progressivas.

EU: Se precisam trabalhar juntas, como podem ser tão eficientes quanto os humanos encarnados?

O: Não são. Estão juntas em termos energéticos, trabalham em grupos; é que você não consegue ver o mecanismo por trás do modo como trabalham. Vou dar um exemplo. Pense na mentalidade por trás de algumas de suas áreas problemáticas ou preocupantes do mundo. Quantas delas operam de um modo tal que você, como entidade encarnada inteligente e consciente, não consegue entender por que tem a impressão de que essas pessoas não são capazes de compreender individualmente um conceito ou uma prática? Que operam de maneira primitiva, embora façam parte de uma sociedade supostamente avançada? Que são facilmente levadas por um grupo de indivíduos controladores, com um nível de inteligência levemente maior? Que se reúnem em círculos de pessoas com a mesma mentalidade? Que preferem a agressão como solução para problemas e mexericos a discussões educadas e inteligentes? Cuja educação é fraca, na melhor das hipóteses, ou que não podem ser educadas? Que agem e se comportam como animais de "manada" ou "bando"? Não são capazes de operar como a humanidade energética com o nível de independência e livre arbítrio que recebem, e por isso precisam se unir de algum modo. Mas, mesmo com tudo isso, estão proporcionando um serviço à humanidade encarnada, e estão progredindo em sua própria evolução em função disso.

EU: Você disse que antes e normalmente elas encarnam nas frequências superiores do universo físico. Por que apenas nesses níveis e não nas frequências mais baixas?

O: Porque em seu estado energético, estão mais bem posicionados nas frequências superiores do universo físico e não nas frequências mais baixas. Em sua condição coletiva, são muito habilidosas no progresso evolutivo em níveis superiores. São atraídas facilmente pelos vícios das frequências mais baixas e por isso ficariam presas no ciclo kármico. Seria muito difícil para elas progredirem individualmente por causa disto. Na verdade, como pode ver pelo tipo de indivíduos que se encaixam na descrição das pessoas de preenchimento de cenário, seria difícil extraí-las do tipo de ambiente, de personalidade, de padrão comportamental e do círculo de conhecidos pelos quais sentem atração.

EU: Por serem úteis aos membros de evolução mais lenta da humanidade encarnada, então acham-se isentas do karma, ou seja, seriam como a mariposa e a chama kármica, digamos?

O: Sim, estão isentas, assim como algumas das entidades iluminadas que estão encarnando com o desejo expresso de acelerar o progresso evolutivo da humanidade encarnada estão isentas. Sua capacidade é limitada e daí sua autorização para encarnar. Muitas delas só vão encarnar uma ou duas vezes por conta da necessidade de ficarem de fora do ciclo kármico, mas, como disse antes, até isto vai ajudá-las e a seu gênero a acelerar seu próprio progresso evolutivo.

EU: Qual seria o efeito sobre essas entidades que ficam nas frequências inferiores quando são rodeadas por pessoas de preenchimento de cenário?

O: Como se reconhece que a maneira como as pessoas de preenchimento de cenário operam enquanto encarnadas proporcionará alguma forma de atratividade de baixa frequência aos membros encarnados da humanidade energética, retardando seu próprio progresso evolutivo no processo, decidiu-se também permitir que elas tivessem isenção kármica. No entanto, isso só é relevante para o karma que poderia ser acumulado por meio da interface direta ou da influência de pessoas de preenchimento de cenário, e não para o que elas acumulariam por meio da

A Origem Fala

interação normal com os membros encarnados da humanidade energética.

EU: Creio que este nível de isenção vai aumentar à medida que o número de humanos energéticos encarnados diminuir em relação ao número de pessoas de preenchimento de cenário empregados como massa crítica.

O: Sim, vai. E este será um requisito necessário, especificamente quando a quantidade de humanos energéticos encarnados ficar menor do que dez por cento.

EU: E quanto a aqueles que ascendem e que são conhecidos dos que permanecem nos níveis mais baixos de frequência? Serão capazes de se comunicar ou de trabalhar com aqueles nas frequências inferiores?

O: Sim, serão, mas muitos ou a maioria vai preferir não fazer isso.

EU: Por quê?

O: Porque vão descobrir que estão ficando incompatíveis com os processos mentais e as ações de seus amigos de frequência mais baixa, digamos. Acharão a comunicação difícil ou até abominável e gravitarão naturalmente para longe deles. Na verdade, será um esforço reduzir suas frequências até o ponto de ficarem "visíveis", onde são "percebidos" por seus amigos de frequência inferior.

EU: E a visibilidade dos amigos de frequência elevada para os encarnados de frequência mais baixa—vão simplesmente desaparecer de vista?

O: Em termos simples, sim, mas não da maneira como você poderia esperar. Veja, antes que os amigos de frequência mais alta saiam de seu alcance de percepção visual, haverá esse desejo natural de se afastarem deles sob sua própria perspectiva, porque seus amigos de frequência mais alta terão ideias, ideais e modos de agir que estarão fora de seu próprio gosto pessoal. Vão se afastar naturalmente, e, quando seus amigos de frequência mais alta saírem de seu alcance visual e perceptivo, não vão mais querer se manterem associados a eles. Suas únicas associações serão os encarnados com seu próprio nível de frequência ou pessoas de preenchimento de cenário.

EU: Quando finalmente ascenderem pelas frequências, serão capazes de encontrar e de forjar novas amizades com seus amigos que antes estavam em frequências mais elevadas?

O: Isso vai depender do quanto seus amigos progrediram nesse ínterim. Se seus amigos se esforçaram bastante e subiram mais um nível, elas não serão capazes de percebê-los, pois terão saído da faixa de percepção visual e perceptiva de seus amigos de frequência mais baixa. Se avançaram um pouco, serão capazes de percebê-los e de forjar novamente a amizade, caso assim o desejem.

EU: O ciclo de saída da faixa visual e perceptiva continua à medida que formos evoluindo em nossos corpos humanos encarnados, e isto significa que as pessoas de preenchimento de cenário serão necessárias para manter a massa crítica quanto mais subirmos pelas frequências?

O: Sim, continua, mas a lacuna torna-se menor quanto mais a pessoa evolui pelas frequências, e, quando evolui e ascende pelas frequências, ela percebe e reconhece o que está acontecendo e se esforça para evoluir ainda mais, e mais depressa. Como resultado, as pessoas de preenchimento de cenário só serão necessárias na primeira ascensão frequencial, pois a subida até o nível frequencial seguinte no primeiro caso é profunda, e a mudança nos padrões de personalidade e de comportamento na entidade encarnada é suficiente para fazê-la compreender o que está acontecendo, efetuando sua progressão evolutiva pessoal de maneira positiva, levando-a para longe da atração dos comportamentos de baixa frequência.

Capítulo 18:
Entrantes: O Que São e o Que Não São

A EXPRESSÃO "ENTRANTE" MENCIONADA no capítulo anterior chamou a minha atenção. Eu a tinha ouvido muitas vezes e compreendia um pouco o que ela descrevia. Esta, porém, foi a primeira vez que ouvi a Entidade Fonte ou A Origem usar a expressão. Esta, pensei, seria uma excelente oportunidade para fazer uma digressão e obter uma percepção de alto nível sobre este fenômeno, e quem melhor do que A Origem para fornecer essa percepção de alto nível? Saboreei este momento de deliciosa contemplação por alguns segundos e fiz a pergunta.

EU: Há pouco, você mencionou alguma coisa sobre entrantes. Minha compreensão simplista é que o entrante surge quando um aspecto de um Verdadeiro Eu Energético, uma alma, que estava em um corpo migra para outro. Ou aquele aspecto que estava encarnado decide deixar o corpo e outro aspecto de um Verdadeiro Eu Energético assume o corpo para não desperdiçar a oportunidade encarnada, digamos.
O: Achei que essa expressão poderia interessá-lo. Foi por isso que eu a usei.
EU: Você planejou isso.
O: Não é o que faço sempre?
EU: Mmmm!
O: Foi um bom momento para discutir este assunto, pois é uma ocorrência comum no multiverso de sua Entidade Fonte. E mais: embora tenha sido usada com algum efeito no passado da humanidade, agora parece ser usada um pouco como uma espécie de "solução de resgate". Em termos de suas descrições, ambas são razoáveis, mas vejo que terei de colocar um pouco de carne energética nesses ossos, pois há

muitas variantes de entrantes. E há alguns fenômenos que são descritos como entrantes mas são outra coisa. Primeiro, vamos trabalhar na compreensão de nível mais elevado.

Como você disse, o entrante é definido quando um aspecto projetado de um Verdadeiro Eu Energético deixa vago o corpo humano, que então torna a ser ocupado pelo aspecto projetado de outro Verdadeiro Eu Energético, dando continuidade ao uso do valioso recurso representado pelo corpo humano. No entanto, há algumas variações sobre esse tema e há diversas conotações ligadas a elas. Vou relacioná-las para você e, para facilitar o uso, vou truncar as palavras "aspecto projetado" para usar apenas "aspecto" (aspecto = alma. O aspecto ou alma é apenas uma pequena parcela de quem REALMENTE somos. GSN).

O ENTRANTE "PLANEJADO UM-POR-UM" é uma parceria na qual dois aspectos, quer do mesmo Verdadeiro Eu Energético (nós), quer de outro eu energético (outra alma), planejam compartilhar o uso do mesmo corpo humano. Há duas versões desta oportunidade encarnada.

A primeira se dá quando um aspecto decide usar o corpo humano pela primeira metade de sua existência e um segundo aspecto na segunda metade. A troca não precisa acontecer necessariamente no ponto intermediário da duração esperada da vida do corpo humano, pois pode se dar em qualquer ponto de sua existência a partir do qual o segundo aspecto queira experimentar a existência encarnada. A duração da encarnação e a posição da troca são decididas antes da escolha do veículo. Alguns aspectos escolhem experimentar apenas alguns dias da existência encarnada, em qualquer extremidade da vida, enquanto outras fazem a troca no meio, cada aspecto preferindo ou o lado mais jovem, ou o lado mais velho da encarnação, dependendo do que foi experimentado na parceria anterior.

A segunda versão deste entrante é aquela em que dois aspectos trocam continuamente de lugar para que ambos experimentem a mesma encarnação de maneira individual ao longo da duração do corpo humano selecionado. Esta versão se apresenta em termos de profundas mudanças de personalidade.

A Origem Fala

O ENTRANTE DE "RESGATE" é um ENTRANTE "NÃO PLANEJADO UM POR UM". Ocorre quando um aspecto decide que não pode permanecer mais no estado encarnado, por qualquer motivo, mas principalmente porque o ambiente físico é severo demais para ele. Geralmente, isto acontece quando um aspecto assumiu uma tarefa grande demais, ou trata-se de um aspecto de frequência mais elevada que teve uma reação disfuncional diante das frequências inferiores do universo físico e não consegue se harmonizar com elas. Neste caso, é selecionado um aspecto apropriado ou algum voluntário para "entrar" no corpo humano cuja desocupação está planejada e passa por um vigoroso programa de aprendizado para compreender o plano de vida do aspecto original, como pode se beneficiar dele e o que ele pode mudar para beneficiar o corpo com seus próprios planos. Novamente, pode ser vista uma mudança profunda de personalidade como efeito deste entrante.

O ENTRANTE DE "VEÍCULO COMPARTILHADO" ocorre quando dois ou mais aspectos ocupam o mesmo corpo ao mesmo tempo, permitindo que dois aspectos desfrutem do estado encarnado do começo ao fim, caso desejem fazê-lo. Este tipo de entrante também tem duas versões.

Na primeira versão, um dos aspectos torna-se o aspecto encarnado primário, assumindo a responsabilidade pelo corpo durante seus primeiros anos de existência, e o outro aspecto decide encarnar num ponto posterior, seja junto com o outro, seja em intervalos planejados. Quando plenamente integrados no corpo, os aspectos trabalham em paralelo um com o outro ao longo da duração do corpo humano escolhido. Neste caso, o efeito do entrante só se dá como resultado do ponto de integração diferente do aspecto (ou aspectos) encarnado secundário.

Na segunda versão, todos os aspectos se integram no corpo ao mesmo tempo, trabalhando com este em condições separadas, mas conexas desde o início de sua existência. Embora não se trate estritamente de um entrante, assemelhando-se mais a um cenário de corpo compartilhado, exibe efeitos de personalidade similares. Note que o corpo compartilhado ocorre quando um número de aspectos trabalha junto com um corpo quando este deverá ser usado para um papel significativo de importância mundial. O cenário do corpo compartilhado difere, porém, desta descrição porque os aspectos trabalham em concerto como um aspecto integrado a um corpo e não como aspectos separados em um corpo.

Os efeitos de personalidade desses tipos de entrantes são flutuações de humor ou dupla personalidade, algumas mostrando-se profundas durante os primeiros anos de crescimento do corpo.

O ENTRANTE DE "VEÍCULO COMPARTILHADO ROTATIVO" ocorre quando certo número de aspectos usa o mesmo corpo isoladamente, mas de forma rotativa. Essa rotatividade se baseia num período de tempo planejado para a existência encarnada de um aspecto especificado antes da troca. Neste caso, o corpo experimenta uma mudança contínua de aspecto ocupante, com base no número conhecido de aspectos trabalhando com aquele corpo. Estes aspectos podem ser trocados após qualquer período de tempo desejado, desde alguns dias até alguns anos. As pessoas que observam o corpo humano que está sendo usado desta maneira podem ver certo nível de desorganização até o aspecto recém-instalado se acostumar com o corpo e com as responsabilidades que assumiu.

Embora seja uma maneira particularmente eficiente de se usar o corpo humano, ela também tem como efeito o surgimento de várias personalidades, algumas bem distintas, ao longo da vida do corpo.

O ENTRANTE "TEMPORÁRIO" é uma condição na qual se fez um acordo entre dois ou mais aspectos que desejam trocar de lugar em determinada conjuntura da vida do corpo humano, apenas por um período limitado, a fim de experimentarem um evento encarnado desejado. O aspecto encarnado original retorna depois que o evento passou. Isso também pode se dar de forma "compartilhada": o aspecto residente compartilha o corpo

com o aspecto temporário durante o evento desejado e depois este sai.
É algo particularmente perturbador de se ver para o observador que não está acostumado com o fenômeno ou não o conhece, pois a personalidade vai parecer fazer coisas completamente fora de contexto no período da "troca" ou "partilha", voltando depois ao normal. O aspecto encarnado primário pode perder a memória da mudança de personalidade e, se questionado, pode negar qualquer conhecimento de tais mudanças de comportamento ou de personalidade.

O ENTRANTE DE "REABILITAÇÃO" é usado quando um aspecto teve uma encarnação particularmente danosa e precisa voltar lentamente à experiência encarnada. Neste caso, um corpo que está tendo uma boa existência com o aspecto atual é selecionado para que o aspecto em reabilitação o use por pouco tempo. Novamente, pode ser um "compartilhamento" ou uma "troca", dependendo do nível de estresse sofrido pelo aspecto e da profundidade de integração na existência encarnada que o aspecto pode ou deseja ter.

Para o aspecto que está tendo a permissão de usar uma encarnação existente em benefício da reabilitação, este é um ato de graça em prol do aspecto titular. É um ato de serviço importante, pois não terá sido planejado antes que o titular encarnasse—especialmente se o aspecto em reabilitação decidir, e lhe for permitido, compartilhar com o aspecto titular a experiência que lhe causou tanto estresse. Pense nisso como saltar de paraquedas junto com alguém e depois dizer à pessoa com quem está saltando que você tem medo de altura.

Lapsos momentâneos de raciocínio podem ser experimentados por aqueles que observam esta encarnação durante o período da reabilitação, especificamente quando experimentam coisas próximas ou significam caminhos a seguir, o evento ou eventos que causaram originalmente o estresse. O nível de efeito sobre o aspecto encarnado primário depende da profundidade de integração da encarnação permitida.

O ENTRANTE DO "VEÍCULO FURTADO" é um estado encarnado no qual o corpo humano está sob o efeito do álcool ou de drogas a ponto de ser significativo o suficiente para fazer com que o aspecto se ejete do corpo bêbado ou drogado. Neste caso, os campos energéticos, as camadas áuricas que protegem o corpo, rompem-se pela duração do efeito do álcool ou das drogas, permitindo que outro aspecto assuma o corpo. Geralmente, o aspecto que "furta" o corpo é aquele que já terminou sua encarnação anterior, mas ainda não se dissociou das frequências mais baixas do universo físico. Em essência, ou ele deseja permanecer encarnado, tamanha sua ligação com as frequências inferiores, ou ainda não reconheceu a morte do seu próprio corpo humano.

São observadas mudanças de personalidade significativas quando este entrante ocorre, especialmente durante o período "furtado" em que o corpo se acha sob a influência do álcool ou das drogas ingeridas. Mais tarde, quando esse efeito se vai, o aspecto original consegue retornar e o "ladrão" precisa sair do corpo que furtou. Ele não pode ficar nesse corpo furtado por muito tempo, pois o planejamento necessário para sustentar a assinatura energética diferente do aspecto que furtou o corpo não foi feito e o "ladrão" é rejeitado pelo corpo, permitindo o retorno do aspecto original. As camadas áuricas se curam em até três dias após o dano e assim o aspecto original experimenta limitações em sua funcionalidade (falta de clareza no pensamento, visualizações perturbadoras, dores de cabeça, etc.) enquanto o processo de cura está acontecendo. No entanto, durante o processo de cura, a proteção natural do corpo humano contra entidades "astrais" de baixa frequência se reduz, a ponto de essas entidades conseguirem se apegar às energias associadas à perpetuação do corpo e se alimentarem delas. As entidades astrais de baixa frequência são invisíveis ao olho físico e não conseguem metabolizar suas próprias energias para perpetuarem sua própria existência e por isso precisam de um hospedeiro, valendo-se da oportunidade para furtar energia enquanto as camadas da aura estão danificadas ou sendo reparadas.

A Origem Fala

Entrantes—O que não são (possessão, etc.)

Ocupação pela intoxicação

EU: O entrante do veículo furtado não seria classificado como possessão?

O: Não, embora você possa ser perdoado por pensar assim. Entenda, no caso do aspecto original que deixa vago o corpo, ele só está saindo por conta da desarmonia das energias como resultado da intoxicação. O corpo está abominável para o aspecto, e por isso este precisa deixá-lo até a desarmonia resultante do nível de intoxicação se reduzir a um patamar aceitável. Neste caso, o ladrão não permanece nas energias do corpo que ele ocupou porque a assinatura de energia está incorreta. Além disso, no caso do ladrão que é atraído pelo corpo para ter "sensações", ele sai por conta própria quando a influência das drogas ou do álcool se esvai. Ele só queria experimentar as sensações associadas a esses métodos de intoxicação, e assim não se interessa mais quando o efeito passa ou fica num nível que não lhe interessa.

No caso em que o ladrão se interessa pelas sensações associadas apenas com o fato de estar encarnado, e não especificamente com as sensações de intoxicação, então ele terá um choque. Embora veja que as camadas da aura estão danificadas, identificando a oportunidade para tornar a experimentar a encarnação, talvez não queira experimentar as sensações associadas a esse tipo de intoxicação. Neste caso, o candidato a ladrão não permanecerá por muito tempo, pois está mais interessado nas sensações envolvendo a própria existência encarnada do que naquelas associadas à influência do álcool ou das drogas.

Possessão passiva

EU: E quando a proteção natural do corpo humano contra entidades "astrais" de baixa frequência se reduz a ponto de essas entidades conseguirem se ligar às energias associadas à perpetuação do corpo (aquelas usadas pelos chakras) e se alimenta delas? É um entrante? Isto afeta a personalidade do indivíduo encarnado.

O: Não, este não é um entrante e sim uma forma passiva de possessão. Chamo-a de possessão pela persuasão.

EU: Por quê?

O: Porque o encarnado recebe alguma coisa em troca pela energia de que está sendo desprovido pela entidade astral. As entidades astrais, embora sejam de baixa frequência, existem na quarta, quinta, sexta e sétima frequência do multiverso criado pela Entidade Fonte Um, e, portanto, podem se vincular às energias associadas com esses níveis da aura ou campo energético humano. Não podem existir acima ou abaixo dessas frequências. Como disse antes, não podem metabolizar sua própria energia, e por isso precisam de um hospedeiro. Este hospedeiro deve estar sob seu controle de algum modo para desviar a atenção do encarnado de estar ligado a eles energeticamente, para que a entidade astral lhe dê alguma coisa em troca.

EU: O que uma entidade astral poderia dar a um encarnado para que não percebesse que uma entidade astral se prendeu a ele, ou para tornar isso aceitável?

O: Isso nunca é aceitável, mas sensações como poder físico, poder financeiro, coerção e informações sobre o que fazer a seguir, com base na superposição da precognição que a entidade astral transmite ao hospedeiro, são tão intoxicantes que eles contornam a sensação de que alguma coisa não está muito bem. Aceitam como se sentem energeticamente como sendo o que sentem normalmente em termos energéticos. E este nível de aceitação do novo eu "esgotado, mas poderoso" é aceito com surpreendente rapidez.

Com o tempo, hospedeiro e a entidade trabalham juntos, um acostumado com as recompensas dadas pelo outro e na expectativa delas. Assim, a entidade astral, oferecendo recompensas ou sensações de poder, etc., consegue controlar passivamente o hospedeiro. Esta é a possessão passiva, pois a personalidade do hospedeiro está, para todos os efeitos, inalterada—exceto por alguns melhoramentos.

Possessão plena

EU: Se essa é a possessão passiva, e com certeza, pela descrição, não é um entrante, o que é a possessão plena? Estou pensando no que aparece nos filmes de terror aqui da Terra.

O: Essa é uma versão mais agressiva da possessão por uma entidade astral, especificamente dirigida a um público e seu desejo de se assustar. Isso não acontece com frequência e está mais alinhado com a entidade astral que tem um vínculo tão forte com seu hospedeiro que ela deseja se tornar o hospedeiro. Mas não pode, porque a assinatura de energia está errada. Como seu desejo de se tornar o anfitrião é tão forte, a entidade astral tenta afetar aquilo que não pode afetar, tornando-se o anfitrião. Neste processo, a entidade experimenta a desarmonia total de suas frequências com as do anfitrião e sofre por isso, com o anfitrião exibindo perturbadoras mudanças de personalidade, "fora do personagem", em função desse vínculo. Na verdade, porém, pode ser facilmente removida por qualquer um com a habilidade e a intenção corretas, e não é algo com que se deve preocupar.

EU: Então, o que é a possessão plena?

O: Não é o que você pensa. Como disse antes, uma entidade, desencarnada ou astral, não pode assumir um corpo humano em si como entrante enquanto o aspecto titular ainda estiver associado ao corpo. É que a entidade astral e a entidade desencarnada têm assinaturas energéticas diferentes daquela do corpo. O evento de um entrante precisa ser planejado a fim de permitir que o próximo aspecto ocupe o corpo. Precisa que o corpo altere sua assinatura energética para a de sua nova alma, por assim dizer. A possessão se dá quando a pessoa recebe a permissão energética de controlar outra. Não é uma função do entrante, temporária ou permanente.

EU: Como isso funciona? Como alguém dá permissão energética para outro a ponto de permitir que seja controlada?

O: Por coerção.

EU: Deve ser um nível e tanto de coerção para permitir ser controlada a ponto de ser possuída.

O: E é. Sentir o amor físico é um tipo de coerção que pode ser usado por um parceiro que não é puro no coração. Isso pode acontecer quando uma pessoa está obcecada por outra, com a outra reconhecendo a oportunidade de usar isso como uma oportunidade de posse. Também há o desejo de agradar o outro como um veículo para ajudar em sua própria progressão de alguma forma, como na carreira, na posição social ou do ponto de vista financeiro.

EU: Ah! Isso explica os vínculos energéticos que tenho removido durante algumas de minhas curas?

O: Sim. Entenda, a possessão é criada quando o possuído dá permissão ao possessor para se conectar energeticamente através de um dos meios que acabo de expor. Geralmente, esse vínculo é aceito com tanta disposição que se torna uma verdadeira intenção, seja apoiada inicialmente, seja como resultado de mudanças nas relações, e não é percebido, energética ou logicamente. Embora aqueles ao seu redor possam ver que há algo errado no padrão de comportamento dos possuídos, os próprios possuídos não conseguem ver.

O vínculo energético, como você observou, é como uma tubulação energética conectada com as energias do físico denso e com o aspecto físico-espiritual do corpo humano, geralmente através de um chakra, sendo o chakra cardíaco o favorito. O diâmetro dessa tubulação energética depende do nível de controle ou influência do possessor sobre o possuído. Depois que este vínculo é criado, o possessor pode manipular o possuído para obter diversos resultados que quer atingir, mas não quer necessariamente participar daquilo que poderia afetar sem a posse do possuído.

A conectividade dessa tubulação energética é tanta que geralmente não pode ser removida pelo possuído porque a conexão se baseia na fusão de suas próprias energias com as

A Origem Fala

do possessor. Só o possessor ou um curador bem treinado podem remover esta conexão.

EU: Acabei de receber a imagem de um homem e seu cão, o homem possuindo o cão e o cão ficando sob o controle do homem por conta do uso da coleira. O cão também está possuído porque sente o atrativo de uma boa casa, amor e refeições regulares. O efeito da possessão sobre o cão é tão profundo que ele atribui o status de "macho alfa" ao homem e, como resultado, fará a vontade deste se assim for ordenado. Tamanho é o nível da possessão que o cão é mantido próximo ao homem, usando a coleira e mantendo o relacionamento dependente, restringindo os movimentos do cão e minimizando o contato com outros cães ou humanos com os quais pode fazer comparações e enxergar a verdade de sua própria situação.

O: Bom, muito bom. No caso do possessor humano, a coleira é o vínculo energético e também a necessidade de manter o possuído por perto, pois quando o possuído puder se afastar do possessor, o vínculo pode ficar mais fraco. Mesmo que fique mais fraco, nunca pode ser removido pelo possuído, e, por mais fraco que fique, sempre estará em vigor.

EU: Tenho visto pessoas com muitos desses vínculos de possessão com outras pessoas pelo mundo afora. Todos são da mesma vida?

O: Não, alguns desses vínculos podem vir com você quando encarna em função do karma. Não estão ali para criar possessão, mas como uma oportunidade para ver as mesmas circunstâncias, ou similares, que criaram os vínculos anteriores e evitá-los, rompendo o vínculo e o karma associado.

EU: Então, não há mal se o curador remover esses vínculos caso seja uma oportunidade para remover o karma e progredir em função do reconhecimento de circunstâncias iguais ou similares às que os criaram?

O: Correto, mas só se o curador for habilidoso e reconhecer a necessidade de remover a conectividade e o vínculo energético, porque se a conectividade também não for removida, o vínculo pode se restabelecer, e o faz.

A Origem Fala

EU: Já houve caso de algum entrante temporário que tentou possuir o corpo que está usando temporariamente, furtando-o do verdadeiro aspecto titular?

O: Só um, e isso foi durante o primeiro uso do corpo humano como veículo para experimentar as frequências mais baixas do multiverso de sua Entidade Fonte. Contudo, devido ao uso do corpo humano naquela era, compartilhar e trocar de corpos era comum e não foi um problema sério.

EU: Grato por esclarecer isso para mim.

O: Fico feliz por ser útil.

Capítulo 19:
Subencarnações

RESOLVI DEIXAR O ASSUNTO dos entrantes nesse ponto porque estava ficando claro que eu estava me aproximando de atingir o ponto máximo que eu e meus leitores poderíamos absorver de forma útil. Tenho certeza de que haveria mais informações sobre o tema e que estas viriam mais tarde. Nesse momento, porém, quis mudar levemente de assunto e tratar brevemente do tema das subencarnações.
O tema das subencarnações entrou no meu radar quando respondi a um e-mail de um leitor que queria uma explicação para as abduções alienígenas. Enquanto estava canalizando a informação para a resposta, a informação que me veio, um tanto inesperada, foi que os abduzidos são subencarnações de uma encarnação primária de frequência mais elevada. Fiquei encantado com essa possibilidade e depois fui recompensado com a honra de fazer leituras para duas pessoas que, pelo que determinei, eram de fato subencarnações. Mal pude acreditar na minha sorte, mas ao mesmo tempo desconfiei da possibilidade de estar inventando as informações que estava recebendo sobre essas duas pessoas, embora o tempo decorrido entre a informação canalizada original e essas leituras tenha sido de dez meses. Nessas situações, realizo um procedimento de recalibração no qual fecho todas as informações recebidas anteriormente e faço as perguntas com direção e formas diferentes. Mais uma vez, recebi a mesma informação, e nos dois casos obtive detalhes sobre a razão de terem se apresentado em corpos humanos subencarnações e não encarnações primárias. Paralelamente a isto, eu também estava começando a encontrar mais informações sobre a estrutura de nossos Verdadeiros Eus Energéticos, nossa Super Alma, Eu Superior ou Essência Divina, como quiser chamá-la. Todos os descritores referem-se à mesma coisa, aquilo que somos de fato quando estamos no

energético. Resolvi trabalhar diretamente neste aspecto após a discussão sobre subencarnações com A Origem. O vínculo entre os dois assuntos estava prestes a surgir do nada.

O: Então, você quer falar de subencarnações.
EU: Isso foi meio brusco!
O: Na verdade, foi apenas objetivo. As subencarnações não foram comentadas antes. É um assunto novo para a humanidade encarnada, e vai causar certa preocupação em algumas pessoas. Elas não vão se sentir inteiras.
EU: Então, devemos discutir e transmitir esse assunto, lembrando que ele vai mexer com algumas pessoas?
O: Introduzir o novo e o desconfortável é o papel que você escolheu para esta existência temporária na qual embarcou. É claro que devemos discuti-lo. Na verdade, precisamos fazer isso, pois vai ajudar muita gente a entender que há muito mais coisas na encarnação do que parece.
EU: Muito bom. Antes, deixe-me fazer uma pergunta. As subencarnações são entrantes?
O: Não. O entrante é um estado completamente diferente. No entanto, uma subencarnação pode atingir a condição de entrante, temporária ou permanente, caso haja um acordo prévio para tal estado encarnado.
EU: O que seria um dos casos discutidos antes.
O: Sim, as condições para "entrar" no corpo humano e ser um veículo encarnado precisam ser atendidas. Na verdade, as condições são ainda mais estritas em função do efeito da subencarnação no corpo humano.
EU: Então, é possível ser um entrante cujo aspecto (alma) resulta de uma subencarnação?
O: Sim. Mas perceba que são condições separadas. Não são a mesma coisa, que é a pergunta que você estava fazendo.
EU: Sim, agora eu percebi. Mas isto é espantoso. Deixe-me organizar minhas ideias. É raro ou comum encontrar um entrante subencarnado?
O: No seu universo, não é muito comum, embora seja usado com efeitos significativos nos ambientes de outras Entidades Fontes, quando empregam um veículo para trabalhar em

A Origem Fala

suas frequências mais baixas. É até usado com resultados importantes pelos Verdadeiros Eus Energéticos do universo de sua própria Entidade Fonte nas frequências mais elevadas. Por exemplo, uma entidade que projeta um aspecto de si mesma num veículo encarnado que reside na décima segunda frequência, que então decide subencarnar num veículo da nona ou décima frequência, quer como subencarnação plena, quer como subencarnação que tem permissão para ser um entrante temporário, compartilhado ou pleno no veículo encarnado que é seu alvo. Mas em todos esses casos, a entidade conhece sua condição, sabe que condição é essa, e não atua na ignorância que vocês experimentam na sua frequência, na qual as pessoas pensam e acreditam que são o corpo humano.

EU: Então, os encarnados nas frequências mais elevadas do universo físico sabem se são entrantes, subencarnações ou subencarnações que são entrantes, seja de maneira plena, temporária ou compartilhada?

O: Sim.

EU: Isso é bizarro.

O: É uma encarnação normal. É complicada; simplesmente, você não tem ideia do quanto tudo isso é complicado. Quando a humanidade encarnada tiver subido o suficiente em frequência, tudo isto e mais ficará disponível para ela enquanto encarnarem.

EU: Certo, estou ciente de que fomos diretamente ao lado extremo disso e ainda não compartilhei com meus leitores o que é a subencarnação.

O: Correto. É verdade. O que eu gostaria que você fizesse, porém, é me mostrar se você assimilou o que é uma subencarnação.

EU: Você quer que eu explique antes o que entendi?

O: Sim, e eu vou cobrir as lacunas, ou seja, as necessárias. Está ficando cada vez mais importante para você conseguir trabalhar sozinho nestas explicações, usando as informações obtidas através de sua intuição, sua clarissenciência e suas linhas naturais de comunicação e não pela investigação canalizada. Você já tem feito um pouco isso em seus diálogos anteriores.

EU: Mas por quê?

O: É uma coisa com a qual você precisa se acostumar. Em breve, você não vai mais precisar entrar em contato com sua Fonte ou outras Fontes, ou até comigo, para obter informações. Estas ficarão à sua disposição para serem usadas quando você desejar. É assim que você trabalha no plano energético, é assim que todos vocês trabalham quando estão no energético, e é assim que você vai trabalhar mais tarde em seu papel aqui como ser encarnado.

EU: Será preciso que meus leitores deem um salto de fé se esperam que eu use fontes mais elevadas de informação.

O: Sim, será, mas considere o seguinte. A canalização é apenas um trampolim. É como o tarólogo que usa um baralho do Tarô para focalizar a atenção. É bom comunicar-se com outras entidades energéticas e isso deve ser feito, mas o contato e as comunicações devem ser apenas isso, comunicação, comunhão, e não meios para obter informações que você é perfeitamente capaz de obter sozinho. É como ir ao supermercado e pedir que o gerente pegue ervilhas, quando você é perfeitamente capaz de percorrer os corredores de produtos e encontrar a prateleira das ervilhas. Não só isso, você será capaz de determinar as diversas variedades de ervilhas e se elas estão congeladas, enlatadas, separadas, ensacadas ou ainda em suas vagens. Desse modo, você obtém acesso a conhecimentos que não se baseiam apenas em certas questões. Baseiam-se na projeção da consciência sobre a própria essência daquilo que "é" (eu) e experimentar por si mesmo as diversas respostas que poderiam ter sido dadas. E mais, você será capaz de oferecer uma definição mais clara do assunto, porque muitos têm subseções, assim como a encarnação tem subencarnações. Você terá acesso a mais detalhes e vai crescer de forma acelerada nesse processo.

EU: Obrigado. Esse foi mesmo um indicativo do que virá. Espero que meus leitores estejam dispostos a dar esse tipo de salto quântico.

A Origem Fala

O: Aqueles que estão com você estarão quase esperando por isso quando você finalmente resolver seguir essa direção. Aqueles que estão chegando estarão apenas começando pelo seu primeiro livro. Você vai saber quando deve introduzir essa forma de trabalhar.
Bem, agora, vamos ver o que você entendeu da subencarnação.

EU: Obrigado. Pelo que eu entendi, a subencarnação se dá quando nós, entidades energéticas, projetamos um aspecto de nosso Verdadeiro Eu Energético no universo físico em alta frequência como uma encarnação primária, e decidimos, enquanto estamos nessa condição primária, projetar o aspecto que a anima noutro corpo de frequência mais baixa como uma subencarnação.

Esta capacidade está disponível porque o aspecto encarnado ainda tem à disposição algumas funções das frequências mais elevadas na encarnação primária, dando-lhe a oportunidade de tomar essa decisão. A encarnação primária só está disponível nas frequências acima da sétima. As frequências acima da sétima são um pré-requisito necessário para a encarnação primária porque são puramente energéticas do ponto de vista do corpo humano, embora sejam consideradas físicas. As frequências abaixo da sétima, inclusive esta, são tanto físico-espirituais quanto físicas densas, e não permitem que funções superiores, como o reconhecimento pleno do Verdadeiro Eu Energético e outras habilidades, manifestem-se devido à sua falta de resolução. Portanto, dentro dos confins do universo físico, entidades que desejam encarnar no físico denso só encarnariam como subencarnação desde essas frequências superiores, entre a oitava e a décima segunda, no corpo humano, e nada mais.

Portanto, a subencarnação é uma encarnação que um aspecto escolhe fazer enquanto está encarnado nas frequências físicas superiores, mantendo a integridade da encarnação primária.

O: Longo, mas razoavelmente preciso. Agora, vamos dividi-las em suas categorias.

EU: Certo! Bem ... isso está vindo diretamente sobre mim, como se estivesse baixando um arquivo!

O: Sim, estou usando esta descrição como uma oportunidade para lhe dar alguma experiência da maneira como você irá trabalhar nos próximos anos.

EU: Tenho certeza de que vou lhe agradecer mais tarde. Mmmm, deixe-me ver. Ah, sim! Há três formas básicas de subencarnação. São estas:

SUBENCARNAÇÃO PLENA—Onde o aspecto do Verdadeiro Eu Energético que atualmente ocupa uma encarnação física de frequência elevada deseja experimentar uma existência em frequência mais baixa por um período conhecido de tempo em lugar do, mas em apoio ao, trabalho sendo feito em sua atual encarnação. O trabalho e as informações sendo acumuladas durante esta encarnação beneficiam tanto o aspecto em subencarnação quanto os outros aspectos encarnados com quem está trabalhando em seu estado encarnado primário. Pense nisto como uma encarnação dentro de uma encarnação, com os aspectos que permanecem nas encarnações primárias monitorando as experiências do aspecto na subencarnação, inclusive tirando informações diretamente do veículo usado na subencarnação—o corpo humano. Neste caso, o aspecto dentro da subencarnação opera como um aspecto cuja encarnação primária está dentro do físico denso—na medida que não dispõe da memória de seu estado, funcionalidade e propósito da encarnação de seu estado encarnado primário. Até, claro, a morte do corpo humano físico denso, quando ele retorna a seu estado encarnado primário e reanima o veículo encarnado primário.

SUBENCARNAÇÃO PARCIAL—Na qual o aspecto do Verdadeiro Eu Energético deseja ter uma subencarnação enquanto ainda opera no estado encarnado primário; ambas são conduzidas em conjunto. Neste caso, o aspecto encarnado projeta um "fragmento" com um percentual conhecido do aspecto dentro das frequências superiores, sobre as frequências do físico denso a fim de aumentar as informações necessárias para apoiar uma experiência desejada e solicitada enquanto se está na encarnação primária. É como ter uma segunda encarnação que está sob o controle remoto da primeira. Mais de um fragmento pode ser projetado numa subencarnação, e é comum que duas ou três aconteçam ao mesmo tempo.

SUBENCARNAÇÃO "TEMPORÁRIA" PLENA OU PARCIAL—Onde o aspecto ou fragmento de aspecto do Verdadeiro Eu Energético é projetado no estado subencarnado por um período limitado. Ou seja, numa condição organizada de entrante na qual o aspecto do Verdadeiro Eu Energético titular anterior sai do corpo pelo período combinado ou o corpo é compartilhado por um período de tempo combinado. Nesses casos, a subencarnação só fica operacional pela duração da condição experiencial desejada e não pela existência total do corpo humano sendo usado.

O: Muito bem. Eu sabia que você iria lidar com isso como um pato na lagoa.
EU: Obrigado, mas levou um bom tempo em comparação com o trabalho com você ou com as Entidades Fontes.
O: Quanto mais você fizer isso, mais rápido será.
EU: Enquanto estava recebendo e digitando estas informações, fiquei um pouco distraído com os comentários sobre fragmentos. Comecei a ver na minha mente uma imagem que mostrava a possível estrutura encarnada do Verdadeiro Eu Energético. Os fragmentos pareceram ser a dissecação lógica de um aspecto.
O: Prossiga.
EU: Senti que seria um método comum de divisão, de experiência em paralelo.
O: Há um vínculo entre aquilo que você falou sobre subencarnações e a capacidade de divisão do Verdadeiro Eu Energético. Você deveria falar sobre isto no próximo capítulo. Agora, porém, sinto que preciso colocar os toques finais no diálogo da subencarnação.

As subencarnações são uma oportunidade importante para se suplementar aquilo que é experimentado numa frequência mais elevada, com uma experiência similar, igual ou diametralmente oposta num estado de frequência inferior enquanto ainda se está encarnado no estado primário. Oferecem à entidade a oportunidade de ter uma encarnação que possui uma camada de respostas para uma experiência desejada com base nas frequências a que o aspecto do Verdadeiro Eu Energético está exposto. Um aspecto que encarna nas frequências mais elevadas pode existir como subencarnação plena ou parcial pela duração total do corpo humano medida em décadas, enquanto sua encarnação primária está inerte ou funcionando parcialmente, se um fragmento for usado, por um período que pode ser medido no equivalente a algumas horas ou até algumas semanas de tempo encarnado primário. As subencarnações permitem que se experimentem mais detalhes durante a encarnação, fazendo o maior uso possível da experiência encarnada em todos os seus milhares de modos.

Capítulo 20:
Os aspectos do verdadeiro Eu energético

ISSO ME PARECEU UM POUCO "DE TRÁS PARA A FRENTE". Tínhamos acabado de tratar dos tipos de encarnação que poderiam ser experimentados e aludimos à estrutura do Verdadeiro Eu Energético, inclusive como ele poderia ser subdividido. A Origem, porém, quis tornar a discutir isso com certa profundidade. Comecei a ter uma sensação, a mesma que tenho quando começo a desconfiar que nada é tão simples quanto parece. Tenho essa sensação quando sei que vou levar um bom tempo para receber as informações e que por isso vou ficar acorrentado ao teclado do meu computador por um longo tempo. Quando estou neste modo de trabalho, tenho dificuldade para me mover e mais ainda para me afastar do assunto ou do computador. Mas sei que é importante e que preciso abaixar a cabeça e seguir em frente. A informação que A Origem estava prestes a me oferecer, porém, compensou todas essas sensações do tipo "isto vai levar um tempão".

Aspectos e fragmentos de nosso Verdadeiro Eu Energético

EU: Devo admitir que fiquei um pouco surpreso. Achava que tínhamos discutido a fundo a estrutura do Verdadeiro Eu Energético no diálogo anterior sobre subencarnações.
O: E até certo ponto, nós o fizemos, mas está incompleta e também precisa ser discutida por si mesma.
EU: Ah, certo, entendi sua posição. Considerando que a maior parte da humanidade encarnada pensa que é o espírito, a alma, ou seja, a inteligência por trás do corpo humano que estão usando, estão avançando sob um nível baixo de

compreensão. Entendo isto porque muitas pessoas espiritualizadas ainda acham que "elas" vêm de um dos outros veículos encarnados de frequência mais elevada que são usados no universo físico. Este seria um processo mental razoável se fossem subencarnações, mas incorreto na realidade maior.

O: Correto. É por isso que é necessário deixar clara a história, mostrar à humanidade encarnada a verdade sobre ela mesma. Esta não é a primeira vez que esta informação terá sido transmitida a ela. A verdade tem milhares de anos e está inserida nos ensinamentos científicos de algumas das mais antigas civilizações da Terra. Tudo que é preciso fazer é olhar ao seu redor e você vai ver. Basta dizer que é difícil encontrar informações, e mais difícil ainda compreendê-las devido ao método de ensino e às expectativas sobre o nível de progresso espiritual dos estudantes. Agora, temos a oportunidade de tornar estas informações disponíveis para todos que estiverem preparados para elas. Quero dizer, mais facilmente disponíveis do que agora.

EU: Tenho a sensação de que já conheço isso e sei o que você está prestes a me transmitir. É um conhecimento antigo.

O: Sim, é um conhecimento antigo e é claro que você o conhece. Mas também admite que este conhecimento é relevante para sua Entidade Fonte preferida e suas criações. O tema geral, ou seja, a estrutura energética básica, é levado para as outras Entidades Fontes, mas com variações baseadas em seus próprios níveis de criatividade. Tudo que você compreendeu sobre as Entidades Fontes e suas criações baseou-se no que elas criaram e como estão trabalhando. Independentemente disto, há uma estrutura básica, uma estrutura que todas as entidades possuem, e esta estrutura se baseia em mim e na minha estrutura. Quando criei as Entidades Fontes, criei-as com base no conhecimento que tenho da minha própria estrutura, como ela interage consigo mesma e como isso pode ser transmitido a tudo que é criado pelas Entidades Fontes e suas criações. Esta informação mais profunda não é para agora, mas a humanidade será capaz de trabalhar com ela no futuro próximo.

A Origem Fala

EU: Então, o que vamos discutir se a maior parte disso se baseia em algo que não podemos compreender agora?
O: O mínimo essencial, e isso será suficiente. Quer começar ou devo fazê-lo?
EU: Bem, eu não queria entrar no modo de obter as informações diretamente com você, "tudo que existe", neste momento, mas vou tentar com base na energia insistente que estou recebendo de você.
O: Vá em frente, por favor.

Tenho de admitir que o comentário anterior de A Origem sobre afastar-me da necessidade de usar "terceiros" para obter as informações que estou destinado a transmitir à Terra e seus habitantes foi um pouco irritante, especialmente pelo fato de esses terceiros serem as Entidades Fontes e a própria Origem. Estou feliz por mostrar meu entendimento como exemplo, sendo corrigido depois, mas o voo solo exige um salto de fé. Reconhecendo que eu havia ilustrado antes meu nível de conhecimento para as Entidades Fontes, decidi mergulhar no lado fundo. Sentei-me melhor na cadeira e refleti sobre o que tinha acabado de digitar e fiquei pensando. Isto era insensato. Será que eu estava ficando excessivamente crítico comigo mesmo e com a minha capacidade, ou eu estava ficando menos "entusiasmado", digamos assim? Refleti mais um pouco e percebi que eu havia exercido certa pressão sobre mim mesmo. Esta pressão era a necessidade de obter as informações corretamente, e o uso de terceiros removia de mim a responsabilidade com a entidade com que estou me comunicando, ou seja, ela teria de obter a informação correta e não eu. Além disso, elas estão no plano energético e eu, ou seja, aquela parte minha que está digitando este texto, não estou no energético, motivo pelo qual tenho acesso limitado. Já estou ouvindo A Origem dizer: "A limitação, meu caro, está na mente da entidade, não em sua capacidade real". Depois, analisei se isso seria ou não um aspecto do medo, uma característica bem humana, mais uma vez, baseada no dia futuro em que voarei sozinho e não terei a necessidade de terceiros para focalizar, mas estou preocupado com o modo como essa mudança de rumo será aceita. Balancei a cabeça e A Origem fez um comentário de incentivo.

O: A sorte favorece os corajosos e o coração fraco nunca conquista a linda donzela.
EU: O que quer dizer isso?
O: Se nos preocupamos com o que as pessoas vão pensar a nosso respeito, nunca faremos o que queremos ou devemos fazer. Aqueles que têm sucesso reconhecem a oportunidade e a necessidade de fazer agora. Lembre-se, a porta que se abre agora talvez não se abra depois.
EU: Tenho a impressão de que estou recebendo uma aula de introdução à filosofia.
O: Na verdade, você não precisa dela; sua filosofia é bem boa. O que você está sentindo se baseia na sua condição humana e no fato de você estar ficando acostumado com a maneira como está trabalhando agora. Você avançou bem depressa até agora, e de fato suas transições foram bem suaves. Você progrediu com experiência, convicção e entusiasmo.
Ah, sim, agora eu entendo. Você está em contato com aquele Espaço de Eventos no qual está sozinho novamente, dando o salto quântico, pegando tudo com o "tudo que existe", eu, mas sem o incentivo de sua esposa, Anne. Anne estava com você em seus saltos quânticos antes disto, estimulando-o a cada momento, ajudando-o a validar as informações que recebia, construindo sua confiança ao longo desse processo. Ela era outra "terceira", outro ponto focal, alguém que segurava sua mão quando surgiam os momentos de fraqueza. Saiba de uma coisa: ela está desempenhando um papel importante no plano energético em relação ao que você está fazendo—isto fazia parte do plano. Ela está sempre com você, você sabe disso, comunica-se com ela diariamente, mas o aspecto humano que você precisava ou queria experimentar pegou-o desprevenido. Ela é você e você é ela, assim como você é eu e eu sou você, assim como as Entidades Fontes, mas você sabe disso. Vou explicar depois como isso funciona com os Om. (Isto aconteceu no dia 16 de setembro de 2013—Anne ascendeu em 24 de dezembro

de 2012. Foi próximo do dia, se não o próprio dia, do aniversário de dez anos do diagnóstico de seu tumor cerebral. Eu estava tendo um momento humano!) Bem, o que você conhece sobre a estrutura do Verdadeiro Eu Energético?

EU: Vou começar de cima e descer, digamos. O Verdadeiro Eu Energético é o que somos de fato. Pode ser descrito como Essência Divina, Super Alma ou Eu Superior, de acordo com a preferência do buscador da verdade. Vou continuar a usar "Verdadeiro Eu Energético" porque me parece mais preciso. O Verdadeiro Eu Energético é aquilo que foi criado pela Entidade Fonte, no caso, nossa Entidade Fonte, a Entidade Fonte Um. É uma unidade individualizada da Entidade Fonte. Eles foram criados para permitir à Entidade Fonte investigar as energias que a constroem da forma mais completa possível.

O Verdadeiro Eu Energético foi idealizado para poder trabalhar com os menores detalhes da estrutura da Entidade Fonte, que foi criada como uma estrutura separada dentro dele mesmo, o multiverso, para dar a essas miríades de suas unidades individualizadas a oportunidade de investigar esse detalhe sem a intervenção ou interferência da própria Fonte. O Verdadeiro Eu Energético foi criado como uma cópia muito menor da Entidade Fonte e possui uma estrutura que simula a Fonte e o multiverso. Ele reside numa parte do multiverso, uma frequência que é o componente estrutural básico da dimensão e do componente subdimensional relevantes para seu nível de evolução. O nível de evolução é um estado progressivo e se baseia na experiência e no aprendizado acumulados no aspecto energético ou de frequência superior do multiverso e das frequências mais baixas. As frequências mais baixas são de grande interesse para a Fonte, e alguns Verdadeiros Eus Energéticos gravitam para a oportunidade de existir dentro dessas frequências baixas, experimentando a funcionalidade associada a elas. Isto requer um conjunto específico de circunstâncias para poder acontecer, o que culmina na condição encarnada.

A Origem Fala

O Verdadeiro Eu Energético é uma ordem complexa de energias, uma vez que tem um vínculo direto com seu estado energético superior, seu criador, e tem a capacidade de ser totalmente independente de seu criador. Em sua construção, possui um subconjunto de energias que também podem ganhar individualidade enquanto permanecem ligadas a seu eu. Estas energias são projeções ou aspectos de seu eu e podem agir independentemente de seu eu, reportando a este aquilo que é experimentado, ao mesmo tempo que o faz com a Fonte. Aqui, a sinergia é mantida.

O número máximo de aspectos que podem ser usados é doze. Cada um deles é uma oportunidade para experiências individuais e paralelas em adição ao que é acumulado pelo Verdadeiro Eu Energético. Eles podem ser projetados em qualquer lugar do multiverso em relação à sua posição evolutiva, e, portanto, frequencial, nele. Qualquer número de aspectos pode ser usado no processo encarnado na tentativa de acelerar o acúmulo de conteúdo evolutivo.

Cada aspecto tem a capacidade de se dividir em aspectos menores chamados de fragmentos. Cada aspecto tem a capacidade de projetar até doze fragmentos de si mesmo em qualquer lugar do multiverso, como explicado. Contudo, os fragmentos são frações e podem ser usados como tal. Um fragmento pode ser cem por cento autônomo, caso em que, para todos os efeitos, tem status similar ao do aspecto, ou o fragmento pode ser um percentual de um aspecto, sendo uma extensão do aspecto e não um fragmento "na totalidade". É que um aspecto pode projetar até doze fragmentos em locais variados como projeções autônomas de si mesmo, sendo o fragmento uma ampliação desta condição na qual um "aspecto" do aspecto também é parte da projeção que cria o fragmento. Dessa forma, o aspecto abre mão de parte do seu "eu" para aumentar qualquer um dos fragmentos projetados a partir dele em uma existência adicional, encarnada ou energética, ou cria um aspecto separado do aspecto por meio da separação do próprio aspecto em componentes menores, sendo os fragmentos externos a esta parte da função de um aspecto. Em essência, o Verdadeiro Eu Energético poderia

A Origem Fala

ter doze aspectos, cada um com doze fragmentos e um número de fragmentos fracionais como projeções adicionais totalizando cento e quarenta e quatro, além de oportunidades paralelas, mas individualizadas, para aumentar o conteúdo evolutivo do Verdadeiro Eu Energético.

O: Muito bom. É quase a resposta que eu teria dado.

EU: Então, você aprova?

O: Sim, eu vi que você estava se conectando muito bem com o "conhecimento", e com facilidade.

EU: Não foi diferente de quando recebo inspiração, quando uso a intuição ou mesmo quando recebo informações de você ou de alguma Entidade Fonte.

O: E é assim que deveria ser. Quando você usa normalmente sua intuição ou recebe inspiração, você está se ligando ao conhecimento contido na realidade maior da Entidade Fonte Um, que é um caminho indireto para obter acesso direto a aquilo que está contido em mim. Quando você recebe informações de uma das Entidades Fontes ou de mim, está recebendo informações que não são as mesmas que as informações recebidas por sua própria funcionalidade. Nas informações que acabou de acessar, você não recebeu ajuda de mim ou de alguma Entidade Fonte, ou seja, nós não a passamos para você, e nem você estava usando a Entidade Fonte Um como terceiro elemento, um foco. Você estava acessando as informações diretamente e por conta própria. Deveria ser fácil, mas muitas pessoas que se valem de focos como cartas, cristais ou guias espirituais para obter informações ficam travadas e só conseguem obter informações através de seu foco. Você possuía um foco muito mais elevado, uma das Entidades Fontes ou eu, e superar a necessidade de nos usar é um importante passo à frente.

EU: Isso me pareceu muito natural.

O: E deveria ser assim. Você é estimado pelos Om. Você faz isso o tempo todo em que está desencarnado, ou seja, obtendo informações além daquelas contidas em sua Entidade Fonte preferida. Outras entidades se restringem às informações dentro do ambiente de seu criador quando estão desencarnadas.

EU: Agradeço suas palavras de esclarecimento sobre meu modo de operar, bem como seu incentivo. Isso me ajuda e significa muito para mim. Agora, eu gostaria de saber como a estrutura do Verdadeiro Eu Energético se relaciona com o princípio do grupo de almas e com a alma gêmea?

O: Seu Verdadeiro Eu Energético, Princípio Divino, Eu Superior, Super Alma, seja qual for o descritor que queira usar, tem a capacidade de projetar até doze "aspectos" de si mesmo sobre as frequências inferiores associadas ao universo físico. Cada um pode encarnar num corpo humano separado ou outro veículo encarnado (não animal, etc.) de frequência mais elevada.

Cada um desses aspectos também pode projetar até doze "fragmentos" de si mesmo e ocupar outros veículos encarnados (mais uma vez, não animal, etc.) como subencarnação plena (uma encarnação dentro de uma encarnação) caso o aspecto esteja encarnado numa frequência superior às frequências da Terra, ou como entrante, podendo ser um entrante pleno, temporário ou compartilhado.

Qualquer aspecto ou fragmento ainda é, por definição, parte do Verdadeiro Eu Energético.

Quando mais do que um aspecto ou fragmento é projetado no estado encarnado, esses aspectos ou fragmentos podem ser classificados como um "grupo de almas" do Verdadeiro Eu Energético. Como parte do grupo de almas, há as "almas gêmeas", pois elas pertencem a um Verdadeiro Eu Energético, Super Alma, Eu Superior ou Essência Divina. Quando alguns desses aspectos ou fragmentos se encontram e trabalham juntos em parceria no estado encarnado, estão trabalhando com um membro de seu grupo de almas, uma de suas almas gêmeas. Portanto, quando alguém afirma que encontrou sua alma gêmea, encontrou outro aspecto ou fragmento de si mesmo. Ambos fazem parte de uma entidade muito maior, seu Verdadeiro Eu Energético. Como encontraram um aspecto ou fragmento encarnado de si mesmos, naturalmente amam essa pessoa encarnada. Este é o amor por um aspecto ou fragmento do Verdadeiro Eu Energético.

EU: Como saber se seu parceiro é uma alma gêmea?

O: Do ponto de vista humano, a alma gêmea pode ser identificada descobrindo-se que ela pode ser reconhecida poucos dias após o primeiro contato, desde que você seja bastante observador. Mas quantos de vocês são observadores assim? Não muitos, e muitas almas gêmeas só podem ser identificadas como tal depois de muitos anos de trabalho em parceria.

Segundo a perspectiva humana, alma gêmea é a pessoa:
- Por quem nos mantemos enamorados.
- Cuja mão você quer segurar vinte e cinco anos após seu primeiro encontro.
- Que tolera seus erros e oferece ajuda para corrigi-los.
- Que aceita você tal como é e oferece conselhos gentis para você melhorar.
- Que lhe diz quando não está bem sem medo de retribuição.
- Que trabalha do seu lado nas situações mais difíceis.
- Que não abandona você quando a situação fica pesada.
- Que prefere ser pobre e "apaixonado" do seu lado do que ter dinheiro e "existir" junto.
- Que elogia quando você tem sucesso e consola quando fracassa, compreendendo os benefícios dos dois resultados.
- Que é forte para você e está lá para você em seus momentos mais sombrios.
- Que está satisfeito com você e com o que você tem.
- Que ajuda você a se alongar.
- Que pega você quando você cai.
- Que lhe dá independência quando você a quer.
- Que confia em você—sem qualquer dúvida.
- Que ajuda você a realizar todo o seu potencial.
- Por quem você daria a sua vida.
- Que precisa ser valorizado, pois são presentes de sua Entidade Fonte.

Estas são apenas algumas coisas que identificam a alma gêmea. Fique atento a elas quando quiser escolher um parceiro ou parceira para a vida toda. Não se apresse e escolha bem.

Aspectos, fragmentos e os efeitos do Espaço de Eventos

EU: Se nós, como Verdadeiros Eus Energéticos, temos o potencial para cento e quarenta e quatro encarnações como a aplicação máxima de nossos aspectos e fragmentos, este número pode aumentar se o Espaço de Eventos for invocado?

O: Sim, pode. Perceba, porém que o Espaço de Eventos é uma função local do aspecto ou fragmento e não afeta a todos. Com isso, quero dizer que o Espaço de Eventos que afeta o aspecto número dois, por exemplo, não afeta os outros aspectos que estão sendo projetados pelo Verdadeiro Eu Energético. Tampouco afeta os fragmentos, quer plenos, quer parciais, que estão sendo projetados pelo aspecto número dois. Cada um e todos invocam e são influenciados pelo Espaço de Eventos de maneira individual.

EU: Isso significa que o aspecto número dois pode estar experimentando, digamos, 128 Espaços de Eventos (realidades) diferentes como resultado de certas possibilidades, mas cada um dos fragmentos projetados por ele pode estar experimentando outros diversos Espaços de Eventos totalmente independentes uns dos outros, e seu aspecto projetor. Por exemplo, 526, 234, 16 e 1.032 Espaços de Eventos diferentes experimentados pelo aspecto número dois se este estivesse projetando quatro fragmentos. E estes são totalmente independentes dos demais e do aspecto.

O: Totalmente. Percebo que você está franzindo a testa.

EU: Bem, estou tendo dificuldade para ver como os fragmentos não são afetados pelos Espaços de Eventos criados por seu aspecto.

O: Eles são dissociados quando se separam através da projeção.

A Origem Fala

EU: Desculpe?

O: Quando um aspecto cria um fragmento, este é uma entidade autônoma, uma oportunidade autônoma de obter experiência e aprendizado paralelos e conteúdo evolutivo. Assim como o aspecto é do Verdadeiro Eu Energético e o Verdadeiro Eu Energético é da Entidade Fonte Um e a Entidade Fonte Um é de mim. Temporariamente, torna-se uma entidade própria, assim como o aspecto é uma entidade temporária criada pelo Verdadeiro Eu Energético. O Verdadeiro Eu Energético, o aspecto e o fragmento são separados um do outro. Se não fossem, não haveria sentido em sua existência.

EU: Eu esperava que se um aspecto fosse afetado por uma possível condição de dualidade, os fragmentos projetados por ele também seriam afetados.

O: Nesse caso, isso significa que o Verdadeiro Eu Energético seria afetado pelo modo como a Entidade Fonte Um é afetada pelo Espaço de Eventos, e a Entidade Fonte Um seria afetada pelo modo como eu sou afetado pelo Espaço de Eventos. Segundo entendo, este não é o objetivo do Espaço de Eventos. Ele só afeta o indivíduo que toma a decisão, e não o que foi criado pelo tomador da decisão, pois é um tomador de decisão por si só.

EU: Então, o Espaço de Eventos é seletivo?

O: De certo modo, sim. Ele só trabalha com o que cria a oportunidade de uma possibilidade alternativa, a possibilidade de uma possibilidade ou a possibilidade de uma possibilidade possível. Isto significa que não há um efeito a jusante experimentado pelas entidades que recebem individualidade de seu criador quando este experimenta a possibilidade de uma possibilidade alternativa e, como resultado, expõe-se ao paralelismo.

EU: E isto mantém individuais as oportunidades individuais de evolução, validando a necessidade de sua existência desde o primeiro momento.

O: Exatamente.

EU: E o que aconteceria se um aspecto FOSSE afetado pelo Espaço de Eventos criado por seu Verdadeiro Eu Energético?

O: Ele não conseguiria funcionar. Estaria sujeito a um nível de paralelismo que não é função de seu próprio processo de tomada de decisões.

EU: Na minha cabeça, porém, isso acontece o tempo todo. Quero dizer, criamos nossos próprios Espaços de Eventos locais e depois nós os mesclamos para criar um Espaço de Eventos maior, baseado no efeito cumulativo de todos os Espaços de Eventos que se encontram próximos o suficiente para formar um Espaço de Eventos maior.

O: E assim é, mas o Espaço de Eventos maior e cumulativo é apenas um espaço de espera. Não é um Espaço de Eventos baseado no processo de decisão de uma entidade criadora e tomadora de decisões, como você mesmo. Como não se baseia numa única entidade criadora e tomadora de decisões e é o resultado de uma decisão ou desejo cumulativo, não afeta os Espaços de Eventos menores e locais criados pelos tomadores de decisões. Sim, cria um espaço comum para eles, mas não os afeta em si.

EU: E por quê?

O: Porque o Espaço de Eventos reage a decisões singulares e não a decisões cumulativas. Decisão cumulativa é aquela que se baseia no produto da decisão singular inicial de criar um Espaço de Eventos de espera, como uma exibição. Ele pertence à entidade criadora que tomou a decisão de criar um espaço para uso dos outros—é o seu Espaço de Eventos. Se os outros resolvem tomar a decisão de participar, então o Espaço de Eventos se expande para permitir que participem. Se não o fizerem, então seguem seu próprio caminho e criam um Espaço de Eventos próprio que representa sua nova decisão, ou continuam a usar o Espaço de Eventos existente onde se unem ao Espaço de Eventos criado pelo criador da exibição. Este espaço só existe pela duração da exibição, ou seja, a existência requerida pela entidade criadora para manter a exibição como um espaço para aqueles que a desejem usá-la com o propósito singular, mas cumulativo, da entidade individual que interage com muitas, sob um propósito comum. Quando todas saírem da exibição, o Espaço de Eventos, como espaço de espera, dissipa-se e elas

A Origem Fala

voltam para seus próprios Espaços de Eventos—quer dizer, até que surja o espaço de espera seguinte, ao qual decidem se unir, criado por uma única entidade criadora e tomadora de decisões.

Extrapolando isto de volta ao Espaço de Eventos criado pelo Verdadeiro Eu Energético, ele cria um Espaço de Eventos que é classificado como um espaço de espera e não um espaço que afeta o aspecto em si. Se o fizesse, o aspecto não teria controle sobre seu próprio processo de tomada de decisões e sobre o Espaço de Eventos subsequente, pois nem a decisão, nem o Espaço de Eventos, seriam seus. Uma entidade criadora e tomadora de decisões não pode funcionar em um Espaço de Eventos que não seja resultado de sua própria decisão, a menos, claro, que o Espaço de Eventos seja um espaço de espera, que é temporário, e a decisão de participar de forma temporária seja sua.

Capítulo 21:
A interação de espaços de eventos locais

CONSIDEREI BASTANTE INTERESSANTE O "FATO" DE o *Espaço de Eventos só afetar realmente a entidade como "entidade criadora e tomadora de decisões".* Isto significa que estamos mesmo no controle do nosso próprio destino, uma vez que qualquer Verdadeiro Eu Energético, aspecto ou fragmento só é afetado inicialmente por sua própria exposição à possibilidade da dualidade, da trialidade ou quadrilidade, à possibilidade da possibilidade e à possibilidade de possibilidades possíveis e aos processos de decisão resultantes que precedem ou impedem essas conjunturas em nossa existência. Pensei nisso por alguns instantes e descobri o que imaginei que fosse uma brecha nas informações que estava discutindo, uma área na qual não havia pensado, uma área que faria grande diferença na maneira como minhas perguntas tinham sido respondidas. Eu quis saber como múltiplos Espaços de Eventos locais trabalhavam isoladamente se não fosse criado um Espaço de Eventos de espera. O Espaço de Eventos de espera é criado por uma entidade criadora e tomadora de decisões—vou voltar a usar apenas "entidade" a partir de agora—que queira envolver outras entidades numa causa comum, inclusive a interação com todos os seus Espaços de Eventos localizados.

O que eu realmente queria saber era como miríades de Espaços de Eventos trabalhavam juntos de modo a não criarem um Espaço de Eventos geral, e depois Espaços de Eventos gerais que eram o resultado das interações dos Espaços de Eventos locais criados pelas entidades e suas interações umas com as outras, criando o que eu podia ver como miríades de Espaços de Eventos de espera menores. Eu precisava tomar cuidado,

A Origem Fala

pois tudo isso estava começando a parecer MUITO complicado. Ou será que era simples e eu, na minha condição humana, estava me esforçando demais? A Origem não demorou a esclarecer a história.

O: Você tem pensado bastante, não tem?
EU: Desculpe, meu trabalho é esse, pensar e fazer perguntas.
O: Sim, é, e fico feliz por você estar fazendo essas perguntas. Elas me mostram que você está ficando mais expansivo. Noto, porém, que você já está trabalhando na resposta por conta própria. Quer dizer que um aspecto superior seu já acessou a informação em mim e a está assimilando de tal modo que você será capaz de compreendê-la, embora de modo limitado.
EU: Sim, eu sinto que alguma coisa está sendo baixada.
O: Não se preocupe. Não vou forçar seu cérebro agora. Vou responder à pergunta para você. Vamos ver se ela corresponde à informação que você baixar mais tarde.
EU: Obrigado.
O: Em essência, o Espaço de Eventos é produto da circunstância, a oportunidade de paralelismo que resulta da necessidade de uma decisão por parte de uma entidade ou da possibilidade de um caminho alternativo quando uma energia ou grupo de energias mostra sinais de algum nível de processo de tomada de direção inteligente ou de tomada de decisões. Isto inclui a possibilidade de paralelismo prolongado, resultante do crescimento futuro da inteligência, levando à autoconsciência e, mais tarde, à senciência.
O próprio Espaço de Eventos permeia tudo. Ele é a inteligência dentro da inteligência e é atraído por essas circunstâncias, e, em seu próprio desejo de multiplicação, busca essas áreas de energia ou energias que se mostram promissoras. Porém, como acabei de dizer, ele é inteligente, e sua funcionalidade nasce da inteligência. Se fosse apenas o caso da expressão da necessidade de multiplicação mediante o uso do paralelismo, ele teria se recriado incontáveis quadrilhões de vezes mais do que já fez, simplesmente baseado no cenário das "possibilidades", mas

não o fez. O Espaço de Eventos é uma inteligência, independente da base energética, que deseja prestar serviços, e este "serviço" consiste em ajudar uma entidade a se tornar mais do que ela "é" da maneira mais rápida possível. Se se permitisse multiplicar como resultado do Espaço de Eventos, "ele próprio", que é compartilhado entre duas entidades que estão interagindo de alguma forma, mas sem que essa interação seja direta, ele simplesmente se multiplicaria sem direção inteligente, sem significado, sem substância. Seria um desperdício do Espaço de Eventos.

Ao prestar serviço, ele cria uma versão mais significativa de si mesmo para uso da entidade ou das entidades sendo apoiadas, e como resultado cria um nível de ambiente com mais qualidade, resultando uma experiência com mais qualidade para a entidade. Neste papel de serviço, o Espaço de Eventos reconhece que a multiplicação de Verdadeiros Eus Energéticos, aspectos e fragmentos como resultado de qualquer de suas ordens superiores serem expostas à possibilidade de dualidade, não cria um ambiente melhor para eles em si, simplesmente os dilui. A qualidade do Espaço de Eventos só é mantida quando se cria uma condição paralela, "ela é duplicada", como resultado de uma condição localizada e baseada em decisões de uma entidade ou quando se identifica a possibilidade de uma mudança ambiental de melhor qualidade, que pode resultar em novos níveis de experiência localizada e paralela, resultando num nível mais elevado de qualidade evolutiva num período mais curto.

Os Espaços de Eventos criados por uma denominação superior do "eu" ou uma Entidade Fonte são baseados no paralelismo esperado para apoiar suas decisões, e não aqueles de suas denominações inferiores, criados para experimentar outra forma de paralelismo baseada em sua própria funcionalidade independente; a palavra operativa aqui é independência. Com base nisso, os Espaços de Eventos localizados podem interagir no nível de sua criação e não acima ou abaixo dele. Portanto, os Espaços de Eventos podem permanecer separados uns dos outros e/ou interagir uns com os outros, tornando-se um Espaço de Eventos transitório maior, que contém duas ou mais entidades agindo de forma independente ou interdependente. Pense no Espaço de Eventos como uma bolha de água ensaboada em torno de uma entidade. Quando duas entidades ou mais estão distantes uma da outra, as bolhas estão separadas. Quando elas se aproximam o suficiente para afetar mutuamente seus processos de decisão, as bolhas se juntam. Essas bolhas podem se juntar milhares de vezes para criar um Espaço de Eventos temporário ou transitório que é criado passivamente devido ao desejo de interagirem. Isto é diferente do Espaço de Eventos de espera para uma exibição, onde geralmente existe uma única entidade "no comando", digamos, do evento que cria esse Espaço de Eventos de espera. O tamanho dessa bolha muda quando as entidades em interação vêm e vão, e por isso pode ter qualquer tamanho ou não ter tamanho algum, dependendo do número de entidades que estão interagindo.

O Espaço de Eventos em torno de um ambiente seria uma bolha muito maior, de desenho amorfo, que dependeria de sua área de influência e do número de entidades presentes, seja por meio da localização pessoal, seja da interação mental com o evento.

EU: Certo, então o Espaço de Eventos é inteligente e busca oportunidades significativas de multiplicação, oportunidades que fazem diferença para a SUA evolução geral, diria eu, mas isso não explica o que ele é ou como ele é construído.

O: Antes de mais nada, o Espaço de Eventos não trabalha para mim, é uma parte integrante e de forma independente e interdependente de mim. É como os átomos nas células que proliferam por todo o seu corpo: elas são separadas, mas juntas, estão "separadamente juntas" e se multiplicam e morrem, tal como o Espaço de Eventos.

EU: Se ele é independente de você e é parte de você, como ele é construído?

O: Ele não é. É uma inteligência que permeia as energias e a estrutura de suporte daquilo que eu sou. Pelo que pude determinar até agora, ele é capaz de manipular todos os meus componentes e condições estruturais a fim de recriar aquele ambiente, qualquer que seja sua localização ou disposição em tamanho, forma e construção. Caso eu quisesse que ele fizesse isso!

Como foi explicado antes, o Espaço de Eventos existia em mim antes que minha própria polionisciência inteligente e senciente se tornasse o que ela é, o que ela foi, o que se esperava que fosse hoje e o que será depois em meus diversos estágios de desenvolvimento. É uma inteligência independente que promulga em mim. Existe em tudo que eu fui, que sou e que serei em todos os meus variados e variáveis estágios de expansão. O Espaço de Eventos é, na verdade, uma inteligência com e sem limitações, juntamente com a capacidade de sentir, explorar e apoiar aquilo que tem inteligência mais elevada do que ele mesmo. Ele viu o que poderia ser, em termos de minha própria progressão, e se manipulou; como resultado, esses eventos que o envolvem para assegurar que o resultado ideal de cada evento iria se dar. Embora não esteja tão ativo quanto estava antes que eu me tornasse senciente, ele ainda tem um papel importante a realizar no meu progresso.

EU: Então, o Espaço de Eventos não tem forma ou construção de qualquer espécie. É uma inteligência pura, inteligência com um nível limitado de funcionalidade e de aplicação dessa funcionalidade.

O: Correto.

EU: Mas a aplicação desse nível limitado de funcionalidade tem um efeito significativo sobre a progressão evolutiva geral de toda entidade que tem capacidade de criar.

O: Mais uma vez, correto.

EU: Mmmm. Se esta "inteligência" permeia tudo, inclusive as entidades que criam as oportunidades de paralelismo, como permeia?

O: Vejo que é uma pergunta bem humana. Vou lhe dar uma pista. Pense nessas entidades sobre as quais você se comunicou com a Entidade Fonte Um—essas cuja inteligência se move através da rocha.

A Origem Fala

EU: Sim, lembro-me das entidades a que você se refere.

O: Bem, estas entidades têm níveis similares de funcionalidade. As rochas são energia com baixa taxa frequencial. De modo geral, as energias que constituem as rochas não são diferentes daquelas que me permeiam, excetuando-se sua frequência e estado energético específico, porque são EU. A inteligência que é o Espaço de Eventos move-se de energia em energia, de estado energético em estado energético, de estrutura em estrutura e de ambiente em ambiente. Está dentro e fora daquilo que eu sou, ou seja, fora da minha área de autoconsciência senciente. É o mesmo que essas entidades que se movem através dos minerais que formam a rocha. Em essência, transfere o que ele é para outro hospedeiro à vontade, sendo os hospedeiros as energias e frequências sendo atravessadas. Pode se espalhar com a espessura ou fineza necessária ou desejada, com cada energia coberta tornando-se parte do Espaço de Eventos através de associação inteligente.

EU: Então, ele pode abranger uma área ou volume de energias em dado momento e não no seguinte, digamos?

O: Sim, a necessidade de ocupação é a necessidade de apoiar uma entidade, qualquer número de entidades ou condições energéticas que poderiam ou poderão criar a oportunidade para uma dualidade de nível elevado de qualidade e, portanto, a necessidade de um novo Espaço de Eventos.

Capítulo 22:
O mecanismo por trás da encarnação

ACHEI QUE COMPREENDER O MECANISMO por trás da encarnação seria na verdade um assunto sobre o qual eu deveria falar com a Entidade Fonte Um, mas por algum estranho motivo vi-me discutindo sobre ele em minha comunicação com A Origem. Tive a sensação de que estava prestes a atravessar outra linha aqui, uma linha na qual nossa compreensão atual sobre como nós, ou seja, a humanidade energética, encarna, estava quase sendo mudada. Tive a sensação de que a complicação viria sobre mim, como saber que nosso conhecimento é apenas uma gota do oceano encarnado e que aquilo que estava prestes a ouvir seria provavelmente apenas outra gota.

Na minha cabeça, a humanidade tinha uma compreensão bem documentada do processo de encarnação, o resultado de informações canalizadas por médiuns e obtidas em hipnose regressiva, e por isso sentei-me diante do computador esperando que alguma informação revolucionária viesse através de A Origem. Não precisei esperar muito.

O: Mmmm, posso ver as engrenagens girando na sua cabeça enquanto tenta descobrir o que será transmitido para você.

EU: É óbvio assim?

O: É.

EU: Farei o melhor para aceitar o que está vindo em vez de tentar adivinhar a informação com base em meu atual entendimento.

O: O atual entendimento da humanidade encarnada sobre o mecanismo da encarnação está em um nível razoável, quero dizer, é um nível elevado de compreensão. Falta apenas a maior parte dos detalhes.

EU: Então, será que vale a pena revisitar esse tema?

A Origem Fala

O: Até certo ponto, sim, pois ele dá ao leitor um contexto para trabalhar dentro do nível de compreensão conhecido.
EU: Certo, e por onde podemos começar?
O: No ponto da decisão de reencarnar. É sempre um bom lugar para começar.
EU: Está bem, mas desconfio que será um caminho conhecido.
O: Em um nível mais elevado, sim. Vou começar, ou do contrário ficaremos dando voltas neste assunto sem parar. Quando me refiro ao Verdadeiro Eu Energético, estou me referindo ao Eu Superior, Super Alma ou Essência Divina, seja qual for a expressão com que seus leitores se sentem mais à vontade. Como disse antes, são nomes da mesma coisa, mas prefiro o Verdadeiro Eu Energético porque é uma descrição mais correta, especialmente se levarmos em conta o nível de detalhe com que estamos prestes a trabalhar.

No ponto em que uma entidade decide encarnar, ela já revisou os benefícios que obterá em determinada encarnação, usando o que vocês chamam de Registros Akáshicos. O Akasha é uma função localizada do Espaço de Eventos específica para as entidades que se enquadram no gênero da humanidade energética, ou seja, entidades que usam o corpo humano como veículo para experimentar as frequências mais baixas do ambiente multiversal de sua Entidade Fonte como veículo encarnado.

Quando o Verdadeiro Eu Energético escolhe encarnar, precisa decidir qual de seus aspectos irá projetar no veículo escolhido. Esse veículo é escolhido por diversas razões, que vão desde a duração potencial do veículo, o ambiente a que estará exposto, o que inclui local, família, educação, papel no lugar e no mundo, além dos desafios que irá enfrentar em consequência de estar nesse ambiente específico de que fazem parte, ou se somam a, as necessárias oportunidades experienciais e subsequentemente evolutivas. O aspecto escolhido pode ser um que foi criado (separado) anteriormente do Verdadeiro Eu Energético ou um que ainda precisa ser criado. Todos os aspectos são criados e reabsorvidos pelo Verdadeiro Eu Energético depois que a encarnação terminou, e não é especificamente verdade que o mesmo aspecto do Verdadeiro Eu Energético torna a ser usado.

Os aspectos podem ser formados exatamente pelas mesmas energias que foram usadas anteriormente. Isto é particularmente útil quando se procura uma experiência similar ou idêntica enquanto, ou depois que, um vínculo kármico está sendo trabalhado. Podem ser energias totalmente novas e não usadas caso se procure uma nova experiência, ou pode ser um híbrido de energias usadas para fazer aspectos previamente utilizados.

EU: Isto vai deixar muita gente preocupada, em particular aqueles que pensam que o aspecto que está dentro do corpo humano, a alma, é uma entidade totalmente autônoma. Isso vai assustá-los!

O: Eles terão de se acostumar com isso, especialmente quando forem expostos à verdade toda, ou seja, que são seus Verdadeiros Eus Energéticos e não um pequeno aspecto isolado deles.

EU: Tudo bem, percebi onde você quer chegar. Vou tentar deixá-lo prosseguir sem interrupções.

O: Agradeço.

O aspecto escolhido ou criado é específico da encarnação sendo almejada. É uma energia especializada, mas só durante a encarnação. Quando a encarnação e o aspecto são escolhidos/criados, o Verdadeiro Eu Energético precisa escolher uma equipe adequada de entidades que vão seguir, orientar, aconselhar e organizar a logística da encarnação e a complexidade envolvendo os requisitos de interface exigidos de outros aspectos encarnados. Ou seja, como o aspecto vai entrar em contato, comunicar-se e experimentar os eventos que devem ser experimentados em parceria com os outros aspectos de interface e com o modo como todos vão se beneficiar. Existe uma complexa rede de auxiliares apoiando cada aspecto encarnado, o que inclui um guia principal. O guia principal é a entidade que permanece desencarnada. O guia principal fornece ao aspecto encarnado orientações sobre o que experimentar, quando experimentar e como experimentar os eventos de que terá de

A Origem Fala

participar, maximizando a qualidade do evento para o aspecto encarnado e os aspectos em interface, que também têm sua equipe de auxiliares e seu próprio guia principal trabalhando em seu benefício.

O aspecto "é" aquela parte do Verdadeiro Eu Energético que está "encarnada"; o Verdadeiro Eu Energético "em si" não encarna sob a perspectiva holística, somente sob uma perspectiva parcial.

EU: Houve algum caso em que todo o Verdadeiro Eu Energético encarnou?

O: Não, nunca, nem se considerarmos os Om. A forma humana simplesmente não é capaz de trabalhar com o Verdadeiro Eu Energético como um todo, o Verdadeiro Eu Energético na totalidade. Não tem tamanho para isso.

Quando um aspecto é criado ou escolhe trabalhar como encarnado, seu tamanho é maximizado para poder trabalhar dentro do corpo humano. O corpo humano é o fator de limitação e a principal razão para a necessidade de criar um aspecto do Verdadeiro Eu Energético.

Há veículos que são capazes de suportar aspectos maiores, mas acham-se dentro das frequências mais elevadas de seu universo físico e não naquelas associadas com as frequências onde o corpo humano reside atualmente. Entretanto, o percentual de aumento no tamanho do aspecto que encarna nesses veículos não é tão grande em relação ao tamanho geral das energias que constituem o Verdadeiro Eu Energético em si.

EU: E como o aspecto ganha individualidade?

O: Pela separação frequencial. Ou seja, a exposição a frequências tão baixas que o aspecto é incapaz de se comunicar prontamente com o Verdadeiro Eu Energético do qual foi projetado. Nós nos desviamos um pouco aqui, e por isso vou voltar. Depois que o aspecto foi escolhido ou criado com relação ao corpo humano sendo usado, precisa ser integrado a ele para que o corpo humano possa ser animado. Lembre-se, o corpo humano é apenas um veículo para se experimentar as frequências inferiores do multiverso e, como tal, certas funções são necessárias para sua utilização contínua.

Escolhidos e orientados o guia principal e os auxiliares sobre os requisitos da encarnação, o Verdadeiro Eu Energético pode dar prosseguimento ao processo de projeção. O Verdadeiro Eu Energético projeta ativamente o aspecto para longe de suas energias principais para que possam ser usadas com o corpo selecionado. Junto com o aspecto, certas informações são introduzidas, como experiências, conhecimento e habilidades de encarnações anteriores que possam ajudar a assegurar o sucesso dessa encarnação. Todas estão escondidas dentro das energias do aspecto e permitem que ele tenha acesso aos mesmos conhecimentos e habilidades quando forem necessários. Quando se diz que um encarnado aprende rapidamente certos assuntos, é simplesmente porque está tendo acesso às experiências, habilidades e conhecimentos associados obtidos em encarnações prévias, aplicando tudo nesta encarnação se e quando necessário.

Quando chega a hora de conceber o novo corpo humano, as energias associadas ao aspecto são integradas a um conjunto de energias compatíveis com o aspecto e com o corpo humano. São uma interface entre este e o aspecto. Há dez conjuntos de frequências associadas com a interface entre o aspecto e o corpo humano. Alguns são para a perpetuação energética do corpo e outros para a integração do aspecto ao corpo. Os três primeiros, ou seja, da frequência mais alta até as mais baixas, permitem que o aspecto encarnado mantenha alguma forma de capacidade comunicativa com o Verdadeiro Eu Energético. São uma série de frequências que permitem que a redução gradual da capacidade comunicativa seja contida de maneira a permitir o mesmo nível de comunicação com o aspecto em seu estado encarnado, tal como tinha em seu estado separado, mas desencarnado. Podem ser consideradas como o software de compressão usado no computador quando os dados são grandes demais para serem transmitidos em seu estado bruto. O problema aqui é que o aspecto está em comunicação plena com o Verdadeiro Eu Energético quando se acha nesses níveis de frequência, mas a compressão de dados é baixa demais para ser significativa quando o aspecto está ocupando os níveis inferiores de frequência associados ao corpo humano.

Os próximos quatro níveis de frequência são, como você descreveu anteriormente, o físico-espiritual. São as energias de interface no corpo humano, assegurando que o aspecto encarnado pode animar a forma física densa controlando as energias e frequências que não são baixas o suficiente para serem físicas densas, e também não são elevadas o suficiente para serem plenamente energéticas, como são as três primeiras. Neste ponto, o aspecto está conectado tanto com o corpo humano quanto com o Verdadeiro Eu Energético, mas a capacidade de comunicação se reduz drasticamente. As três últimas frequências associadas com o corpo humano são o físico denso. Formam a base para a construção do físico denso e seu crescimento para a maturidade. As quatro frequências acima também realizam esta função, mas relacionam-se mais com a conectividade com o aspecto, com o Verdadeiro Eu Energético projetando o aspecto, sua capacidade de animar o corpo humano e transmitir os detalhes dos eventos experimentados enquanto se está na condição encarnada ao próprio Verdadeiro Eu Energético.

O sistema de energia envolvendo as sete frequências inferiores, as quatro intermediárias e as três mais baixas, associadas com o corpo humano, desenvolvem-se em sintonia com o crescimento da parte física densa do corpo humano, modificando e melhorando a controlabilidade do corpo à medida que cresce e atinge a maturidade energética. A maturidade energética é atingida aos sete anos de idade, ou em torno disso. Quando a maturidade energética é atingida, o aspecto encarnado está plenamente integrado às sete frequências inferiores do corpo humano, e, como resultado da falta de funcionalidade resultante da associação com estas frequências inferiores, perde a integridade comunicativa com as energias associadas às três primeiras frequências e posteriormente com o próprio Verdadeiro Eu Energético.

À medida que o aspecto encarnado é dirigido e orientado em suas experiências necessárias e solicitadas, os detalhes por trás dessas experiências são armazenados de duas formas. Primeiro, as experiências são armazenadas de volta nas energias associadas ao próprio Verdadeiro Eu Energético como um fluxo de dados lento e contínuo que se move através das frequências de uma forma que permite que os detalhes sejam mantidos enquanto ainda trabalham nos limites da funcionalidade drasticamente reduzida e associada com as baixas frequências. Pense nisso como se tivesse de usar um modem "discado" para navegar pela Internet depois de estar acostumado com uma conexão de banda larga. Segundo, as experiências também são armazenadas com as energias associadas ao lado denso e à físico-espiritualidade do corpo humano, criando uma cópia de grau inferior e, finalmente, uma personalidade que funciona separadamente chamada ego.

A ascensão e queda do Ego

O: É ao ego que a maioria dos encarnados se refere como o "eu", o "eu sou". Quando o encarnado começa a pensar que o ego é o eu, tudo o mais é criado em separação daquilo que o aspecto encarnado realmente é, uma unidade individualizada de sua Entidade Fonte. Em algum ponto do processo de criação do ego, ele se tornou autoconsciente, e, reconhecendo sua própria posição transitória, faz o que pode para perpetuar sua existência, o que inclui "esconder" o conhecimento subjacente do Verdadeiro Eu Energético para que o aspecto não se torne autoconsciente enquanto estiver encarnado e dissolva o ego à luz da autorrealização antes da morte do corpo humano.

EU: E desconfio que o ego procura garantir ativamente que o aspecto não se torne autoconsciente.

A Origem Fala

O: Sim, bem ativo, a ponto de quase colocar em risco a duração do corpo humano.
EU: Como ele faz isso?
O: Crescendo. Você sabe como os egos crescem, não sabe?
EU: Sim, crescem como resultado da condição materialista daqui; tudo é idealizado e desenvolvido tendo em mente a promoção do eu, dizendo que uma pessoa é melhor do que a outra.
O: Correto, e o ego se alimenta e cresce no ritmo fenomenal neste ambiente. Alguns egos farão toda e qualquer coisa para se tornarem um pouco melhores do que aqueles que os rodeiam, o que significa colocar em perigo o corpo humano para obter níveis crescentes de credibilidade em determinados momentos.
EU: Reconhecendo que o ego é apenas uma condição transitória e que a maioria de nós trabalha com nossos egos como a representação mental do eu, não é surpresa que temamos a morte do corpo humano, pois quando o corpo humano morre, o ego também morre.
O: Sim, morre, mas as informações contidas nele, não.
EU: E isso acontece em virtude do fluxo constante de informações entre o Verdadeiro Eu Energético e ele durante a vida do corpo humano.
O: Sim e não.
EU: Explique!
O: Há certas funções ou memórias que são específicas do ego e não do aspecto encarnado como um todo.
EU: E quais seriam?
O: O próprio ego.
EU: Não compreendo. Se o ego é transitório e as experiências do aspecto encarnado são transmitidas constantemente para o Verdadeiro Eu Energético, então essas memórias e experiências vivenciadas pelo aspecto dentro do corpo humano são vivenciadas pelo ego e pelo Verdadeiro Eu Energético em paralelo, com certeza.
O: Sim e não. Tudo que é experimentado é transmitido de volta ao Verdadeiro Eu Energético através dos vínculos com o aspecto encarnado, mas a "existência" do ego não, pois é

uma condição falsa. Ela não existe. As experiências que são consistentes com o ego e o próprio Verdadeiro Eu Energético são transmitidas como dito antes.

EU: Então, você está sugerindo que a "existência" do ego se dissolve, ele morre, e por isso, se um aspecto se relaciona consigo mesmo como a "existência", a "personalidade" do ego, morre com o ego.

O: Essa personalidade morre com o ego.

EU: Logo, quando o corpo humano morre, se nos relacionamos demasiadamente com ele e com o ego, na verdade morremos com ele.

O: Sim e não.

EU: Você está realmente me colocando em palpos de aranha.

O: Não é engraçado? Não, estou tentando fazer você olhar além deste enigma para ver qual é a realidade da encarnação. Veja, quando o ego se dissolve, não é um ponto de destruição. É um ponto de reassimilação. O ego foi criado pela separação da capacidade comunicativa do aspecto ou fragmento encarnado, resultante da imersão na frequência baixa. Embora seja separado dessa forma, ainda faz parte do Verdadeiro Eu Energético. Ou, se projetado do próprio aspecto, um fragmento. Tudo que era o ego em isolamento foi criado em isolamento, e assim permanece em isolamento até a morte do corpo humano. Com a morte do corpo humano, a energia que se tornou o ego é reassimilada de volta no Verdadeiro Eu Energético como parte do aspecto. Então, e só então, a "existência" do ego, a essência da separação, é integrada novamente ao aspecto como um conjunto adicional de experiências. A personalidade se dissolve, mas a essência da separação torna-se uma com o Verdadeiro Eu Energético.

Reassimilação do aspecto encarnado com o Verdadeiro Eu Energético

A Origem Fala

EU: Qual é essa essência da separação? Para mim, dá a impressão de ser apenas outra maneira de explicar a individualidade ou a personalidade.

O: Não, é diferente. A personalidade, o ego, não pode sobreviver ao processo de reassimilação, pois não faz parte daquilo que foi criado pelo Verdadeiro Eu Energético. Numa encarnação em frequência mais elevada, o ego não pode existir, sequer ser criado, pois o nível de comunicação sustentável entre o aspecto encarnado e o Verdadeiro Eu Energético que se projeta é suficiente para manter no aspecto original a integridade do conhecimento de sua verdadeira natureza. A essência da separação, o que foi experimentado pela parte do aspecto que permaneceu no energético, as frequências superiores do corpo humano, a oitava, nona e décima frequências, permanecem como um verdadeiro conjunto de memórias experienciais. O outro lado do aspecto, aquele que residiu nas frequências do físico-espiritual e do físico denso, a sétima frequência e as inferiores a esta, é passado para a essência da separação expressada nas frequências superiores e é assimilado pelo aspecto como um todo, a essência "total" da separação.

Tente pensar nisso nestes termos. Quando o corpo humano morre, o aspecto e todas as suas partes, separadas ou integradas, são reassimiladas novamente no Verdadeiro Eu Energético. Quando isto acontece, o processo de reassimilação dissolve o vínculo entre a essência da separação e o ego. A personalidade do ego, criada através da separação, também é dissolvida. O conjunto de memórias associadas à essência de se estar separado, porém, não é perdida, pois existe acima e abaixo da barreira da sétima frequência.

EU: O que você está sugerindo, então, é que a experiência, a essência da separação e quaisquer outras memórias são absorvidas de forma não pessoal, ou seja, sem personalidade.

O: Há a personalidade.

EU: Como é?

A Origem Fala

O: Isso tem a personalidade do aspecto e do Verdadeiro Eu Energético—aquela parte de suas assinaturas energéticas que estavam lá antes da encarnação e que estarão lá depois da encarnação.

EU: Você mencionou personalidades e não personalidade.

O: Sim. Se um aspecto do Verdadeiro Eu Energético tem sido usado com certa frequência, ou seja, se o conjunto de energias usado para criar um aspecto tem sido usado na mesma configuração quase sempre porque mostrou ser uma combinação de sucesso, então esse aspecto também cria uma personalidade. Seria uma personalidade dentro de uma personalidade, se preferir.

EU: Então, a personalidade do ego, o que pensamos que somos como seres humanos, é removida, mas o conjunto de memórias não é.

O: Não. O que vocês pensam sobre si mesmos como seres humanos não é a personalidade do ego. Ela é separada. É isto que estou explicando. A SUA personalidade é uma combinação de tudo, o aspecto, o ego, a essência da separação e o conjunto de memórias. Só o ego se dissolve com a morte do corpo humano.

EU: Por que a essência da separação permanece? O: Porque é uma função da memória.

EU: Entendi. Isso também acontece com o fragmento que se reintegra com o aspecto?

O: Não totalmente. O fragmento é a separação do aspecto total, assim como o aspecto é a separação do Verdadeiro Eu Energético, ou é um "percentual" vinculado de energia do aspecto. Pense numa gota de melado caindo de uma colher cheia de melado. O melado na colher é o aspecto e a gota é o percentual vinculado de energia desse aspecto. No exemplo do "fragmento em separação", o fragmento se mantém separado até a morte do corpo humano, o que exige que o fragmento retorne ao aspecto que o criou. Mas como está separado, precisa esperar até que o corpo humano usado pelo aspecto tenha morrido também. Só então o fragmento se reintegra ao aspecto, ao mesmo tempo que se reintegra com o Verdadeiro Eu Energético. No caso do fragmento

A Origem Fala

vinculado, se o corpo humano que está animando morre, ele se reintegra com o aspecto simplesmente porque não estava separado dele. Seria como recordar subitamente de um conjunto de memórias que você não sabia que existia ou achava que tinha esquecido. Caso o corpo humano que o aspecto está animando morra antes que os corpos que quaisquer outros fragmentos separados ou vinculados estão animando, então esse aspecto pode adotar uma reassimilação parcial com o Verdadeiro Eu Energético, deixando uma energia externa ao Verdadeiro Eu Energético suficiente para permitir a reassimilação dos dois tipos de fragmentos na morte de suas encarnações.

O aspecto pode, porém, escolher terminar o vínculo entre seus aspectos e seus corpos humanos caso resolva reassimilá-los plenamente. Ele também pode escolher esperar por seus fragmentos como um aspecto não reassimilado, reassimilando-se quando os corpos de seus fragmentos morrerem naturalmente. Os fragmentos têm a capacidade de se reassimilar com o aspecto simultaneamente com a reintegração deste com o Verdadeiro Eu Energético que o criou.

EU: Nesse caso, o aspecto pode "matar" ativamente e a qualquer instante os corpos humanos animados por seus fragmentos?

O: Em essência, sim. Pode parecer duro e rude, mas acontece muito. Mas isso acontece principalmente quando o aspecto terminou sua própria encarnação.

EU: E como isso funciona na subencarnação?

O: Não há problema, simplesmente porque a subencarnação é uma encarnação plena, com o corpo animado por um aspecto que antes animava o corpo na encarnação primária. O corpo usado na encarnação primária é mantido em estase e por isso só é reanimado quando o corpo usado na subencarnação morre.

EU: OK, pode explicar o que acontece com o aspecto encarnado após a morte do corpo humano e no ponto da reassimilação com o Verdadeiro Eu Energético?

O: Primeiro, vamos analisar o aspecto, pois também temos de analisar o fragmento. Se o aspecto terminou sua própria encarnação e não tem fragmentos para reassimilar, ou o aspecto os reassimilou encerrando os vínculos entre seus fragmentos e seus corpos, ou esperou até que sejam reassimilados naturalmente, ele inicia o processo de reassimilação. Segundo a perspectiva da encarnação, o corpo morre e o aspecto deixa o corpo. Isto pode se dar instantaneamente ou pode levar até três dias. O tempo necessário para dissociar o aspecto do corpo humano baseia-se no nível de autoconsciência do aspecto enquanto encarnado. É totalmente possível que o aspecto deixe o corpo humano imediatamente após a sua morte, reassimilando-se em seguida ao Verdadeiro Eu Energético. Alguns aspectos levam três dias porque o ego tenta se manter vivo, o que é fútil, pois tanto a associação quanto o ego se dissolvem neste ponto.

Quando o aspecto estiver pronto para se reassimilar ao Verdadeiro Eu Energético, o conjunto total de experiências (memórias) é reconectado. Neste processo, o aspecto ganha as memórias do Verdadeiro Eu Energético e o Verdadeiro Eu Energético ganha as memórias adicionais armazenadas dentro das energias associadas com a SUA personalidade, a combinação de tudo, o aspecto, a essência da separação e o conjunto de memórias da encarnação—tudo que está preso nas frequências mais baixas do corpo humano.

Perceba também que as memórias são mantidas, mas a personalidade criada pelo ego não é, e isto dá ao aspecto uma condição "sem personalidade", pois o aspecto se refere à sua personalidade como a do ego—ou seja, até a assimilação ser concluída, com o que o aspecto reassimilado assume a personalidade do Verdadeiro Eu Energético mais uma vez. Pense que seria como perder o seu senso de humor e depois receber um muito maior.

Com o progresso da reassimilação, as experiências, as memórias associadas com a encarnação são apresentadas ao Verdadeiro Eu Energético, e ele avalia seu conteúdo evolutivo. A avaliação dessas experiências é aquilo a que a humanidade se refere como os eventos que ocorrem num lugar que às vezes é chamado de "salão da memória", onde

A Origem Fala

a vida é revista e os sucessos e fracassos anotados. São registrados com o conjunto de energias que constitui o aspecto reassimilado para usos ou ações futuras, se ou quando este conjunto de energias tornar a ser usado numa condição encarnada. Do ponto de vista do aspecto, a reassimilação é como lembrar-se subitamente de um grande conjunto de memórias que é sobreposto às memórias mais recentes acumuladas na última encarnação. A vida vivida torna-se simplesmente um conjunto de eventos recentes num grande depósito de eventos experimentados pelo Verdadeiro Eu Energético e todos os aspectos e fragmentos empregados anteriormente, ou ainda projetados, na condição encarnada. A reassimilação do fragmento ao aspecto é idêntica à reassimilação do aspecto ao Verdadeiro Eu Energético. Fica apenas um nível abaixo e precisa esperar que o aspecto inicie o processo de reassimilação, ou, como dito antes, que a encarnação seja encerrada pelo aspecto. O fragmento vinculado tem sua encarnação encerrada no ponto da morte do corpo humano do aspecto, ou, como dito antes, é reassimilado se o corpo humano que estava animando morre antes que o corpo humano do aspecto. Depois que o(s) fragmento(s) é(são) reassimilado(s) ao aspecto, seja com o aspecto num estado pré-reassimilação ou num estado parcialmente reassimilado, então o aspecto pode iniciar ou finalizar a reassimilação com o Verdadeiro Eu Energético.

EU: Então, o aspecto reassimilado não perde seu senso de si mesmo?

O: Não, ele o mantém enquanto obtém um senso muito maior de si mesmo, um que é o seu "eu" como função do Verdadeiro Eu Energético.

Quando terminei de digitar as informações sobre o processo de encarnação que me foram passadas por A Origem, tive uma sensação muito forte de compreensão. Isso fazia sentido. Tudo aquilo que a humanidade espiritual conhecia até agora sobre os processos pelos quais passamos antes e depois da encarnação baseavam-se de fato numa interpretação, esta mesma baseada num filtro humano, daí todas as histórias de experiências de quase morte e informações canalizadas similares a nosso ambiente terreno, mas com níveis de funcionalidade de frequência superior. Mas eu sabia muito bem que podemos decidir criar tal ambiente baseado na Terra como uma muleta emocional, um nível de familiaridade, que se dissolve quando aceitamos e ficamos mais acostumados com nosso verdadeiro estado. Eu ainda senti, porém, que viriam muitas, muitas outras coisas, mas que as informações estariam noutra série de diálogos, noutro livro. Minha carga de trabalho estava aumentando, ao que parecia!

Capítulo 23:
Os Om: Revisitando as criações incriadas (e a descoberta de novos Om)

JÁ FAZIA ALGUM TEMPO QUE EU PENSAVA nos Om e no que representavam, especificamente depois que havia recebido mais informações sobre eles durante meu diálogo com A Origem sobre a teoria quântica e como ela funciona dentro de sua área de autoconsciência polionisciente senciente. Também me vi refletindo periodicamente sobre as informações que me foram dadas pela Entidade Fonte Dez. E depois, havia as informações sobre os Om que recebi durante a compilação de A História de Deus, que representou o começo da minha jornada.

As informações que eu estava obtendo sobre essas entidades eram esporádicas, oportunistas e me eram dadas quase por sorte. Era como se estivessem me dando colheradas de informação. Não quero dizer que todas as informações vinham em colheradas, mas eu estava sendo apresentado a uma trilha de papéis a seguir, uma série de migalhas, e de vez em quando a pilha de migalhas era maior e talvez viesse uma nova direção a seguir. Era hora, pensei, de obter informações mais profundas sobre os Om. Eles não foram criados especificamente por A Origem, pois essencialmente eram um subproduto da reciclagem energética com as energias que se recusavam a misturar-se adequadamente durante a criação das Entidades Fontes, criando diversas versões deles. Assim, com toda esta intenção de descobrir mais sobre os Om à mão, resolvi perguntar para A Origem, "Onde os Om se encaixam nisso tudo?"

EU: Onde os…?

A Origem Fala

O: Você não precisa fazer a pergunta duas vezes; eu a recebi na primeira vez. Os Om são aquilo que foi descrito antes em diálogos com Hum, as Entidades Fontes Um e Dez e comigo. Não vou me alongar nessa direção porque isso só levaria à confusão. Entretanto, vou lhe dar algumas informações que lhe permitirão ter um contexto para trabalhar na próxima vez que você abordar o assunto dos Om.

EU: E o que são senão pedaços de energia cuja sorte levou-os a se tornarem individualizados e instantaneamente sencientes durante a criação das Entidades Fontes?

O: Eu.

EU: Só isso?

O: Sim. Assim como as Entidades Fontes são partes menores e individualizadas de mim e a humanidade energética são partes menores e individualizadas da Entidade Fonte Um e também são partes de mim.

EU: Entendo isso, mas percebi que havia mais nesse "Eu" do que o mero reconhecimento da estrutura ou árvore genealógica senciente, digamos.

O: E há. Os Om são especiais. Não são apenas raros, são únicos. Ou seja, na medida que não os criei, eles foram ou são um subproduto da criatividade. Não descobri todos eles ainda, embora tenha visto sua assinatura energética surgindo durante a criação das Entidades Fontes. Mas tenho a sensação de que isso está prestes a mudar. Você criou uma intenção.

EU: Você sabe que há mais Om do que aqueles com quem se comunicou?

O: Sim, mas é um número pequeno.

Estava prestes a receber a imagem de um pequeno número de partículas de poeira espalhadas dentro da área infinita de A Origem. Cada partícula representava um único Om. Mas havia mais coisas nessa imagem; havia um nível mais fino de poeira, uma poeira dentro da poeira. Era quase como se cada partícula de poeira fosse criada por uma poeira menor e mais compacta. Este era um nível de Om unificado coletivamente—ou seja, as partículas de poeira maiores representavam o que eu

A Origem Fala

identificaria como um único Om, com a poeira que estava dentro sendo Om menores criando um coletivo que era o Om maior. Serão novos Om? Serão aqueles com quem A Origem ainda não havia se comunicado? Estava prestes a perguntar quando A Origem, mais uma vez, respondeu antes que eu perguntasse.

O: Ah! Lá estão eles. Sim, esses são aqueles que não tinham sido descobertos antes, embora eu soubesse que existiam.

EU: Como você não os teria descoberto se sabia da existência deles?

O: Tudo está relacionado com o "peso senciente", digamos. Eu sabia que essa parte de mim, os Om, têm total independência de mim embora estejam dentro de mim. Eu sabia que os Om têm certas assinaturas energéticas e certo peso energético, mas o peso senciente que eu podia detectar não se igualava ao número de Om que eu havia detectado ou com os quais havia me comunicado.

Veja, há apenas cinco deles. Eles estão entre as classificações que você conhece como Om Não Cativos e Om Puros. Ainda estão se formando, digamos, pois estão na função de "pairar". A poeira menor gravita junto como energia Om parcial, ou seja, parcial no sentido do peso senciente, para criar um único Om de peso senciente suficiente para posicioná-lo acima da categoria Não-Cativa e abaixo da categoria dos Om Puros. A poeira poderia ter gravitado em conjunto para criar um único Om de status "Puro", mas não está fazendo isso. Deixe-me ver. Sim, estou em comunicação com eles. Eles estão a uma distância significativa uns dos outros, embora estejam próximos em termos da minha área de autoconsciência, motivo pelo qual vemos os cinco juntos, mas distantes a ponto de trabalharem separadamente.

Agora, estão se comunicando individual e coletivamente comigo. Quero dizer, a "poeira dentro da poeira" está se comunicando coletivamente e a partícula maior, do tamanho do Om, está se comunicando individualmente. Eles me dizem que as pequenas partículas de poeira Om estavam apenas em certo local (setor) dentro de mim e se espalharam. Havia pequenas nuvens dessa poeira, cinco delas, e cada uma das partículas de poeira dentro das nuvens gravitou naturalmente na direção da poeira com a mesma assinatura de energia, digamos. Cada uma delas estava e está firme em sua intenção de se tornar plenamente coadunada como um único Om maior. Só quando conseguiram uma "densidade" suficiente desse peso senciente é que descobriram que as outras estavam fazendo a mesma coisa. Neste ponto de sua coalescência, era quase tarde demais para mudarem a funcionalidade de seu plano de "virem a ser". Comunicaram-se umas com as outras usando as lacunas entre Espaços de Eventos e descobriram que, embora pudessem ter mudado de planos e se tornado um grande Om da categoria "Pura" (nessa época, não sabiam quais eram as categorias dos Om), na verdade gostaram do que estavam criando dentro deles mesmos, estavam contentes por serem menores, mas tendo um grupo de colegas para fazer companhia, e por isso continuaram e ainda estão continuando com seus planos coletivamente individuais.

EU: E o que vão fazer? Quanto tempo vai levar até terminarem o processo de coadunação para criarem os cinco Om Não Cativos/Não Puros?

O: Estão me dizendo que o processo se baseia em certo nível de inércia energética e que pode levar o que você chama de milênios até ser concluído.

EU: Acabei de receber a imagem dessas partículas menores de poeira espalhadas por uma distância de Parsecs—não, pelo equivalente à área do universo físico!

O: E quão pequenas são as partículas menores de poeira em comparação com a área que ocupam?

EU: Infinitamente pequenas, a julgar pela imagem que acabei de receber.

O: E agora, você sabe por que eu não as detectei até agora e porque vai levar algum tempo para completarem o que estão fazendo. Empolga-me muito saber que tenho mais cinco Om dentro de mim.

A Origem Fala

EU: Como é que acabamos de encontrá-los? Como você não os encontrou sozinho? Por que é sempre uma função de eu estar no lugar certo e na hora certa? Será que estou inventando tudo isto?

Estava começando a ficar um pouco paranoico com todas essas coincidências.

O: Neste caso, você realmente proporcionou o catalizador para sua descoberta. Você é Om e tem afinidade pelos Om, e assim, tinha mais oportunidade para descobri-los do que eu. Embora eu esteja satisfeito por encontrar a energia deles, também estou ocupado com múltiplas tarefas, o que significa que encontrar aquele minúsculo grupo desaparecido de energias com peso senciente estava bem embaixo na minha lista de prioridades. Na verdade, meu uso do Espaço de Eventos disse-me que eles seriam descobertos e que você faria parte dessa descoberta.
Gosto de manter a discrição nessas coisas para lhe dar certa empolgação em seus diálogos comigo.
Vou lhe contar um pequeno segredo sobre o mecanismo do que aconteceu aqui. Os cinco Om não formados que acabamos de descobrir foram descobertos pela intenção firmemente focalizada em conhecer melhor os Om. Você deseja conhecer mais, e por isso, quando lhe falei sobre a possibilidade de haver mais Om, você transmitiu uma procura baseada na detecção de energia individualizada da Origem, a energia dos Om.

EU: Não senti que tenha feito isso.

O: Não, você não teria sentido; foi seu Verdadeiro Eu Energético que fez a procura. Interessado no que você estava fazendo por trás dos bastidores, digamos, enviei uma parte minha com sua transmissão. Vali-me de sua intenção para descobrir os Om que mais desejavam descobrir a energia Om do que eu. Portanto, você não está se enganando, mas neste caso você, ou seja, seu Verdadeiro Eu Energético, teve um papel importante.

EU: OK, agora eu me sinto melhor.

A Origem Fala

De vez em quando, preciso recuar um pouco e me avaliar para ter certeza de que não estou conversando comigo mesmo. Com certeza, esta foi uma dessas ocasiões. Fiquei imaginando o que mais eu faço em segundo plano.

O: Mais do que você poderia imaginar enquanto está encarnado.
EU: Eu deveria saber que você fica ouvindo os meus pensamentos.
O: Difícil não ouvir, você pensa muito alto!
EU: Qual foi a principal razão para ser difícil detectá-los, além de seu tamanho e distribuição?
O: Atualmente, eles estão entre Espaços de Eventos. Fizeram isto naturalmente e sem perceber, e por isso ficaram escondidos porque não criaram novos Espaços de Eventos como resultado de terem a possibilidade de se tornarem cinco Om, um único Om Puro ou permanecendo como energia Om fragmentada.
EU: Você os teria detectado mais cedo se estivessem no Espaço de Eventos?
O: Sim, o Espaço de Eventos é uma parte fundamental do que sou, sou sensível às suas mudanças de paralelismo, embora atualmente eu tenda a operar minha própria consciência independentemente dele.
EU: O que mais você pode me dizer sobre os Om que conhecemos atualmente?
O: Como você está percebendo, os Om são capazes de muitas coisas, e uma delas, certamente no caso dos Om Puros, é a capacidade de operarem fora do Espaço de Eventos. É por isso que você foi capaz de fazer o "passeio" pelo Espaço de Eventos com a Entidade Fonte Doze. Uma entidade só pode fazer isso se tiver essa capacidade inerente. Tudo que a Entidade Fonte Doze estava fazendo era levar você com ela, protegendo o seu aspecto que está projetado dentro de seu corpo físico do choque energético. Quando você está desencarnado, isso não é necessário.

Como disse antes, os Om Puros e Não Cativos são independentes de mim, e os Om Puros, mais ainda. Os Não

A Origem Fala

Cativos são limitados em alguns aspectos e permanecem no local da Entidade Fonte onde suas energias foram ejetadas ou rejeitadas durante a época em que as Entidades Fontes estavam descobrindo mais sobre elas mesmas através de "brincadeiras".

Como as energias que formavam inevitavelmente eram a pura energia da Origem, isso lhes permitiu serem tanto parte de mim quanto independentes de mim, o que inclui as funções de serem totalmente separados e de serem totalmente integrados, e qualquer nível entre eles. Nesse sentido, são verdadeiramente versáteis. Os Om Cativos e os Om Híbridos não são independentes de mim em virtude de sua associação mais próxima com uma Entidade Fonte. Porém, os Om Cativos podem operar de forma independente dentro do ambiente que é a Entidade Fonte da qual são cativos.

Em essência, os Om Puros são versões menores de mim. São a energia que foi usada com a intenção de criar outra Origem, e daí sua independência total, pois esta fazia parte da programação das energias destinadas a serem uma Origem.

Não tenho controle sobre os Om. Por outro lado, na verdade eu poderia reciclar as energias que os formam, reintegrando-as às energias básicas da minha área de autoconsciência senciente. Mas não quero fazer isso.

EU: Por que você decidiu não reciclar ou reintegrar as energias que são os Om?

O: Porque são um enigma, e como são um enigma, têm uma função. Como não foram criados, eles me interessam. Todos eles.

EU: E eu diria que é assim porque até você foi Criado pelo Espaço de Eventos, sendo seletivo em sua aplicação de eventos paralelos a fim de criar um ser senciente e polionisciente.

O: Correto. Espero para ver o que mais pode "vir a ser" além da intenção de criar.

EU: Fale-me mais sobre o que são os Om, especificamente os Om Puros.

A Origem Fala

O: Eles existem dentro de mim. Se eu dissesse que, em virtude de sua herança, são fragmentos da minha senciência, isso causaria confusão?

EU: Creio que não. Por favor, prossiga.

O: Mesmo assim, vou explicar. Quando criei a intenção de desenvolver, de evoluir em paralelo e pensei na possibilidade de criar doze versões de mim mesmo, na verdade não criei doze versões em si; eu dividi doze segmentos das minhas energias sencientes e removi as minhas memórias. Por isso, as energias usadas na estratégia das Doze Origens também não foram criadas, foram apenas redistribuídas e relocadas, e, mais tarde, diante do fracasso da estratégia, foram recicladas ou reassimiladas. A energia dos Om também não foi criada porque é essa mesma energia. A energia da Origem que é designada como energia da Origem—eu—permanece assim, e por isso, quando chegou a hora de ser redesignada como energia de Entidade Fonte, ela rejeitou a designação e permaneceu como é, energia da Origem. No entanto, como foi distribuída de forma desigual com as energias que foram designadas como energia das Entidades Fontes, essa desigualdade resultou na criação dos diversos tipos de Om que agora você conhece.

Porém, há outra coisa que tem um impacto importante na razão para que os Om sejam os Om. É que sua designação prévia se manteve como energia da Origem e funcionalidade da Origem—e por isso, sendo mesclados com energias que tinham sido designadas a funções menores, porque as Entidades Fontes estavam dentro da minha área de autoconsciência senciente e receberam um propósito, as energias não foram mescladas de forma harmoniosa. Assim, a energia de A Origem, com a densidade correta, tornou-se entidades sencientes e independentes de energia da Origem quando liberadas de minhas energias de criação e manutenção. Não podiam ser criadas porque já eram eu, mas com a programação prévia de suas energias ainda em vigor, tornaram-se sencientes e individualizadas com todas as funções de uma versão menor de mim, dentro de mim, instantaneamente.

EU: Como um Om pode ser uma versão menor sua? Quero dizer, a estratégia das Doze Origens falhou porque aquilo que é você, "tudo que existe", não pode ser criado dentro do "tudo que existe". Além disso, isso seria o "tudo que existe" dentro da sua área de autoconsciência senciente.

O: Correto. É claro que os Om não estão nessa categoria, mas possuem uma microestrutura. Ou seja, são a representação daquilo que sou dentro da minha área de autoconsciência senciente. Noutras palavras, são similares às Entidades Fontes, que possuem uma energia autoconsciente senciente com uma estrutura individualizada de um nível que permite a presença de um ambiente dentro delas, caso queiram se segmentar dessa forma.

EU: Se um Om é essencialmente uma versão menor sua, dentro de sua área de autoconsciência senciente e com uma estrutura similar à sua, como isso funciona com você e de que porte estamos falando? Os Om seriam realmente do mesmo tamanho de uma Entidade Fonte? Se sim, como isso funciona com um Om que queira experimentar a estrutura de uma Entidade Fonte ou encarnar nela?

O: Isso, meu querido Om, é algo que você deveria ser capaz de responder sozinho.

EU: Touché.

Anatomia de um Om

Neste ponto do diálogo, resolvi me sentar e deixar que aquilo que estava se passando diante de mim se desenvolvesse um pouco mais. Eu estava recebendo imagens sobre a estrutura de um Om. Com certeza, A Origem tinha deixado essa bola na minha área por algum motivo. A razão que me ocorreu era para que eu acessasse mais sobre mim mesmo e descobrisse por mim mesmo, por meu intermédio, em vez de usar A Origem como fonte alternativa. Reclinei-me na minha cadeira, que agora é a poltrona de um avião com destino a Tóquio, no Japão. Gosto de usar o "tempo morto" em um avião para atualizar meu trabalho, meditar e absorver as energias associadas à presença acima da

A Origem Fala

Terra. É libertador, de certo modo, perceber que neste pequeno avião eu estou fisicamente separado da Terra, mas não de seu sistema climático. A turbulência pela qual estávamos passando era prova disso! Ainda assim, é diferente de se estar preso à Terra, e por isso ganho certo ímpeto, digamos, na minha capacidade de me comunicar com a realidade maior. Deixo a imagem me envolver e tornar-se o mais detalhada possível.

EU: Devo explicar o que estou vendo aqui?
O: Sim, claro. Essa é a razão para deixá-lo ter acesso às informações enquanto você ainda está encarnado.
EU: Certo. Os Om não são tão grandes quanto uma Entidade Fonte. Isso, do ponto de vista do tamanho de sua dimensão "física" versus o conteúdo energético dentro da área de autoconsciência de A Origem. As Entidades Fontes aparecem para mim como esferas de energia dentro de uma área incompreensivelmente maior, correspondente à sua área de autoconsciência senciente.

Mas tenho uma dicotomia aqui. Os Om parecem ter tamanho similar ao de uma entidade criada por uma das Entidades Fontes, digamos, mas não são assim. São muito maiores.

Hesito em dizer isto, mas eles me dão a impressão de ser como uma Tardis (veja a série da BBC chamada Dr Who!). São pequenos, mas são grandes. Contém toda a infraestrutura interna de A Origem, de sua área de autoconsciência senciente, mas estão dentro dessa área de autoconsciência senciente. Não são como as entidades descritas pela Entidade Fonte Seis em Além da Fonte, Livro 1, que existiam dentro e fora uma da outra como parte da funcionalidade delas. Não, são um animal completamente diferente se formos compará-los. Têm toda a estrutura de A Origem, você, segundo a perspectiva das primeiras doze seções de sua estrutura, e de algo mais. Mas não sei indicar exatamente o que seria esse "algo mais"

O que consigo ver aqui são versões em miniatura de A Origem, de você. Ah! Agora, eu vi. Estão limitadas à estrutura que "é" a da área de autoconsciência senciente de A Origem, a sua. Não possuem estrutura além disso. Mas

A Origem Fala

nessa estrutura "limitada", estão mais estruturadas do que qualquer uma das Entidades Fontes, individualmente ou juntas. A razão para isso é a multiplicação da estrutura representada pelos diferentes níveis, os doze níveis, por um fator de doze de cada vez. A Entidade Fonte está limitada a quatro níveis, ou seja, frequência, subdimensão, dimensão plena e zona. É por isso que os Om podem operar dentro da estrutura de A Origem, você; estão limitados à estrutura de sua área de autoconsciência. Além disso, não possuem estrutura e, portanto, não se encontram na categoria do "tudo que existe".

Neste ponto, senti necessidade de remeter o leitor à estrutura de A Origem descrita no capítulo 8, na seção intitulada "Recebo a descrição da estrutura de A Origem", pois neste caso esta estrutura representa a estrutura de qualquer um dos Om Puros. De repente, senti necessidade de fazer uma pergunta para A Origem sobre as outras categorias dos Om.

EU: Se isto se relaciona com a estrutura dos Om Puros, como se traduz quanto aos outros tipos de Om?
O: Só os Om Puros possuem esta característica.

OS OM HÍBRIDOS são principalmente energia sem estrutura. Ou seja, não possuem a estrutura associada com a minha estrutura energética original. Adotam a estrutura que lhes foi dada por seu criador, e, portanto, são o mesmo que qualquer uma das entidades criadas por uma Entidade Fonte específica. Sua estrutura é derivada e não herdada.

OS OM CATIVOS possuem alguma estrutura, mas estão limitados à estrutura do ambiente onde se encontram. Podem ter duas variações: a estrutura da Entidade Fonte da qual são cativos, ou apenas a estrutura que sua Entidade Fonte criou para que suas entidades trabalhem e evoluam nela. As Entidades Fontes têm uma condição estrutural máxima igual a quatro níveis, Frequência até Zona, e os Om Cativos assumem a mesma. Sua estrutura não é derivada e nem herdada; é assimilada pela exposição ao ambiente ao seu redor.

OS OM NÃO CATIVOS são uma versão dos Om Cativos, mas com a vantagem de possuir mais densidade energética do que os Om Cativos, daí o fato de não serem Cativos. Assumem a mesma estrutura que a Entidade Fonte da qual deveriam ser uma parte quando as energias que eu reciclei foram redesignadas para criar todas as Entidades Fontes.

A NOVA VERSÃO DOS OM, esses cinco Om que atualmente estão sendo integrados energeticamente, terá nove níveis de estrutura quando terminarem o processo de atração e se tornarem cinco Om e não "poeira" de Om, digamos—ou seja, "Frequência" até "Totalidade". Daqui para a frente, vou chamá-los de Om Intermediários. Haverá um grande salto estrutural entre a variante Não Cativa e a variante Intermediária. Ela não deve ser ignorada, pois esses Om serão importantes num ponto posterior da minha existência.

OS OM PUROS, naturalmente, têm a parte do leão da estrutura. Possuem todas as características estruturais da minha área de autoconsciência senciente. Esta é a razão pela qual podem ter independência total dentro de mim e são capazes de atravessar todas as condições estruturais na minha área de autoconsciência senciente, sem impedimentos ou resistência. Podem se mover à minha volta tornando-se parte de mim e transferindo sua própria essência por toda a estrutura que são ou que está dentro de mim. Além do mais, podem abranger a totalidade da minha estrutura por toda a minha extensão, com base em sua própria densidade, da qual a única limitação está em sua capacidade de manterem sua própria integridade, ou podem abranger minha estrutura de forma linear, espalhando-se em uma única direção, uma linha reta, por assim dizer, da "Frequência" até a "Margem".

O Om Puro poderia, caso desejasse, criar suas próprias Entidades Fontes ou entidades de habilidade similar dentro de suas próprias estruturas, ou até dentro da minha própria

A Origem Fala

estrutura, tamanho o nível de seu poder ou funcionalidade herdada. Contudo, até hoje, nenhum deles aproveitou esta oportunidade, e, como disse num diálogo anterior, um bom número escolheu não fazer parte do processo de criação, pois isto gera responsabilidades por aquilo que é criado e, com isso, inibe a independência plena.

Os Om Puros têm capacidade de separar detalhes de suas estruturas e criar um foco múltiplo de sua atenção para cada aspecto em que se separaram. Em essência, podem posicionar aquela sua parte baseada em frequência dentro da área de minha autoconsciência senciente que se baseia em frequência, área de minha autoconsciência senciente que se baseia em subdimensões dentro da área de minha autoconsciência senciente que se baseia em subdimensões, aquela sua parte que se baseia em dimensões dentro da área de minha autoconsciência senciente que se baseia em dimensões e aquela sua parte que se baseia em zonas dentro da área de minha autoconsciência senciente que se baseia em zonas, etc., etc., até as margens, o componente estrutural final dentro da minha área de autoconsciência senciente.

EU: Por um momento, pensei que os Om pudessem ser considerados como um câncer benigno, uma parte não funcional do corpo humano que pode se movimentar pelo corpo de seu hospedeiro sem ser atacada pelo sistema imunológico porque o corpo pensa que ela faz parte dele.

O: Essa pode ser uma forma um tanto dura de ver os Om. Eu prefiro pensar neles como agentes livres. Radicais livres na tradução literal das palavras—livres por não estarem sob meu comando ou não responderem a mim, e radicais porque não estão limitados por minhas demandas e por isso podem fazer o que quiserem, dentro ou fora das demandas que fiz às Entidades Fontes, por exemplo.

EU: Então, você está sugerindo que não tem controle sobre o que os Om fazem?

O: Não. Eu não os criei, e por isso, em teoria, não posso reciclar sua energia, não posso "descriá-los". É claro que eu deveria ser capaz de começar do zero em tudo aquilo que faço ou que fiz, pois fui o criador. No caso dos Om, porém, foram um subproduto de uma intenção criativa, não a criação surgida de uma intenção criativa em si.

EU: As energias que são, que eram no passado, ganharam forma através da intenção criativa, pois estavam destinados a ser as Doze Origens.

O: Sim, mas essa intenção foi retirada e as energias recicladas ou reassimiladas novamente na minha base de energias. A única intenção depois disso foi usar essas energias para a criação das Doze Entidades Fontes. O fato de que se separaram com base na densidade energética é a prova de que estavam fora do meu controle criativo naquele momento. Vou dizer mais uma vez: eles não foram criados. Tornaram-se "existentes" como resultado do processo de criatividade e não por causa dele.

EU: Então, os Om realmente têm rédeas soltas, digamos. São totalmente autônomos de você.

O: Sim. E mais: fiquei feliz com essa afirmação. Veja, os Om são especiais, não foram intencionais e por isso são únicos. Deixe-me explicar isso de outra maneira. Os Om são a porta dos fundos para muitas das minhas funções superiores. Como não são limitados pela convenção da minha criatividade, meus desejos e processos de pensamento, são capazes, se assim o desejarem, de realizar uma função dentro de mim que seria, por falta de palavra melhor, adversa aos meus planos estratégicos de progressão evolutiva pessoal. Eles podem fazer aquilo que é tanto indesejado quanto inesperado à luz da minha progressão evolutiva. Podem ser os agentes de "Operações Especiais", digamos, realizando experimentos que nem quero fazer, nem quero que sejam feitos por qualquer uma de minhas Entidades Fontes e suas criações.

EU: Eles fazem o que você chama de "Operações Especiais"? Sabe, de repente você está pintando uma imagem muito triste dos Om. Não sei se estou muito confortável com isso.

O: Você não tem nada com que se preocupar. Embora os Om sejam totalmente independentes de mim, ainda são quintessencialmente parte de mim e eles sabem disso. E para responder à sua pergunta, não, até hoje eles não fizeram nada que possa ser descrito dessa maneira. Exceto quando um Om resolve que não vai entrar no ciclo evolutivo pelo uso da criatividade. Esta escolha foi feita por cerca de metade dos Om Puros, pois sabem que a criatividade gera responsabilidade por aquilo que foi criado, e ter responsabilidade é algo que prende os Om.

Descubro que sou meio rebelde

EU: Eu escolhi ficar de fora do processo criativo?
O: Você, meu querido Om, é um peixe estranho, pois entra e sai da criatividade, mas se nega a assumir a responsabilidade por aquilo que faz. Rompe com as regras, se é que havia regras, e é por isso que você está onde está agora. Você decidiu entrar no processo da criatividade encarnando no ambiente da Entidade Fonte que você chama de "Um" para sua própria, e naturalmente a minha, evolução. Você fica mexendo, digamos assim; observa como pode mudar a direção daquilo que está ao seu redor e segue em frente quando isso se completa, seja qual for o resultado. E depois, passa para outra coisa.

Isso se pareceu bem comigo. A minha vida toda, tive a sensação de que poderia iniciar alguma coisa e quando ela já estava "em funcionamento", eu administrava o que tinha sido criado, deixava outros assumirem a responsabilidade ou até que levassem o crédito, às vezes, admito, a contragosto (a condição humana pode ser um problema e tanto) e depois passava para o próximo trabalho. O trabalho, por falar nisso, sempre seria em benefício dos outros de algum modo, maneira ou forma. Mas o que eu estava percebendo, porém, é que estava ficando cada vez mais "com a coisa", com cada trabalho. Sendo assim, parecia que eu estava assumindo a responsabilidade por aquilo que havia iniciado por períodos mais longos antes de passar para o próximo projeto, por assim dizer. Será que eu estava ficando atraído por aquilo que eu estava fazendo? Ou estava acontecendo mais alguma coisa?

O: Você está começando a ver a beleza na propriedade, não que você vá mudar seus hábitos. Mas está experimentando, mexendo, com a experiência da propriedade.

EU: Isso explica por que tenho sentimentos contraditórios sobre este trabalho, o trabalho que estou fazendo agora?

A sensação de querer me aposentar e não fazer nada numa praia o dia todo era convincente, especialmente quando a pessoa está sempre ocupada, com muita coisa para fazer, e não tem tempo suficiente para fazer tudo. Descobri que a minha vida toda estive operando no modo de "correr atrás". Mas o que faço agora é diferente. Senti a necessidade de superar a sensação da aposentadoria para terminar o que estou fazendo. Que estaria fazendo isto pelo resto de minha existência encarnada era algo que eu havia aceitado fazia uns dois anos, mas era bom ver de onde vinha o desejo de "fazer a fila andar" e seguir em frente sem sentir necessidade de ficar empurrando a fila da qual viera. Senti que estava saindo do molde, que havia mudado de alguma maneira, que estava me tornando mais responsável por minhas ações.

O: Esta é uma grande mudança em você, mas não será projetada além desta encarnação, pois não é isso que você vai fazer. Tenha certeza de que você verá isso. Que você apoiará aqueles que precisam de apoio, será o professor daqueles que precisam de ensino, o líder para aqueles que precisam de liderança e o transformador de paradigmas. Você também vai proporcionar uma nova base para o progresso pessoal. Isto você já sabe. Você mostrou às pessoas que elas não precisam estudar anos a fio para conseguir a conectividade com seu Verdadeiro Eu Energético, seu ambiente maior e seu criador, e que elas podem, por seu intermédio, passar para a via expressa e libertar-se do físico enquanto ainda estiverem no físico. É com isso que você tem "mexido" nesta existência encarnada. É por isso que você está aqui. Para ver se consegue romper os limites estabelecidos pelos outros e atingir, numa única vida, aquilo que outros precisaram de várias para realizar, para ver se você consegue fazer seus alunos realizarem, em poucos dias, o que os alunos de outros professores levaram uma vida inteira para realizar.

EU: Agora você está me bajulando.

O: Nem um pouco. Estou apenas lhe mostrando o que você é e o que você está fazendo. De várias maneiras, você é um "rebelde". Você está fazendo o que quer, não se sente atraído pelas normas, independentemente de serem regras, convenções, conveniências, presidentes, lógica, bom senso ou seja o que for. E é isso que faz de você um peixe estranho. Você é único. Todos os outros Om tiveram a oportunidade de serem parecidos uns com os outros, seja na maneira como entraram no processo criativo ou não, conforme o caso. De qualquer maneira, fizeram suas escolhas, seguiram este ou aquele caminho. Independentemente do que fizeram depois dessa escolha primária, seguiram o consenso. Você, não. Você é o equilíbrio, é ambos.

EU: Isso está começando a parecer um tanto artificial para mim, como se eu fosse alguma coisa especial, quando na verdade não sou.

O: Não, você não é uma coisa especial. Você está apenas sendo você em vez de ser levado ou influenciado.

EU: Você faz parecer que os Om não são seres bastante capazes, na verdade, que são apenas como a humanidade encarnada, precisando acompanhar a maioria, participando do grupo, que precisam fazer parte de alguma coisa.

O: Fazer parte de "alguma coisa" é uma expressão fundamental da necessidade de comunhão com nosso criador. Toda entidade tem esse desejo entranhado, até os Om, quer se encontrem ou não o mais distante possível dos outros Om. Você, por sua vez, pode pegar ou largar. Você não procura a comunhão, não deseja e nem precisa da comunhão. É por isso que faz o que faz.

EU: Se eu não preciso da comunhão e nem a procuro, por que estou trabalhando como encarnado neste planeta, que faz parte do aspecto de baixa frequência da estrutura do multiverso criado pela Entidade Fonte Um?

O: Porque você está vendo se consegue fazer uma mudança importante na direção de uma civilização encarnada usando o mínimo de treinamento. Nenhum outro professor conseguiu isto até agora.

EU: Não creio. Certamente Jesus, Maomé, o Buda, Krishna, Babaji, Paramahansa Yogananda e, não tenho dúvidas, incontáveis outros que não são lembrados pela história recente já conseguiram isso. Veja o que fizeram pela humanidade encarnada.

O: Bem, você tem razão em um ponto do seu argumento. Ou seja, uma vez que um de seus alunos tenha alcançado o que você deseja que ele alcance, você espera que ele pratique as técnicas e personalize as técnicas pelo resto de sua existência encarnada. Isso é assim com todos os professores.

EU: E por que um aluno não iria querer continuar a praticar a técnica que lhe foi ensinada quando é exposto a uma realidade maior do que aquela que lhe é apresentada enquanto está no plano físico?

O: Porque o físico é intoxicante; é uma atração, uma luz para a mariposa. É por isso que os outros requeriam dedicação antes de conseguirem a experiência de serem expostos à realidade maior. Esta é uma época diferente na Terra. É o tempo da gratificação instantânea, e é aí que você entra. Você resolveu se afastar daquilo a que esteve exposto toda a sua existência encarnada, que a pessoa precisa mostrar devoção e dedicação para conseguir a tão falada iluminação, e que isso PRECISA levar anos para que o professor verifique a integridade do indivíduo. Você pode lhes dar a iluminação agora. Tudo de que precisam é passar dois dias com você, estudar um pouco as lições, passar outro dia com você e pronto—iluminação instantânea. Como você faz isso? Aproveitando-se das frequências recém adquiridas de que a Terra está desfrutando atualmente e ligando seus alunos a elas. Você está usando a relação professor-aluno em sua condição máxima. É por isso que alguns de seus leitores têm relatado picos de energia ou downloads de informações porque compraram seus livros, seja na versão física, seja na digital. Você, quer dizer, seu Verdadeiro Eu Energético, está proporcionando um atalho.

EU: Mas não é isso que todos os professores fazem por seus alunos? Não é para isso que os professores estão aqui?

O: Sim, mas você está dando isso a eles de bandeja, digamos assim. Eles conseguem experimentar a realidade maior mais depressa, bem mais depressa do que antes. Você está se aproveitando das frequências mais elevadas e ligando-os a elas, e, por elas, a seu criador, a Entidade Fonte Um. A linha de pensamento existente é que o aluno PRECISA merecer o direito de experimentar a realidade maior, e, até certo ponto, você lhes pede para que mereçam. Mas eles são recompensados muito, muito mais depressa por você do que pelos meios tradicionais.

EU: Entendi. De várias maneiras, isso se encaixa com a atual filosofia do "quero isso agora!"

O: Sim, mas este vínculo não era uma decisão estratégica. Calhou de ser uma compatibilidade que aconteceu em paralelo com este Espaço de Eventos específico.

EU: Não me lembro dessa estratégia, exceto por sempre ter tido a sensação de que eu tinha algo importante para fazer, e agora eu sei o que era.

O: Não, não foi VOCÊ. Foi seu Verdadeiro Eu Energético que tomou a decisão de ver o que aconteceria com a humanidade encarnada se um aspecto dele, VOCÊ, introduzisse uma via expressa para a iluminação através de uma pessoa comum do cotidiano, usando terminologia comum do cotidiano. E tem mais: agora, você tem ajuda.

EU: De quem?

O: De outro aspecto do seu Verdadeiro Eu Energético, aquela que você chamava de Anne, a encarnada com quem você se casou.

Minha falecida esposa sou eu!

EU: Espere aí: você está sugerindo que minha querida esposa, Anne, era/é um aspecto do meu Verdadeiro Eu Energético?
O: Sim. Você não percebeu que ela lhe dava incentivo para seguir certas direções, fazer certas coisas, realizar outras coisas, coisas pelas quais você não se interessaria se ela não fosse sua parceira?
EU: Sim, pensando nisso, ela me motivava de maneiras que estavam fora de contexto com a minha personalidade. Eu me inspirava só por estar na sua presença. De muitas formas, eu estava brincando de ir atrás dela. Era como se ela estivesse vivendo na perfeição, e eu não estava. Eu me esforçava por ser igual a ela. Ela era a minha moderadora, minha razão de viver, meu vínculo com a Terra.
O: Você se lembra de um diálogo, nove anos atrás, quando você percebeu que existem três forças principais no multiverso criado pela Entidade Fonte Um, Poder, Sabedoria e Amor, e que uma entidade não pode ter sucesso a não ser que opere igualmente em cada uma dessas três forças?
EU: Sim, eu me lembro. Puxa, isso faz tempo.
O: Bem, você tinha uma cota integral de poder e meia cota de sabedoria. Anne tinha uma cota integral de amor e meia cota de sabedoria. Juntos, enquanto encarnados, vocês eram uma força a ser reconhecida; agora que Anne voltou ao plano energético, ela tem uma cota plena de amor e de sabedoria. Isso se equilibra com sua cota plena de poder e meia cota de sabedoria, pois o nível de poder puro que você tem requer um nível significativo de sabedoria e de amor para garantir que serão usados da maneira correta.

Agora, as coisas estavam começando a fazer sentido. Minha esposa por quase vinte e cinco anos, Anne, foi a única pessoa que me entendeu de verdade. Ela sabia de onde todas as minhas ideias e discussões sobre metafísica e a realidade maior estavam vindo. Embora pendesse naturalmente para o lado

A Origem Fala

"amoroso" da metafísica, compreendia o que eu dizia, não na maior parte do tempo, mas o tempo todo. Eu me sentia à vontade com Anne de uma forma que eu não conseguia me sentir com mais ninguém. Era como se fôssemos um só ser. Eu sei que muita gente sente isso em relação ao cônjuge, mas eu realmente sentia que éramos um pouco diferentes. A verdadeira compreensão de ser uma alma gêmea, um aspecto projetado do mesmo Verdadeiro Eu Energético trabalhando com outro aspecto projetado do mesmo Verdadeiro Eu Energético num relacionamento íntimo é a única maneira de entender como éramos juntos. Anne me confiou sua própria existência; ela sabia que eu poderia consertar qualquer coisa. Exceto, claro, por seu tumor no cérebro. "Não mexa no meu tumor cerebral", disse-me certa manhã quando eu estava conferindo sua energia no final de 2003, dois meses depois de seu diagnóstico. "Por que não?" perguntei. "Você não quer curá-lo?" "Sim", disse, "mas não dessa maneira". Durante os anos seguintes, trabalhamos com atividades metafísicas, especificamente aquelas depois da minha sintonização na Suécia, e Anne aceitou as minhas curas. Mas sempre soube que eu não teria permissão para ter acesso às energias envolvendo a manifestação do tumor. Anne confiou em mim com sua vida, e eu sempre projetei uma aura de energia de que estava tudo bem. Eu também ouvia seus pensamentos: "Se Guy está bem e não está preocupado, então está tudo bem e eu não devo me preocupar". Isso continuou até o período em que a atividade do tumor exigiu que fizesse quimioterapia. Se eu estivesse do seu lado, tudo estava bem. Isso prosseguiu até o fim de sua vida física. Imagine então a minha confusão quando Anne, a pessoa que era a minha verdadeira alma gêmea, deixou-me ainda encarnado, aparentemente com décadas de vida pela frente. (De acordo com uma de minhas muitas premonições, que incluíam eu estar sozinho mais tarde na vida e a cena de minha própria morte, eu sempre imaginei que teríamos mais anos juntos. Claro que era uma forma de negação.) Ela fora o meu foco principal, minha principal motivação, incentivando-me a realizar certas coisas necessárias para assegurar que eu poderia me sustentar e me manter, para ter um público crescente e chegar aonde estou agora. Ela foi meu trampolim. Ela fez o

seu trabalho, e agora era hora de voltar ao nosso Verdadeiro Eu Energético. Anne, como tudo que ela fez, prestou um serviço significativo durante sua encarnação, especialmente comigo, e, como tal, pelo que percebi, ela negou qualquer karma que pudesse tê-la afetado por ter encarnado. Isso ficou particularmente evidente pela maneira como acabou indo embora, pois qualquer karma restante foi "arrancado" dela. Ela saiu do plano físico "livre de karma".

Entretanto, seu trabalho comigo, ao que parece, não tinha acabado, e eu comecei a perceber que estavam acontecendo coisas comigo que só poderiam estar associadas a estar recebendo ajuda "por trás dos bastidores". Estava começando a reconhecer que tudo que tinha acontecido e que estava acontecendo comigo e à minha volta estava planejado, acertado e sendo executado enquanto eu estava digitando. Aqueles de vocês que estão familiarizados com os caminhos da realidade maior vão perceber que nada do que eu disse é um conhecimento novo ou radical. Acontece que às vezes é difícil perceber isso em nossa própria vida. O aspecto físico do que somos segundo a perspectiva transitória sempre acaba interferindo. Eu queria muito discutir esta informação com A Origem antes de passar para o meu próximo assunto, o qual, meu caro leitor, eu estava tendo dificuldade para começar. É nessas ocasiões que percebo que as informações prestes a serem discutidas são difíceis, na melhor das hipóteses, e eu sabia muito bem que A Origem estava permitindo que esta pequena digressão acontecesse para me permitir "sintonizar-me" com o assunto e as energias associadas a ele. O assunto de que eu estava tratando, porém, estava no "agora" e A Origem estava ansiosa para terminá-lo e seguir em frente.

O: Sinto que você está confuso.
EU: Você sente isso, claro. A confusão é, como Anne pode ser querida dos Om como um aspecto meu se eu era o único Om Puro encarnado?
O: Simplesmente porque os outros Om encarnados ou são híbridos, ou são cativos. A maioria no planeta Terra é híbrida. Além disso, juntos, Anne e Guy ainda são um só.

A Origem Fala

EU: Isso é uma função da dualidade?

O: Não, é uma função sua, do seu Verdadeiro Eu Energético. Independentemente de quantos aspectos você projetou, seria ainda um Om Puro, pois apenas um Om Puro resolveu entrar no ciclo de encarnações. Perceba, porém, que esse seu aspecto que era Anne voltou para um ponto mais próximo de seu Verdadeiro Eu Energético enquanto ainda mantém certo nível de contato com o universo físico. Agora, de fato, há apenas um aspecto de Om Puro encarnado na Terra. Mas perceba ainda que o aspecto "Anne" ESTÁ ativo no trabalho que vocês concordaram em fazer segundo a perspectiva energética, trabalhando com os guias e auxiliares daqueles que precisam fazer parte do trabalho que vocês estão fazendo, ou concordaram em fazê-lo. Seu trabalho é importante, pois está despojando muitas das descrições cor-de-rosa do espírito, mostrando-o sob uma luz mais básica, uma luz que permite a expansão dos processos de pensamento sem ser sobrecarregada por adornos desnecessários.

EU: Obrigado. Voltando à sua descrição da razão, mesmo quando diversos aspectos do meu Verdadeiro Eu Energético são projetados no plano físico, isso é classificado como apenas um "eu", como isso se relaciona com os outros encarnados? É sempre classificada como uma entidade e não como muitas, estas baseadas no número de aspectos sendo projetados pelo Verdadeiro Eu Energético?

O: É sempre classificada como uma, independentemente do tipo de energia do Verdadeiro Eu Energético. É que a humanidade pensa em si mesma como sendo o que está encarnado, e que os outros aspectos associados com o Verdadeiro Eu Energético, estejam encarnados ou desencarnados, são entidades separadas. Por isso o processo de pensamento descritivo adotado pela humanidade encarnada pode ser descrito como sendo "há muitos aspectos de mim", tornando o "eu" uma função múltipla centrada no encarnado, e não o processo de pensamento descritivo exposto corretamente como "eu sou um aspecto de mim", fazendo do "eu" uma função singular centrada no Verdadeiro Eu Energético.

EU: Isso faz muito sentido. Eu estava preocupado com as informações que estava recebendo e fui capaz de compreender. Tive um conflito de informações. Por um lado, estava ciente de que eu era o único Om Puro encarnado, não considerando os Om Híbridos que estão encarnados, e por outro lado estava captando que Anne também era Om Puro. Se era assim, como poderia haver apenas um? Agora eu sei que ambos somos aspectos da mesma entidade Om, éramos separadamente juntos.

Mas tenho outra pergunta.

O: Prossiga; você está numa viagem de descoberta pessoal aqui.

EU: Tenho lembranças de encarnações, e algumas foram com Anne. Ela também se lembrava de algumas delas. Ela sabia ainda que tínhamos algum karma a ajustar entre nós. Como funciona isso se somos aspectos do mesmo Verdadeiro Eu Energético? Além disso, tenho outro conflito de informações sobre o número de vezes em que encarnei. Estou recebendo tanto uma como cerca de trinta e seis no universo físico. (Eu estava começando a perceber que a direção em que eu estava indo seria tratada num diálogo diferente e num livro diferente. Um que me foi dito que eu deveria escrever depois deste—e me desculpe por isso, querido leitor, mas de algum modo pareceu relevante dizer isso neste texto.)

O: Não era propriamente karma entre vocês e sim um conflito de interesses entre dois aspectos de personalidade da mesma entidade, algo que só poderia ter acontecido no estado encarnado. Vocês levaram dois Espaços de Eventos para resolver o conflito.

Quanto ao seu número de encarnações, ele é tanto um quanto o número que você disse. Mas elas não aconteceram de forma linear; estão todas sendo vivenciadas ao mesmo tempo. Você, quero dizer, seu Verdadeiro Eu Energético, usou o Espaço de Eventos para experimentar energeticamente todas essas existências ao mesmo tempo. Para conseguir fazer isso, seu Verdadeiro Eu Energético projetou aspectos suficientes de si mesmo em um número conhecido de Espaços de Eventos em paralelo para permitir-lhe experimentar tudo aquilo de que precisava para o trabalho que queria realizar, de uma só vez. Em essência, todas elas estão acontecendo agora, numa condição única, e daí o seu conflito. Você tem a sensação de várias encarnações, e só de uma. Você vivenciou, está vivenciando, vai vivenciar, fez, está fazendo e fará tudo agora mesmo.

EU: Mas não acontece a mesma coisa com todas as entidades? Tudo não acontece em paralelo?

O: Sim, mas como função de cada aspecto. Isto se chama "paralelismo linear". Paralelismo linear é onde o Espaço de Eventos é criado através das ações de uma entidade. Deve-se às condições dualistas de possibilidades possíveis. Aquilo que você, ou devo dizer, seu Verdadeiro Eu Energético fez, foi invocar o Espaço de Eventos para sua própria necessidade de acelerar a função do conhecimento e da experiência para aquelas de uma entidade que tem experiência no ciclo encarnado. Isso se chama "paralelismo esférico instantâneo".

EU: Talvez eu esteja sendo um pouco exigente aqui, mas o paralelismo esférico não seria a próxima etapa lógica? (Esta descrição acabou de me ocorrer.)

O: Sim, mas isso é uma função de todos os Espaços de Eventos específicos de uma entidade sendo criada através da condição dualista em paralelo, e não da própria entidade invocando ativamente o Espaço de Eventos para realizar uma tarefa ou função conhecida, como um ambiente de paralelismo esférico instantâneo.

EU: Então, com base nisso, é possível experimentar sua primeira encarnação e suas encarnações mais recentes ao mesmo tempo.

O: Sim, é, e é isso que você, ou seja, seu Verdadeiro Eu Energético, está fazendo neste momento.

EU: E isso inclui todos os outros aspectos projetados do Verdadeiro Eu Energético.

O: Claro, pois é o uso desses outros aspectos dentro da invocação do Espaço de Eventos dessa maneira que cria o paralelismo classificado como "instantaneamente esférico"—esférico, claro, referindo-se ao holográfico e não à esfericidade sólida, pois isso o classificaria como puramente "esférico".

Isso foi bom. Esclareceu muitas áreas de conflito para mim. Por ser analítico por natureza e por formação, a inconsistência é o caminho para a imprecisão, e por isso, ver como as informações supostamente inconsistentes que eu estava recebendo tornaram-se consistentes graças à simples compreensão de um novo conceito, digo, novo para mim, foi no mínimo gratificante. Antes de passar para o próximo assunto, porém, tive mais uma pergunta para fazer. Eu já tinha perguntado isso antes, mas precisava compreender melhor o assunto. Baseava-se na sobrevivência da personalidade do aspecto após sua reintegração com o Verdadeiro Eu Energético.

A sobrevivência da personalidade do aspecto

EU: Sei que já tratamos disto antes, mas quero lhe perguntar sobre a personalidade do aspecto e como ele sobrevive quando o aspecto é reintegrado ao Verdadeiro Eu Energético.

O: Primeiro, o aspecto não é a personalidade atual; a personalidade atual é uma função do ego. Segundo, a personalidade do aspecto é a somatória de todas as experiências egoístas e energéticas acumuladas ao longo do número total de oportunidades encarnadas, juntamente com as experiências presentes, pré- e pós-energéticas. Também é uma função da sabedoria acumulada quando se tem a permissão de trabalhar com certos níveis de poder.

A personalidade do aspecto, portanto, é uma subpersonalidade do Verdadeiro Eu Energético que sobrevive tanto à morte do veículo humano encarnado quanto à reintegração da energia, chamada de aspecto, após a morte do veículo humano. Como subpersonalidade, é tanto integrada à, mas separada da, personalidade geral do Verdadeiro Eu Energético. Assim sendo, pode ser chamada para se projetar sobre outro veículo humano sempre que sua personalidade e conjunto de habilidades específicos forem necessários para se realizar certa tarefa enquanto encarnada. Pense nisso em termos de uma série de memórias baseadas em habilidades invocadas quando exposta a, e precisa lidar com, uma experiência com assinatura similar ou igual, digamos, a outra experimentada anteriormente. As memórias são usadas como meio de navegação, permitindo-lhe trabalhar com essa experiência da maneira mais eficiente possível. Agora, pense que essas memórias têm capacidade de acumular dados adicionais, como resultado de interações ou autoconsciência similares ou idênticas, e que elas são referidas pelo Verdadeiro Eu Energético como um método de via expressa para vivenciar uma experiência, usando experiências relativas ou relacionadas e baseadas na memória, em vez de experimentar aquilo que é apresentado ao Verdadeiro Eu Energético pela primeira vez. Agora, considere cada conjunto de memórias como uma energia de experiência especializada e baseada no Verdadeiro Eu Energético, chamada quando necessário e projetada num veículo encarnado quando certo tipo de experiência é desejado. Agora, considere que este conjunto de energias pode se expandir, crescer e se tornar independente enquanto está integrado ao Verdadeiro Eu Energético. Que este conjunto de energias pode ser, e é, projetado em um veículo encarnado quando seu conjunto de habilidades baseado na memória é requerido, e que ele pode ser descrito como um aspecto do Verdadeiro Eu Energético por si só.

Este conjunto de memórias é o aspecto, e, como tal, mantém seu crescimento e sua personalidade independentemente dentro da energia que é o Verdadeiro Eu Energético. É assim que o aspecto "se torna" aquilo que ele é. É assim que o aspecto mantém sua utilidade, e por isso sua individualidade, enquanto está integrado ao Verdadeiro Eu Energético; ele é mantido por uma memória sempre crescente de experiências próprias do aspecto. Torna-se uma energia especializada. E isto, meu querido Om, é o mesmo para todas as entidades criadas por mim ou por qualquer uma de minhas Entidades Fontes.

EU: Com base nisto, o aspecto cresce mais em estatura quanto mais é usado, ganhando mais dados e experiência todas as vezes que o Verdadeiro Eu Energético seleciona esse aspecto para uma encarnação ou para outro papel.

O: Correto, e é assim que a personalidade do aspecto é preservada.

EU: Seria possível um aspecto ser tão usado que sua personalidade se torna a personalidade dominante dentro do Verdadeiro Eu Energético? Ou seja, torna-se a principal personalidade do Verdadeiro Eu Energético?

O: Não, pois a personalidade do Verdadeiro Eu Energético é a dominante. A personalidade dominante cresce com a inclusão de novos dados experienciais de TODOS os aspectos e fragmentos associados a ela, e, claro, com seu próprio trabalho. Assim, ela é sempre significativamente maior do que qualquer aspecto ou do que todos os seus aspectos. Não se esqueça de que quaisquer memórias ou dados experienciais acumulados por um fragmento são acumulados pelo aspecto que projetou o fragmento. O fragmento em si não os retém, pois o fragmento não é perpetuado como personalidade dentro do aspecto.

EU: E por que não? Eu imaginava que a relação entre aspectos e fragmentos refletiria a relação entre o Verdadeiro Eu Energético e os aspectos.

O: Não.

EU: Por que não?

O: Porque o fragmento é uma função do aspecto segundo uma perspectiva energética mais baixa, que não permite a possibilidade de individualização dentro do corpo principal de energia que é o aspecto. Sendo assim, o fragmento simplesmente não possui a resolução necessária para reter qualquer personalidade acumulada como resultado de ter sido projetado em uma oportunidade encarnada. O aspecto registra tudo e mantém tudo, e isto, por sua vez, é registrado e mantido pelo Verdadeiro Eu Energético. A questão aqui é que o aspecto tem a resolução, e a autoridade que lhe é conferida, do Verdadeiro Eu Energético para se tornar

A Origem Fala

individualizado dentro dos limites de sua energia. O fragmento não possui nenhuma das duas.

EU: Com base nisso, um encarnado que tem um fragmento projetado nele (como sua alma) seria um indivíduo menor em comparação com um aspecto que é projetado em um veículo encarnado (como sua alma)? Por exemplo, haveria uma diferença que pode ser vista por um observador atento, uma indicação importante para se saber se um indivíduo encarnado está ocupado por um fragmento ou um aspecto?

O: Sim, o veículo encarnado ocupado por um fragmento parece ter um desempenho ruim, aprende com dificuldade e talvez seja até difícil de se lidar, embora seja uma pessoa agradável. Tem dificuldade para se relacionar com os outros.

EU: Seriam a mesma coisa que as pessoas que preenchem o cenário?

O: Elas não apresentam o mesmo tipo de personalidade que as pessoas que preenchem o cenário porque estão ligadas inerentemente a uma entidade com energias de qualidade muito maior. Embora possam ter uma energia de menor qualidade se comparadas com um aspecto, têm energia de mais qualidade se comparadas com a energia da entidade projetada numa pessoa de preenchimento de cenário. Na verdade, a diferença é marcante. As pessoas que preenchem cenário tendem a se sentir atraídas pelas funções mais baixas das frequências inferiores quando estão encarnadas, como agressividade, materialismo, ego e status, enquanto o encarnado ocupado por um fragmento costuma ser um indivíduo discreto e passivo, com pouca ou nenhuma motivação, ambição, desejo de liderar ou de fazer parte de um grupo. São pessoas que podem ser classificadas como tendo baixo desempenho, pessoas que estão contentes com seu quinhão na vida e não desejam sair de sua zona de conforto. Na verdade, você será escusado se disser que são o tipo de pessoa que "não está nem aí". Mesmo assim, geralmente são pessoas muito agradáveis para se ter por perto.

EU: Então, quando seu corpo físico morre, sua personalidade morre com ele?

A Origem Fala

O: Não, a personalidade dominante do fragmento é a do aspecto e, tal como o aspecto em relação ao Verdadeiro Eu Energético, as memórias e experiências acumuladas pelo fragmento são inerentemente aquelas do aspecto e retidas dentro do aspecto. Então, são compartilhadas com o Verdadeiro Eu Energético. A personalidade baseada no ego, tanto no fragmento quanto no aspecto, é dissolvida com a morte do corpo humano.
EU: Isto esclarece muita coisa para mim. Grato.

Capítulo 24:
A estrutura entre estruturas

ESTE TÍTULO FICOU INDO PARA LÁ e para cá na minha cabeça durante alguns dias, e estava começando a entrar em foco como um assunto que eu deveria estar discutindo com A Origem. Eu tinha percebido que estava ficando um pouco saturado e, por isso, estava com dificuldades para focalizar o tipo de assunto para cuja discussão, sem dúvida, A Origem estava me conduzindo. Eu tinha percebido que havíamos feito alguma digressão, pelo menos na minha mente, do assunto principal, que era falar com A Origem sobre A Origem e não sobre assuntos locais que poderiam ou deveriam ser tratados com a Entidade Fonte Um. Dito isso, porém, a informação não somente foi interessante e essencial, como também provou que A Origem estava tão em contato com o funcionamento profundo de uma de suas Entidades Fontes quanto com seu próprio trabalho. Fiquei intrigado por estar na posição de discutir assuntos com A Origem que, na verdade, não eram realmente seu principal ponto de interesse—e que foi a razão para ela ter criado as doze Entidades Fontes. Foram criadas para tratar de assuntos que A Origem achava melhor deixar para funções autônomas de si mesma—as Entidades Fontes e suas criações menores. Enquanto estava digitando esses pensamentos, fui começando a ver uma imagem estrutural na minha mente. Este era um sinal claro de que A Origem estava baixando informações em mim e estava prestes a continuar nosso diálogo. Sentei-me para permitir que as energias de A Origem fluíssem por mim, iniciando o diálogo.

O: Então, você quer conhecer a estrutura por trás da estrutura.
EU: Não foi uma coisa que planejei, mas, já faz alguns dias, venho pensando em como posso ir além da estrutura do multiverso criado pela Entidade Fonte Um. Também tenho

pensado nas entidades que fazem a manutenção da estrutura do multiverso e como garantem que a eficiência evolutiva do multiverso será mantida em seu melhor desempenho. Essas entidades, algumas das quais conheci na forma humana, também se movem pela estrutura do multiverso. Esta é uma função que precisam ter para que possam se mover rapidamente de um ponto de manutenção para o próximo. Vi isso simplesmente como uma função sua, pois essencialmente são você, e para permitir que essas entidades e eu mesmo nos movamos pela estrutura dessa maneira, deve haver outro nível de estrutura dentro de você, e, portanto, das Entidades Fontes, que não vi na vida física e por isso ainda não discuti com você.

O: Bem, você está certo ao pensar em falar desta subestrutura, mas também precisa saber que existe uma subestrutura em todos os níveis dentro de mim.

EU: Como você estava dizendo, obtive uma imagem dessa estrutura. Mas só posso descrevê-la no sentido metafórico.

O: Muito bem, deixe-me ver se você consegue entender o que recebeu. Diga-me o que está vendo.

EU: Parece ser um nível de estrutura incompleto. É como uma teia de aranha, mas em um sentido extremamente fino, como se fosse gaze. É uma estrutura ponto-a-ponto que permite acesso apenas a um número selecionado de pontos dentro da sua estrutura. Diria que é quase como se estivesse conectada a certos nodos. Estes nodos são os pontos de travessia entre as divisões dentro dos níveis da sua estrutura, e esses pontos são o lugar onde termina o ponto mais alto de um nível e começa o ponto mais baixo do nível superior seguinte. Mas espere: aproximando-me da estrutura, vejo uma estrutura mais fina por trás dela. Esta estrutura mais fina une as divisões entre os níveis e permite acesso a seus pontos de travessia. E tem mais. Olhando esta estrutura, vejo que a estrutura ponto-a-ponto não é apenas uma rede que permite acesso a esses nodos como um elo nodo-a-nodo, mas também tem outra estrutura por trás, permitindo movimentos além da metodologia nodo-a-nodo; ela evita ativamente os nodos. De fato, vejo um desses elos ponto-a-

A Origem Fala

ponto, nodo-a-nodo separando-se da estrutura e alterando sua conectividade nodo-a-nodo de um par de nodos para outro. Espere aí. Esta estrutura não é nem um pouco estática. Agora estou confuso, não posso chamá-la de estrutura agora porque tudo mudou bem na frente de meus olhos mentais. Agora, é outra coisa, ainda realizando a mesma tarefa, mas a estrutura é completamente diferente daquela que acabei de ver. Esta estrutura está se adaptando aos requisitos das entidades de manutenção?

O: Oh, muito bom mesmo. Você está quase lá. Vá um pouco mais fundo e me diga o que está vendo agora.

EU: Ah! Eu vi. O que estou vendo agora é como o rastro de vapor que um avião deixa para trás quando voa pelo ar mais denso, comprimindo-o e criando uma nuvem localizada específica na direção de voo do avião. Não é uma estrutura; são linhas diretas de viagem criadas pelas próprias entidades de manutenção, especificamente pela duração de seu movimento entre um ponto e outro e apenas para isso. Se precisarem voltar, então a linha direta de viagem permanece no lugar. Se não, ela se dissolve e não deixa vestígio de onde estava ou para onde foi. Eles estão criando a estrutura para que se adeque às suas próprias necessidades ao se moverem entre um ponto e outro, entre um nodo e outro.

Ah, sim. Naturalmente, esta é a suposta estrutura por trás da estrutura do multiverso da Entidade Fonte Um e não a sua propriamente dita, embora o seja, na verdade.

O: Correto. É assim que a minha subestrutura é formada quando está sob o controle de uma Entidade Fonte. Ela está adaptada pela própria entidade de manutenção para adequar-se ao que precisa fazer para trabalhar na área de estrutura na qual deve trabalhar. Agora, observe a estrutura entre as Entidades Fontes. Nesta área, você verá uma subestrutura diferente.

EU: Vejo uma espécie de esqueleto. Está ligando as Entidades Fontes a você. É quase como se estivessem suspensas como marionetes numa corda, a corda simplesmente existe. Como o "truque da corda indiana", que começa no espaço livre e depois se une à extremidade externa das energias associadas a determinada Entidade Fonte. Quando essa Entidade Fonte se movimenta em torno da área que você designou para ela, não que se mova tanto assim, a maioria fica parada, a corda se move com ela, suas extremidades se movem com ela e não ficam paradas num ponto que supostamente seria sua origem. É como aquela corda no truque da corda indiana, que na verdade está presa a outra corda microscopicamente fina que mantém a ponta superior da corda no lugar: embora a ponta pareça mudar de lugar com o movimento da Entidade Fonte em questão, na verdade ela se mantém conectada à subestrutura, que é você.

O: Correto. Olhe mais de perto. O que mais você "vê"?

EU: Vejo uma malha energética. Ela... ela é linda, é inacreditável. É inebriante olhar para ela (estou chorando de alegria!). Todas as cores do arco-íris, todas as cores e matizes intermediários, inclusive miríades de tons pastel e sombras leves, tons que o olho humano possivelmente não seria capaz de ver ou sequer decifrar.

Perguntei-me como eu estava sendo capaz de decifrá-las com minha visão mental.

O: Você as está interpretando, não decifrando. É diferente. Simplesmente, enquanto está encarnado, você não tem capacidade de apreciar tudo que lhe está sendo apresentado. Considere isso uma versão truncada, algo com que você pode trabalhar enquanto entende, ao mesmo tempo, a grande variação nas cores. Por favor, continue a sua narração.

EU: É difícil, é tão... é tão... "emocional". É como estar em casa, quentinho e confortável, com a pessoa que você ama (mais lágrimas de alegria). Sou eu me ligando a você como parte de mim, mas com a realidade de que sou uma parte menor de você. A luz pulsa, irradia e vibra, todos os aspectos dessa luz são uma função de sua subestrutura.

Afastei-me mentalmente, distanciando-me da imagem que me foi apresentada, e observo a conectividade das Entidades Fontes com a subestrutura de A Origem desde a distância.

A Origem Fala

Elas se movem e estão conectadas constantemente a você. O movimento da maioria delas é mínimo—mas é um movimento dentro da área que você designou a elas. Cada Entidade Fonte parece estar suspensa por sua conectividade, com cada linha de conectividade fazendo parte de uma malha energética específica para os dados sendo transmitidos ou recebidos. Cada linha de conectividade está sendo usada em sua capacidade máxima, e novas linhas de conectividade são adicionadas quando muda o tipo de dados. Tudo é dinâmico, tudo muda, tudo se adapta ao que é novo e o assimila com o que é atual ou velho. Analiso esta imagem e vejo que ela se parece mais e mais com a imagem que se vê quando observa a esfera oca de um gerador Van der Graaff, com os arcos elétricos sobre a esfera, sendo a esfera o lado "positivo" do gerador, até o "negativo", que pode ser representado por um cristal para se obter uma série geral e tridimensional de arcos múltiplos em vez de um único arco. O ponto de conectividade seria representado por cada arco e o movimento dos arcos seria o fluxo natural de conectividade entre uma Entidade Fonte e a subestrutura de A Origem.

Uma Entidade Fonte saiu de sua posição atual como que respondendo à minha próxima pergunta, que seria, como a conectividade de uma Entidade Fonte é afetada por seu movimento?

A Fonte em questão se moveu e as linhas de conectividade se moveram como arcos de "potencial" (voltagem) desde a esfera positiva do gerador Van der Graaff até múltiplos lados negativos, com os lados negativos movendo-se em distância e posição em relação ao positivo. Dava a impressão de ser uma série de fios de cabelo elétricos desconectando-se e reconectando-se com as incontáveis linhas "luminosas" da malha. Todas as conexões estavam, segundo minha perspectiva, em relevo tridimensional com a conectividade envolvendo a Entidade Fonte na qual me concentrei.

O: A conectividade não está apenas na periferia da Entidade Fonte que você está observando. Também está dentro dela. Olhe mais de perto.

A Origem Fala

EU: Certo, estou vendo a Entidade Fonte numa condição que eu chamaria de "transparente". Posso ver dentro e fora dela como se estivesse vendo uma imagem de ressonância magnética na qual tudo fica visível.

A conectividade não está apenas do lado de fora da Fonte. Também está no interior. É espantoso observar isso. A Entidade Fonte parece se mover através da subestrutura de A Origem e conectar-se com ela em todos os níveis. A Entidade Fonte que estou observando é totalmente permeável, sua essência é sua individualidade e sua individualidade é o que a separa das energias que são A Origem, sua estrutura e sua subestrutura.

Por que não vi detalhes deste nível antes? Eu tinha a impressão de que as Entidades Fontes eram "Bolas de Energia" que podiam perambular pelo espaço livre. Isto me diz que deve haver todo um novo nível de compreensão sobre como você e suas entidades mantém uma interface.

O: Há mais, muito mais, mas o que você viu aqui, para citar você, nem arranha a superfície. Tenho diversos níveis de estrutura, e toda entidade que já criei é sua parte intrínseca.

Todas as entidades fazem parte de mim e, como parte de mim, intrinsecamente todas as entidades fazem parte integral da minha estrutura. Todas as criações são integrais, não são separadas e não podem ser separadas.

EU: Eu pensava que você havia Criado um espaço vazio para as Entidades Fontes existirem nele, que não haveria "Coisa Nenhuma" na área onde trabalham.

O: Segundo a perspectiva limitada da humanidade encarnada, a resposta seria sim. Mas só quando a entidade encarnada consegue progredir além da convenção é que ela é capaz de assimilar novas informações ou conceitos. Neste caso, o conceito usado pela humanidade encarnada é a necessidade de haver individualidade tanto na "personalidade" quanto no "corpo" nascido da separação energética. Nos diálogos anteriores, você assimilou o conceito de que a individualidade não é necessariamente uma função da separação física, ou seja, uma personalidade ou inteligência individual, senciente ou não, junto com um corpo

A Origem Fala

individualizado de energia. Isso não é um requisito ou necessidade obrigatória. Tampouco é a norma, segundo o meu ponto de vista.

EU: Você está dizendo que toda entidade, qualquer que seja seu criador, capacidade criativa e conteúdo evolutivo, é apenas um aspecto da individualização dentro de você, e que esta individualização independe da energia, ou seja, a individualidade não está designada a um "corpo" de energia específico?

Usei as palavras "corpo de energia" aqui porque ela vai dar a meus leitores uma referência para trabalhar, já que a ideia, digamos, de senciência inteligente individual que independe de qualquer tipo de energia iria "forçar" a compreensão, para dizer o mínimo.

O: Correto. Não existe entidade em mim que tenha um corpo de energia designado específica e exclusivamente à individualidade que ela é. Todas as entidades que criei, que foram criadas por minhas criações ou criadas como função de energias incompatíveis que tiveram uma função e personalidade atribuídas durante um período (Om), têm individualidade como resultado de meu intelecto ter "separado" especificamente para o uso de um indivíduo uma senciência personalizada que é aplicada singularmente, ou que comanda, um conjunto conhecido de energias.

EU: Então, o que você está me dizendo é que todas as entidades são intelecto puro e que são totalmente independentes de energia—de qualquer tipo!

O: Correto. Por que você ficou surpreso com isso?

EU: Não sei. Creio que eu pensava que este nível de existência era próprio apenas de certas entidades de "alto nível" que existem em você e outras que foram descritas em meus diálogos com a Entidade Fonte Um.

O: Não teria sido esse o exemplo correto a se seguir? Este seu pensamento é uma indicação de que a energia era apenas um "veículo" da senciência? Ele está apontando na direção correta, é um marco de referência.

EU: Sim, mas como você sugeriu, a maior parte do que eu ou nós pensamos está centrado no humano, e somos limitados por isto como uma referência, um ponto de partida, para nosso intelecto trabalhar. Somos limitados desde o começo por nossa atual condição física; ela nos pré-programa com certo modo de pensar.

O: Estou vendo. Para mim, isso é muito divertido. Não, estou brincando. Esta limitação está sendo removida e por isso vocês—a humanidade encarnada—estão sendo expostos a níveis mais elevados da verdade.

Vou tornar a me concentrar no aspecto mais importante do nosso diálogo, a descrição da minha subestrutura.

Aquilo que você "viu" ou "visualizou" é apenas parte das informações que precisa transmitir. A imagem da Entidade Fonte "transparente" ou em "relevo claro" passando pela minha subestrutura é um bom exemplo de como uma Entidade Fonte, ou qualquer entidade dentro de uma Entidade Fonte, move-se através de mim.

Minha subestrutura, neste nível, é puramente um meio de comunicação. Há outros níveis de subestrutura, todos com funções diferentes, como proporcionar os vínculos entre energias similares ou iguais para manter seus componentes básicos alinhados, permitindo que todas as entidades "passem" por eles, tal como as linhas de comunicação.

Somos seres de senciência individualizada pura que comandam a energia

EU: O que faz uma entidade ser como ela é? Quero dizer, como são identificadas ou criadas como entidades?

O: Em termos simples, designei uma parte de meu intelecto, minha senciência, a uma parte minha que tem a missão de cuidar dos aspectos individualizados da minha senciência. Esses níveis de inteligência ou senciência têm a capacidade de se movimentar através das energias que formam a minha estrutura, designando partes dessas energias que a entidade deseja usar para lhes dar "corpo", digamos. Essas energias podem ser usadas sempre ou em condição momentânea. Quando vocês, como humanidade encarnada, usam o veículo físico, designam energias para uma área localizada a fim de criar uma coleção de energias autocontidas e que operam de maneira autônoma, permitindo-lhes experimentar as frequências mais baixas e as energias associadas de maneira similar à forma como interagem umas com as outras. Esta é uma condição transitória, usada apenas para propósitos experienciais. Quando você, ou seja, seu Verdadeiro Eu Energético, está inteiro e funcionando em seu ambiente natural, está funcionando como uma coleção de energias que são relevantes apenas para seu progresso evolutivo. Quando seu Verdadeiro Eu Energético opera além das restrições do ciclo evolutivo, livra-se das energias designadas a este ciclo e se torna o que ele é, senciência individualizada pura. Como senciência individualizada pura, o "Verdadeiro Eu Energético" torna-se o "Verdadeiro Eu", e o Verdadeiro Eu opera além da associação plena e total com a energia como meio corpóreo. Assim sendo, uma entidade situada além da associação com a energia está livre para se mover para onde quiser ou precisar ir.

Entretanto, independentemente desta falta de associação, a entidade precisa manter certo nível de conectividade comigo para poder continuar a funcionar. Ela faz parte de mim, é uma função minha, qualquer que seja seu nível de individualidade, e, como tal, precisa trabalhar com a estrutura que eu tenho. Daí as imagens que você viu com a Entidade Fonte do exemplo movendo-se através da minha estrutura enquanto mantinha a conectividade com a estrutura. Tal como no exemplo de seu diálogo com a Entidade Fonte Um, no qual as entidades são inteligência pura e movem sua inteligência através dos minérios que constituem a rocha onde existem a fim de se reposicionarem, minhas entidades fazem o mesmo, todas as minhas entidades, em sua existência funcional superior, movem sua senciência através das energias e da subestrutura que as mantém para experimentarem diversas partes minhas.

A Origem Fala

A função do movimento é tal que a senciência libera temporariamente (assume) a função dominante da energia que está movendo, tornando-a parte dela mesma enquanto mantém a capacidade de "deslizar através dela", digamos. É como usar um carro para se mover de uma parte para outra de uma cidade e depois passar desse carro para outro ou para um trem ou avião, caso seja preciso deslocar-se por distâncias maiores. Pense nisso em termos de uma energia tão fina que é capaz de permear tudo em seu caminho, movendo-se em torno e através dela, sem obstáculos em todos os níveis que constituem a energia.

EU: Isso também inclui aquilo seu intelecto, sua senciência polionisciente? Quero dizer, a individualidade das Entidades Fontes e outras entidades consegue atravessar sua senciência polionisciente da mesma maneira?

O: Sim, pois em última análise, todos vocês são eu mesmo. Vocês são capazes de se mover através de todos os meus espaços da mesma forma. Seu intelecto individualizado pode passar através do meu intelecto sem interferência. Sendo assim, meu intelecto não interfere com o seu e o seu intelecto não interfere com o meu.

Pense nisso desta maneira: se você considerar que o ar em torno da Terra sou eu, e um raro gás inerte é você, um passa através do outro sem interferência ao mesmo tempo que faz parte do mesmo corpo de ar. O ar é uma descrição geral de todos os gases envolvendo a Terra, eu, e o raro gás inerte descrevendo um componente individualizado do ar, você.

Quando uma entidade me atravessa ou existe dentro de mim, comanda certas energias a fazerem as atividades que necessita ou deseja fazer. Essa energia, esse "corpo" de energia, é o que você vê como as Entidades Fontes ou o seu Verdadeiro Eu Energético. A verdade é que a entidade real não possui tais energias; elas são tomadas por empréstimo por certo período e depois liberadas. Você e todas as outras entidades criadas por mim ou por uma Entidade Fonte não são, na verdade, seres energéticos. Vocês são senciência pura, e a senciência pura não requer fisicalidade, e aqui considero a energia como fisicalidade, para existir, pois a

A Origem Fala

senciência pura simplesmente "é". Quando você viu a imagem de uma das Entidades Fontes num relevo claro, "transparente", movendo-se através da minha subestrutura, você viu a base de seu ser, as energias básicas que ela estava comandando para poder fazer o seu trabalho, realizar seu compromisso com o progresso evolutivo. Ela estava se movendo através de mim, comunicando-se com minha essência básica, para permiti-la comandar essas energias e usá-las de maneira criativa. Tente pensar nisso como o vento movendo-se através do vento.

Fiz isso, e agora pude ver. Isso abriu todo um novo paradigma para mim e dissolveu o paradigma existente, baseado numa existência exclusivamente energética.
Fiz uma anotação mental. A subestrutura de A Origem permite que versões menores dela, qualquer que seja a forma que adotem, Entidade Fonte, Om, criação de Entidade Fonte, criações das criações das Entidades Fontes, etc., movam-se em torno dela para experimentar mínimos detalhes dela. Não é uma função energética individualizada segundo a perspectiva humana; tudo está interconectado segundo a perspectiva da senciência. Tudo que existe, existiu ou existirá, dentro da estrutura de A Origem, não importa como foi criado, é individualizado, mas não por solidez ou energia (que ainda é uma função da fisicalidade), mas por pura "individualidade", por "senciência individualizada".
Toda compreensão que eu tinha no momento foi efetivamente descartada graças a este breve diálogo com A Origem. Levou-me por um caminho, virou-me de cabeça para baixo e do avesso. Eu estava começando de novo, e do zero. Isto, pensei, iria mexer com algumas cabeças e confundir outras!

Capítulo 25:
A subestrutura da própria Origem

FOI NESTE PONTO DO procedimento que eu estive à beira de decidir que tudo aquilo que eu havia discutido anteriormente estava errado. Tudo que eu e outros líderes espirituais, canalizadores, intuitivos e indivíduos iluminados tínhamos transmitido sobre o espírito, a suposta compreensão revolucionária de que somos todos energéticos e baseados em frequências dentro do energético, parecia falho, na melhor das hipóteses. Mas alguma coisa me disse que o nível anterior de conhecimentos era apenas um "trampolim", um "marco de estrada", um "sinalizador", todos nos apontando para um nível de compreensão mais profundo—a compreensão de algo que não poderia ser atingido sem que o nível anterior de compreensão estivesse no lugar e dominado.

Sentado novamente na minha cadeira, comecei a receber as palavras "estas são as ferramentas para fazer as ferramentas que irão fazer o próximo jogo de ferramentas"—as ferramentas indicando "conhecimento". Progresso, tudo diz respeito ao progresso e a uma educação progressiva. Não somos capazes de avançar sem compreender os fundamentos, a base. Seria inútil pedir que um homem das cavernas se sentasse ao computador para escrever um código complexo sem ter a educação progressiva que daria suporte ao pedido. Provavelmente, o homem das cavernas golpearia o teclado e a tela com um bastão em lugar de pensar em usar suas mãos e dedos para digitar, para não falar em entender o que significa "digitar". O computador seria apenas um objeto que ele iria ignorar ou chutar pelo chão.

O nível de educação do homem das cavernas é o ponto onde nós, como humanidade encarnada, nos encontramos neste momento. O computador é o objeto impensável que está além de nossa compreensão. O computador é o exemplo do

A Origem Fala

conhecimento espiritual superior. E, como acontece com o conhecimento espiritual, para poder usar o computador o homem das cavernas teria de passar anos estudando, especificamente se quisesse satisfazer o primeiro pedido para "escrever o código".
Precisamos de educação, e a melhor maneira é nos permitir assimilar o que podemos, mesmo que esteja errado, mas garantindo que estamos na direção geral correta. À medida que nos adquirimos a habilidade para compreender e nossa base de conhecimentos aumenta, podemos processar conceitos novos e mais complexos, conceitos destinados a nos fazerem pensar, enxergar além de nosso nível atual de compreensão e de conhecimento, e fazer-nos reconhecer e aceitar nossos erros de julgamento e compreensão. Há paradigmas a serem quebrados e a compreensão do conhecimento que nos apontou na direção de fazer-nos pensar que somos "seres energéticos" é um desses paradigmas, embora eu sinta que ele vá durar pouco.
"E daqui, para onde vamos?" pensei.

O: Tente trabalhar no que é a minha subestrutura e atingir certo nível de compreensão nesta direção específica. É uma das ferramentas de que a humanidade vai precisar para que possa prosseguir, para que possa progredir.

EU: Isso é sábio? Quero dizer, acabamos de determinar que a informação de que somos seres energéticos é uma pista falsa! Que na verdade somos pensamento puro!

O: Não é uma pista falsa e você não é pensamento puro. Você sabe muito bem que o "pensamento" é fruto da "intenção" e que o "pensamento" precede a "ação". Com base nisso, o pensamento é uma forma inferior de alguma coisa que possui certa forma de intenção. É apenas um nível de conhecimento, um nível que vocês estão superando.

EU: Se o pensamento está abaixo da intenção, que está acima da ação, e a ação é uma função que propicia uma reação energética, que agora estamos dizendo que está lá embaixo da ordem hierárquica, então o que propicia a intenção?

O: A senciência, a senciência pura.

A Origem Fala

EU: E qual é o veículo para que a intenção seja posta no pensamento e na ação subsequente?

O: Minha subestrutura e seus diversos níveis.

EU: E a senciência está acima da sua estrutura?

O: Sim, claro. Sua senciência, na verdade a senciência de qualquer outra entidade, é uma função da minha senciência e é uma função motriz separada dos componentes físicos básicos da energia e suas frequências. Como você se lembra de nossos diálogos anteriores, minhas energias se uniram sob os auspícios de uma consciência coletiva que começou com percepção e inteligência, levando à autoconsciência inteligente e à senciência. A senciência onipresente se seguiu depois. Todas essas definições, embora iniciadas pela união de energias simpáticas e suas frequências, são funções de uma ordem superior, criada pelo desejo das energias trabalharem juntas e sacrificarem a individualidade pela função de formarem um coletivo maior, criarem uma entidade abrangente, polionisciente que cresce—eu!

A senciência existe dentro e fora de todos os aspectos da minha estrutura. Ou seja, a atual compreensão da minha estrutura, aquilo que existe na minha área atual de autoconsciência polionisciente. A senciência permeia todos os aspectos e percorre à vontade esses aspectos do meu eu maior.

EU: Voltando a essa estrutura. Poderia me dar uma descrição dela? Peço-lhe uma descrição porque o conhecimento de que não somos seres de energia, mas entidades de senciência pura é uma notícia nova. Que somos senciência que é, com efeito, um aspecto de você, dado a uma Entidade Fonte, que então a separa para permitir que versões menores existam dentro de si mesma e seja atribuída a um corpo de energia é radical, para dizer o mínimo!

O: Sim, é claro. Minha subestrutura tem seis partes. Note que eu não disse camadas, e sim partes.

EU: Você mencionou níveis de subestrutura há alguns dias!

O: Não, eu usei as palavras "neste nível".

EU: Certo, mas por quê usou "nível?" E você também mencionou que as Entidades Fontes podem controlar a sua subestrutura. As palavras exatas foram "É assim que a minha subestrutura é formada quando está sob o controle de uma Entidade Fonte. Ela está adaptada pela própria entidade de manutenção para adequar-se ao que precisa fazer para trabalhar na área de estrutura na qual deve trabalhar".

O: Você está ficando observador, não está?

EU: Quis me certificar de que não fiquei confuso e que esta nova informação será transmitida corretamente. Não quero mesmo ficar apenas "indo na direção genericamente correta".

O: Muito bom, mas talvez isto demore um pouco mais por causa do maior nível de precisão.

EU: Acho que posso lidar com isso.

O: Acredito que pode. Então, vamos!

As seis partes da minha subestrutura podem ser classificadas da seguinte maneira:

SUBESTRUTURA PURA—A ESTRUTURA DENTRO DA ESTRUTURA. Esta minha parte é literalmente pura essência energética. Ou seja, são as linhas de atratividade que cada energia dentro de mim mantém com as outras. Todas as energias possuem certo nível de interconectividade, tanto direta quanto indireta como resultado de energias de interface que, embora não sejam diretamente compatíveis, são indiretamente compatíveis uma através da outra por meio dessas energias de interface. Pense nisso como as linhas de atração magnética que existem entre dois magnetos, ou as linhas de um campo magnético que emana de um único magneto posto sobre uma placa de madeira com limalhas de ferro sobre ela. Agora, pense nessas linhas de "atratividade" como ondas de atração entre os menores aspectos da minha estrutura. Se você pensar na minha estrutura como sendo um esqueleto formado por andaimes entre os componentes básicos de energia, e até mesmo uma seção desse andaime é maior do que o universo físico, então as linhas de atratividade seria uma matriz da mais fina gaze, muitos níveis abaixo do tamanho do Anu. Isso, claro, pensando sob a perspectiva física.

COMUNICAÇÃO—ASCOMUNICAÇÕES ENTRE TODOS OS ASPECTOS DA ESTRUTURA. Esta é, por falta de palavra melhor, a "onda portadora" que existe em torno e entre as ondas de minha subestrutura pura. A imagem que você recebeu de uma das Entidades Fontes parecendo-se com a esfera positiva de um gerador Van der Graaff ilustra o acoplamento e o desacoplamento das linhas de comunicação de energias comandadas pela senciência individualizada que foi designada à Entidade Fonte sendo observada e o meio de comunicação dentro da minha subestrutura.

O FATOR DA SENCIÊNCIA—Esta é a essência da senciência em todas as coisas, inclusive a intenção, resultando da senciência e do pensamento resultando da intenção. É a pura "existência", e não pode ser descrita como uma estrutura em si, embora seja uma parte imensamente importante do que eu sou. Pense nisso em termos do nível de senciência que foi individualizado, e da perspectiva das energias comandadas por certa senciência individualizada, o Fator de Senciência por trás do controle dessas energias. Portanto, é seu nível de senciência e subsequente nível de complexidade. Há diversos níveis de senciência apoiando a inteligência por trás de um conjunto de energias comandadas. Por exemplo, como todas as energias da minha área de senciência polionisciente são conhecidas, e por isso comandadas pela MINHA senciência em diversos níveis, se você mapeasse esses níveis como um gráfico tridimensional, ele se pareceria com a superfície de um dos mares da Terra sob um vendaval de força dez. Os picos das ondas representariam onde meu fator de senciência é mais forte, os vales, onde é fraco. O trabalho que realizo para meu progresso pessoal pode ser ilustrado por locais da minha área de autoconsciência polionisciente que ficam "achatados" para que o fator de senciência se mantenha constantemente alto e não haja picos e vales.

ENERGIA LIVRE —Esta é a energia dentro da energia. Pode chamá-la de Prana ou Orgônio "real". Falamos antes sobre energia livre e como ela funciona com a possibilidade de crescimento evolutivo. A energia livre é apenas isso, livre de designações a uma senciência individualizada. Pode ser usada por esta, mas nunca pode ser comandada pela senciência para aumentar seu conteúdo energético. A energia livre é uma função energética independente dentro da estrutura das minhas energias. Você também pode chamá-la de "personalidade geral" da energia, se quiser, porque ela pode ter, e tem, seu próprio nível de inteligência. A energia livre, embora permeie a estrutura da própria energia, pode se agrupar para possibilitar a criatividade e mudanças evolutivas. Até certo ponto, a energia livre trabalha junto com o Espaço de Eventos.

A ESSÊNCIA DOS EVENTOS—Esta é a subestrutura do Espaço de Eventos. É o esqueleto que permite que o Espaço de Eventos exista em todos os aspectos do que eu sou. Dentro da essência dos eventos, todos os eventos podem existir, quer sejam transitórios, quer sejam de maior duração. A essência dos eventos permite que todos os eventos existam simultaneamente, entremeando-se uns com os outros enquanto se mantêm separados. Dessa forma, todos os eventos ficam "separadamente juntos", e é por isso que uma entidade pode atravessar os eventos dentro do Espaço de Eventos. Pense na essência dos eventos como os tijolos necessários para permitir que os próprios eventos existam e sejam mantidos. É o palco, a decoração e o guarda-roupas para apoiar a apresentação de todos os eventos.

A BIBLIOTECA DO PROGRESSO—Este é um meio de crescimento coletivo. É uma parte específica de mim que registra todos os aspectos de progresso, meus e de todos os outros aspectos individualizados de senciência criados por mim, por uma de minhas criações ou uma das criações de minhas criações. Como parte da minha subestrutura, porém, ela é difusa e "atualmente" existe em áreas importantes da minha área de autoconsciência polionisciente. Pode chamá-la de memória, se quiser, mas sua função principal é armazenar todas as ações e experiências que resultam em etapas de progresso evolutivo. O nível de difusão é tal que posso acessar todas as informações armazenadas na biblioteca desde qualquer ponto das energias e da subestrutura que estão dentro da minha atual área de autoconsciência polionisciente. Não são os registros akáshicos, embora o Akasha seja uma função menor da biblioteca. O Akasha é um registro das experiências coletivas da existência encarnada.

EU: Mas nem tudo parece ser subestrutura. Algumas dessas coisas parecem ser funções.

O: Sim, são, mas como funções são elementos essenciais da minha subestrutura, pois são as partes da minha subestrutura que contém o "sistema operacional", se preferir, as funções necessárias para apoiar o que eu sou. A estrutura exige uma função para existir, e a função precisa ter uma estrutura onde trabalhar. Ambas andam de mãos dadas.

Capítulo 26:
Como as Entidades Fontes atribuem senciência à energia para satisfazer o requisito da criação de seres menores

A REVELAÇÃO DE QUE NÓS, ou seja, os indivíduos encarnados e espiritualmente conscientes deste planeta, estávamos grandemente equivocados em nossa suposição de que a energia era a base estrutural para nossos eus superiores, nossas superalmas, nossas essências divinas ou Verdadeiros Eus Energéticos, foi um passo importante para mim. Devo dizer que talvez outros espiritualistas já estejam neste caminho revelador, e por isso peço-lhes desculpas caso tenham se ofendido com esta declaração um tanto generalizada. Mas ao que parece, porém, não somos seres de energia e sim seres de senciência pura, senciência que comanda a energia ou tem energia requisitada para que trabalhe com ela. Isto, por si só, foi muito interessante, pois introduziu uma dinâmica toda nova para mim e, é claro, toda uma nova direção a seguir. Armado com a oportunidade de me mover numa direção nova, mas vinculada, em última análise, resolvi compreender como A Origem, e, portanto, como as Entidades Fontes, designavam senciência à energia, criando, nesse processo, seres menores ou inferiores.

O: Estava me perguntando quando você iria seguir essa linha de pensamento para fazer essa pergunta.

EU: Como, em última análise, sou uma função sua, fico surpreso por você ficar se perguntando quando eu iria fazer esta pergunta, e não estivesse mais "no momento" de saber quando, ou devo dizer, que Espaço de Evento iria invocar essa pergunta.

O: Gosto um pouco disso que você chama de "provocar". Gosto do modo como isso deixa você na ponta dos pés. Mas vou tratar do seu comentário. Gosto de ver como, através de sua Entidade Fonte, naturalmente, você e outros encarnados tomam todos os Espaços de Eventos possíveis, exceto os diretos. Quando estão nas frequências inferiores da minha estrutura, todos parecem deixar de lado o óbvio e ir atrás do que não é óbvio. Adoro ver todos vocês perambulando por lá, e então, quando parece que não entenderam, vocês encontram o processo de decisão correto que os leva à série correta de Espaços de Eventos e vocês se saem bem. É como ver um rato num labirinto, do alto do labirinto. Eu, como observador, sei como ir da entrada até o ponto central e vice-versa. Observo o rato cometer os mesmos erros de navegação várias e várias vezes, sem usar o aprendizado adquirido por seguir a direção errada e aplicá-lo a um mapa mental. Tanto o rato quanto os encarnados observados acabam aprendendo com a aplicação desse aprendizado, conseguem ir desde o ponto de entrada do labirinto até o centro e voltar. É divertido e encantador ver vocês todos em ação.

EU: Em nome de todos os encarnados de todas as Entidades Fontes, fico feliz por podermos lhe prestar esse serviço.

O: Muito bem, chega dessa longa introdução para esta seção. Vamos tratar de sua pergunta: como uma Entidade Fonte atribui parte de sua senciência à energia para criar uma entidade menor.

EU: Sim, por favor, agradeço. Embora sinta que meus leitores possam achar que é uma pausa no processo de terem seus cérebros esticados e que estejam ansiosos para passar para o próximo assunto, sinto mesmo que muitos deles vão absorver esta informação como uma esponja.

O: Sim, vejo que você tem um número crescente de seguidores. Não permita que isso lhe suba à cabeça. Vamos em frente, então, mas para fazer isso vou precisar recuar um pouco.

Quando criei as Doze Origens, não atribuí senciência às energias que estavam destinadas a sê-las; permiti que a senciência se desenvolvesse a seu próprio modo dentro das energias que foram identificadas. Em essência, criei as mesmas condições, dentro das energias de cada uma das

A Origem Fala

Origens, que foram instrumentais na criação da minha própria senciência. Portanto, criei da maneira como fui criado, permitindo que as energias ganhassem inteligência individualizada e trabalhando juntas ou unindo-se para criar uma inteligência maior que, com o tempo, torna-se senciência, e depois, a inteligência senciente e polionisciente com que você está se comunicando agora.

Adotei uma abordagem diferente com as Entidades Fontes. Quando criei as Entidades Fontes, designei energias que já estavam mostrando sinais de inteligência e o potencial para criarem sua própria senciência em função disto. Foi uma etapa intermediária perfeita, funcionando do ponto de vista direcional e permitindo que as Entidades Fontes se desenvolvessem à sua própria maneira e em seu próprio ritmo, mas na direção que eu queria que o fizessem. Elas foram criadas com energia especializada, energia que tinha potencial e que já estava sob desenvolvimento. Portanto, esta energia foi individualizada/separada das minhas energias gerais, desenvolvendo-se à sua maneira. Mas foi orientada na direção certa, digamos assim.

Como você pode ver, tudo isso era de nível bem elevado e não identifica o verdadeiro nível de trabalho realizado por mim para criar as Entidades Fontes. Vou ficar por aqui, pelo menos por enquanto, e concentrar-me no processo usado pelas Entidades Fontes na criação de suas criações.

EU: Parece um bom plano. Agora, porém, você aguçou meu apetite, e eu gostaria de saber mais sobre como você criou as Entidades Fontes.

O: Achei que você iria querer mesmo. Certo, vamos tratar daquilo depois. É um processo diferente, e por isso seria um comparativo interessante.

As Entidades Fontes passaram um bom tempo procurando energias que pudessem ser associadas com outras energias, energias que pudessem ser aceitáveis universalmente por toda senciência dentro da Entidade Fonte criadora. Em essência, uma Entidade Fonte identifica as energias compatíveis entre si, direta ou indiretamente, e analisa sua capacidade de ser designada singularmente a um aspecto da senciência que foi identificado como tendo potencial para funcionar de maneira individualizada, mantendo-se separado de sua senciência central.

EU: Isso parece anteceder o processo inferido pela minha pergunta.

O: Pode parecer, mas pense desta maneira. Às vezes, é preciso recuar para avançar. Este processo é essencial, pois a Entidade Fonte criadora pode redesignar a senciência e as energias sendo usadas de maneira mais compatível. Embora cada Entidade Fonte tenha seu próprio modo de fazer as coisas, existe uma maneira geral na qual a senciência é separada, "individualizada" do todo.

EU: Acabei de receber a impressão de que é muito difícil conseguir isto, que, em essência, a senciência que é a Entidade Fonte é, na verdade, uma área individualizada da sua própria senciência e, como tal, já passou pela individualização. Uma individualização adicional dilui a essência da senciência, e por isso a função da individualização adicional precisa incorporar uma função que interrompa essa diluição.

O: Muito bem. E a diluição da minha essência dentro da senciência individualizada é o que aconteceu com sua Entidade Fonte quando ela criou os bilhões sobre trilhões de entidades para povoar o multiverso. Quando ela disse que "tirou o olho da órbita", fez literalmente isso. Ela deu início ao processo de individualização, pensando que tinha o processo à mão, digamos, e deixou-o correr automaticamente em vez de avaliar se cada uma das partes individualizadas de sua senciência tinha a qualidade correta, que não se diluiu. O produto dessa função "automática" é a infinidade de níveis de senciência que você experimenta enquanto está encarnado na Terra e, naturalmente, noutros lugares. Em termos locais, porém, podem ser identificados facilmente como pessoas de preenchimento de cenário, animais, a flora e a fauna, sem negar a senciência que certos minerais, gases e corpos planetários possuem.

Mas estou fazendo uma digressão. O processo usado por uma Entidade Fonte é um pouco diferente do processo que

A Origem Fala

eu uso, pois posso criar a senciência individualizada pura por si só e depois atribuir-lhe energia ou energias—caso queira ou sinta necessidade de fazer isso. Como aludi no começo deste diálogo, a Entidade Fonte precisa trabalhar um pouco no sentido inverso.

Primeiro, a Entidade Fonte precisa identificar a energia ou conjunto de energias com certo nível de singularidade. Esta é a capacidade de trabalhar com a senciência, ou, mais importante, de ter potencial para criar senciência através das funções inteligentes do trabalho em conjunto, sacrificando inteligências individuais menores para criar uma inteligência maior. É o desenvolvimento de uma inteligência maior singela que permite a etapa seguinte do agrupamento de inteligências maiores com outras inteligências maiores, criando uma inteligência ainda maior, etc., etc., etc., que, finalmente, resulta em uma inteligência supergrande, com a capacidade de desenvolver a oportunidade para a manifestação da senciência e da onisciência.

EU: Então, a Entidade Fonte precisa identificar a energia ou as energias que possuem esta capacidade e então atribuir parte de sua senciência a ela?

O: Segundo um ponto de vista mais elevado, essa suposição estaria correta, mas há mais detalhes por trás das cenas do que simplesmente isso. Vou explicar, conforme prometi.

Depois que as energias foram identificadas, precisam ser purgadas do potencial de desenvolvimento de sua própria senciência, caso queiram se agrupar num grupo de tamanho suficiente. Para isso, passam por diversos estágios.

IDENTIFICAÇÃO E SEPARAÇÃO DE ENERGIAS é onde as energias dentro de uma Entidade Fonte são identificadas como sendo ideais para uso na criação de seres sencientes menores que podem realmente ser classificados como versões menores da Entidade Fonte criadora em todos os sentidos energéticos.

AGRUPAMENTO é a função necessária de se criar um volume de energias grande o suficiente para conter inicialmente a senciência. Nem todas as energias têm o volume inicial correto, e por isso precisam ser agrupadas da mesma maneira em que podem se agrupar naturalmente. Esta função, embora implementada artificialmente, não pode ser nada exceto aquilo que é obtido naturalmente. Agrupar as energias de maneira forçada cria resistência e acaba removendo os vínculos entre as energias envolvidas.

REMOÇÃO DE TENDÊNCIAS NATURAIS RELACIONADAS COM A SENCIÊNCIA é um processo no qual se extrai a própria capacidade da energia criar uma condição senciente quando está num volume maior, e sua capacidade senciente é substituída pela aceitação da senciência, em lugar de sua criação.

INDIVIDUALIZAÇÃO DA SENCIÊNCIA é o processo no qual a Entidade Fonte separa um aspecto de sua própria senciência com o objetivo primário de permitir que este seu aspecto opere de forma totalmente autônoma. Para fazer isso, a Entidade Fonte precisa separar inicialmente a senciência e depois compartimentalizá-la. Depois, atribui-lhe individualidade, e nesse processo cria-se uma personalidade dentro da senciência compartimentalizada. Esta personalidade, única para cada senciência compartimentalizada, é a essência da porção da senciência que recebe individualidade.

DESIGNAÇÃO DE SENCIÊNCIA À ENERGIA é o processo pelo qual as energias que foram capazes de criar sua própria senciência, função agora removida, recebem a designação da senciência individualizada de uma Entidade Fonte. Neste caso, a área funcional das energias que permitiram o desenvolvimento da senciência nelas é modificada para aceitar a senciência em vez de criá-la.

DESENVOLVIMENTO DA SENCIÊNCIA EM SEU ESTADO INDIVIDUALIZADO COM AS ENERGIAS DESIGNADAS é a educação da energia ou senciência designada por uma Entidade Fonte sobre a razão para sua existência individualizada e do papel que se espera que represente em sua nova condição. Quando esta educação de "alto nível" termina, o resto vai depender da entidade recém-criada.

SEPARAÇÃO DA ASSOCIAÇÃO COM AS ENERGIAS ORIGINAIS é uma função dada à entidade por uma Entidade Fonte, permitindo que a senciência mova-se livremente dentro e fora das energias que lhe foram designadas. Neste caso, a senciência vê como pode se dissociar de seu "corpo" inicial de energia ou de energias.

RECONHECIMENTO DA CAPACIDADE DE TRANSCENDER A ASSOCIAÇÃO ENERGÉTICA é uma função da educação global que eu realizo pessoalmente. Ela faz com que a entidade saiba reconhecer essa função dentro dela. A prova inicial disso é a capacidade da entidade mover sua senciência em torno das energias que lhe são designadas. Sem esta capacidade, a entidade acredita que ela é a soma total das energias que lhe foram designadas e não a força motivadora por trás delas. O reconhecimento e a demonstração desta capacidade dão-se primeiro dentro das energias que lhe foram designadas e levam à capacidade de modificar as energias de associação.

A CAPACIDADE DE SE AUTOASSOCIAR COM QUALQUER ENERGIA é prova do reconhecimento e da capacidade subjacente de mover sua senciência dentro das energias designadas a ela e movê-la depois para fora dessas energias. Quando a senciência está fora de sua designação energética inicial e comanda outras energias, tornando-as seu novo "corpo" de energia, demonstrou que está no controle pleno de seu "eu" e suas capacidades e que dominou o relacionamento entre senciência e energia, no qual a energia é apenas uma ferramenta para ser usada em seu plano experiencial para acumular conteúdo evolutivo.

A designação de personalidade à senciência

A Origem Fala

EU: Como uma Entidade Fonte extrai ou individualiza sua própria senciência? Quero dizer, a informação diz que há uma observação de alto nível no processo como um todo, mas interesso-me especificamente pela maneira como a senciência é individualizada.

O: A Entidade Fonte simplesmente divide sua senciência em duas partes, uma que vai permanecer como seu corpo principal de senciência, ou seja, aquilo que é sua própria personalidade, e aquilo que deve ser dividido em aspectos menores da senciência.

No procedimento divisionário perfeito, o volume de senciência que será dividido em aspectos menores de senciência é simplesmente dividido igualmente em volumes relativos ao número de entidades que serão criadas. No entanto, como a senciência pura é apenas isso, pura, e embora seja capaz de criar sua própria personalidade com o tempo, geralmente ela recebe a função da personalidade da Entidade Fonte criadora.

EU: O que você quer dizer com personalidade? Se a senciência é capaz de reconhecer que é a força motivadora por trás de um corpo de energias, não é uma indicação de que possui personalidade?

O: Não. Isso é apenas inteligência, assim como a capacidade de mover a senciência dentro ou fora de um corpo de energias. Nesse estágio do processo de criatividade, as entidades são apenas volumes de senciência dentro de um corpo de energias especializadas.

EU: Mas isso não é tudo de que precisam para existir? Não foi isso que todos nós fomos em algum ponto de nossa existência?

O: Do meu ponto de vista, sim, mas do ponto de vista de todas as outras entidades criadas por mim ou por uma Entidade Fonte, a resposta é não. Exceto por meu experimento das Doze Origens, dei a todas as Entidades Fontes a função da personalidade quando lhes expliquei inicialmente a razão para sua existência. Fiz isso modificando uma pequena parte de sua senciência e da maneira como essa senciência fazia interface dentro e fora do corpo de energia utilizado. Foi uma ação importante, pois mudou a maneira como cada uma delas considerava como iriam cumprir a razão de sua existência, experimentar, aprender e evoluir. Também assegurou que iriam fazer coisas diferentes em relação às demais quando começassem o processo de criatividade, ou não, conforme o caso. Refiro-me aqui à Entidade Fonte Doze como não entrando no processo de criatividade.

A necessidade de fazer cada entidade recém-criada ter uma personalidade diferente, e o conhecimento e a capacidade de conferir tal personalidade à senciência individualizada, estavam incluídos nessa explicação inicial quando ganharam a autoconsciência. Como resultado, elas também modificam a senciência e o corpo de energias de interface de cada entidade criada de maneira discreta para gerar suas personalidades, embora isso nem sempre seja uma necessidade. Se, por exemplo, um grupo de entidades precisar trabalhar numa função coletiva, todas serão imbuídas da mesma personalidade. A função da designação de personalidades é exercida pela Entidade Fonte criadora individualmente, embora os membros do coletivo tenham essencialmente a mesma personalidade.

EU: Designar uma personalidade individual a cada entidade criada deve ser uma tarefa imensa, mesmo para uma Entidade Fonte.

O: Sim, é. Ademais, exige foco, um foco que, naturalmente, é multiplicado pelo número de entidades sendo criadas. Mas vale o esforço, pois cada entidade senciente "personalizada" lida com seu compromisso com a obtenção de conteúdo evolutivo à sua maneira. Nada criado, ou seja, nenhuma "coisa" ou experiência, é uma duplicara de qualquer outra criação. Para aliviar o "tempo pessoal" usado para manter este foco, sabe-se que as Entidades Fontes tentam automatizar esta função.

EU: E uma dessas Entidades Fontes seria a Entidade Fonte Um?

O: Correto. Ela descreveu a você o resultado de sua tentativa de automatizar esta função como "tirar o olho da órbita", creio. O resultado da automatização da Entidade Fonte Um foi que ela criou um número de entidades sencientes adequado a seus planos e outros com senciência variada e energias associadas.

EU: Como uma função automática pode falhar?

O: A automação falha quando não é capaz de se adaptar e trabalhar com materiais que estão fora dos critérios para fazer o produto funcionar dentro da funcionalidade projetada e ainda criar um produto que se adequa ao desenho idealizado. Um desses itens é a diluição da senciência quanto mais é dividida. A Entidade Fonte Um simplesmente reuniu as energias e a senciência identificadas para individualização, criou certo número de entidades sencientes e depois criou um processo automatizado baseado no que fez para criá-las. Toda a criatividade das entidades foi deixada para esse processo, um processo que resultou na criação, digamos assim, de produtos não conformes.

EU: Mas a Entidade Fonte Um ficou feliz com o resultado. Ela disse que este ficou perfeito em sua imperfeição!

O: Sim, ela ficou, e sim, ficou.

EU: Mas, por quê?

O: Por conta de todas essas entidades "diferentes" experimentando a existência e a criatividade à sua própria maneira, e, como resultado, criando uma diversidade de experiências que não se vê em nenhuma outra Entidade Fonte.

EU: OK. Quero voltar um pouco e perguntar sobre o processo que envolve a criação da personalidade na senciência individualizada. Você me disse que o aspecto da personalidade na senciência é obtido quando a Entidade Fonte criadora faz pequenas mudanças na própria senciência individualizada e nas energias designadas, e que, em última análise, isto precisa ser feito com base individual. Que outras mudanças são feitas para criar a personalidade?

O: Nenhuma. Depois que a senciência individualizada e suas energias designadas foram personalizadas, o resto da personalidade, os ajustes finos, digamos, são feitos pela própria senciência individualizada.

A Origem Fala

EU: Pensando na portabilidade da própria senciência, a entidade não deixa parte de sua personalidade para trás se passa do corpo de energias previamente designado para outro?

O: Não. A personalização destinada ao corpo original de energias é absorvida ou integrada à própria senciência e é transportada para as novas energias "comandadas".

EU: E o que acontece com as energias deixadas para trás?

O: Retornam a seu estado original. Ou seja, ainda são especializadas e podem ser usadas por outra senciência. Simplesmente não possuem a personalização que lhes foi dada pela Entidade Fonte criadora durante o processo original de criação de uma entidade com senciência e energia individualizada.

EU: E imagino que as energias recém comandadas seriam especializadas e poderiam serem usadas por outra senciência?

O: Sim.

EU: E estas estão disponíveis livremente?

O: Sim.

EU: E as energias comandadas aceitam a personalidade previamente designada porque ela foi transportada pela senciência?

O: Sim.

EU: Mmmm. A energia comandada precisa ser especializada e capaz de ser usada por outra senciência?

O: Não, o tempo todo, não.

EU: E por que não? Isso parece negar a necessidade de um corpo de energia especializado.

O: O corpo de energia especializado só é usado pela senciência quando esta trabalha dentro de uma estrutura energética conhecida, como o multiverso criado pela Entidade Fonte Um. Depois que a entidade é criada e adquire domínio sobre si mesma e sua personalidade, pode escolher ficar com as energias que a Entidade Fonte criadora lhe designou. Ou pode se mover para outra energia ou conjunto de energias, pois acham-se livremente disponíveis. Existem mais energias especializadas e capazes de serem usadas por outra senciência do que a própria senciência, e esta é a beleza de ser a senciência individualizada pura.

EU: E o que acontece quando uma entidade decide não trabalhar mais dentro de um ambiente criado para seu trabalho?

O: Ela pode escolher ser apenas senciência individualizada pura e existir nos vazios que separam as energias designadas a uma Entidade Fonte ou suas criações. Ou pode escolher ficar na estrutura ambiental criada por sua Entidade Fonte criadora e mover sua senciência através da estrutura até desejar experimentar alguma coisa nova.

EU: Espere um pouco. Eu tinha a impressão de que a senciência só era capaz de se mover de uma energia ou conjunto de energias especializadas o suficiente para aceitar uma senciência e sua personalidade, para outra. Você está sugerindo que toda energia pode aceitar a senciência ou que o volume de energia especializada é tão grande que se estende por toda a área da Entidade Fonte em questão?

O: Claro que o volume de energias especializadas não se estende por toda a área de uma Entidade Fonte, pois, se fosse assim, não haveria necessidade de procurar essas energias. Não, se uma entidade deseja trabalhar em um ambiente criado a partir de energias, ele precisa adotar um corpo de energias, usando as energias que estão dentro ou fora do ambiente capaz de suportar a senciência.

A senciência, porém, requer um meio que lhe permita mover-se de local em local enquanto está nesses ambientes, e assim a senciência pode fluir de uma energia para outra, independentemente de a energia ser ou não capaz de suportar a senciência.

EU: Entendi. Acabei de receber uma imagem que ilustra justamente isso. É como se a senciência se movesse em torno do exterior da energia ou das energias, digamos, caso não sejam capazes de suportar a senciência. Quando as energias são capazes de suportar a senciência, esta pode se mover dentro e fora da essência pura dessas energias.

O: Muito bom. Agora, deixe-me ver se você pode me dizer como uma senciência pode se mover numa área na qual não existe uma estrutura para trabalhar.

A Origem Fala

EU: Quer dizer, nos vazios entre energias ou em uma estrutura energética?

O: Sim.

EU: Dê-me um momento. Oh, sim! Isto é interessante, é como se a senciência se espalhasse e criasse uma estrutura entre os vazios. Ela ocupa as lacunas, digamos; torna-se uma estrutura por si só. Uma estrutura de senciência vincula as energias, tanto aquelas capazes de suportar a senciência quanto as que não são. Só estou vendo isto em 2D, neste momento, mas imagino que tenha um efeito 3D. Você me transmitiu esta imagem como um processo de pensamento, não?

O: Sim. O efeito 2D/3D é apenas para fins ilustrativos. A difusão efetiva da senciência é capaz de abranger todos os aspectos dos vazios dentro da estrutura da Entidade Fonte criadora. No caso da Entidade Fonte Um, isso inclui frequência, componente subdimensional, dimensão e zona, juntamente com os componentes das zonas. No caso da minha senciência, trabalhando dentro da minha estrutura maior, isso incluiria os doze níveis na seção em que discutimos minha estrutura, e não apenas os quatro associados à Entidade Fonte Um.

Olhando com mais atenção para este exemplo da senciência espalhando-se de energia em energia, cobrindo as lacunas entre elas, a senciência pareceu ganhar a aparência de uma folha de borracha multifrequencial e multidimensional. Esta folha de borracha senciente espalhou-se em todas as direções para preencher as lacunas, e, depois que estas foram preenchidas, a folha de borracha "soltava" as energias das quais estava saindo, relaxando-se na direção das energias para as quais estava se movendo. A movimentação de energia em energia parecia adquirida por uma série de expansões e contrações. Lembrou-me do modo como certo tipo de lagarta se movimenta, esticando sua seção frontal ao máximo e a seção traseira a segue com um só movimento, assim que a frontal estiver bem segura. A parte de trás e da frente da lagarta, quando se aproximavam, criavam a imagem de uma letra "n" minúscula.

A Origem Fala

Olhei mais de perto e consegui "ver" a senciência, indescritível como era, mudar a essência da energia onde se movimentava para dentro e para fora. Era como se as energias reluzissem e vibrassem quando ocupadas pela senciência, tornando a ficar opacas quando a senciência as deixava. Deste modo, as energias iam da inércia para a vivacidade e voltavam para a inércia. Estava claro que as energias tinham um papel importante a cumprir, em qualquer estado; o caso é que o efeito exercido nelas pela senciência era mais do que profundo. Senti necessidade de fazer mais algumas perguntas sobre este assunto antes de prosseguirmos.

EU: Por que a senciência individualizada, uma entidade no sentido mais básico, afasta-se das energias que foram ou são designadas a ela? Quais os benefícios de se afastar das energias recebidas e ir para uma nova energia ou conjunto de energias?

O: Experimentar seu ambiente, aquele do qual faz parte. Veja, para que uma entidade progrida, primeiro precisa se dominar e as energias com que trabalha. Como senciência individualizada pura, a entidade estabelece e controla suas habilidades e depois ajusta melhor estas habilidades, quase a ponto da perfeição. Cada habilidade se relaciona com uma tarefa ou especialização, e cada tarefa ou especialização tem uma energia ou conjunto de energias associadas a ela em relação à estrutura com que está trabalhando.

Embora cada entidade, cada área de senciência individualizada, tenha, "de modo geral", um corpo de energia designado pela Entidade Fonte criadora, esse corpo de energia é apenas um jardim de infância para a senciência trabalhar e ganhar confiança. Ela precisa se mover e experimentar o resto do ambiente criado pela Entidade Fonte criadora para ela e para as outras unidades individualizadas de senciência trabalharem.

EU: A entidade não pode levar seu corpo de energia quando se move e experiencia seu ambiente?

O: Naturalmente, pode mover o corpo de energia que lhe foi designado, mas move-se mais depressa pelo ambiente

A Origem Fala

quando se dissocia de seu corpo original de energia. Além disso, no processo, domina mais depressa as energias associadas a seu ambiente. Para concluir seu ciclo evolutivo, precisa experimentar todas as energias em seu ambiente, em todos os seus níveis e locais estruturais, dominando-as, sendo-as e criando com elas. Só então pode assumir a comunhão plenamente reintegrada, a "unidade" com seu criador, caso decida fazê-lo, pois terá concluído sua tarefa e seu papel.

EU: É isso que nós, ou seja, a senciência "incorporada" e individualizada atuando dentro da estrutura multiversal criada pela Entidade Fonte Um, estamos fazendo neste momento. Ascendemos pelas frequências e, nesse processo, ascendemos pela estrutura do multiverso. Criamos tarefas e construtos inteiros para trabalharmos com eles e obtermos níveis variados de sucesso, e estes níveis variados nos dão experiências com as quais podemos aprender e, nesse processo, evoluir.

O: Sim, e nesse processo vocês progridem além da necessidade de novas experiências dentro de certos ambientes, ambientes criados pelos tijolos básicos do multiverso, suas frequências, e trabalham com frequências mais elevadas e finas, inclusive em seus detalhes e complexidade. Em suma, quanto mais altas as frequências a que ascenderem, mais vão poder criar e mais poderão experimentar o que criaram. Desta forma, tornam-se seres mais responsáveis.

EU: Assim, em resumo, uma entidade de senciência individualizada precisa experimentar todas as energias ou conjunto de energias dentro da estrutura total do ambiente no qual foi criada.

O: Sim.

EU: E ela faz isso movendo-se dentro e fora de suas energias, designadas, comandadas ou usadas para a criatividade e suas experiências?

O: Sim.

EU: E todas as entidades criadas por uma Entidade Fonte precisam fazer isto?

O: Quando criadas por uma Entidade Fonte ou por mim, sim.

A Origem Fala

EU: Então, uma Entidade Fonte também precisa trabalhar com as energias dentro da sua estrutura?
O: Sim, precisa.
EU: Quando começaram a fazer isso e como estão fazendo isso?
O: Em termos relativos, neste ciclo elas acabaram de começar. Estão fazendo isso da maneira como estão agora, criando unidades individualizadas de senciência e associando-as a energias especializadas.

A palavra "ciclo" fez-me ter um sobressalto.

EU: Isso explica por que as Entidades Fontes parecem estar inertes.
O: Sim, explica. Estão lidando primeiro com as energias dentro delas mesmas antes de começarem a se mover em torno da minha atual área de autoconsciência polionisciente, especificamente aquelas que só vi de relance. Elas serão auxiliadas por suas criações.

Encostei-me na cadeira por alguns instantes. Fiquei pensando no que A Origem tinha acabado de dizer. Tive a impressão de que essas Entidades Fontes que tinham criado entidades menores de senciência individualizada enviariam essas entidades para se moverem fora de seus limites energéticos. Enquanto ia relaxando mais e mais na minha cadeira, vi uma imagem diferente e recebi uma explicação, uma que fazia sentido e que, na minha mente, unificava um fragmento de conhecimento antigo, mas de uma forma bem diferente daquela que os detentores desse conhecimento iriam esperar.
Naquele momento, as Entidades Fontes estavam estáticas. Não se moviam. Eram senciência, a senciência individualizada da Origem com corpos de energia designados, assim como as entidades que criaram, mas na escala macro. Suas entidades, suas criações de senciência individualizada, juntamente com seu corpo de energia designada ou comandada, moviam-se pelos ambientes criados para elas, tendo experiências, aprendendo e evoluindo com este processo. Esses ambientes

A Origem Fala

eram, em si, criados pela separação dessas energias designadas às próprias Entidades Fontes.

Embora as Entidades Fontes tenham se movido para ficar à minha volta e testemunhar meus diálogos com A Origem, as energias com que estavam trabalhando foram trazidas de seu local de "trabalho". Vazios de energia foram deixados em seu lugar, presumivelmente para serem preenchidos, ou as energias movidas, substituídas. Não, disseram-me. Elas voltariam e substituiriam aquela energia quando elas e suas criações tivessem terminado seu trabalho e experienciado todos os aspectos delas mesmas e do ambiente criado pela individualização de seu corpo de energias.

A verdade veio num lampejo de inspiração e compreensão divinas. Foi lindo.

As Entidades Fontes estavam estáticas por um motivo. As Entidades Fontes estavam apenas começando o trabalho que estavam fazendo com o corpo de energia para o qual sua senciência foi designada. Deveriam experimentar tudo que poderia ser experimentado dentro e fora das energias atualmente designadas. Para isto, buscaram ajuda, a ajuda de versões menores delas mesmas, unidades menores e individualizadas de sua própria senciência, e inicialmente designaram corpos de energia para elas. Quando tanto as Entidades Fontes quanto suas criações tinham experimentado tudo que podiam, dentro e fora dessas energias, reintegraram-se à unidade de sua Entidade Fonte criadora.

Este nível de completude, usando como exemplo a Entidade Fonte Um, é refletido por todas as entidades que trabalham até o ponto de ascenderem ao apogeu da estrutura do multiverso e não precisam mais trabalhar nele. Neste ponto, podem escolher comungar plenamente com seu criador e se tornarem um só novamente, renunciando à sua senciência e personalidade individuais. Ou podem se integrar, mantendo sua senciência e personalidade individuais, atingindo um nível de comunhão parcial. Quando isto é conseguido, a Entidade Fonte Um move-se para outro local dentro da atual área de autoconsciência polionisciente de A Origem.

A Origem Fala

A imagem da Entidade Fonte Um como senciência individualizada pura movendo-se através das energias associadas com a atual área de autoconsciência polionisciente de A Origem voltou para mim. Em um Espaço de Eventos "futuro", digamos, ela terminou o trabalho em seu local atual e passou para outro local e posição estrutural. Ao mudar de local, todo o conjunto de energias associadas com a Entidades Fonte Um iria mudar, bem como a estrutura associada a ela.

Para experimentar um novo conjunto de energias, a Entidade Fonte Um vai criar uma nova estrutura multiversal para trabalhar e vai reposicionar aspectos de sua senciência individualizada, antigos e novos, inicialmente com corpos de energia recém designados. Estes novos corpos de energias serão criados com as energias dominantes nesta nova área. As entidades de senciência individualizada vão começar na parte mais baixa da estrutura deste novo multiverso, tornando a iniciar o ciclo evolutivo. Este ciclo vai continuar e continuar até que toda a atual área de autoconsciência polionisciente de A Origem tenha sido experimentada e mapeada, tornando-se senciência polionisciente. Neste ponto, A Origem e as Entidades Fontes vão passar para a área seguinte da nova e muito maior área de autoconsciência de A Origem, aquela que ainda não é senciente.

A condição atual é uma anomalia neste processo, pois as Entidades Fontes se aproximaram do meu local, aquele local da atual área de autoconsciência polionisciente de A Origem e do Espaço de Eventos onde estou mantendo meu diálogo com ela, a fim de participarem desse diálogo—de "ficarem ouvindo", digamos. Para manterem a integridade do trabalho evolutivo no qual estão se concentrando atualmente, cada uma das Entidades Fontes, com a possível exceção da Entidade Fonte Doze, moveram com elas as energias e a estrutura da atual área de autoconsciência polionisciente de A Origem com a qual estão trabalhando. Daí os vazios no espaço. Fiquei atônito só de pensar no que estão fazendo aqui.

Capítulo 27:
O ciclo de expansão e contração do universo (multiverso) é explicado

EU: Quantas vezes isto aconteceu, esta mudança e o reinício do ciclo evolutivo?
O: Esta é a terceira vez.
EU: É isso, não é?
O: Desculpe?
EU: Segundo a perspectiva de nossa Entidade Fonte, a Entidade Fonte Um, isso é a respiração de que falavam os yogues hindus. A expansão e contração do universo (multiverso).

A expansão é a implantação do multiverso em sua nova condição energética e estrutural. Isso incluiria seu povoamento pelas inúmeras entidades de unidades individualizadas de senciência e seus corpos associados de energia.

Atinge-se a estabilidade quando a população começa a trabalhar com a nova estrutura e energias do multiverso e a progredir através delas, experimentando tudo que podem nos seus mínimos detalhes, evoluindo ao longo do caminho.

A contração ocorre quando as entidades que exibem os métodos de evolução mais lentos progrediram a ponto de elas próprias terem experimentado tudo aquilo que o multiverso oferece e agora procuram comungar plenamente com seu criador e tornarem-se "um só" novamente. Ou então, podem se integrar enquanto mantêm um nível parcial de comunhão.

A estabilidade torna a ser atingida quando a Entidade Fonte move sua própria senciência individualizada, que inclui a senciência que individualizou de si mesma, as entidades, até um novo local ainda não experimentado dentro da atual área de autoconsciência polionisciente de A Origem.

Uma vez assentada em seu novo local, a Fonte assume (comanda) as energias e a estrutura de sua nova localização e se expande, recriando e povoando novamente o multiverso. Nisso tudo, as entidades de senciência individualizada têm a capacidade de decidir se irão experimentar novamente o novo multiverso, aumentando seu progresso evolutivo, ou se permanecerão em comunhão plena ou parcial.

O: MUITO, MUITO bom. E agora você criou um vínculo, um vínculo muito importante, com o conhecimento antigo.

EU: Obrigado. Devo dizer que estava um pouco perdido quanto ao modo de conciliar esta "inspiração e expiração" do universo. Eu sabia que teria de lidar com isso em algum ponto, mas isto apareceu do nada. É um verdadeiro bônus para atualizar o conhecimento, pois eu sempre pensei que havia alguma coisa faltando nos textos hindus. Ou então na maneira como eu os compreendia. Agora, fomos além e isso faz sentido.

O: Sim, faz, e é por isso que você está neste papel—o papel de ajudar a humanidade encarnada a compreender a realidade maior.

Capítulo 28:
A divisão perfeita da senciência

DEPOIS DESTA ÚLTIMA SEÇÃO, ESTE CAPÍTULO pareceu irrelevante. No entanto, senti necessidade de seguir em frente, no mínimo em nome da completude. De fato, com a indicação de que a divisão da senciência requer a atenção plena da Entidade Fonte que divide sua senciência, para que não aconteçam erros, senti que esta seria a resposta para a pergunta original. Porém, tal como acontece com todas as coisas da realidade maior, eu estava começando a sentir que haveria outro aspecto deste assunto que precisaria ser discutido, um aspecto que faria diferença na minha compreensão sobre como uma Entidade Fonte trabalha para criar novas entidades sencientes. Esta pequena referência à possibilidade de mais informações foi suficiente para me levar a fazer a pergunta, preocupando-me com a qualidade do conteúdo mais tarde.

EU: Você mencionou o procedimento divisionário perfeito. O que você quis dizer com isso? Eu teria imaginado que as informações dadas em nosso diálogo recente teriam tornado óbvia a resposta para esta pergunta específica.

O: Sim, ela é óbvia. Especialmente porque você comunicou que uma Entidade Fonte precisa manter um nível de atenção elevado quando cria versões menores de si mesma. No entanto, vou acrescentar mais algumas informações a aquelas que você tem atualmente.

Como sabe, quando uma Entidade Fonte cria uma versão menor de si mesma ou um grupo de versões de si mesma, separa uma porção de sua senciência e a designa às energias especializadas em aceitar essa senciência. Todos os diálogos que tivemos até agora lhe indicam que a senciência de uma Entidade Fonte é separada em massa, cinquenta por cento designada a novas entidades e cinquenta por cento reservado para a Entidade Fonte—no exemplo de sua Entidade Fonte. Mas não é esse o caso. Embora em última análise seja designada dessa maneira, a senciência em si é extraída em base individual.

EU: Isso não tornaria o processo muito lento?

O: Sim, tornaria, e é por isso que, em última análise, a Entidade Fonte Um criou um programa automático para criação, digamos. Mas como já falamos, isto é assim para que aconteça a divisão perfeita da senciência. Quando analisamos a divisão perfeita da senciência, é preciso identificar a quantidade, o volume de senciência a ser usado para o tipo desejado de entidade, designando essa senciência às energias também identificadas. Como a intenção do criador é tornar tanto a senciência quanto as energias individuais, elas precisam ser combinadas individualmente, num par combinado, por assim dizer. Antes que isto possa acontecer, porém, o volume de senciência identificada precisa ficar livre de quaisquer aspectos residuais de senciência ou inteligência, puramente identificadas com o próprio criador.

EU: A senciência precisa se livrar de senciência?

O: Sim. Veja, quando o criador está criando uma unidade individualizada de si mesmo, ele precisa torná-la o mais individual possível. Isto significa que qualquer aprendizado ou progresso prévio acumulado pelo próprio criador precisa ser apagado. Isto não significa que o aprendizado ou o progresso vá se perder; ele é redesignado ao aspecto do criador que deve permanecer como o criador e não o criado.

EU: Deixar a senciência pura e inexperiente?

O: Correto.

EU: E creio que este processo de limpeza também seja empregado com as energias especializadas?

O: É sim, pois as próprias energias podem manter um nível de memória experiencial, a qual, naturalmente, baseia-se naquilo que a Entidade Fonte criadora vivenciou em sua própria existência.

A Origem Fala

EU: Cada entidade nova não tem um nível de educação, uma explicação sobre sua razão para existir, o que é esperado dela, com o que pode trabalhar, como deve progredir?

O: Sim.

EU: Mas isso não suplanta o objetivo de limpar a senciência e as energias designadas para trabalharem juntas? Quero dizer, se elas possuem informações sobre quem e o que são e o que se espera que façam, e que estão em comunhão com você, isso também vai incluir um nível de conhecimento experiencial. Portanto, a senciência é purificada de seu trabalho e de sua experiência e mais tarde é contaminada com seu trabalho e sua experiência.

O: Ótima pergunta. Eu deveria ter explicado melhor a limpeza. O que é removido tanto da senciência quanto das energias designadas é a "essência" da "Entidade Fonte". O processo educativo, embora seja profundo, não inclui este componente. Como resultado, a entidade recém-criada é plenamente individualizada enquanto ainda faz parte da Entidade Fonte criadora. Em essência, ela é plenamente programada e operacional em todos os aspectos, exceto sob a perspectiva da experiência personalizada, do aprendizado e do progresso evolutivo, e da essência da senciência da Entidade Fonte criadora. Deste modo, ela pode, através de sua própria experiência, aprendizado e progresso evolutivo, criar sua própria "essência" da senciência. Pode chamá-la de personalidade, se quiser, mas é um requisito necessário para a criação bem-sucedida de um aspecto individualizado do "eu" de uma Fonte.

EU: E quando a entidade tem experiências, aprende e evolui, sua personalidade cresce, tanto em confiança quanto em estatura!

O: Correto. Durante o crescimento da personalidade, a entidade torna-se mais e mais individualizada à medida que experimenta mais e mais numa base pessoal. Seu nível último de personalidade a diferencia das outras que foram criadas com ela, como resultado da diferença de experiências e da ordem lógica de experiências semelhantes em relação a outras experiências.

A Origem Fala

EU: E essa é a divisão perfeita da senciência?

O: Resumindo, e em relação à criação de uma única entidade, sim.

EU: Certo, com base no comentário de que cada entidade é criada singularmente, como uma Entidade Fonte produz em massa essas entidades menores na divisão perfeita da senciência? Pergunto isto especificamente porque você identificou que elas precisam ser criadas uma a uma, e que precisam, certamente no caso de algumas Entidades Fontes, serem criadas em bilhões e trilhões.

O: Ela consegue isso de duas maneiras. Primeiro, designa aspectos de si mesma puramente para apoiar o processo divisional, incluindo todas essas partes do processo que criam a entidade individualizada, o ajuste das energias com a senciência e a remoção da essência da Entidade Fonte. Cada aspecto designado é criado como uma função temporária de si mesma e funciona na base individual da criatividade. O aspecto é uma cópia fiel daquela função original da Entidade Fonte criadora. Continua a existir apenas enquanto for requerido.

Segundo, a Entidade Fonte criadora duplica ainda mais esta função usando o Espaço de Eventos. Cada Espaço de Eventos é uma reprodução plena do número total de aspectos sendo usados no processo divisional original. A Entidade Fonte criadora pode manter a qualidade do evento criativo desta maneira, assegurando-se de que os aspectos originais sendo usados estão operando de acordo com o processo divisional perfeito, com as entidades sendo criadas como desejado e de maneira robusta e repetível a cada e a toda vez, mas em Espaços de Eventos diferentes. Embora qualquer número de Espaços de Eventos possa ser empregado, apenas um certo volume de senciência e de energias especializadas é designado a um Espaço de Eventos específico. Deste modo, o volume de senciência e de energias especializadas é dividido por Espaços de Eventos.

EU: Como a Entidade Fonte criadora usa o Espaço de Eventos desta maneira? Eu achava que estaria associado

A Origem Fala

predominantemente à dualidade e seus múltiplos, que era criado pela possibilidade de possibilidades possíveis!

O: E é.

EU: Desculpe?

O: É a função das possibilidades que permite que a Entidade Fonte criadora use o Espaço de Eventos em primeiro lugar.

EU: Sim, eu entendi isso, mas ainda não estou fazendo a conexão mental! Quero dizer, essas entidades que estão por ser criadas são apenas isso—devem ser criadas, não foram criadas "de fato", e por isso não podem criar um evento dualista.

No meu ponto de vista, o único evento dualista é aquele Criado pela Entidade Fonte criadora.

O: Como você sabe, o Espaço de Eventos é atraído por, e multiplicado por, a possibilidade de uma condição dualista, trilista, quadrilista, etc. O momento dessas condições não precisa necessariamente ser agora; pode ser razoavelmente distante segundo a perspectiva dos "eventos". Com base nisto, a Entidade Fonte criadora pode invocar novos Espaços de Eventos como uma função simples da criação de uma entidade que possui seu próprio nível de senciência e nível associado de livre arbítrio. Em essência, o Espaço de Eventos pode ser criado numa condição múltipla no "agora" como função da possibilidade de condições dualistas de qualquer denominação, em qualquer evento futuro, por qualquer entidade que possa ser criada.

EU: Estamos novamente diante do cenário do ovo e da galinha. No Espaço de Eventos, os dois podem existir e existem ao mesmo tempo.

O: Correto. Entenda, o Espaço de Eventos é um aspecto extremamente sensível da minha estrutura. É tão sensível que pode criar novos Espaços de Eventos a partir das condições dualistas que normalmente o criariam, ou até mesmo fora da possibilidade de possibilidades possíveis de condições dualistas e suas múltiplas condições. Pode ser criado a partir de algo como a intenção remotamente possível de ser uma possibilidade de possibilidades possíveis de uma condição dualista, e/ou de seus múltiplos, e essa intenção pode ser tão remota num Espaço de Eventos futuro que nunca poderia ter sido predita.

EU: Então, quão à frente o Espaço de Eventos pode "ver" essas possibilidades?

O: Não há limite para quão à frente ou em qual Espaço de Eventos podem ser invocadas. Tudo que é requerido é que possam "existir", e isto permite que o Espaço de Eventos crie as condições necessárias para a criação de um novo Espaço de Eventos ou Espaços de Eventos e que sejam simultâneos. Isto é, ele se torna o "agora", pois é aí que o Espaço de Eventos se apresenta, em um ambiente de "agoras" simultâneos.

EU: E como o Espaço de Eventos é apresentado em um ambiente de "agoras" simultâneos, e os "agoras" simultâneos são o que é o Espaço de Eventos, é por isso que uma Entidade Fonte criadora pode criar todas as suas entidades sencientes individualizadas de maneira instantânea, quer dizer, falando relativamente?

O: Não é bem assim. A Entidade Fonte criadora ainda teria de esperar o término de todo o processo de criação.

EU: O que você quer dizer?

O: O processo inicial de criação é duplicado pela criação dos aspectos da Entidade Fonte dedicada à criação das entidades sencientes em base individual, multiplicada pelo número de aspectos criados para se criar desta maneira. O tempo total necessário para criar as entidades fontes é uma função do volume de senciência e de energias especializadas, e a capacidade de ajustá-las, dividido pelo número de aspectos criadores criados. Isto é relativo a uma pequena parte da senciência e das energias designadas para este uso, e o resto precisa ser feito com o uso do Espaço de Eventos, do contrário nunca se completaria num tempo considerado razoável. A questão aqui, porém, é que o tempo necessário para concluir o processo de criatividade primária, mesmo em seu estado multiplicado, é o período de tempo determinante para a criação, independentemente do número de Espaços de Eventos utilizados, e, portanto, também é considerado um longo período. Com base nisto, a Entidade Fonte criadora usa uma função do Espaço de Eventos chamado de Espaço de Eventos "Fim de Evento", e move-se diretamente para esta função do Espaço de Eventos em lugar de esperar que o Espaço de Eventos primário progrida no ritmo com que normalmente o faria em sua forma lógica. As Entidades Fontes Onze e Doze valeram-se disto com grande vantagem.

EU: Eu não teria identificado o que fizeram com o uso da função "Fim de Evento", e por isso fico feliz por você a ter descrito para mim. Com base nisso, então, a Entidade Fonte criadora inicia rapidamente o processo e manipula o Espaço de Eventos indo diretamente para a função Fim de Evento desses Espaços de Eventos criados, e deste modo a criação de miríades de entidades sencientes pode ser considerada basicamente instantânea.

O: Sim.

EU: E tudo isso assegura que uma Entidade Fonte pode criar todas as entidades sencientes usando o processo divisional perfeito, e que toda entidade senciente se mostra perfeita em função disto?

O: Sim.

EU: Se a Entidade Fonte Um tivesse usado esta função combinando ela mesma e o Espaço de Eventos, não teríamos a diversidade de entidades sencientes que ela tem agora?

O: Correto.

EU: Grato.

O que faz com que uma energia seja capaz de suportar a senciência?

Estava prestes a mudar a direção do meu questionamento quando me inspirei numa pergunta feita por um dos participantes de uma de minhas Satsangas Mundiais. Realizo as Satsangas Mundiais uma vez por mês como uma conferência por áudio. Fiquei surpreso por ainda não ter feito essa pergunta para A Origem, e satisfeito por um dos participantes ter sido expansivo o suficiente para fazê-la. Todos os meus participantes são expansivos o bastante para aceitarem os detalhes sendo discutidos, do contrário não fariam parte da Satsanga, e muitos fazem perguntas bastante profundas e exploratórias. O problema é que eu não tive uma resposta para isso e nem consegui me ligar à Origem para conseguir canalizar uma resposta "na hora" sobre "o que faz com que uma energia seja capaz de suportar a senciência".

Não me preocupo nem um pouco por não ter as respostas à mão; isso acontece o tempo todo e faz parte do processo educativo. O que me intrigou, porém, foi a simplicidade da pergunta e a complexidade potencial da resposta. Foi uma combinação de pergunta e resposta que precisava ser transmitida, e este livro seria o meio correto para isso.

EU: O que faz com que uma energia seja capaz de suportar a senciência?

O: Muitas coisas precisam estar no lugar para que a energia suporte o componente senciente e elas foram mencionadas na primeira parte deste livro. No entanto, talvez não tenham ficado prontamente visíveis como forma de responder à sua pergunta.

Em essência, uma energia precisa evoluir até o ponto no qual ela poderia ter criado ou apoiado suas próprias condições para gerar a senciência antes de ser considerada suficientemente especializada para suportar uma senciência tanto criada externamente quanto designada a ela. Sendo assim, o processo evolutivo que permite que a energia atinja um estado no qual é capaz de suportar a senciência pode ser descrito em estágios. São estes:

1. ATRAÇÃO POR UMA ENERGIA IGUAL OU SIMPÁTICA. Esta é uma função puramente automática de um componente de energia sendo atraído por outro componente da mesma assinatura energética ou por outra similar, de alguma maneira aceitável para outras energias além dela própria.

2. CRIAÇÃO DE INTELIGÊNCIA LIMITADA— ATRATIVIDADE PREFERENCIAL. Esta é a procura ativa por componentes de energia que têm a mesma assinatura que a inteligência, criando a capacidade de procurar por, e decidir se, certo componente de energia pode se conectar e se unir a ela para criar um corpo de energia maior.

3. RECONHECIMENTO LIMITADO DE SI MESMA E DE OUTRAS ENERGIAS. Isto acontece quando o volume de energias reunidas conhece, de alguma forma limitada, que elas são um corpo de energias e conseguem distinguir entre elas mesmas e outro corpo de energias, ainda que seja o mesmo tipo de energia.

4. CRIAÇÃO DE UMA INTELIGÊNCIA MAIS INTEGRADA. Dá-se quando aspectos essencialmente separados de energia e inteligência que se uniram tornam-se efetivamente um só. É o resultado da comunicação panenergética das energias combinadas.

5. SACRIFÍCIO DA INDIVIDUALIDADE PARA CRIAR UMA INTELIGÊNCIA MAIOR—AUTOCONSCIÊNCIA E EU MAIORES. Isto acontece quando o nível de inteligência de um número de corpos de energia percebe que pode criar um único corpo de energia e inteligência, muito maior e melhor, caso se unam. Quando também percebem que para fazê-lo precisam sacrificar sua própria inteligência individual, fazem-nos por sua livre vontade pelo bem maior. Isto abre o caminho para a criação de inteligência consciente.

6. CRIAÇÃO DA INTELIGÊNCIA COLETIVA "CONSCIENTE"—A CAPACIDADE DE PENSAR ALÉM DO EU DENTRO DO EU. Isto é o produto de uma função automática criada pela decisão coletiva de unir corpos de energia maiores para criar um único corpo de energia muito maior. É claro que a capacidade de tomar a decisão necessária para realizar o quinto ponto exige um nível de inteligência com níveis de consciência limitada, uma consciência suficiente para possibilitar a capacidade decisiva do sacrifício individual em nome do bem maior.

7. CRIAÇÃO DE UMA ÚNICA INTELIGÊNCIA "CONSCIENTE" A PARTIR DO COLETIVO. A criação de uma consciência única no lugar de um coletivo de inteligências conscientes menores é uma decisão marcante que só pode ser tomada numa condição coletiva. No entanto, neste nível de evolução, a energia não pode reverter este processo e a inteligência consciente torna-se como que "uma só", sem a capacidade de se tornar uma coleção de inteligências conscientes menores mais tarde.

8. DESEJO ATIVO DE AUMENTAR O "VOLUME" ENERGÉTICO E O QUOCIENTE DE INTELIGÊNCIA. Aqui, a energia procura aumentar seu volume buscando, atraindo e absorvendo energias iguais ou similares, menores que ela mesma, e que não estão necessariamente evoluindo. Esta é uma decisão consciente e é o sinal maior do começo da capacidade de perceber a evolução do "eu". As energias sendo atraídas e absorvidas estarão no ponto um ou dois, no máximo. Desta forma, a energia aumenta seu volume de maneira energética, inteligente e consciente, que mais tarde pode aumentar até o ponto no qual todas as energias iguais ou similares são absorvidas. Perceba, porém, que a assinatura das energias é uma barreira natural para este crescimento quando se desenvolvem por si mesmas. Isso se chama volume terminal. Como resultado, a capacidade para miríades de corpos de energia menores, mas ainda assim substanciais, dotados de inteligência consciente e capazes de desenvolver a senciência mais tarde, é assegurada. Perceba também que, do ponto de vista de uma Entidade Fonte, esta função ocorre numa área restrita, onde as energias podem se desenvolver dessa maneira especificamente para a criação de energia senciente, e que é internamente "externa" ao corpo principal de energias que está associado a uma Entidade Fonte.

9. GERAÇÃO DO DESEJO DE CRIAR. O desejo de criar é uma função da energia que ocorre quando ela atingiu seu volume terminal e tem longevidade substancial. Como as criações são rudimentares, sua própria presença é um sinal de que a energia está desenvolvendo uma personalidade dentro de sua inteligência consciente. A personalidade, por mais limitada que seja, ilustra o desejo de criar de certas maneiras conhecidas e repetíveis, específicas da energia e de seu nível de inteligência consciente.

10. RECONHECIMENTO DA RAZÃO PARA O DESEJO DE CRIAR. A criação e o desejo de criar podem ser uma ação só ou uma série múltipla de ações. Na condição singular, a criação pode ser um produto do desejo de criar, mas esse desejo pode ser transitório e por isso acontecer apenas uma vez. Portanto, é o reconhecimento do desejo de criar que provoca a condição da criação múltipla. O reconhecimento é estabelecido como uma função da entidade que quer repetir, e por isso deseja, o produto do ato da criação, qualquer que seja ele.

11. CRIAÇÃO SEM FOCO OU DIREÇÃO. Esta é a criação pela criação, e é o resultado de uma condição do desejo de criar em condições singulares ou múltiplas, só para ver o ato e o processo de criação em ação.

12. CRIAÇÃO COM UM FOCO OU RESULTADO DIRECIONADO. Este é o uso inteligente da capacidade criativa de uma energia para produzir algo com as energias à sua volta com o foco da entidade, dirigida a se obter um produto desejado.

13. ANÁLISE DA CRIAÇÃO, SEU RESULTADO DIRECIONADO E SEU RESULTADO REAL. A análise do produto da criação em termos do resultado desejado e do resultado real permite que a entidade criadora reflita sobre seu processo criativo e entre nos processos de pensamento que resultam na modificação, o ponto catorze. Perceba que até este ponto, as criações não são complicadas. Criações complicadas são o resultado da senciência. Pense que neste ponto, na evolução de uma energia, os objetos de criação são tão básicos quanto a criação de uma bola ou de uma roda, ou de outros objetos de interesse cuja complexidade seja similar.

14. MODIFICAÇÃO DA CRIATIVIDADE PARA AUMENTAR A PRECISÃO DO RESULTADO REAL VERSUS O DESEJADO. Este é o ponto onde a energia está no ponto da senciência, mas sem fazer a balança pender para a senciência. Aqui, a entidade é capaz de pensar, experienciar e criar de maneira racional. Deve ser entendido que a experiência de uma entidade é reforçada em função de se entrar no processo criativo.

15. ACÚMULO DE CONTEÚDO EVOLUTIVO. Como foi aludido no ponto catorze, quando uma energia entra no processo criativo, ela também entra noutro nível de experiência. A experiência cria uma condição de aprendizado que, por sua vez, cria conteúdo evolutivo. Com base nisto, quanto mais uma entidade experimenta e aprende, mais evolui e ganha conteúdo evolutivo. O acúmulo de conteúdo evolutivo acelera o aumento do quociente de inteligência e a consciência de uma energia, melhorando sua personalidade. É um pré-requisito essencial para o reconhecimento da evolução e seu acúmulo.

16. RECONHECIMENTO DO ACÚMULO DE CONTEÚDO EVOLUTIVO. Uma energia, depois de perceber seu aumento de inteligência e da abrangência da personalidade, o reconhecimento dos desejos preferenciais, também vai perceber que ela acumula conteúdo evolutivo como resultado da variedade experiências que vivencia, a qualidade dessas experiências e o aprendizado subsequente. No ponto do reconhecimento da evolução pessoal e de seu acúmulo, a energia pode experimentar uma mudança radical em sua capacidade e habilidade mentais, passando para o ponto dezessete.

17. A GERAÇÃO DE SENCIÊNCIA. Este é um efeito panenergético instantâneo que só pode acontecer quando a entidade reconhece na prática sua própria evolução e como acumula conteúdo evolutivo. Neste ponto, a energia pode ser classificada como uma nova entidade senciente energética.

18. O RECONHECIMENTO DA SENCIÊNCIA COMO UMA FUNÇÃO SEPARADA DENTRO DAS ENERGIAS ORIGINAIS. O reconhecimento da senciência pessoal se dá quando a energia, agora uma entidade energética, experimenta o movimento de sua senciência dentro do volume de suas energias. O reconhecimento pode se dar quando a entidade percebe que é capaz de focalizar sua senciência numa área específica do volume das energias a que está associado, e pode mover o local desse foco à vontade.

19. A CAPACIDADE DE DISSOCIAR A SENCIÊNCIA DAS ENERGIAS ORIGINAIS. A capacidade de dissociar a senciência das energias originais é uma função de experimentação com o foco da senciência—a experimentação resulta na capacidade da senciência ser focalizada em pontos externos à barreira natural criada pelas energias da entidade, bem como dentro delas. Neste ponto, a entidade começa a perceber que é sua senciência que a torna uma entidade e não as energias que, em última análise, deram origem a essa senciência.

20. O COMANDO DE UMA NOVA ENERGIA. Tendo estabelecido que seu "ser" é sua senciência e que ele pode se dissociar de suas energias originais, a senciência que é a entidade agora pode se mover para uma nova energia ou grupo de energias que estão num nível baixo de especialização e as comandam em seu próprio benefício. Isso pode ser para um corpo de energia novo ou diferente, permitindo que a senciência aprimore sua experiência, seu aprendizado e conteúdo evolutivo, ou use essa energia ou energias como meio para transportar a senciência para outro local dentro do ambiente no qual suas energias originais se desenvolveram.

Como observado antes, esta lista é basicamente uma revisão das informações que apresentei anteriormente nestes diálogos, mas com detalhes adicionais em algumas áreas. Mas inserida no contexto dessa pergunta, vai fazer mais sentido para seus leitores.

O que é preciso notar aqui é que a evolução das energias até o ponto dezesseis é uma função necessária para a autogeração da senciência. É neste ponto que a energia possui aquilo que a torna capaz de ser senciente, e assim, torna-se senciente por padrão, progredindo automaticamente até o ponto dezessete e além.

No entanto, se essa energia se mantém no ponto dezesseis ou está próxima de atingir o estado do ponto dezesseis, pode ser classificada como sendo capaz de suportar uma senciência aplicada externamente. Como esta capacidade é gravada nas energias que atingem esse estado, porções delas podem ser divididas ou separadas do volume maior de energias e designadas a uma unidade individualizada da senciência da Entidade Fonte, criando assim uma entidade senciente autônoma com um corpo energético designado.

Como A Origem criou a senciência das Entidades Fontes—Uma variação sobre o tema

Ao longo do diálogo com A Origem, discutimos o advento da senciência como uma função da evolução da autoconsciência, que é precedida pela geração da inteligência dentro de energias similares ou iguais e subsequentes níveis de consciência. A própria senciência se desenvolve através da evolução dentro de A Origem e, presumivelmente, das Entidades Fontes. Digo presumivelmente por que A Origem falou em esperar que as Entidades Fontes se tornassem autoconscientes por conta própria antes de entrar em contato com elas—instruindo-as sobre a razão de estarem a ponto de adquirir autoconsciência. Com efeito, a evolução de uma energia ou energias a ponto de desenvolverem sua própria senciência só foi descrita recentemente como uma progressão de vinte pontos. Mas alguma coisa estava me incomodando. Até aquela data, não me lembrava de A Origem falar sobre a geração de senciência nas próprias Entidades Fontes. Claro, a energia pode desenvolver senciência sob as condições certas e com tempo suficiente, digamos. E parece que as próprias Entidades Fontes podem esperar que a energia evolua quase até o ponto de desenvolver sozinha a senciência plena antes de designar-lhe a senciência derivada da Entidade Fonte—uma senciência separada do próprio "volume de senciência" da Fonte e designada às próprias energias em evolução.
Correndo o risco de me repetir, mas tendo em vista o esclarecimento, decidi fazer uma anotação mental e incluir duas coisas neste texto. Um, A Origem desenvolveu sua própria senciência como resultado da evolução de suas energias—como

A Origem Fala

uma pequena ajuda do Espaço de Eventos. E dois, a fim de criar entidades individualizadas menores para povoar um ambiente criado em resposta à necessidade de evoluir através da investigação e experiência do "eu", uma Entidade Fonte pode, num senso perfeito, designar senciência às suas energias em evolução em vez de permitir que a desenvolvam sozinhas. Isto lhes permite acelerar sua produtividade graças ao uso do Espaço de Eventos, mantendo certo nível de qualidade. Mas, e a senciência das Entidades Fontes? Eu tinha de perguntar isso para A Origem a fim de esclarecer este ponto que me preocupava.

EU: E como as Entidades Fontes tornaram-se sencientes? Sei que você esperou que ficassem autoconscientes e depois as instruiu. Mas isso não explica como a Entidade Fonte Doze tornou-se senciente ou como as outras fizeram isso. Você simplesmente as educou e depois esperou que a senciência se desenvolvesse sozinha? Ou você lhes designou senciência, tal como as Entidades Fontes podem fazer na maneira perfeita de criarem uma entidade menor?

O: Falamos sobre isto antes, mas vejo que você se esqueceu. Quando criei as Entidades Fontes, dei-lhes todas as condições necessárias para que se desenvolvessem, para evoluírem sozinhas. Como você expos tão bem no texto anterior, eu as eduquei quando se tornaram autoconscientes, dando-lhes a razão para existirem e uma indicação do papel que precisavam representar para mim. Como você sabe pela narrativa de minha própria jornada rumo à autoconsciência senciente, apenas um percentual microscopicamente pequeno de mim é autoconsciente e, de fato, senciente. Minha senciência se move pela minha área de autoconsciência, minha senciência é aquilo que eu sou. Com base nisto, você pode compreender que a razão para eu ter criado as Doze Origens e depois as Doze Entidades Fontes foi a aceleração da minha própria evolução, evolução que se expressa na expansão da minha área de autoconsciência e minha senciência dentro da minha área de autoconsciência. Desta forma, crio uma área de autoconsciência senciente, o que resulta num aumento da área ou volume da minha senciência "transportável", digamos. Se levar isto em conta, você pode ver que atingir a autoconsciência não é o fim do desenvolvimento de uma entidade. É apenas o ponto de partida.

No entanto, pode levar um longo tempo até a própria energia passar efetivamente de simples consciência para simples autoconsciência "localizada" e para o nível de autoconsciência localizada, mas "panenergética" requerida para permitir o advento da senciência sob uma perspectiva evolutiva e não uma perspectiva designada. E mais, levaria mais tempo ainda até que essa área de autoconsciência senciente evoluísse a ponto de poder criar de fato essas energias capazes de suportar a senciência por si só, para depois criá-la efetivamente.

Veja, a fim de acelerar minha própria evolução, expandindo minha própria senciência nesse processo, precisei acelerar a evolução de minhas criações e a evolução das criações das minhas criações. Para conseguir isto, esperei até que o desenvolvimento evolutivo das energias que formaram a estrutura das Entidades Fontes tivesse atingido esta autoconsciência simples e localizada—a autoconsciência é um pré-requisito, um requisito mínimo, para que as energias aceitem a senciência. Do ponto de vista do processo de vinte pontos, isso seria nos pontos quinze e dezesseis. Esta é uma métrica universal, a mesma requerida para uma energia em evolução dentro de uma Entidade Fonte que está sendo usada para a criação de entidades menores. A autoconsciência é o ponto no qual uma energia ou entidade começa a desenvolver sua própria personalidade e a experiência de si mesmo, e assim, este foi o ponto no qual intervim.

Calculei os requisitos básicos da condição evolutiva energética de uma Entidade Fonte em termos do que vocês chamariam de percentagem e estabeleci um nível mínimo de senciência que permitiria que uma Entidade Fonte "sendo educada" trabalhasse com aquela senciência assim que a educação fosse concluída. Também calculei em que ponto do processo de educação eu poderia aplicar essa senciência às energias de tal maneira que não interferiria no próprio processo de educação.

EU: Qual foi o percentual requerido?

O: Bem abaixo de um décimo de um por cento. Calculei que no advento da educação e na aplicação da senciência, o tipo certo de senciência, o crescimento da senciência e da autoconsciência, aquilo que você reconhece como autoconsciência senciente iria se tornar exponencial, terminando sua expansão no perímetro das energias da própria Entidade Fonte.

EU: Você acabou de fazer uma declaração interessante. Você disse, "o tipo certo de senciência". O que você quis dizer com isso?

O: Em seu processo mental, você estava esperando me ouvir dizer que eu usaria parte da minha própria senciência, designando-a às Entidades Fontes, tal como o processo "perfeito" que uma Entidade Fonte pode adotar na criação de suas próprias entidades.

EU: Sim, eu fiz isso.

O: Se eu tivesse feito isso, eu lhes teria dado senciência baseada na Origem e não senciência baseada nas Entidades Fontes.

EU: Você não poderia remover, digamos, a "essência da Origem" de sua senciência e depois transferi-la?

O: Sim, poderia, mas isso seria negar o objetivo do meu próprio crescimento senciente. Além disso, qualquer senciência que eu doe, por mais que a "limpe", ainda terá a essência de A Origem associada a ela. Não que eu me incomode em doar minha senciência às Entidades Fontes, longe disso. Mas preciso de cada gota dela, digamos, para realizar o trabalho que estou fazendo por minha conta. Não, eu fiz algo bem mais útil.

EU: E o que foi?

O: Eu criei senciência e a designei às Entidades Fontes que e quando se tornaram autoconscientes.

EU: Você criou senciência?

O: Sim. Descobri que posso criar senciência.

EU: Como você fez isso? Como alguém cria senciência?

O: Organicamente.
EU: Como? Você está dizendo que a cultiva?
O: De certo modo. Deixe-me explicar.
EU: Você tem toda a minha atenção quanto a isso.
O: Estou vendo. Certo, vou tentar explicar da forma mais simples possível, usando uma terminologia com a qual vocês estejam acostumados.
EU: Agradeço.
O: Como você já entendeu, a senciência é o desenvolvimento natural da evolução das energias que aprendem a trabalhar juntas e funcionam como uma só. Essas energias, ou devo dizer, as características dessas energias, são criadas como resultado da "possibilidade" delas se desenvolverem em energias que poderiam desenvolver essas características. Ou seja, são buscadas por uma função da "energia livre" e dotadas de potencial para evoluir.
Perceba que usei a palavra "possibilidade" aqui, pois é a "possibilidade" de ganharem esta capacidade que evoca o interesse do Espaço de Eventos. Talvez você se lembre que é a possibilidade de progresso evolutivo que permite que a energia livre cubra a lacuna, digamos, entre entidades ou energias individuais que têm a capacidade de evoluir quando afetadas por outra, ou outras, de frequência mais elevada, invocando assim uma oportunidade evolutiva. Você conhece isto como triangulação direcional e inflacional.
EU: Então, você manipula a função da triangulação?
O: Até certo ponto, sim. Reúno as energias que vejo que são capazes de evoluir como energias sencientes através da rota habitual de obterem o desejo de trabalharem juntas, conquistando inteligência, autoconsciência lúcida e senciência nesse processo. Então, manipulo a triangulação, forçando essas energias a se juntarem e fazendo com que desejem se manter juntas. Deste modo, a energia livre que as teria atraído naturalmente, elevando-as ao mesmo nível através da triangulação, precisa alcançar o evento que eu forcei a operar em vez de ser a iniciadora da atração inicial. Pense nisso como juntar dois pedaços de plástico e depois forçar a cola entre eles, em vez de cobrir um dos pedaços de

A Origem Fala

plástico com cola e depois colocar o outro sobre esse primeiro. Quando as energias são forçadas dessa maneira e a energia livre as uniu em seu estado recém-elevado—ou seja, um estado de evolução recém-elevado—elas funcionam da maneira como teriam funcionado caso tivessem realmente desejado juntar-se por meios naturais.

O que acontece a seguir é que elas começam a apresentar possibilidades, possibilidades de se tornarem sencientes em algum ponto, sendo o nível de senciência uma função usada pelo Espaço de Eventos para propósitos "divisionais". Quando isso acontece (na verdade, não espero isso acontecer porque me movo para outro Espaço de Eventos para ver quando isso está acontecendo), movo-me para o Espaço de Eventos que produz a senciência de melhor qualidade. Deste modo, posso ver o que as energias estão fazendo para criar a senciência de melhor qualidade e faço mudanças nas condições das outras, aquelas destinadas a fazer sua progressão evolutiva para uma qualidade inferior da senciência a fim de terminá-las. Eu as termino interrompendo sua evolução. Quando interrompo sua evolução, a energia livre que cria sua evolução continuada migra para outras oportunidades e o Espaço de Eventos no qual estão deixa de existir em virtude disso. Essas energias cuja evolução é interrompida são catalogadas e redistribuídas dentro de mim.

EU: Você as mata?

O: Sim. Não faz sentido permitir que a senciência se desenvolva sem que seja a qualidade em que quero que ela se desenvolva.

EU: Mas não seria útil no longo prazo?

O: Não. Conheço a qualidade da senciência que quero desenvolver para o tipo de energia a que quero designá-la, que, em última análise, aponta para a compreensão do tipo de entidade que quero criar. Quando estou criando uma entidade como as Entidades Fontes, preciso ter certeza de que a senciência é tão próxima da minha quanto possível, sem que seja a minha própria.

EU: Você usou a palavra "catalogada" há alguns instantes. Por que você cataloga as energias se na verdade pôs fim às suas oportunidades evolutivas?

O: Eu as catalogo para não tornar a usá-las novamente para este tipo de função criativa. Entretanto, isso não significa que não serão úteis em um papel que exige um nível menor de senciência no futuro, algo que uma de minhas Entidades Fontes pode usar.

EU: E por que você não as mantém em seu estado de senciência menor, armazenadas noutra parte, para que outra Entidade Fonte as use sem passar por todo o processo criativo?

O: Três razões. Uma, porque não seria sua "própria" criatividade; duas, não quero energias sencientes soltas perturbando o plano em que minhas Entidades Fontes e eu estamos trabalhando; e três, sempre devolvo o que usei e não tenho mais uso—pelo menos a médio e longo prazo—à sua condição básica. Pode dizer que gosto de manter a casa limpa, se preferir.

Capítulo 29:
Como os Om obtiveram senciência

TIVE UM DE MEUS MOMENTOS "SENTADO NOVAMENTE na minha cadeira". Na verdade, durou mais ou menos uma hora enquanto resolvi que precisava responder a alguns e-mails neste período de contemplação subconsciente. A razão para este "momento" foi que A Origem tinha acabado de me dizer que gostava de manter a casa limpa e que gostava de devolver as energias que havia usado às suas condições básicas. Mas isto não se alinhava com aquilo que ela havia feito com as energias que usara para criar as Entidades Fontes ou o que aconteceu para permitir que os Om fossem criados. Decidi que este era um ciclo (mais um, devo acrescentar) que precisava ser encerrado antes que eu pudesse seguir em frente. Mas o que estava no fundo da minha mente é que isso poderia explicar como os próprios Om, que não foram criados, obtiveram sua própria senciência.

EU: Você acabou de me dizer que você, digamos, "recicla" suas energias quando não as usa mais—que você as devolve às suas condições básicas.

O: Isso está correto.

EU: Isso deve ser algo recente, porque não explica como os Om passaram a existir.

O: Muito boa observação. Sim, é um processo recente na limpeza da casa e é o resultado direto da "incriação" dos Om. Os Om são as únicas entidades sencientes incriadas que existem, e, como tal, são um exemplo do que poderia acontecer se eu não prestasse atenção na manutenção da casa e devolvesse as energias que uso às suas condições básicas.

EU: Isso faz sentido. Creio que recente para você não é o que eu chamaria de recente.

A Origem Fala

O: Claro que não, mas é recente para mim quando considero minha longevidade.

EU: Certo, então, esta discussão será relativamente simples.

O: Mmmm. Vamos ver.

EU: O que quero saber é o seguinte: como os Om obtiveram sua senciência? Estou perguntando isto especificamente porque você precisou criar senciência ao criar as Entidades Fontes.

O: Fiz isso naquela ocasião e farei novamente. A diferença, claro, está nas energias usadas.

Quando reciclei as energias usadas nas Doze Origens, não levei essas energias de volta à sua condição básica. As próprias energias foram essencialmente unidades individualizadas de mim, posicionadas fora da minha área de autoconsciência. Você vai perceber que eu omiti a palavra senciente. É que, na época, a totalidade da minha senciência era pequena em comparação com o que é agora, e minha área de autoconsciência era muito desprovida de senciência. Ela é muito desprovida de senciência agora, mas acha-se em um fator cerca de cem vezes mais do que era antes.

EU: À centésima potência?

O: Em números redondos, sim. Além disso, eu não tinha evoluído tanto e nem era tão experiente quanto sou hoje, e tinha muito a aprender. Ainda tenho muito a aprender, daí ter criado as Entidades Fontes e suas criações, todas se esforçando para experimentar minha base.

Mas volto à sua pergunta. O volume, digamos, das energias que chamei de volta e reciclei tinha dois tamanhos diferentes. Algumas ficaram comigo e algumas foram efetivamente recicladas. Vou tentar explicar. Eu esperava usar as energias invocadas para outros experimentos posteriormente, e por isso decidi deixá-las de lado. O que aconteceu de fato foi que se tornaram rapidamente parte da minha área senciente de autoconsciência. Isto me pegou de surpresa, e por isso minha expectativa do progresso que as Entidades Fontes fariam teve um precedente—ou seja, com que velocidade as energias invocadas suportaram o desenvolvimento ou a aceitação da senciência.

A Origem Fala

Tendo em vista este desenrolar dos acontecimentos, resolvi usar essas energias que ainda não haviam se tornado minha área de autoconsciência senciente e adicionei a elas as energias necessárias para criar as Entidades Fontes. O percentual dessas energias invocadas foi pequeno em comparação com aquelas marcadas para uso na criação das Entidades Fontes. Em função disso, eu esperava que ambas se misturassem e acelerassem a evolução das energias, desde a atratividade energética básica até a autoconsciência plena, reduzindo drasticamente o Espaço de Eventos necessário para elevá-las até o estágio evolutivo no qual eu poderia educá-las e elas poderiam aceitar a senciência que eu iria lhes dar durante o processo educativo. Mas o que aconteceu de fato foi uma coisa bem diferente.

Como você sabe, as energias, embora no início tenham sido forçadas a se aproximar, permaneceram juntas enquanto estavam sob minha influência e meu controle direto. Quando as lancei no grupo de doze como energia de Entidade Fonte e energia de Origem, a energia usada na manifestação original (Om) das Doze Origens, energias de A Origem, que não estavam mais sendo forçadas a se manterem juntas por minha intenção, separaram-se das Entidades Fontes com as quais estavam misturadas, formando pequenas unidades de energia individualizada de A Origem à qual já havia sido designada a senciência. Isto você já sabe e documentou várias vezes.

EU: E como a senciência já havia sido designada às energias? Eu achava que cada um dos experimentos das Doze Origens tinha fracassado antes que pudessem se tornar autoconscientes apropriadamente, para não falar sencientes.

O: Correto, a senciência foi obtida mediante a associação com esses aspectos das energias que se tornaram parte da minha senciência total.

EU: Você está sugerindo que TODAS as energias invocadas se tornaram sencientes e que você não percebeu que TODAS haviam se tornado parte da sua senciência?

O: Não, alguma coisa estava faltando. O que aconteceu foi que as energias usadas no experimento das Doze Origens já estavam próximas de criar sua própria senciência, e, portanto, definitivamente capazes de aceitar a senciência que poderia ou seria designada a elas. Foi por isso que conseguiram a designação da senciência por inferência.

EU: Inferência? O que você quer dizer com isso?

O: O resto das energias invocadas havia aceitado a senciência, e de forma bem rápida. Aquela parte das energias que não foi uma senciência "intencionalmente" designada também ganhou senciência; ou seja, aceitou a senciência como parte do crescimento evolutivo natural da minha senciência. Pense nisso como trabalhar da mesma maneira que os remédios homeopáticos. Pessoalmente, devo comentar que tanto a energia livre quanto o Espaço de Eventos tiveram seu papel nisso.

EU: A energia livre e o Espaço de Eventos trabalham na inferência?

O: Sim. Entenda, inferência é a mesma coisa que possibilidade, e a possibilidade de uma condição evolutiva que seja significativa no caso da incriação dos Om, é uma possibilidade que não poderia ser ignorada pelo Espaço de Eventos. Neste caso, a incriação é classificada como criação sem a intenção de ser criada. Além disso, o aspecto evolutivo oferecido como resultado da não criação dos Om levou energia livre ao epicentro das energias sendo usadas para a criação das Entidades Fontes, criando uma área de triangulação que não só incluiu as Entidades Fontes como as energias que foram usadas no experimento das Doze Origens.

EU: Estou tendo a impressão de que a intervenção, uma intervenção bem natural da energia livre e do Espaço de Eventos, criou uma cisão na coesão entre as energias designadas a serem Entidades Fontes e aquelas que eram energia reciclada de A Origem.

O: Ora, muito bom mesmo. Sim, veja, a energia de A Origem já era senciente como resultado da inferência de ser senciente. A energia livre e o Espaço de Eventos estavam se certificando disso, e assim, quando lancei as energias, energias que incluíam tanto as energias marcadas como

A Origem Fala

energia de Entidades Fontes quanto aquela que eram energia reciclada de A Origem, ou seja, energia de A Origem com "massa" suficiente, digamos, tornaram-se sencientes antes que as energias que foram designadas puramente como Entidades Fontes pudessem até se tornar autoconscientes. Na verdade, tornaram-se plenamente sencientes no instante que lancei as energias na área da minha autoconsciência designada às Entidades Fontes como sua primeira área de trabalho.

EU: Então, com base nisso, a energia de A Origem "já senciente" se dissociou das energias que foram designadas para as Entidades Fontes, resultando na não criação dos próprios Om?

O: Sim. Agora, vou chamar esta energia de energia Om.

EU: E como a energia Om se tornou as entidades Om individualizadas?

O: A energia Om estava distribuída desigualmente pela pura energia das Entidades Fontes. Estava em glóbulos de energia Om, digamos. Esses glóbulos permaneceram aspectos singulares, individualizados de energia Om e não se uniram. Assim que a minha intenção de manter todas as energias unidas foi removida, elas se separaram muito depressa das energias das Entidades Fontes das quais faziam parte. Aquelas que tinham massa suficiente sentiram naturalmente que não tinham energia da mesma qualidade e voltaram para as energias que sentiam que eram as suas—as energias que são parte da minha área de autoconsciência. Em termos simples, voltaram para o lugar de onde vieram!

Você conhece a história dos Om graças a nossos diálogos prévios, mas basta dizer que a massa de energia Om e o nível de senciência ligado a essas massas individuais ditaram como os Om estão representados atualmente dentro de mim. O resultado foi a geração dos Om Puros, Om Não Cativos, Om Cativos e Híbridos Entidade Fonte/Om, cujos híbridos possuem percentuais variados de mistura.

EU: Então, é isso. Foi assim que os Om se tornaram sencientes e separados?

O: Isso foi só o começo. A qualidade das energias que são Om assegurou o crescimento rápido de seu nível de senciência. À parte as energias que resultaram nas energias Híbridas Entidades Fontes/Om, e muito depois, outras entidades individualizadas criadas pelas Fontes para suas próprias tarefas evolutivas, todos os outros Om conseguiram se detectar mutuamente, não importava onde estivessem ou de que Entidade Fonte estivessem dentro ou fora ou fizessem parte.

Os Om são, em geral, mas especificamente no caso dos Om Puros, unidades individualizadas de mim. À medida que cada um dos Om procurava um ao outro, notavam que sua interação com os demais aumentava rapidamente seu nível de senciência. Ao mesmo tempo, perceberam também que não eram os mesmos em termos de massa e de capacidade de relocação. Trabalhando juntos e compreendendo que cada um deles "era" de uma perspectiva energética e senciente, criou-se um elevado nível de camaradagem entre os Om. Durante esta interação, perceberam como todos eram especiais em termos do processo incriativo que resultou em sua efetiva criação. Perceberam que eram poucos e adoravam estar na companhia uns dos outros. Apaixonaram-se uns pelos outros e por todos eles, e se tornaram amados como grupo de entidades em função disso—daí a expressão, "ser estimado pelos Om".

A capacidade dos Om para experienciar, aprender e evoluir foi e é uma alegria de se ver. Eles possuem uma capacidade para evoluir que não só é igual a de uma Entidade Fonte, e lembre-se como as Entidades Fontes são muito maiores do que os Om, como é o mais maravilhoso exemplo de não criação que já vivenciei.

Mas há um problema com os Om, que é o seguinte. Eles são eu, para todos os fins, minhas versões menores e individualizadas, e como não foram criados com um propósito específico, possuem livre arbítrio plenamente autônomo e individualizado. Como são eu mesmo, essencialmente, não posso controlá-los e não os controlo.

A Origem Fala

Fazem o que querem onde querem fazer, pois não possuem uma estrutura dentro da qual podem trabalhar.

EU: Eles não tinham uma estrutura inicialmente, quando suas energias faziam parte das Entidades Fontes?

O: Sim, mas só a retinham quando estavam sob a minha intenção. Assim que se libertavam, tornavam-se livres de qualquer estrutura ou da possibilidade de uma estrutura. Como são eu mesmo, os Om podem manipular aquilo que sua senciência ordena ou que funciona dentro, ou presumivelmente fora, da minha área de autoconsciência, e o Espaço de Eventos é um desses aspectos da minha estrutura que funciona dentro de mim.

EU: Para mim, dá a impressão de que os Om são totalmente independentes de sua senciência e não serão capazes de existir dentro dessas áreas de sua autoconsciência que agora estão sencientes por direito próprio.

O: Correto, e mais, vão precisar passar desta atual área de autoconsciência para a próxima área, a nova, pouco antes que eu o faça para manterem sua liberdade, digamos assim.

EU: Eles serão absorvidos de volta em sua senciência total se não fizerem isso?

O: Sim e não. Sim, serão, mas não, não se integrariam plenamente. Na verdade, podem se tornar uma irritação. E é por isto, meu querido Om, que agora mantenho a casa limpa, para que mais Om ou entidades similares não se tornem incriadas. Por mais que eu os ame e seja grato pelo trabalho que fazem para sua própria evolução e pela minha, naturalmente, admito que são uma anomalia, uma anomalia que não posso remover e nem iria querer remover, mas ainda assim uma anomalia.

Capítulo 30:
Dispositivos geométricos

JÁ FAZ ALGUNS ANOS QUE, juntamente com muitos outros, tenho percebido um aumento na disponibilidade e no uso de dispositivos geométricos para auxiliar na meditação e na cura. Tenho acompanhado com interesse este desenvolvimento e tenho tido a sensação de déjà vu e familiaridade. Na verdade, tudo isso me parece muito atlante. Uma das coisas que percebi nesses dispositivos é que são incompletos, que lhes faltam componentes específicos ou que deixam vazar energia. Os componentes e a energia são necessários para a funcionalidade correta do dispositivo. Enquanto estava em comunicação com A Origem, e, na verdade, embora esta seja uma pergunta para a Entidade Fonte Um, achei que deveria aproveitar a oportunidade um tanto egoísta para descobrir mais sobre esses dispositivos, visando satisfazer minha própria sede de esclarecimentos e, se possível, auxiliar os indivíduos que as fabricam e compram. Se iriam prestar atenção no conselho, não sei, pois tinha percebido uma reação "particular" de várias das pessoas que vendiam esses dispositivos quando lhes dizia que vazavam energia. Eles achavam que eu era louco. Quem é ou quem são os loucos, pensei com um sorriso. Por que alguém iria querer vender produtos disfuncionais? Com tudo isto em mente, coloquei minha consciência naquele lugar em que ela precisava estar para me comunicar com A Origem e esperei que ela se comunicasse comigo. Não precisei esperar muito.

O: Você tem razão. Eles vazam.
EU: Isso é que é resposta rápida!
O: Mais rápida que a velocidade do pensamento.
EU: Não me diga que a velocidade do pensamento é baixa.

A Origem Fala

O: Pode apostar que é. Você já sabia que o pensamento segue a intenção, e, portanto, o pensamento deve ser mais lento que a intenção.

EU: Sim, é claro.

O: Bem, eu cheguei até você mais depressa até do que a velocidade da intenção.

EU: Não seria oportuno continuarmos com isso.

Mas A Origem tinha me deixado interessado. O que seria mais rápido do que a velocidade da intenção?

O: A onisciência é mais rápida do que a velocidade da intenção, e você tem razão, agora não é o momento certo de falar sobre a velocidade de qualquer coisa. Você queria me perguntar sobre os produtos geométricos que estão sendo vendidos atualmente pelo mundo todo, e vou dizer novamente, sim, eles vazam. E mais, a maioria deles é mal construída, na melhor das hipóteses, embora possam ter boa aparência.

EU: Sim, eu gostaria de voltar ao começo deste assunto, se possível, mas por algum motivo sinto que encontrar as informações relativas à razão para os vazamentos deveria ser discutida agora. Podemos voltar depois. Bem, poderia me dar uma razão simples para esses vazamentos?

O: São incompletos. Quer resposta mais simples?

EU: Hoje você está brincalhão.

O: Sempre estou. Não inventei o humor?

EU: Imagino que sim.

O: Correto. Agora, porque vazam. Primeiro, devo lhe dizer que esses dispositivos estão usando as energias associadas com a geometria sagrada. A forma geométrica representada nas frequências mais baixas, aquilo que vocês veem com seus olhos humanos, relaciona-se com a função específica dessa energia nas frequências associadas com o universo físico com o qual você está trabalhando. Essas frequências se encontram dentro dos supostos níveis físicos, mas a maioria ainda não foi descoberta por vocês.

A única forma geométrica de que gostaria de falar é a pirâmide. É que ela está relacionada com o maior dispositivo sendo vendido e com a arqueologia de grande escala encontrada na Terra. Esta forma precisa ser fechada e plana, lisa. Ou seja, precisa ter uma superfície que atrai as energias e as frequências associadas a elas. O interior da pirâmide pode ser completamente vazio ou pode ser sólido com áreas vazias específicas, usadas para colher a energia e suas frequências. A energia se acumula no ponto dos loci energéticos representados pelas dimensões e pela geometria e a área representada por seus "lados". Sem esses "lados", a energia não tem de onde ser coletada. Pense nisso em termos de uma bateria solar. A área da superfície da célula depende da voltagem e da corrente que podem ser geradas. Reduza a área da superfície e a voltagem e a corrente se reduzem também. Com base nisso, uma pirâmide sem lados tem chance quase igual a zero de acumular as energias associadas com suas dimensões externas. Apesar disso, uma coisa eles fizeram direito, ou seja, as dimensões e proporções das laterais e o material básico para produzi-las. Tudo que precisam fazer agora é preencher as lacunas, digamos assim. Lendo suas memórias, vejo que algumas dessas pirâmides também possuem outros dispositivos presos a elas, supostamente na tentativa de atrair outras energias.

EU: Sim, creio que me lembro que penduravam alguma coisa em certo ponto da pirâmide, juntamente com outros dispositivos que o usuário segura separadamente nas duas mãos.

O: OK. Parte disso é uma tecnologia recordada de vidas passadas, ou, mais usualmente, canalizada de entidades encarnadas ou desencarnadas de frequência elevada que estão tentando ajudar a humanidade a desenvolver dispositivos que podem, além das pirâmides, aproveitar essas energias livres e as frequências associadas com as quais os dispositivos estão sintonizados para trabalhar ou atrair.

EU: Você se refere a esses dispositivos baseados num cristal de quartzo com uma forma retangular hexagonal, com extremidades pontiagudas e espiras de cobre ou prata que as envolvem?

A Origem Fala

O: Sim, há inúmeras interpretações dos tamanhos, formatos e maneiras de ligar cristais, espiras e metais terrestres raros. Cada uma é específica da atração, amplificação e uso de uma energia associada à sua geometria e dimensão.

EU: Pode me dar um exemplo do que são capazes? Quero dizer, supõe-se que alguns ajudam a "viajar".

O: Suas funções são tão variadas quanto seus formatos, e por isso é difícil categorizá-los sem a geometria, dimensões e componentes específicos. Vou lhe dar algumas descrições do que podem fazer e talvez isto lhe proporcione informações suficientes.

Antes, porém, devo lhe dizer onde e quando foram usados, ou seja, quais civilizações os utilizavam em sua existência cotidiana.

Segundo a perspectiva da humanidade, acredita-se que o uso e projeto da tecnologia fundamentada em cristais tem origem atlante, mas não é isso. Os atlantes foram a última civilização a usar cristais de maneira realmente industrial, digamos. Isso não inclui o uso secundário de cristais que a humanidade encarnada faz hoje, tanto na indústria quanto na cura.

Houve outras duas civilizações que os usaram com grandes resultados. A primeira foi uma civilização que se intitulava planéria. A segunda foi a Gronak. As duas antecederam os sumérios e atlantes.

EU: Planéria—parece-se com um verme chamado planária. As planárias são assexuais.

O: Sim, mas a grafia não é a mesma e eles não eram vermes!

EU: Espero que não.

O: Há veículos encarnados que têm a forma de vermes, e estão dispersos variadamente pelo universo físico da Entidade Fonte Um. Mas isto é outro assunto.

Os planérios tinham uma frequência muito mais elevada do que os veículos humanos atuais, e pelo menos um nível frequencial acima dos gronak. Eles desenvolveram o uso de tecnologia geométrica e de cristais para auxiliar na função do transporte da consciência para fora do veículo físico. Devido aos níveis de frequência com que esta tecnologia foi criada, não existe maneira de descrever sua forma—exceto que um modo de os descrever seria que são quase intangíveis, mas de natureza holográfica. Especializados em exercícios de grandes distâncias, percorreram os ambientes representados pelas doze frequências do universo físico da Entidade Fonte Um—expandindo seu conteúdo experiencial, seu aprendizado, conteúdo evolutivo e consciência nesse processo. Usaram as diversas combinações de cristais e componentes para variarem o posicionamento frequencial de suas consciências, permitindo-lhes experimentar as subdivisões nessas frequências e o conteúdo universal oculto entre elas.

Usaram essa "tecnologia" de maneira "correta", e, como tal, compreenderam claramente muito mais sobre o que vocês chamam de realidade maior, evoluindo subsequente e rapidamente para além da necessidade da existência encarnada em função disso. Os planérios nunca tornaram a visitar a Terra porque sentiram que ela já havia lhes ensinado bastante e sua principal motivação era buscar progresso evolutivo imediato e não reflexões.

Os Gronak eram o que você poderia chamar de raça reptiliana. Desenvolveram a especialização em tecnologia geométrica, tanto macro quanto micro, usando-a para gerar poder energético para dispositivos que reduzia seu trabalho manual. Compreenderam como usar tamanho, geometria e dimensão nas combinações necessárias para suportar provisão de energia industrial em grande escala, bem como local, individual—e as pirâmides representavam o material "macro", versões industriais que eram projetadas e desenvolvidas para atrair e acumular energias singulares e de frequência mais baixa. Na verdade, eram particularmente habilidosos no desenvolvimento de tecnologia em escala "micro", permitindo que um indivíduo levasse consigo todas as suas necessidades de energia. Se você puder imaginar que um indivíduo leva o equivalente a um grande anel de diamante solitário e que esse anel está conectado a um circuito de conversão que permite que o poder acumulado seja usado em qualquer dispositivo que imaginar em sua

A Origem Fala

vida encarnada cotidiana, inclusive a capacidade de prover toda a energia elétrica necessária para alimentar sua casa, verá como era poderosa esta microtecnologia.

Embora eu tenha usado o exemplo de um grande anel de diamante, a geometria não exigia a tecnologia de "cristais". Na verdade, preferiam usar metais e suas ligas para criar os tamanhos e formas corretos, bem como a interconectividade. Imagine que criavam esses dispositivos em termos de um circuito impresso tridimensional que estava conectado em nível atômico e subatômico.

Muitos metais e ligas metálicas e minerais diferentes foram criadas para produzi-los. Cada metal, se observado isoladamente como componente individual, parece ser uma complexa rede geométrica, com capacidade para se conectar com outras geometrias de conteúdo material diferente. Dentro da geometria, havia a posição dos loci da energia e a subsequente geração de energia para cada um dos componentes, e a capacidade de combinar a energia acumulada de cada um desses loci. As energias que criavam poder nos loci podiam ser colhidas individualmente ou em percentuais variados de cada, criando energias híbridas com produção energética variada. Com o tempo, os gronak se afastaram da Terra como oportunidade de encarnação, preferindo trabalhar nas frequências mais elevadas associadas ao universo físico. Quando se foram, deixaram para trás exemplos dessa tecnologia, especificamente da tecnologia geométrica de grande escala e a tecnologia de cristais de pequena escala, herdadas subsequentemente pela raça que você chama de atlantes. Sabe-se que os gronak visitam a Terra, embora com pouca frequência.

EU: Os atlantes herdaram sua tecnologia?

O: Sim, mas usaram-na para fins que você poderia chamar de egoístas e não para o aperfeiçoamento da civilização como um todo. Usaram a tecnologia para sistemas de energia em geral, transporte e modificação de seu genoma por status e por conta da moda. A manipulação do genoma foi uma das causas para o fim da civilização atlante, com a queda subsequente do nível frequencial do veículo humano encarnado. Como você sabe, quando a civilização atlante caiu, a Terra foi limpa e aquele que hoje é reconhecido como o Egito foi criado. Apesar de alguns dispositivos de grande porte terem sido deixados para trás como evidências arqueológicas de uma civilização anterior, os dispositivos micro foram removidos ou destruídos, pois eram poderosos demais para que qualquer indivíduo sem o nível correto de pureza e frequência os usasse.

Isto nos leva a falar de algumas das funções para as quais esses dispositivos eram usados. Seria melhor descrevê-los numa lista.

As funções dos dispositivos geométricos:

- Transmutação de materiais (mudanças nos níveis atômicos e subatômicos)
- Levitação
- Viagem frequencial, tanto com projeção da forma física quanto apenas da consciência
- Viagem física além da levitação (como viagem através de sólidos e teletransporte)
- Manipulação genética
- Comunicação
- Amplificação de supostos poderes psíquicos
- Cura (reparo de ossos ou órgãos danificados)
- Comando e controle de máquinas que poupam trabalho
- Comando e controle de condições climáticas
- Geração de gases
- Rejuvenescimento do solo
- Computação
- Atração e acúmulo de energias e seu armazenamento
- Atração de energia livre—Um meio de ajudar a evolução e um meio de armazenamento para conteúdo evolutivo. (Esta é uma função de civilizações altamente evoluídas, como os planérios.)
- Manifestação e criatividade
- Movimentação efetiva de corpos planetários

A Origem Fala

EU: Esta última função parece espantosa. Alguma civilização chegou mesmo a usar esta função?

O: Sim, muitas vezes nas frequências mais elevadas do universo físico e obviamente mais de uma vez nas frequências inferiores, especificamente quando teria sido prejudicial deixar um planeta num local que faria com que sua utilidade acabasse antes da hora. Também foi usada para mover planetas até locais onde seriam mais úteis. Foi assim que a Terra chegou ao seu local atual.

EU: Como assim? Ela foi trazida de outro lugar para sua posição atual?

O: Sim, e também é esta a razão para que o corpo planetário que vocês chamam de Lua ter sido movida até a posição onde se encontra agora, para proteger a Terra e criar certas funções monomagnéticas, sub- e intramagnéticas que permitem que a forma humana encarnada funcione.

EU: Isto é interessante. Aposto que poderia ser o tema de um capítulo próprio.

O: Mais como um outro livro. Vamos nos manter no caminho.

EU: Bem, eu notei que alguns dispositivos são feitos de resina, ou seja, uma resina feita para se parecer com cristal. Eles têm a mesma funcionalidade ou isso os torna inúteis?

O: Em termos simples, são inúteis, independentemente do que as pessoas digam. Eles não poderiam proporcionar a funcionalidade que os materiais básicos corretos proporcionam. E todos estão disponíveis na Terra.

EU: E qual seria a utilidade delas?

O: Joias caras, mas sem valor.

EU: Então, não vou comprar nenhum deles. Isso inclui os dispositivos que usam resina para manter os componentes no lugar?

O: Não, estes podem funcionar e funcionam, desde que os componentes cristalinos sejam cristais reais e os outros componentes também sejam materialmente puros.

EU: E estes funcionam ou proporcionam as funções que você identificou anteriormente?

O: Sim. Mas é importante perceber que há indivíduos encarnados na Terra neste momento que estão sendo contactados por entidades, tanto encarnadas quanto desencarnadas, de frequência mais elevada, sendo orientados no projeto de alguns desses dispositivos. Muita coisa se perde na tradução, digamos, em virtude da maneira pela qual a comunicação está sendo transmitida (geralmente, em sonhos ou enquanto o receptor está meditando), mas as informações estão começando a ficar mais claras.

EU: O que quer dizer com "mais claras"?

O: Os indivíduos encarnados que estão recebendo as informações estão percebendo erros nos projetos, embora de forma subconsciente, e assumindo as informações que estão sendo transmitidas repetidamente, compreendendo as diferenças entre o que receberam e o que construíram e fazendo as modificações adequadas. Mais cedo ou mais tarde, vão chegar ao ponto em que o projeto e o dispositivo serão idênticos e a funcionalidade do dispositivo será óbvia.

EU: Você está sugerindo que eles darão uma espécie de resposta física?

O: Sim, especificamente aqueles que possuem função física. Aqueles que não têm função física terão uma energia perceptível à sua volta.

EU: E quantos indivíduos encarnados estão sendo educados nesta tecnologia?

O: Pelo menos dois mil no mundo todo.

EU: Esse número é pequeno e grande ao mesmo tempo. É pequeno diante da população da Terra, mas grande por conta do potencial para essas pessoas receberem essas informações, pelo que entendo.

O: Sim. É preciso que o indivíduo tenha o tipo certo para conseguir receber a informação que lhe está sendo transmitida, transformando-a em um produto útil. Para que esta tecnologia seja recebida corretamente, é preciso ter muitos receptores.

EU: Eu diria que também é preciso ter muita gente para receber a mensagem direito.

O: Sim. Há uma enorme taxa de fracasso e abandono escolar na educação adequada da raça humana encarnada. Lembra-se da invenção da televisão por Baird?

A Origem Fala

EU: Bem, naquela época eu não estava encarnado, mas lembro dos livros de história dizerem que não foi apenas Baird. Tanto Bell quanto Edison tiveram ideias.

O: Correto. Todos receberam as informações através do caminho intuitivo. Quer dizer, foram educados subconscientemente sobre a tecnologia e trabalharam em seu desenvolvimento, pensando que as ideias eram suas. O que não foi transmitido é que diversos indivíduos encarnados, tal como os que são orientados na tecnologia da geometria sagrada, foram também educados no desenvolvimento da televisão antes do desenvolvimento do telefone.

EU: Mas só se conhece um punhado de pessoas trabalhando e desenvolvendo com sucesso dispositivos que "funcionam".

O: E também só um punhado conseguirá trabalhar e desenvolver com sucesso dispositivos de geometria sagrada "funcional".

EU: O que fará com que tenham sucesso no desenvolvimento de dispositivos funcionais?

O: Resistência, receptividade e reconhecimento de que tomaram decisões de projeto erradas. Tudo isso está ligado à capacidade de se afastarem e observarem o que criaram com o potencial para recomeçarem.

EU: Quando veremos esses dispositivos em operação?

O: Alguns dos mais benignos já estão em funcionamento. EU: Tais como?

O: Esses que ajudam em estados meditativos. Há até alguns que são capazes de afetar o clima local.

EU: Como fazem isso?

O: Comprimindo as energias que atravessam as fronteiras entre o físico denso inferior e o físico denso superior.

EU: E como comprimem as energias?

O: Sendo movidos de um lugar para outro.

EU: Possuem partes móveis?

O: Nada de partes móveis, apenas o conhecimento dos materiais que devem ser postos juntos quando têm certo formato e tamanho.

EU: E quando esta tecnologia ficará disponível com mais facilidade?

O: Quando a humanidade encarnada estiver mais aberta para esta tecnologia e for capaz de admitir que está tentando quebrar nozes com marretas, e, mais importante ainda, não estiver tentando ganhar dinheiro com ela ou usá-la para comandar e controlar outras pessoas. Este comentário final é importante pois é o sinal de uma sociedade madura.

EU: Você está sugerindo que a humanidade encarnada ainda não está madura o suficiente para esta tecnologia?

O: Ainda não.

EU: E quando estará?

O: Quando não precisar perguntar isso.

EU: Touché!

Senti que os dispositivos descritos por A Origem eram muito convincentes—sua simplicidade potencial versus sua funcionalidade, uma razão pela qual a humanidade encarnada precisa investigá-los melhor. "Seriam muito complicados?" pensei. Enquanto pensava no nível de complicação, veio-me uma imagem e um conhecimento, um conhecimento cósmico. O problema não era a complexidade; era a interface com o usuário. Basta observar a complexidade dos dispositivos eletrônicos que temos hoje para perceber que estamos indo na direção errada. Que estamos tentando criar um dispositivo que faça o trabalho por nós em vez de um dispositivo que seja parte de nós ao fazermos o trabalho. Esses dispositivos geométricos, desenvolvidos com o conhecimento antigo da geometria sagrada, trabalhavam com seu usuário no nível energético. Havia uma interação energética necessária entre o usuário e o dispositivo a fim de atingir o resultado desejado—um resultado alinhado com as leis naturais do universo e, em última análise, do multiverso.

Para proporcionarem a funcionalidade correta, esses dispositivos precisam ser usados por uma pessoa com maturidade significativa. Alguém que possa trabalhar com o coração puro e em benefício dos outros. Esta era a chave. Quando nós, como humanidade encarnada, pudermos trabalhar com nosso livre arbítrio e nos dedicarmos a assegurar que tudo que fazemos é, em última análise, em benefício dos outros,

mesmo que nos beneficiemos, então obteremos acesso a esta tecnologia.
Enquanto isso, estaremos trilhando o caminho da complicação, da comunicação e manufatura de forma mecânica. Seja qual for o nome que damos a esta mecanização, como eletrônica, hardware, software, computação, motivação baseada em ar, terra ou água, telecomunicação, agricultura ou investigação científica ou médica, criamos dispositivos ou máquinas para fazer algo para nós, em vez de fazê-lo com energia e nossa intenção, nossa criatividade.
Tente imaginar uma época em que éramos capazes de criar tudo usando as ferramentas e métodos energéticos corretos e não tentando quebrar nozes com marretas. Pense como seria fácil compreender a estrutura do universo e do multiverso sem usar um Grande Colisor de Hádrons. Podemos pensar que estamos tecnologicamente avançados, mas em termos energéticos e criativos, estamos bem para trás.

Capítulo 31:
Comunicação com outros Om

ERA HORA DE SEGUIR EM FRENTE. Mais do que isso, eu estava com uma estranha sensação de desejo—um desejo de me comunicar com aqueles da minha própria herança energética, outros Om. Fazia muito tempo desde que havia me comunicado com outros Om. Na verdade, exceto por uma comunicação muito breve e recente com Hum (em fevereiro de 2014), a última vez que havia mantido um diálogo com os Om foi por volta de 2007, perto do final da redação de A História de Deus.
Havia outra coisa que eu precisava saber—algo que eu só conseguiria entender se me comunicasse com os Om como resultado destes diálogos com A Origem. Eu queria saber por que encarnei e porque estou trabalhando com as energias sencientes que são a Entidade Fonte Um. Não precisei esperar muito.

O: Devo reuni-los?
EU: Eu pensava que você não tinha controle algum sobre os Om.
O: Não tenho, mas eles ainda são um aspecto de mim e, como resultado, posso transmitir o desejo de me comunicar com você.
EU: Eu não seria capaz de transmitir esse pedido ou desejo pessoalmente?
O: Claro que sim. Experimente.

Fiz isso e recebi uma resposta muito estranha.

Om: Você chamou?

Pareceu muito com a voz de um mordomo! Eu não me lembrava daquele sotaque, nem de longe.

A Origem Fala

EU: Sim, eu queria lhe fazer algumas perguntas. Bem, e esse sotaque estranho? Você estava parecido com o mordomo da família Addams.

Om: Temos de lhe dar algo que nos diferencie do criador chamado A Origem.

EU: Por que você chamou A Origem de "o criador chamado A Origem"?

Om: Porque as Fontes são criadoras e nós nos referimos a aqueles que criam como criadores. O criador é aquele que cria, não é?

EU: Sim, é.

Om: E o criador torna-se responsável por aquilo que cria.

EU: Sim, é verdade.

Om: Por isso, nós nos referimos a aqueles que criam e são responsáveis por suas criações como criadores. Pense nisso como uma profissão, e nós chamaríamos você, em seu papel terreno, de "o autor chamado Guy".

EU: Certo, faz sentido para mim.

O: E então, já se reambientou?

EU: Ainda não. Quero saber com qual dos Om estou falando.

Om: Nós ... somos seu grupo de colegas.

EU: Como assim, grupo de colegas? Não somos todos Om?

Om: Sim, mas você é Puro Om e nós também, e por isso somos um grupo de seus colegas. Você é estranho nesta condição; você não está "Todo" lá!

EU: Agradeço. Creio que essa é uma maneira bonita de dizer que sou limitado quando estou encarnado?

Om: Limitado é um exagero. Inexistente seria uma forma melhor de dizer isso. A razão para você ter escolhido encarnar numa situação tão limitada foge até à nossa compreensão.

EU: Certo, acho que entendi a ideia. Bem, quantos de vocês formam meu grupo de colegas?

Om: Há quatro, você são dois.

EU: Agora, fiquei confuso. Isso soma seis, cinco ou um? Fiz esta pergunta porque estou tentando entender se vocês estão se contando como Verdadeiros Eus Energéticos Om ou aspectos de um Verdadeiro Eus Energético Om, e por isso quatro e dois igual a dois (acho que estão se referindo a Anne aqui como eu sendo dois!). Ou todos vocês fazem parte do meu Verdadeiro Eu Energético? Nesse caso, nós cinco mais um, creio que você está se referindo a Anne como um aspecto do meu/nosso Verdadeiro Eu Energético, igual a um, e esse grupo de colegas é uma maneira de dizer Essência Divina?

Om: Juntos somos tanto um quanto seis, ou quatro e dois ou até cinco.

EU: Isto está começando a ficar muito confuso. Poderia simplificar para esta mente pequena e sobrecarregada, por favor?

Om: Juntos somos Om, somos um. Individualmente, somos cinco. Você é um de cinco, com dois aspectos. Os Om são o grupo de colegas e você é estimado pelos Om.

EU: Sua energia me parece familiar, como se já tivéssemos nos encontrado antes. Não antes de eu encarnar, mas durante minha encarnação.

Om: Nós estamos com você; experienciamos totalmente o que você vivencia.

EU: Vocês experienciam o que estou vivenciando agora em meu estado encarnado, meu estado encarnado e muito limitado?

Om: Esse é apenas um aspecto daquilo que experienciamos a seu respeito quando você vivencia algo. Queríamos assegurar que você ficaria aqui pela duração, e por isso comungamos com seu Verdadeiro Eu Energético e nos comunicamos com você em seus momentos mais receptivos. Uma dessas vezes foi quando o visitamos no que você chamaria de devaneio. Nós nos apresentamos como seres humanos em sua mente e lhe dissemos para vivenciar a humanidade básica. Se você tivesse continuado, teria experienciado o que está vivenciando agora vinte anos antes da hora. Isso teria sido ainda mais limitado devido a seu vocabulário ser muito menos extenso.

EU: Então, vocês quatro são os homens em mantos brancos que vi na minha mente quando estava no final da adolescência?

Om: Nós somos essas imagens.

A Origem Fala

EU: Bem, pelo menos, estamos avançando. Diga-me, por que estou encarnado se vocês não estão?

Om: Você está se dando um presente. Está vendo se o fato de ser Om faz diferença neste ambiente de baixa frequência.

EU: E faz uma diferença?

Om: Sim e não. Você aderiu às mesmas regras, os mesmos critérios que as outras entidades seguem quando estão nesse estado. A única vantagem é que você está se libertando dos critérios. Na verdade, você nunca agiu dentro dos critérios; nós tivemos de ajudá-lo a mascarar seus talentos, a fazê-lo se esquecer. Lembra-se como você perdeu muitos interesses depois que nós o visitamos?

EU: Pensando bem, parece que perdi meu interesse pela metafísica e pela meditação da noite para o dia.

Om: Como Om, esta não é uma condição natural para você estar. Nem é natural para essas entidades criadas pelo criador que você chama de Entidade Fonte Um e que encarnam.

EU: Então, vocês não são meus guias?

Om: Não, você não tem um guia. Por que um Om precisaria de um guia? Mesmo encarnado, você não perde de vista sua função, seu propósito, embora pareçam estar baseados na Terra. Nenhum Om jamais encarnou exceto por esses aspectos de seu Verdadeiro Eu Energético, aqueles que são/eram Guy e Anne.

EU: Devo admitir que isso é espantoso. O fato de nenhum outro Om ter encarnado, bem, é irreal!

Om: A necessidade de experimentar a encarnação não foi uma coisa com a qual concordamos. Passamos algum tempo com você tentando convencê-lo a não encarnar. Para nós, isso não é necessário, é insensato fazê-lo.

EU: Por que seria insensato? Achei que seria educativo, no mínimo!

Om: Nós somos Om, você é Om, somos a Origem individualizada o tempo todo. Aquilo que A Origem experimenta, nós experimentamos, e isso inclui tudo que é experimentado por todas as Fontes, unidades individualizadas de qualquer Fonte e, naturalmente, pela própria Origem.

A Origem Fala

EU: Espere aí, o que você está sugerindo é que os Om são potencialmente maiores que A Origem.

Om: Explique.

EU: Se estamos experimentando tudo que A Origem, as Fontes e as criações das Fontes estão experimentando, isso coloca os Om no alto da escada experiencial, digamos. Mas isso não pode estar certo, pode?

Om: Lembre-se que as Fontes também vivenciam tudo que as outras Fontes vivenciam, o que inclui suas criações e as criações de suas criações. Além disso, as Fontes foram educadas por A Origem quando se tornaram autoconscientes, e por isso também possuem o mesmo nível de experiência que A Origem. Tudo é compartilhado, nada é separado, nada é realmente individual. Com isso, podemos experimentar tudo que todos experimentam, e por isso é inútil passar pela encarnação se você, como Om, já está fazendo isso.

EU: Então, o que você está me dizendo é que está experimentando tudo que eu estou experimentando enquanto estou encarnado, e, portanto, como resultado, você não precisa experimentar a encarnação em primeira mão.

Om: Correto.

EU: E ... foi por isso que vocês me deixaram encarnar.

Om: Essa foi a razão final, a racionalização, que substanciou o argumento que VOCÊ nos propôs, e foi a única razão pela qual capitulamos.

EU: Como? Quer dizer que a única razão pela qual estou encarnado agora é que, como consegui convencê-los, todos vocês iriam se beneficiar de algum modo?

Om: Sim. Poderíamos ter impedido ou bloqueado você, mas seu argumento foi tão sólido que decidimos deixá-lo ir.

EU: OK, e quantas encarnações eu, ou seja, este aspecto do meu Verdadeiro Eu Energético, tive?

Om: O número que você recebeu antes. Ou seja, o mesmo número de encarnações que você, como aspecto encarnado de seu Verdadeiro Eu Energético, experimentou. Não contamos as encarnações que o outro aspecto, que você poderia chamar de "aspecto Anne", teve.

A Origem Fala

EU: Certo, eis outra pergunta. Quantas vezes o aspecto Anne encarnou?

Om: Mais vezes que você. Ela tem mais experiência do que você para lidar com os encarnados que não são estimados dos Om.

EU: Mmmm, sempre achei que Anne fosse mais evoluída do que eu.

Om: O aspecto Anne não é mais evoluído porque o aspecto Anne é você, um aspecto de seu Verdadeiro Eu Energético, e por isso as experiências que o aspecto Anne tem/teve também são suas. Lembre-se, nada é individualizado, tudo é compartilhado.

EU: Obrigado. Agradeço o fato de vocês terem me permitido encarnar, pois isso foi benéfico para todos vocês e para mim também.

Om: Não foi um fato; acabou sendo uma decisão lógica. Basicamente, decidimos que não precisaríamos passar por essa experiência difícil porque você já estava fazendo isso por nós. Reconhecemos que você estava prestando um serviço significativo para nós encarnando da maneira como o fez. Você está afastando a necessidade, ou mesmo o desejo, de que qualquer Om, ou seja, um Om Verdadeiro, embarque nas restrições criadas pela encarnação.

EU: Espere aí. Você está dizendo que nenhum Om, ou seja, nenhum Om Verdadeiro, projetou um aspecto de seu Verdadeiro Eu Energético em um veículo encarnado?

Om: Não.

EU: De nenhum tipo?

Om: Não.

EU: Em nenhum ambiente de qualquer das Fontes?

Om: Não.

EU: Incrível. Sabe, isso é mesmo incrível. É difícil acreditar que eu, ou seja, este Verdadeiro Eu Energético, é o único Om Verdadeiro que projetou um aspecto de si mesmo no plano encarnado—desde sempre.

Om: Usando suas próprias palavras, pode acreditar. E, usando novamente suas palavras, nós achamos que você é biruta!

EU: Agradeço o voto de confiança.

Om: Bem, nós lhe agradecemos por nos apresentar um argumento tangível para deixá-lo fazer isso.

EU: Então, vocês poderiam ter me detido?

Om: Claro. Trabalhamos para melhorar os Om, não para agradar os indivíduos. Vimos o que você está fazendo como uma oportunidade para beneficiar tanto os indivíduos quanto os Om, e por isso concordamos em permitir que você prosseguisse.

EU: Mais uma vez, pergunto, vocês poderiam ter me impedido?

Om: Em última análise, não, mas teríamos sugerido que seria loucura embarcar em tal nível baixo de existência meramente pela "experiência" de se estar num nível frequencial baixo. Pense nisso nestes termos terrenos: em termos de querer ser posto numa banheira de gelo e de dormir nessa banheira de gelo, acordando depois do sono nessa banheira de gelo, sem muito conhecimento ou experiência a se obter com tal experiência. Para nós, e, com efeito, qualquer outra entidade, é o que nos parece quando uma entidade mostra a necessidade de encarnar.

EU: Isso me pareceria inútil.

Om: Sim, e é por isso que vemos o que é a existência encarnada. Segundo nossa perspectiva, ser encarnado é o mesmo que tomar banho numa banheira de água gelada e adormecer. Você experimenta a imersão e depois se esquece da razão para estar lá—até, claro, que você seja levado a se lembrar.

EU: Como assim, "levado a se lembrar"?

Om: Nós, ou, no caso de outras entidades orientadoras, seu guia e auxiliares, levaríamos ou faríamos você se lembrar do que vivenciou.

EU: Então, vocês (ou seja, os guias de outros encarnados e você, no meu caso) me despertaram!

Om: Para ir direto ao ponto, sim. E por isso, você se lembra de quem é e do que vivenciou.

Capítulo 32:
Porque estou alinhado com a Entidade Fonte Um—Nosso Deus!

EU: OK, eu tenho sido compreensivo neste diálogo até aqui, pois imagino que vocês estão dançando comigo.
Om: E tem sido mesmo um jogo de dança! Gostamos de dançar.
EU: Sim, eu compreendo. O que eu gostaria de saber é porque estou alinhado com a Entidade Fonte que chamo de "Um".
Om: Em termos simples, você, ou devemos dizer, suas energias, as energias que levaram sua senciência, sua herança das Doze Origens, faziam parte das energias que foram usadas na criação das Entidades Fontes. No seu caso, suas energias foram mescladas com aquelas destinadas a criar a entidade criativa latente e depois ativa que você chama de Entidade Fonte Um.
EU: Você está dizendo que a minha associação com a Entidade Fonte Um é o resultado de minhas energias fazerem parte daquelas que foram destinadas a ser a própria Entidade Fonte Um e que eu fui a energia descartada de sua criação, e daí a associação?
Om: Sim, exatamente. Todos nós existimos em função deste mesmo processo não criativo. Não fomos criados. Fomos criados como resultado do erro na criação. Somos incriados, somos Om, somos a ressonância de A Origem.
EU: E por que se criou a associação com a Entidade Fonte Um?
Om: Em termos simples, você resolveu experimentar aquilo que teria experimentado caso tivesse sido uma entidade criada pela Entidade Fonte Um e não um Om.
EU: Presumindo que as minhas energias seriam mixadas e, portanto, totalmente integradas à Entidade Fonte Um.
Om: Sim—e daí você ter sido atraído pela Entidade Fonte Um, trabalhando dentro do ambiente que você chama de

multiverso. Você simplesmente quis ver como seria se fosse uma dessas entidades criadas pela Entidade Fonte Um, trabalhando em seu ambiente para o progresso evolutivo. Tendo isto em mente, nós deixamos você ir. Sabíamos que se tivéssemos um de nós que quisesse experimentar os níveis de frequência mais baixos em qualquer ambiente criado por qualquer Entidade Fonte, seríamos capazes de extrapolar a experiência que nós mesmos teríamos tido a partir das experiências que você está tendo. Ou seja, qualquer dos aspectos ou fragmentos projetados por seu Verdadeiro Eu Energético e/ou aspecto.

EU: Então, meu argumento não rendeu frutos reais. Vocês agiram de forma egoísta. Ou seja, se eu encarnasse, nenhum de vocês teria de fazê-lo!

Om: Você sabia disso e deu o primeiro passo, e estamos tanto felizes quanto gratos por isso. Entenda, embora você não tenha tido muitas encarnações, você acumulou muita experiência. É fato que você nunca foi um líder mundial e nem presidente de uma grande empresa, mas o que você obteve em cada encarnação é uma experiência que teria levado duas, três ou quatro vidas em série. Lembra-se de ter dito a Anne que você sentia que estava vivenciado duas ou três vidas ao mesmo tempo?

EU: Sim, eu me lembro. Achava que fosse mais uma declaração metafórica do que uma realidade.

Om: É uma realidade. E mais, foi planejada.

EU: Como assim?

Om: Você brincou muitas vezes que não iria mais voltar e que esta seria sua última vida.

EU: Sim, imagino que sim.

Om: Bem, é verdade. Nós o guiamos para termos certeza de que você realizaria as tarefas e os compromissos pessoais nos quais você queria trabalhar e concluir. Não fomos seus guias, fomos mais um farol e fonte de inspiração. Pode nos chamar de intuição externa.

EU: Então, esta é a minha última encarnação?

Om: Sim, quando vocês dois, ou seja, ambos os aspectos de seu Verdadeiro Eu Energético que estão/estavam encarnados

A Origem Fala

voltarem a se integrar, você será novamente estimado pelos Om.

EU: Mmmm, e então, qual o objetivo de eu estar aqui?

Om: Experimentar o que as entidades que encarnam dentro da Entidade Fonte Um experimentam. E... ajudar de alguma forma.

EU: E essa ajuda consiste em expor os encarnados a ideias e conceitos que estão além do ponto em que a maioria está agora, expandindo seus limites mentais.

Om: Sim. Este é o propósito desta encarnação e a razão pela qual dois aspectos estiveram encarnados em dada época no mesmo local, e não só isso, numa relação funcional.

Estava começando a sentir que este diálogo se aproximava rapidamente do fim e resolvi fazer uma pergunta final, mas pertinente. Na verdade, fiz mais duas.

EU: Por que sempre tive a sensação de que estive com a entidade chamada Jesus, que eu poderia ter estado com ele ou o seguido?

Om: Você observou o que ele fez e quis entender como poderia causar um impacto similar num ambiente que seria considerado moderno.

EU: Então, fica bem claro que fracassei. Nunca seria capaz de realizar o que Jesus, Buda, Maomé, Babaji, Yogananda ou qualquer outro líder espiritual realizaram. Não que eu esteja esperando que isso aconteça, pois isso seria egoísta.

Om: Você ainda não acabou. Além disso, você não está tentando realizar o que eles realizaram. Você está trabalhando num plano totalmente diferente, um plano destinado a fazer com que a humanidade encarnada pense em lugar de seguir. Seguir depende da presença de um líder. Isto cria dependência do líder, entregando seu processo de tomada de decisão, seu progresso, ao líder, restringindo você, removendo a capacidade de progredir além do líder. O líder, neste exemplo, vive da dependência, quer esteja encarnado, quer desencarnado. Pensar faz o pensador resolver as coisas sozinho, mas só depois que ele recebeu as ferramentas e aprendeu a usar essas ferramentas com habilidade. Mas essas ferramentas só podem ser dadas por um mestre, alguém que não foi consumido pelos efeitos egoístas de outros que dependem dele. Aquele que é capaz de trabalhar com seus alunos e elevá-los até o ponto no qual podem progredir além dos ensinamentos do mestre e progredir na arte, tornando-se eles próprios mestres; o mestre é útil nessa situação sem temer a sucessão—caso, é claro, queira fazê-lo.

Lembre-se, você é um de nós e nós somos você, e você é estimado pelos Om. Você está numa maratona e não numa corrida curta. Você ainda tem muito "tempo" nesta sua encarnação final. Use seu tempo com sabedoria, use seu tempo produtivamente, use seu tempo para desfrutar de seu ambiente e daqueles que trabalham com você, pois esta é uma época especial, uma época que vai acabar mais depressa do que você imagina. E... você será ajudado por aquele outro aspecto que encarnou com você, aquele que você conheceu como sua esposa, Anne.

Agora, nós nos vamos.

EU: Espere um momento. Eu pensei que este diálogo teria mais coisas, que eu obteria um conhecimento adicional significativo sobre os Om e a razão pela qual encarnei.

Om: Informações adicionais só serviriam para obscurecer sua visão. Fariam você pensar demais e não lhe permitiriam prosseguir em seu "trabalho terreno". Portanto, é melhor deixar de lado essas informações até você se reintegrar com seu Verdadeiro Eu Energético. É por isso que você nasceu com as limitações da humanidade energética que encarna. Você precisa trabalhar com eles do mesmo modo. Precisa se misturar, livrar-se do ego e do karma.

Não seria proveitoso discutir outras informações sobre os Om porque elas cairiam sobre solo pétreo. Tudo tem seu evento e lugar, e não seria bom divulgar mais informações sobre os Om neste momento. Basta dizer que haverá um diálogo extenso que irá se concentrar puramente nos Om mais tarde, nesta existência encarnada, um diálogo que criará aquilo que você chama de livro.

A Origem Fala

Agora nós nos vamos, pois você tem trabalho a fazer. Você planejou muito, e embora esteja bem além das expectativas desta existência encarnada, você se recalibrou e decidiu maximizar seu Espaço de Eventos aqui.

EU: Mas eu queria saber mais sobre vocês, meu grupo de colegas, conhecer minha relação com vocês. Eu... eu me sinto deserdado!

Om: Você nunca será deserdado e, portanto, nunca deve se sentir assim. Saiba de uma coisa: você vai obter mais acesso a nós quando for pertinente, VOCÊ VAI CONHECER MAIS sobre você mesmo. Você vai até saber o que realizou nesta frequência além desta encarnação.

EU: Certo, eu compreendo. Gostaria de fazer uma última pergunta antes de vocês me deixarem e encerrarem este diálogo. Por que decidi entrar no ciclo encarnado se os outros Om Puros não o fizeram?

Om: Como dissemos antes neste diálogo, você se interessou pelo trabalho das criações da Entidade Fonte da qual foi descartado. Seu padrão de pensamento atual é circular e você precisa descansar. Vamos deixá-lo e aguardar sua reintegração com seu Verdadeiro Eu Energético e conosco. Estimado dos Om, saiba que você é amado.

E com isso, o vínculo foi rompido. Por um breve instante, pensei na perspectiva de mais um livro. Eu sabia que tinha outros quatro alinhados, mas um especificamente dedicado a um diálogo com os Om foi um raio no céu azul. Quando eu teria a chance de me aposentar? "Nesta encarnação, você nunca fará isso", foram as palavras que ecoaram no meu crânio. Seria essa a comunicação final com os Om até aquele diálogo focado? pensei. "Talvez", foi a resposta. E então, recebi o nome do livro dedicado ao diálogo com os Om. Ele deveria se chamar, sem qualquer surpresa, **Os Om—As criações incriadas.**

Reclinei-me e sorri. Pelo menos, não ficaria entediado!

Capítulo 33:
Comunicação conjunta com todas as SEs e O

NO COMEÇO DESTE LIVRO, eu sabia que estava sendo observado—que as outras Entidades Fontes estavam reunidas à minha volta quando estabeleci e mantive um longo diálogo com A Origem. No começo, não me deixei afetar pela importância daquilo que eu estava percebendo. Na verdade, isso não significou nada para mim. Só agora, ao olhar para trás e observar alguns dos diálogos mais recentes que mantive com A Origem, é que comecei a compreender melhor o que estava acontecendo.

Meu diálogo recente com A Origem havia revelado que as Entidades Fontes não se movem de seus locais. Quero dizer, até elas e suas criações terem experimentado todas as oportunidades que lhes são apresentadas pelo ambiente no qual e com o qual trabalham atualmente, resultante de sua localização dentro da área ou volume de autoconsciência de A Origem. Ou seja, só se movem quando elas e suas criações tiverem experimentado tudo que o ambiente pode oferecer. Só então irão se mover para um novo local e repetir o trabalho que estão fazendo de maneira similar, igual ou diferente—referindo-se essa maneira às diferenças experimentadas nas energias específicas de sua nova localização. Contudo, ali estavam elas, movendo-se, posicionando-se em torno daquele aspecto da minha senciência, projetada inicialmente em um veículo encarnado, ou seja, agora projetada além das limitações daquele veículo e das limitações da Entidade Fonte com que está alinhada. Como faziam isso? Qual o significado disso? E por que estavam fazendo isso?

A Origem Fala

O: Elas estavam se aproximando o suficiente para poderem observar sua comunicação comigo e se comunicarem com você enquanto estão todas "juntas".

EU: Mas isso não nega o trabalho que estavam fazendo dentro das energias do local de sua área de autoconsciência na qual estavam trabalhando?

O: Não, elas o levaram junto.

EU: Como assim?

O: Elas agiram como um balão. Levaram aquela parte de mim na qual estão trabalhando e a reposicionaram no local onde estão agora, envolvendo você.

EU: E o que aconteceu com a área onde estavam as energias?

O: O vazio deixado foi ocupado pelas energias próximas quando moveram as energias que seus perímetros continham para longe de sua localização original, rumo à sua nova localização. Pense num submarino movendo-se debaixo d'água. A água deslocada pelo submarino ocupa o vazio deixado para trás pelo submarino. Isso acontece instantaneamente e em total harmonia. Quanto ao significado, estavam simplesmente interessadas naquilo que vocês vão discutir, observando como vocês estão fazendo isso.

EU: E por que razão estariam me observando?

O: É que isso que você está fazendo não acontece com muita frequência.

EU: Então já aconteceu antes. Outra ou outras entidades fizeram ou fazem o que estou fazendo agora?

O: Sim, só uma. E antes que você pergunte, não fazia parte de seu grupo de colegas.

EU: Certo, não vou perguntar.

O: O fim está próximo.

EU: O quê?

O: Estamos nos aproximando do final deste diálogo.

EU: Imaginei mesmo.

O: Eu disse, deste diálogo—ou seja, entre você e eu. As Fontes querem se comunicar coletivamente com você.

EU: Por quê?

A Origem Fala

O: Porque esta é a segunda vez em que estiveram interagindo juntas neste ciclo de progressão. Lembre-se, este é apenas o terceiro ciclo, e, portanto, somente a quarta vez em que estiveram realmente juntas, descontando a interação com a Entidade Fonte Doze, claro. Você lhes deu uma razão para estarem juntas novamente. Você é um fio condutor que fez com que quisessem estar juntas neste ciclo.

EU: Eu nunca teria imaginado que minha interação individual com elas nestes últimos três anos teria causado um motivo para fazerem as mudanças de local que fizeram para poderem ser capazes de estar "ao meu redor" enquanto falo com você!

O: Bem, causou, e isso é porque você é diferente.

SE1: Você é diferente, você é Om. Não só isso, você é um Om que resolveu encarnar.

EU: Mas isso seria uma razão para a atenção que vocês estão me dando?

SE6: Não em si, mas o fato de você ter rompido as restrições do veículo encarnado que decidiu usar na mais baixa das frequências inferiores e de se comunicar conosco, que estamos além de sua associação com a Entidade Fonte Um, é interessante.

EU: Por quê?

SE3: Porque até como Om encarnado você precisa seguir as regras e restrições daqueles que escolhem entrar no ciclo encarnado criado pelas entidades mais evoluídas dentro da Entidade Fonte Um.

EU: E imagino que eu seja um rebelde, um radical livre, digamos assim.

SE7: Naturalmente. É por isso que você é diferente.

EU: Bem, chega de falar de mim e justificar porque vocês transferiram sua localização para ficarem perto de mim neste meu diálogo com A Origem.

SE4: Não, não chega. Estamos saboreando isso. O que você está fazendo é uma delícia de se ver.

EU: O que você quer dizer com "o que estou fazendo"? Você está falando deste diálogo ou da minha capacidade de me mover além das restrições da Entidade Fonte Um?

A Origem Fala

SE5: Seu desejo de ensinar os outros a projetarem a consciência além das restrições de seus veículos físicos. Você os ajuda, você é o catalizador deles.

EU: Simplesmente, mostro-lhes uma forma de focalizar. Mostro-lhes uma direção diferente para a qual olhar e com a qual trabalhar.

SE8: Sim, mas eles não seriam capazes de fazer isso sem você.

SE2: Basta ver o número de estudantes que se surpreendem com aquilo que podem conseguir.

SE10: Sim, eles não tinham ideia de que possuíam essa capacidade antes de você lhes mostrar o caminho.

EU: Mmmm.

SE9: Você pode fazer quantos "mmm" quiser. Você está à beira de iniciar uma mudança de paradigma na consciência nesse seu planeta.

EU: São apenas algumas centenas e muitos deles nunca chegam ao nível mais importante.

SE7: Pode ser, mas a energia está presente. Mais serão atraídos e mais vão querer chegar ao terceiro nível. (Dos meus workshops Traversing the Frequencies. GSN.)

SE1: E o progresso evolutivo associado a ele.

EU: Esperem aí: vocês estão falando comigo como se fossem uma só entidade.

SE11 (falando coletivamente como uma só): É porque somos. Temos comungado e agora somos um na recepção e absorção das informações discutidas neste diálogo.

EU: Eu sabia que tinha me comunicado com todos vocês separadamente no passado, e tem sido realmente uma honra ter a oportunidade que me foi apresentada de transmitir à humanidade encarnada as informações que vocês me deram.

SE1: É um prazer poder ser útil dessa maneira.

SE2: É importante, nesta conjuntura da existência da humanidade encarnada, expor-se a uma realidade maior do que aquela que conhecem e com a qual trabalham atualmente.

SE3: Isso está correto. A humanidade encarnada agora está suscetível a avanços e está progredindo. Infelizmente, você está se movendo de maneira inaceitável.

EU: Como assim, inaceitável?
SE9: A maioria das coisas em que a humanidade encarnada está trabalhando baseia-se em direções preferenciais. Ou seja, detalhes mal-informados que são transmitidos como absolutos.
EU: E como lidamos com os absolutos?
SE4: Tendo discernimento, trabalhando com um ponto de vista objetivo, buscando o que há de comum em transmissões múltiplas.
EU: Isso vai requerer das pessoas mais tempo do que sua paciência pode tolerar.
SE6: Então, será necessário transmitir a verdade nua, a verdade nua e cria, como vocês dizem.
EU: Eu achava que estava tentando fazer isso. Creio que muitos outros estão fazendo a mesma coisa.
SE7: Sim, estão, mas existe a tendência a transmitir apenas aquilo que é preferido, e o preferido pode ser embelezado para adequar-se à personalidade. Então, torna-se informação errada, pois não reflete mais a verdade nua.
EU: Então, será a verdade nua. Sendo assim, qual o melhor conselho para informar os leitores?
SE5: Lembrá-los daquilo que são de fato—entidades multifacetadas.
EU: Eu imagino que muitos leitores deste livro já estejam conscientes disso.
SE11: (coletivamente como uma só): Ousamos dizer que muitos estão, mas até esses podem estar interessados em conhecer detalhes adicionais daquilo que tem sido tratado nestes textos.
EU: OK. Sou todo ouvidos.

Estava imaginando o que mais não sabemos sobre a funcionalidade do Verdadeiro Eu Energético.

O: A oportunidade para experiências paralelas é, do ponto de vista da humanidade encarnada, imensurável.
EU: Eu/nós já conhecíamos as oportunidades apresentadas a nós como resultado da capacidade do Verdadeiro Eu Energético

A Origem Fala

projetar doze aspectos em ambientes universais ou de base frequencial diferentes. Eu/nós também sabíamos da oportunidade apresentada ao Verdadeiro Eu Energético como resultado da capacidade do aspecto projetar doze fragmentos em qualquer ambiente no qual o aspecto projetor está projetado. Tudo isso significa que o Verdadeiro Eu Energético pode experimentar até cento e quarenta e quatro existências separadas simultaneamente, se não incluirmos as condições paralelas criadas pela interação do Espaço de Eventos.

SE10: Esta é a informação que faltava. Os eventos do Espaço de Eventos são registrados pelo Verdadeiro Eu Energético, bem como aqueles vivenciados no que vou chamar de espaço sequencial.

EU: Você está dizendo que o Verdadeiro Eu Energético não só experimenta e registra as existências simultâneas expressadas pelos aspectos e fragmentos, como também registra as experiências das condições paralelas expressadas pelas experiências baseadas no Espaço de Eventos.

SE12: É claro.

Fiquei zonzo por alguns instantes. Eu não esperava que a Entidade Fonte Doze fosse participar. Ela deveria estar fora da área de autoconsciência de A Origem. Respondi com aceitação e resolvi perguntar por que eu estava mantendo um diálogo com ela.

EU: Como ele registra tantas experiências?

SE12: Ele comanda um Espaço de Eventos relativo a um aspecto de si mesmo no qual não existem mudanças importantes ou é estático em sua produtividade—pode chamá-lo de beco sem saída evolutivo—e as armazena dentro desse aspecto.

EU: Então, o Verdadeiro Eu Energético não é capaz de armazenar todos os eventos?

SE4: Não. O Verdadeiro Eu Energético só armazena os produtos da evolução convencional, não os becos sem saída evolutivos. Entretanto, depois que aquela parte do Espaço de Eventos identificada como espaço evolutivo "não produtivo" é designada como depósito de experiências paralelas, ela não pode ser destruída ou racionalizada novamente no caminho evolutivo convencional.

EU: Por falta de palavra melhor, então ele se torna um despejo de memórias experienciais para a entidade que o comanda?

SE12: Sim, e é assim que o Verdadeiro Eu Energético armazena experiências paralelas.

EU: E as consulta.

SE12: Sim, regularmente.

EU: Eu não imaginava que o Verdadeiro Eu Energético tivesse tantos recursos nesse sentido.

SE9: Muitas, muitas outras coisas sobre as habilidades do Verdadeiro Eu Energético virão à tona na sua próxima série de diálogos.

EU: Peço desculpas a todos, mas preciso perguntar à Entidade Fonte Doze como e porque ela está aqui, já que eu acreditava piamente que ela estava fora da área de autoconsciência de A Origem.

SE12: É claro que eu não estou totalmente fora da área de autoconsciência de A Origem.

EU: E quanto está aqui?

SE12: Uma única unidade de dissecção.

EU: E isso é?

SE12: O suficiente para manter uma presença significativa neste setor de A Origem, o suficiente para projetar um aspecto de minha senciência nela sem distrair o resto de mim da tarefa de mapear o perímetro externo imediato da área de autoconsciência de A Origem.

SE1: E agora que todas nós falamos novamente com você e lhe apresentamos informações adicionais sobre a verdadeira natureza da humanidade encarnada, é hora de você passar para a próxima série de diálogos. Creio que você já sabe do que se trata.

EU: Sim, eu sei. Ela meio que saltou na minha frente e me deu um tapa na cara.

O: Foi, diríamos, um acréscimo não anunciado ao seu portfólio.

EU: E por que não foi anunciado?

A Origem Fala

Todas as SEs e O ao mesmo tempo: Cremos que você sabe a razão. Se soubesse antes, isso teria sido uma grande distração. Agora que encerramos este diálogo, você pode começar sem distrações e com conhecimento pleno.

E com isso, o vínculo com todas as Entidades Fontes e A Origem se dissolveu. Senti-me sozinho pela primeira vez em anos.

Posfácio

Não vou dizer em que lugar do mundo eu estava quando terminei este livro. Basta dizer que estava a uma distância significativa da minha casa no Reino Unido e "em trânsito". Estava rodeado de milhares de encarnados que também estavam em trânsito, mas mesmo rodeado por esses milhares, senti-me como se fosse o último homem na Terra.

Eu tinha estado em comunicação com A Origem semana após semana desde agosto de 2012, e esta parada repentina e abrupta na comunicação, mesmo conhecida de antemão, foi difícil de engolir. Basta dizer que há certa dose de encantamento quando você sabe que o diálogo que começou com uma única palavra agora se tornou tanto múltiplo quanto completo. Há certa alegria em saber que este livro acabou e agora está pronto para revisão e edição. Felizmente, tenho ótima ajuda nesta área. Eles sabem quem são e eu lhes agradeço profundamente pelo serviço que me prestam, de todo o coração. Todos são grandes amigos.

As informações que A Origem compartilhou comigo nos últimos dezenove ou vinte meses foram tão difíceis de se trabalhar quanto desafiadoras para traduzir em palavras. Também foi o mais gratificante conjunto de diálogos que tive até aquela data. As informações são uma extensão nova e singular daquelas transmitidas em meus diálogos anteriores, e sou humildemente grato por isso.

Estou sentado aqui, compartilhando minha escrivaninha temporária com estranhos do mundo todo, sabendo que, em última análise, todos são um só, todos parte da Fonte (e, assim, no fundo, da Origem), todos ansiando pelo progresso do ponto de vista evolutivo. Quando senti a unidade subjacente, também me senti em comunhão com eles. Veio-me uma sensação profunda de alegria. Essas pessoas, esses aspectos de seus Verdadeiros Eus Energéticos, pensei, um dia irão ascender e superar a necessidade de encarnar, e os diálogos que venho mantendo até agora podem representar um pequeno papel nessa ascensão.

Por alguma razão, estava me sentindo muito emotivo. Seria porque esse conhecimento era verdadeiro, um reflexo correto de um futuro Espaço de Eventos, e o que eu estava sentindo era a alegria de um sucesso global? Era, mas havia mais alguma coisa, outra presença estava ao meu lado.

A: Vamos, é hora de trabalhar novamente comigo. Temos muito o que fazer e não temos muito tempo.

Era a energia da minha querida esposa Anne, agora no plano energético. Fui tomado por uma alegria profunda—a alegria de tornar a trabalhar com ela. As emoções associadas a essa alegria eram incríveis.

Guy Steven Needler
4 de março de 2014

Glossário

Bilênio—Múltiplo de um milhão (um milênio são mil).
Bola Curva—Maneira de dizer que alguém respondeu a uma pergunta com outra, ou simplesmente disse algo que não responde à pergunta.
Broaching, To Broach—Em inglês, expressão da engenharia que denota o processo usado para perfurar um buraco com forma definida em algum tipo de composto metálico quando a erosão ou a usinagem não podem ser usados. No uso da língua inglesa, pode ser usada como descritor da "abertura" de uma discussão sobre um assunto novo ou existente.
Deixar em repouso—Antiga expressão agrícola na época em que se usava um sistema de três campos, entre os séculos dezesseis e dezenove no Reino Unido. Permitia que um campo dentre três fosse usado para se recuperar a cada três anos, permitindo colheitas melhores nos outros dois. O repouso ou pousio era usado para descrever a falta de cultivo naquele campo. Deixar em repouso era usado para descrever o fato de não se obter safra se as sementes fossem semeadas, indicando que o campo ou a terra em questão precisava "descansar" um ano para se recuperar.
Dualista—Condição na qual duas realidades existem ao mesmo tempo, devido à possibilidade de uma realidade alternativa ser criada quando há a opção de duas direções disponíveis.
Espaço de Eventos—Uma função da estrutura de A Origem que cria paralelismo sob uma perspectiva ambiental local ou total. É a culminação da necessidade de paralelismo e a passagem de eventos menores para criar um ambiente maior, baseado em eventos. O Espaço de Eventos captura e compartimentaliza tudo que cada entidade ou grupo de entidades faz em condições logicamente similares que são estáticas ou dinâmicas do ponto de vista da "mudança". O Espaço de Eventos é criado pela possibilidade de uma condição dualista e/ou seus múltiplos de condições trilistas ou quadrilistas, governadas e controladas pela

A Origem Fala

possibilidade de possibilidades possíveis. É um registro holográfico e panestrutural da passagem do que fazemos. O Espaço de Eventos permeia todos os aspectos de A Origem, de suas criações e das criações de suas criações.

Falar grego ("Double Dutch", no original)—Maneira de sugerir que alguma coisa é incompreensível.

Fim de Evento—No Espaço de Eventos, a função "fim de evento" é o limite designado de um evento e sua ação conclusiva. Assinala o final lógico daquele evento, ou seja, não há mais possibilidade de continuar o evento dualista criado e o início possível de um evento novo ou alternativo.

Imagem por Ressonância Magnética—Sistema de imagens que permite que o corpo humano seja exposto em parte ou no todo e apresentado a profissionais da área médica como auxiliar de diagnósticos médicos. É uma melhoria significativa sobre a tecnologia dos raios-X.

Início de Evento—No Espaço de Eventos, a função "início de evento" é o limite designado de um evento e sua ação instigante. Assinala o início lógico desse evento, ou seja, é o ponto onde começa a condição dualista e o possível término de um evento alternativo.

Leitura—Atuar como médium para um cliente que deseja obter mais informações a seu respeito de um espírito, mas que não é capaz de pedir isso pessoalmente durante uma meditação ou quaisquer outros meios. O "Médium" faz uma "Leitura".

"Mexer"—Forma de dizer que a pessoa "brinca" com certas coisas, mas, na verdade, não está realmente interessada no resultado final. Outro modo de sugerir que a pessoa faz experiências sem um plano, estratégia ou resultado desejado, mas mesmo assim obtém uma resposta positiva, às vezes algo que se aprende ao se "mexer".

Na cúspide—O limite de um ponto de decisão. É possível ir para um lado ou para outro com a mesma facilidade. Um ponto de mudança iminente.

No leme—O "leme" é uma expressão náutica para dizer que se tem o controle de manobra de um barco, e, portanto, da direção que ele segue.

A Origem Fala

Onda portadora—Em telecomunicações, um sinal portador, onda portadora ou apenas portadora, é uma forma de onda, geralmente senoidal, que é modulada (modificada) com um sinal de entrada com a finalidade de transmitir informações. O propósito da onda portadora, geralmente, é transmitir a informação pelo espaço como onda eletromagnética (como nas comunicações por rádio) ou permitir que diversos portadores, em frequências diferentes, compartilhem um meio de transmissão físico em comum através da multiplexação por divisão de frequências (como é usado, por exemplo, nos sistemas de televisão a cabo). Fonte: http://en.wikipedia.org/wiki/Carrier_signal.
Ordem de precedência—Expressão usada para descrever a ordem hierárquica que as aves têm sobre as demais ao se alimentarem numa fonte de comida. Quanto mais altas na escala, maior sua prioridade em ter acesso à comida. Expressão usada para dizer que alguma coisa segue uma ordem de prioridade.
Orgônio—A representação visual da energia cósmica "livre".
Osso da Disputa—Modo de descrever um ponto de uma discussão sobre o qual há crenças ou níveis de concordância diferentes; em português, "pomo de discórdia".
Passar na avaliação ("Pass Muster", em inglês)—Expressão militar para se passar no exame da qualidade, limpeza e asseio do uniforme, da cama e do armário. Essas avaliações costumam ser feitas sem muito aviso prévio.
Pista falsa ("red herring", em inglês)—Expressão usada para descrever um conhecimento ou processo mental que se mostra errôneo, embora parecesse correto no começo.
Polionisciente—Aspecto múltiplo da onisciência. Condição que será atingida por A Origem quando se expandir até suas áreas que se encontram além da atual área de autoconsciência senciente.
Quadrilista—Condição na qual quatro realidades existem ao mesmo tempo devido à possibilidade de serem criadas realidades alternativas quando há a opção de quatro direções a se seguir.
Santo Graal—A taça mitológica em que Cristo bebeu. Diz-se que teria poderes mágicos, até de longevidade, e tem sido alvo

de muitas conjecturas sobre sua existência e importância na história. Portanto, buscar o Santo Graal equivale a buscar o ápice dos esforços em vez de outras realizações menores.

Teste com Ácido—Um modo de testar se o ouro é real ou não, usando um ácido para remover uma camada do ouro e expor o metal sob essa camada como um substrato ou como ouro de verdade. Neste caso, é um meio de expor a verdade.

Trilista—Uma condição na qual existem três realidades simultaneamente devido à possibilidade de realidades alternativas serem criadas quando se pode escolher uma de três direções.

Unir os Pontos—Modo de dizer que a pessoa "compreende", por meios lógicos ou pensamento lateral, o processo de ir de um nível de compreensão até outro através de etapas conhecidas.

A Origem Fala

Sobre o Autor

Guy Needler MBA, MSc, CEng, MIET, MCMA estudou primeiro engenharia mecânica e depois tornou-se engenheiro eletricista e eletrônico licenciado. No entanto, ao longo desse treinamento terreno, sempre esteve consciente da realidade maior à sua volta, captando vislumbres dos mundos do espírito. Por conta disto, houve um período entre sua adolescência e seus vinte e poucos anos em que ele se dedicou aos textos espirituais da época, meditando intensamente. Mais tarde, ouviu de seus guias que deveria focalizar em sua contribuição terrena e, nesse período, reduziu a intensidade do trabalho espiritual até trinta e tantos anos, quando tornou a se dedicar a seus papéis espirituais. Nos seis anos seguintes, obteve seu mestrado em Reiki e iniciou quatro anos de dedicação ao aprendizado de técnicas de terapia energética e vibracional com uma aluna direta da Barbara Brennan School of Healing™, que incluiu uma atividade de desenvolvimento pessoal (inclusive psicoterapia) como pré-requisito de curso usando a metodologia Pathwork™ descrita por Susan Thesenga com metodologias adicionais de Donovan Thesenga, John e Eva Pierrakos. Seu treinamento e sua experiência em terapias de base energética levaram-no a se tornar membro da Associação de Medicina Complementar (MCMA).

Juntamente com suas habilidades de cura, suas associações espirituais incluem sua capacidade de canalizar informações do plano espiritual, incluindo-se aí o contato constante com outras entidades de nosso multiverso e seu eu superior e guias. Foi a canalização que resultou em A História de Deus e está gerando outras obras.

Como método para manter-se enraizado, Guy pratica e ensina Aikido. Ele é Técnico Nacional do 5o Dan com 32 anos de experiência e atualmente trabalha no emprego da energia espiritual dentro do lado físico da arte.

Guy está aberto a perguntas sobre a física espiritual e sobre quem e o que é Deus.

Other Books by Ozark Mountain Publishing, Inc.

Dolores Cannon
A Soul Remembers Hiroshima
Between Death and Life
Conversations with Nostradamus, Volume I, II, III
The Convoluted Universe -Book One, Two, Three, Four, Five
The Custodians
Five Lives Remembered
Horns of the Goddess
Jesus and the Essenes
Keepers of the Garden
Legacy from the Stars
The Legend of Starcrash
The Search for Hidden Sacred Knowledge
They Walked with Jesus
The Three Waves of Volunteers and the New Earth
A Very Special Friend
Aron Abrahamsen
Holiday in Heaven
James Ream Adams
Little Steps
Justine Alessi & M. E. McMillan
Rebirth of the Oracle
Kathryn Andries
Time: The Second Secret
Will Alexander
Call Me Jonah
Cat Baldwin
Divine Gifts of Healing
The Forgiveness Workshop
Penny Barron
The Oracle of UR
The Oracle of UR, Book 2
P.E. Berg & Amanda Hemmingsen
The Birthmark Scar
The Birthmark Scar, Book 2
Dan Bird
Finding Your Way in the Spiritual Age
Waking Up in the Spiritual Age
Julia Cannon
Soul Speak – The Language of Your Body
Jack Cauley
Journey for Life
Ronald Chapman
Seeing True
Jack Churchward
Lifting the Veil on the Lost Continent of Mu
The Stone Tablets of Mu

Carolyn Greer Daly
Opening to Fullness of Spirit
Patrick De Haan
The Alien Handbook
Paulinne Delcour-Min
Cosmic Crystals!
Divine Fire
Holly Ice
Spiritual Gold
Anthony DeNino
The Power of Giving and Gratitude
Joanne DiMaggio
Edgar Cayce and the Unfulfilled Destiny of Thomas Jefferson Reborn
Paul Fisher
Like a River to the Sea
Anita Holmes
Twidders
Aaron Hoopes
Reconnecting to the Earth
Edin Huskovic
God is a Woman
Patricia Irvine
In Light and In Shade
Kevin Killen
Ghosts and Me
Susan Linville
Blessings from Agnes
Donna Lynn
From Fear to Love
Curt Melliger
Heaven Here on Earth
Where the Weeds Grow
Henry Michaelson
And Jesus Said – A Conversation
Andy Myers
Not Your Average Angel Book
Holly Nadler
The Hobo Diaries
Guy Needler
The Anne Dialogues
Avoiding Karma
Beyond the Origin
Beyond the Source – Book 1, Book 2
The Curators
The History of God
The OM
The Origin Speaks
Psycho Spiritual Healing
Kelly Nicholson
Ethel Marie

For more information about any of the above titles, soon to be released titles, or other items in our catalog, write, phone or visit our website:
PO Box 754, Huntsville, AR 72740|479-738-2348/800-935-0045|www.ozarkmt.com

Other Books by Ozark Mountain Publishing, Inc.

James Nussbaumer
And Then I Knew My Abundance
Each of You
Living Your Dram, Not Someone Else's
The Master of Everything
Mastering Your Own Spiritual Freedom
Sherry O'Brian
Peaks and Valley's
Gabrielle Orr
Akashic Records: One True Love
Let Miracles Happen
Nick Osborne
A Ronin's Tale
Nikki Pattillo
Children of the Stars
A Golden Compass
Victoria Pendragon
Being In A Body
Sleep Magic
The Sleeping Phoenix
Alexander Quinn
Starseeds What's It All About
Debra Rayburn
Let's Get Natural with Herbs
Charmian Redwood
A New Earth Rising
Coming Home to Lemuria
David Rousseau
Beyond Our World, Book 1
Beyond Our World, Book 2
Richard Rowe
Exploring the Divine Library
Imagining the Unimaginable
Garnet Schulhauser
Dance of Eternal Rapture
Dance of Heavenly Bliss
Dancing Forever with Spirit
Dancing on a Stamp
Dancing with Angels in Heaven
Annie Stillwater Gray
The Dawn Book
Education of a Guardian Angel
Joys of a Guardian Angel
Work of a Guardian Angel

Manuella Stoerzer
Headless Chicken
Blair Styra
Don't Change the Channel
Who Catharted
Natalie Sudman
Application of Impossible Things
L.R. Sumpter
Judy's Story
The Old is New
We Are the Creators
Artur Tradevosyan
Croton
Croton II
Jim Thomas
Tales from the Trance
Jolene and Jason Tierney
A Quest of Transcendence
Paul Travers
Dancing with the Mountains
Nicholas Vesey
Living the Life-Force
Dennis Wheatley/ Maria Wheatley
The Essential Dowsing Guide
Maria Wheatley
Druidic Soul Star Astrology
Sherry Wilde
The Forgotten Promise
Lyn Willmott
A Small Book of Comfort
Beyond all Boundaries Book 1
Beyond all Boundaries Book 2
Beyond all Boundaries Book 3
D. Arthur Wilson
You Selfish Bastard
Stuart Wilson & Joanna Prentis
Atlantis and the New Consciousness
Beyond Limitations
The Essenes -Children of the Light
The Magdalene Version
Power of the Magdalene
Sally Wolf
Life of a Military Psychologist

For more information about any of the above titles, soon to be released titles, or other items in our catalog, write, phone or visit our website:
PO Box 754, Huntsville, AR 72740|479-738-2348/800-935-0045|www.ozarkmt.com

www.ingramcontent.com/pod-product-compliance
Lightning Source LLC
Chambersburg PA
CBHW050322230426
43663CB00010B/1710